KB149930

세월호
이후의
사회과학

세월호 이후의 사회과학

발행일 초판1쇄 2016년 4월 10일 | **엮은이** 김명희, 김왕배
지은이 김종엽, 김명희, 이영진, 김종곤, 최원, 김도민, 정용택, 김환희, 강성현, 김왕배, 김서경, 정정훈, 이재승, 박명림
펴낸곳 (주)그린비출판사 | **펴낸이** 임성안 | **편집** 김미선, 김재훈, 김효진 | **디자인** 서주성 | **신고번호** 제25100-2015-000097
주소 서울시 은평구 증산로1길 6, 2층 | **전화** 02-702-2717 | **이메일** editor@greenbee.co.kr

ISBN 978-89-7682-795-1 93300
이 도서의 국립중앙도서관 출판시도서목록(CIP)은 서지정보유통지원시스템 홈페이지(http://seoji.nl.go.kr)와
국가자료공동목록시스템(http://www.nl.go.kr/kolisnet)에서 이용하실 수 있습니다.(CIP제어번호: CIP2016008032)

이 책의 인세는 세월호 참사의 진실 규명에 앞장서고 있는 '인권재단사람'에 전액 기부됩니다.
책값은 뒤표지에 있습니다. 잘못 만들어진 책은 서점에서 바꿔 드립니다.

나를 바꾸는 책, 세상을 바꾸는 책 www.greenbee.co.kr

세월호 이후의 사회과학

김종엽 김명희

이영진 김종곤

최 원 김도민

정용택 김환희

강성현 김왕배

김서경 정정훈

이재승 박명림 지음

gB
그린비

서문

세월호와 함께 세월호를 넘어서

1

"한국 사회는 세월호 이전과 이후로 나뉜다." 수없이 되뇔 수밖에 없었던 이 말이 일러 주듯, 2014년 세월호 참사는 한국 현대사의 분기점이 될 커다란 외상적 사건으로 자리 잡았다. 그러나 4·16 진실 규명이 답보 상태에 있는 가운데 피해자들의 목소리와 참여권은 여전히 존중되지 않고 있으며, 오히려 세월호 이후 한국 사회는 더욱 나빠져만 가고 있다. 『세월호 이후의 사회과학』은 이처럼 역설적인 상황을 성찰하면서 탄생한 책이다.

참사 2주기를 목전에 두고 있는 지금, 2014년 4월 16일 그날의 기억으로 다시 돌아가 본다. 세월호는 침몰했고 수백 명의 청소년이 '가만히 있으라'는 지시를 따르다 죽었다. 유가족은 '국가가 최선을 다해 구조하고 있다'는 대통령 이하 국가 공무원과 언론의 말들을 믿고 기다리면서 단 한 명의 생명도 구하지 못한 과정을 하나하나 또렷이 지켜보았다. 각종 최첨단 현대 과학기술을 보유하고도 '국가가 국민을 구조하지 않은' 불가해不可解한 사회적 과정을 실시간으로 목도하면서 뼛속까지 차올랐던 감정은 분노라기보다 차라리 죄책과 부끄러움이었다. '지켜 주지 못해 미안하다'는 말에 이 땅에 사는 많은 이가 공감했던 것도, '잊지 않겠다'는 약속을 담은 노란 리본의 물결에 수많은 시민이 동참했던 것도, 결국 이러한 무책임한 사회를 만들어 낸 것은 그 누구도 아닌 바로 우리 자신이라는 뼈아픈 반성 때문이었다. 그러나 2년에 가까운 시간이 흐르는 동안 4·16 참사는 점차 시민들의 기억 속에서 잊혀 가는 것으로 보인다. '세월호의 침몰'을 기점으로 급속도로 진행된 것은 부인과 망각의 정치를 통한 '사회의 침몰'이었다. 이제 우리는 수많은 사람을 근원적인 아포리아에 빠지게 했던 '국가란 무엇인가'라는 질문을 '사회란 무엇인가', '과연 사회다운 사회가 이 땅에 한 번이라도 존재한 적이 있었던가', '그렇다면 사회는 어떻게 재구성되어야 하는가'라는 질문으로 이동시킬 필요성을 느낀다. 여러 인문사회과학자가 이러한 현실 인식에 기초해 세월호 참사의 발생 과정과 그 '이후'의 국면들에 대한 보다 분석적인 개입과 통합적인 사태 이해의 필요성을 절감했다. 이 책은 그러한 문제의식의 작은 결실이다.

『세월호 이후의 사회과학』은 세월호 참사와 그 이후의 한국 사회에 대한 진단과 해법을 다룬 학제 간 연구서로, 일회적인 사건으로 종결된 과거의 참사가 아닌 '현재 진행형의 참사로서 세월호'를 공통된 분석 대상으로 삼고 있다. 철학, 사회학, 역사학, 정치학, 법학, 문화학, 신학, 그리고 인지신경과학에 이르는 다양한 분과 학문을 배경으로 한 필자들이 세월호를 현재 진행형인 참사로 새롭게 의제화하는 까닭은 궁극적으로 세월호 '이후' 세월호를 넘어서기 위한 연대의 물결을 보다 정치하게 지원하기 위해서이다. 여기서 '이후'는 단순히 시간적인 선후 관계를 지칭하는 연대기적인 의미가 아니다. '이후'는 세월호 참사를 야기한 사회적 병폐를 키우는 데 일조해 왔던 파편화된 분과 학문의 모든 지적 관행과 단절하겠다는 인식론적 의미를 담고 있으며, 가치중립적 사회과학이라는 불가능한 이상에 기대어 고통받는 타자의 얼굴을 외면하는 지적 병폐를 더 이상 답습하지 않겠다는 의지를 담고 있다.

동시에 『세월호 이후의 사회과학』은 세월호 '이전'의 역사적 유산을, 특히 한국 민주화 운동의 서막을 열었던 5·18 진실 규명 운동의 역사성과 성과를 염두에 두고 쓰여졌다. 그간 세월호 참사는 발생 원인과 작동 방식에 있어 역사적으로 존재했던 여러 재난 참사 및 국가 폭력의 사례와 유비적으로 비교된 바 있다. 사건의 발생 원인과 전개 과정의 시공간적인 맥락은 명백히 다르지만, 5·18 진실 규명 운동과 4·16 진실 규명 운동 사이에는 여러 측면에서 비교 지점이 교차한다. 두 사건 모두 참사의 직접적 피해자는 물론 공동체 전체에 커다란 충격과 고통을 안긴 외상적 사건이라는 점, 진실을 은폐하려는 힘과 진실을 밝히고자 하는 힘, 갈등하는 두 방향의 힘이 충돌하는 가운데 유가족 스스로가 주체가 되어 시민사회의 연대를 조직함으로써 진실 규명의 동력을 형성하고 있다는 점, 공론장의 역할을 해야 할 언론이 공적 기능을 상실했을 때 여러 형태의 대안적인 틈새 매체가 사건의 진실을 재현하는 공론장 역할을 대행하고 있다는 점 등이 그것이다. 보다 심도 깊은 분석이 필요하겠지만, 명백히 관찰되는 차이가 하나 있다면, 철저한 사회적 고립 속에서 진행된 5·18 진실 규명과 달리 4·16의 경우 사건의 진행 과정을 미디어를 통해 실시간으로 목격한 수많은 '목격자들'이 처음부터 존재했다는 점일 것이다.

이로부터 세월호를 둘러싼 모든 사회정치적 해법이 가해자-피해자의 이분법적 도식을 넘어서는 복잡한 함수 관계를 고려할 필요성이 새롭게 제기된다. 가해-피해 관계가 재생산되는 사회적 환경을 고려한다면, 목격자가 경험한 죄책과 부끄러움은 사건의 진실을 알리고 사회화하는 실천적인 동력인 도덕 감정이 될 수도 있고, 사건을 부인하고 회피하는 국면에서 국가 폭력의 재생산에 일조하는 방관자의 감정 경험으로 남을 수도 있다. 이 책에 참여한 여러 지은이 역시 우리 자신이 이 미증유의 참사를 야기한 원인의 일부이자 부인할 수 없는 '목격자'이기도 하다는 점을, 이 점을 망각하고 침묵한다면 잠재적인 '방관자'가 될 수밖에 없다는 점을 분석의 출발점으로 삼고 있다. 실제 오월 운동의 역사는 많은 한계에도 불구하고 한국 현대사에 사회적 기억 연구를 배태시키는 온상이 되었고, 남은 자들이 감내해야 했던 죄책감과 부끄러움은 한국 민주화를 견인한 실천적 동력이 되었다. 이 책은 진실 규명과 안전 사회 건설을 장기적인 목표로 출범한 4·16 운동이 오월 운동의 역사성을 지속적인 성찰의 동반자로 삼고 긴 여정의 호흡을 거듭 가다듬기를 바라는 마음과 희망을 간절히 담고 있다.

2

이 책은 크게 세 부분으로 나뉘어 있고, 총 열네 편의 글을 담고 있다. 각 부를 구성하는 주제인 '고통', '국가', '치유'는 세월호 이후 한국 사회의 현주소와 극복의 전망을 읽어 내는 핵심 키워드라고 할 수 있다. 먼저 '세월호의 사회적 고통'을 다루는 1부에서는 4·16 참사가 야기한 고통의 사회적 차원이 사고-보상 프레임과 이데올로기적 부인denial에 의해 은폐·축소·왜곡되는 과정을 비판적으로 살펴본다. 이를 통해 피해자가 사물화되고 고통이 의료화·개별화되는 메커니즘을 추적하며, 죽은 자와 남은 자의 연대를 새롭게 복원하는 정치적 애도가 어떻게 가능한지를 질문한다.

'세월호 이후의 국가'를 다루는 2부에서는 세월호 참사의 사회정치적 원인과 역사적 조건의 결합 양식을 여러 층위에서 살펴본다. 세월호 참사는 세월호가 침몰한 사건, 국가가 국민을 구조하지 않은 사건, 사건의 진실을 은폐하는 과정에서 사회의 침몰로 비화된 사건이라는 세 국면의 결합으로 크게 이해될 수 있다. 이에 더해 논자들은 국가-사회의 층위에서 복잡하게 얽혀 재생산되는 참사의 작동 방식을 신자유주의적 통치성과 분단폭력, 한국 과거 청산의 역사성과 전쟁 정치의 내면화, 교육에서의 안전 불안증이라는 측면에서 각각 분석하고 있다.

'세월호 이후의 치유'를 논하는 3부의 글들은 4·16 참사의 진실 규명과 안전 사회를 요구하면서 자라난 사회적 연대를 중심으로, 피해자의 주권화主權化와 사회구조적인 변환까지를 포함하는 거시적인 사회정치적 과정만이 사회적 치유를 가능케 함을 제안한다. 즉 트라우마를 개별적인 치료나 금전 보상의 문제로 환원시켜서는 안 되며, 오히려 그러한 트라우마를 야기하는 사회 자체를 바꿔 나가야 한다는 것이다. 3부에 수록된 다섯 편의 글은 다양한 분과 학문의 논거를 정치하게 동원해 진상 규명, 책임자 처벌, 배(보)상, 피해자에 대한 사회적 지지, 기념과 추모, 치유와 회복을 구성 요건으로 하는 세월호 참사의 극복 과정이 곧 제도 개선과 사회적 연대, 나아가 정치 통합을 수반하는 사회정치적 과정임을 설득력 있게 제시하고 있다.

3

먼저 1부를 여는 김종엽의 글은 세월호 참사의 사건성을 부인하려는 이데올로기적 개입에 직면해 세월호 참사에 대한 타당한 이해와 새로운 의미의 생성이 차단되는 과정을 성찰적으로 반추해 보고 있다. 그는 부인주의denialism의 덫에 걸려 진실 규명의 노력이 봉쇄되고 있는 세월호 참사의 답보 지점을 드러냄으로써, 이 책의 '비판'이 시작되는 입각점을 분명히 한다. 특히 이 글은 이러한 세월호 참사 부인이 관찰자가 피해자에게 공감과 책임감을 느끼지 못하게 가로막고 피해자 집단을 사물화하도록 유도하는 메커니즘으로 진화하는 과정을 면밀하게 관찰한다. 참사 이후 점점 더 공공연해져 간 '막말'은 이러한 '분리'와 '사물화'가 어느 정도 성공을 거두었음을 보여 주는 징후라는 것이다. 홀로코스트 이후의 사회학을 주창하는 지그문트 바우만을 말을 빌리면, 이러한 피해자의 사물화는 피해자의 얼굴을 지움으로써 관찰자와 피해자 사이의 물리적·심리적 거리를 강화하는 '범주적 살인'에 비견될 만하다.

이러한 피해자의 사물화를 추동하는 메커니즘에는 전문가주의와 의학적 진단명에 일방향적으로 의존하는 '희생자화'도 포함될 수 있다. 두 번째 김명희의 글은 '사고-보상 프레임'에 내재한 경험주의의 인식적 오류가 고통의 사회적 조건과 과정을 은폐해 고통의 의료화라는 잘못된 처방으로 나아가게 되는 과정을 실재론적 관점에서 되짚는다. 세월호의 고통에 대한 의학적 프레임과는 달리, 사건과 사건의 재현 사이의 간극이 외상을 유발한다는 외상 과정trauma process 논의는 세월호 참사에 연루되어 있는 여러 관계적 행위자들의 외상 경험과 목소리를 복원해 낼 가능성을 제공한다. 외상적 사건의 기저에는 필연적으로 피해자, 가해자, 목격자, 방관자, 공모자, 지지자 등의 구도가 존재한다. 여기서 방관자의 범주가 중요한 의미를 갖는 까닭은 국가의 인권 침해는 방관자들의 침묵과 무관심 없이는 은폐될 수 없기 때문이다. 이 글은 세월호 유족, 목격자-방관자, 생존자-증언자의 관계 체험과 외상 과정을 사례로 들어 사고-보상 프레임을 사건-진실-관계 회복의 사회적 치유 프레임으로 전환해 가는 통합적이고 범시민적인 개입이 시급히 필요함을 제안한다.

앞의 논의가 프레임의 지식정치에 내재한 이데올로기적 요소를 드러냄으로써 재현representation의 정치의 필요성을 제기한다면, 이영진과 김종곤의 글은 죽은 자와의 지속적인 대화를 통한 애도mourning의 정치적 유효성과 가능 조건을 조심스럽게 타진한다. 세번째 이영진의 글은 '무책임의 체계' 속에 악화일로를 걷고 있는 '재난 자본주의'의 풍경을 일본의 사례와 통시적으로 비교·성찰하며, 세월호 트라우마의 발생 원인에 대한 본질적인 탐구가 필요함을 제안한다. 이러한 관점에서 보면 애도는 이제 정의의 문제, 즉 산 자들에 대한 정의가 아니라 죽은 자들에 대한 정의의 문제가 되며, 이영진은 산 자들과 죽은 자들이 어떻게 관계 맺을 것인지에 대한 발본적 질문을 던질 것을 요청한다. 즉 죽은 자들의 원한 감정을 그 사회의 객관적 존재 방식과 관련해 리얼하게 파악하고 전화시키는 것이야말로 애도의 정치의 출발점이라고 할 수 있다는 것이다.

이어서 김종곤은 여느 재난 트라우마로 환원할 수 없는 세월호 트라우마의 특수성을 '국가=아버지'에 근간을 둔 믿음 체계의 붕괴로부터 찾는다. 분단 현실에서 민족의 대표자임을 자임하며 국민의 '절대적 아버지'로 군림해 왔던 '국가'는 세월호 참사 국면에서 국민을 철저히 외면했다. 국민 보호의 의무를 방기한 세월호 참사는 곧 국가의 결핍을 드러내는 사건이었으며, 그로 인해 집단 대다수가 트라우마를 입었다. 하지만 국가는 세월호 참사를 몇몇 악인에 의해 발생한 사고로 탈정치화함으로써, 결과적으로 세월호 참사에 대한 애도를 제한하고 시민들을 정치적 멜랑콜리 상태에 가두어 무기력한 '죽은-존재'로 만들고자 한다. 그는 이에 맞서 죽은 자와의 연대를 통해 정치적 애도를 이어 갈 것을 제안한다.

4

'세월호 이후의 국가'를 주제로 한 2부는 세월호 참사의 진행 국면에서 국가-사회 폭력이 결합·재편되는 방식을 다양한 각도에서 분석한다. 2부의 첫 글에서 최원은 세월호 사건이 드러내는 폭력의 새로운 형상을 미셸 푸코의 '신자유주의적인 통치성'과 에티엔 발리바르의 '초객관적 폭력'이라는 프레임을 통해 분석한다. 사람들을 "죽도록 방치"하는 신자유주의적 폭력은 신체에 직접적으로 작용하는 주권 권력이나 규율 권력과 달리 원거리에서 또는 무대의 뒤편에서 숨어 작동하는 폭력이기 때문에 비가시적인 것으로 나타난다는 특징을 보인다. 그 결과 신자유주의적 폭력은 마치 그러한 폭력이 누군가에 의해 저질러진 인위적인 것이 아니라 자연적인 삶의 조건인 양, 자연화된naturalized 방식으로 스스로를 드러냄으로써 자연적인 것과 사회적인 것의 경계를 말소하는 '초객관적 폭력'의 양상을 보인다는 것이다.

이어지는 김도민의 글은 각도를 조금 달리해 전 지구적 차원에서 진행되는 신자유주의적 폭력이 왜 대한민국에서 유독 단 한 명도 구조하지 못했으며 진상 규명을 요원하게 하는 양상으로 관철되는지를 '분단폭력'이라는 프레임으로 분석한다. 분단폭력은 세월호 참사의 이면에서 여전히 견고한 힘을 발휘하고 있는 분단체제와 국가 폭력의 결합 양상을 포착하기 위한 개념이다. 한반도의 남북 분단이 낳은 가시적·비가시적 폭력은 무책임한 국가와 사회, 그리고 무관심한 국민의 연쇄 구조를 형성했다. 예컨대 세월호 참사의 국면에서 안전보다 안보가 더 중요한 현실, 거리에 나선 시민과 유가족에게 쏟아지는 '불순 세력', '빨갱이'라는 비난 등은 분단폭력이 작동하는 전형적인 방식이라고 할 수 있다. 이로 인해 개인들은 모이지 못하고 자꾸 '분단'되며, 그럼으로써 무책임한 국가와 무능한 정부를 재생산한다. 결국 분단폭력의 작동으로 개인은 무력해지고 동시에 국가는 전체주의적 통제 질서를 강화해 나감에 따라, 한국은 극도의 개인주의 사회이자 전체주의 사회가 되어 가고 있다는 것이다.

신자유주의적 폭력의 새로운 형상과 분단폭력의 오래된 형상이라는 각각의 논점 차이에도 불구하고, 양자는 국가-사회의 층위에서 작동하는 폭력의 비가시성에 주목한다는 일치점을 보인다. 비가시적인 폭력의 위험성은, 깨닫지 못하는 사이 내면을 잠식하는 사회구조적 폭력이라는 점에 있다. 정용택의 글이 세월호를 해석하는 네번째 프레임으로 사화社禍 프레임을 제안하는 맥락도 이러한 문제의식의 연장선에 있다. 종북 몰이와 폭식 투쟁의 사례는 피상적 진영 논리를 넘어 '전쟁 정치'의 논리가 국가적 재난의 희생자에까지 적용되는 국가 권력의 새로운 재편 방식을 보여 주는바, '사회'社會가 당한 '재앙'禍, 즉 사회 자체가 근본적으로 파괴되고 전前계약적 연대가 해체되는 현재 진행형의 참사로서 세월호의 국면을 명징하게 드러낸다는 것이다.

세월호 참사가 초래한 사회의 위기를 가장 첨예하게 내면화한 현장이 바로 학교일 것이다. 김환희의 글은 '세월호 참사는 안전 불감증이 일으킨 인재人災'라는 잘못된 해석 프레임 속에서 안전 교육과 전문가주의에 포섭된 학교가 '가만히 있는 주체들'을 양산하는 교육 불가능성의 공간이 되고 있다는 역설에 주목한다. '전문가 의식'에 입각해 비자발적인 형태로 행해지는 학생 동원의 일상화는 학교를 전문가가 발언을 독점하는 가장 경직된 공간으로 만들고, 전문가임을 추인하는 국가에의 충성을 강화하는 효과를 낳는다. 따라서 권위에의 복종과 각자도생의 문화를 내면화하는 교육 체계에서 벗어나 남과 함께 공존하고 연대할 줄 아는 주체의 형성, 공공성의 실현을 궁극적 목표로 하는 교육 패러다임의 생태적 전환이 절실하다는 것이 이 글의 요지이다.

다음으로 강성현의 글은 세월호 이후의 진실 규명 가능성을 한국 과거 청산의 특수성이라는 역사사회적 조건 속에서 살펴본다. 크게 한국 과거 청산의 제도화 과정은 '진상 규명 없는 보상 모델'-'역사적 진상 규명 모델'-'진실·화해 모델'의 경로를 밟아 왔다. 이 과정은 가해자의 방해가 개입됨으로써 피해자 중심적이고 사회 중심적인 진상 규명이 병행되지 못한 국가 중심의 진상 규명이라는 한계를 갖고 있다. 피해자·유족이 제안한 세월호 진상 규명의 기본 방향은 구조적·사법적·사회적 진상 규명을 종합적으로 추구하는 진실-정의-안전 모델을 새롭게 제시한 것으로 평가할 수 있지만, '10·31 최종 합의안'은 진실과 정의라는 과제를 달성하기에는 한계가 분명했다. 이러한 분석에 입각해 그는 세월호 진상 규명의 실질적 동력인 피해자·유족의 주체적인 세월호 진상 규명 운동과 이와 연대하는 시민사회 단체의 활동에서 새로운 가능성을 발견하고자 한다. 이 글은 국가와 법 중심의 진상 규명과 정의 수립을 넘어 피해자와 사회 중심의 진상 규명과 정의 수립이 한국 이행기 정의transitional justice의 새로운 과제로 제기되고 있음을 시사해 준다.

5

사회 중심의 세월호 진상 규명과 정의 수립이라는 과제는 궁극적으로 처벌과 배상의 차원을 넘어 정치적 통합과 치유의 차원을 담고 있다. 실제 세월호 참사 이후 종교계와 학계를 비롯한 사회 각계에서 공감과 지지를 표명했고, 시민들의 자원봉사 활동이나 기록 보관 활동이 활발히 전개되었으며, 세월호 참사 국민대책회의 등의 조직이 형성되기도 했다. 이런 움직임들은 4·16 이후 시민사회 운동 진영에서 자라난 연대의 싹과 사회 중심의 정의 수립의 단초를 보여 주고 있다. 특히 유가족과 시민 단체, 인권 활동가 등으로 이루어진 '4·16연대'는 지난 1년간 300명에 가까운 추진위원들의 1천 회가 넘는 풀뿌리 토론에 기초해 「존엄과 안전에 관한 4·16 인권 선언」을 작성하고 세월호 참사 2주기에 선포를 앞두고 있다. 이 인권 선언은 세월호 문제가 인권의 문제이자 곧 정치의 문제라는 것을 명확한 방식으로 천명한다. 이러한 현실 운동을 염두에 두면서 '세월호 이후의 치유'를 논하는 3부에서는 사회 연대와 인권에 입각한 사회운동적 치유, 4·16의 사건화와 주권화, 제도 개선과 구조 변환을 포함하는 사회적 치유의 전망이 논의된다.

먼저 김왕배의 글은 세월호 트라우마의 사회적 치유 과정에서 사회적 연대에 기초한 사회운동이 출발점이 된다는 점을 분명히 한다. 이 과정에서 중요한 것은 희생자를 수동적 존재가 아닌 적극적 사회운동의 참여자로 주체화하고, 일반 시민이 사회적 연대를 통해 함께 치유 과정에 참여하는 것이다. 사회적 연대는 트라우마 집단에 '사회적 지지'social support를 부여함으로써 심리적 안정감과 사회적 관계 회복의 의지를 북돋는 기능을 하며, 기억과 애도, 의례와 진실 규명, 책임 귀속, 나아가 사회운동을 통해 구조 변환을 추진하는 사회적 '힘'으로 작용한다는 제안이다.

이처럼 공동체의 사회적 지지는 외상 사건 피해자의 고통을 경감시키고 역능화를 촉진하는 역할을 한다. 이어지는 김서경의 글은 인지신경과학적 근거에 입각해 이 점을 뒷받침한다. 우선 그는 세월호 유가족 및 피해자를 향한 부정적인 정서 및 혐오 감정이 인재人災라는 참사의 성격에서 비롯되는 인지적 오류와 편향적 사고의 결합물임을 밝힌다. 편향적 사고에 의한 부정적 영향을 줄이기 위해서는 인지-정서 간 상호작용 기제, 즉 정서를 자각하고 스스로 성찰하는 과정을 체험하는 것이 필수적이며, 이러한 자기 성찰이 사회 제반에 자리 잡을 수 있도록 유도하는 사회적 노력이 특히 중요하다. 예컨대 세월호 피해자들이 느끼는 크나큰 슬픔과 분노를 이해하려는 태도를 보이고, 세월호 참사와 관련해 아직 해결되지 않은 의혹 및 문제점에 의문을 제기하려는 노력을 보이는 것만으로도 충분히 참사의 피해 당사자들에게 '지각된 사회적 지지'를, 즉 공동체로부터 수용되고 관심과 공감을 얻고 있다는 느낌을 제공할 수 있다는 것이다.

이렇게 볼 때 세월호 이후 치유 과정을 함께 밟아 갈 사회적 책임 또한 집단 공동체에 있으며, 특정 재난 공동체가 더 큰 사회 공동체의 일부로 통합될 수 있도록 안전한 사회 환경을 제공하는 것은 해당 사회의 도덕적·정치적 책무가 된다. 마찬가지로 세월호 진상 규명을 요구하는 운동은 단순히 세월호 사건만에 그치는 것이 아니라 그와 같은 참사를 반복하게 하는 우리 사회의 구조적 부정의와 반인권적 시스템을 근본적으로 바꾸는 운동이라고 할 수 있다. 정정훈은 '사건화와 주체화'라는 분석 범주를 통해 「존엄과 안전에 관한 4·16 인권 선언」의 의미를 논구한다. '사건화'란 4·16이라는 숫자가 가리키는 사건의 의미를 어떻게 새롭게 자리매김할 것인가가 4·16 인권 운동의 핵심적인 쟁점이 되고 있다는 뜻이다. '주체화'란 선언문의 말들이 현실의 힘으로 전환되기 위해서는 선언의 주체와 분리될 수 없다는 것을 분명히 천명하기 위한 개념이다. 바로 그렇기에 4·16 운동은 세월호 사건을 사고로 의미화하려는 통념doxa에 맞서 세월호 사건의 다른 의미를 창출해 가는 역사와 결부된 정치이며, 「존엄과 안전에 관한 4·16 인권 선언」은 세월호 사건을 역사적 사건으로 만들어 가는 자들이 수행하는 주체화의 선언인 것이다.

이재승의 글은 앞의 논지에 구체적인 인권 규범상의 논거를 두텁게 제공한다. 그는 세월호 참사를 세 가지 측면에서 '국가 범죄'로 규정한다. 첫째, 참사의 구조적 원인의 측면에서 세월호 사건은 생명 안전에 대한 국가 감독 책임의 총체적 방기와 선박 운항 책임을 지는 기업의 부패가 결합한 '국가·기업 범죄'이다. 둘째, 해경 및 구조 본부의 조직적 부작위는 전형적인 국가 범죄에 해당한다. 셋째, 참사 이후 상황에서 정부, 친위 세력, 매체의 '희생자 다시 때리기'와 부인 행동은 '참사 후 국가 범죄', 특히 '국가·사회 범죄'의 특징을 보여 준다. 나아가 이 글은 4·16연대회의의 인권 구상과 피해자의 권리에 대한 국제 규범에 비추어 '세월호 피해 구제법'과 '세월호 진상 규명법'을 평가한다. 그 결과 피해자의 주권화라는 측면에서 새롭게 제안한 '사건에 대한 권리'는 피해자에게 사건 해결의 전

과정에 주체로 참여해 사태에 대한 입장을 표명하고 해법을 제안하며 그 이행을 감시하고 비판하는 공적인 지위를 부여하려는 전략적 개념이다. 피해자의 권리 강화와 민주주의의 심화라는 차원에서 볼 때, 세월호 참사의 해결 과정에서 유족의 주체적 권한을 강화하는 민주적 관행을 형성하는 것은 사회적 치유책으로서도 중요한 의미를 가진다는 것이다.

이 책의 결론에 해당하는 박명림의 글은 세월호 정치의 표층과 심부를 인간적 마음 형태, 사회적 갈등 구조, 제도적 해소 경로라는 세 차원에서 포괄적으로 조명한다. 세월호 참사가 사건과 구조의 성격을 함께 갖는다면, 사건 치유와 구조 개혁은 분리될 수 없는 동시 추구의 과제일 수밖에 없다. 무엇보다 간과해서는 안 될 점은 2014년 비극의 핵심 요체가 국가 실패와 정치 실종에 있다는 것이다. 따라서 정치와 국가의 역할 증대와 교정은 피할 수 없는 가장 중차대한 과제이다. 위험 상태=야만 상태=자연 상태로 전락한 개인들을 보호하기 위해서는 정치 상태=국가 상태=안전 상태를 복원하는 것이 필수적이다. 이는 동시에 타인 비극에 대한 감정적 공감을 이성과 윤리의 차원으로 승화시켜 사회를 재구성할 수 있는 공적 시민으로서의 능력을 고양해 가는 과정이기도 하다. 결론적으로 세월호 구조의 개혁은 민주주의를 통해 시민 의사와 대표 체계 및 정부 구성을 비례적으로 일치시키고, 진상 규명, 책임자 처벌, 배상과 보상, 기념과 추모, 치유와 회복의 과제를 성취하며, 생명권, 안전권, 진실권, 치료권이 보장되는 새로운 인간 조건과 국가 상태의 건설로 나아가는 총체적 개혁을 의미한다.

이 책에 수록된 글들은 각각의 논점과 분석 프레임의 차이에도 불구하고 우리 사회가 겪고 있는 사회적 고통이 그 고통을 야기한 국가-사회의 재구조화 없이 치유될 수 없다고 바라본다는 점에서 견해를 같이한다. 나아가 이 책은 논의 전반에 걸쳐, 현재 진행형인 세월호 참사 극복과 사회적 치유의 해법이 피해자의 주권主權을 강화하는 방향에서 모색되어야 하며, 세월호 참사를 목격한 수많은 시민 또한 상주喪主로서의 권리와 책임을 갖는다는 점을 강조하고 있다. 세월호 이후 한국 사회가 세월호 이전으로 돌아갈 수 없다면, 세월호가 한국 사회에 던진 질문이 무엇인지에 대한 되묻기와 응답은 여러 형태로 계속되어야 하며, 우리의 학문적 작업 또한 그러한 노력의 일환이다. 『세월호 이후의 사회과학』이 세월호와 함께 세월호를 넘어서기 위한 집합적 노력에 조금이나마 보탬이 된다면 그보다 기쁜 일은 없을 것이다.

이 책에 수록된 글 다수는 기존에 발표한 논문을 현재 상황에 맞게 수정·보완한 것이다. 어려운 조건 속에서도 이 책의 기획에 뜻을 같이하고 흔쾌히 글을 내어 주었을 뿐 아니라 번거로운 개고 작업까지 책임감 있게 마무리해 준 열네 명의 필자께 존경과 감사의 마음을 전한다. 또 이 작업의 필요성과 시의성에 공감하고 출판의 고된 짐을 나누어 준 그린비출판사와 김재훈 선생님께도 감사드린다. 끝으로 이 책을, 저 하늘의 별이 되어 우리 사회의 행로와 양심을 비추어 줄 세월호 희생자들과 유가족들께 바친다.

2016년 3월 27일

집필진을 대표해 김명희 씀

| 차례 |

1부

세월호의
사회적 고통

1장

⋮

이해와 이데올로기 사이에서

세월호 참사에 대한 몇 가지 고찰

김종엽

1. 머리말

"2014년 4월 16일 오전 8시 48분경 대한민국 전라남도 진도군 조도면 부근 해상에서 청해진해운 소속의 인천발 제주행 연안 여객선 세월호가 전복되어 침몰하기 시작했다. 그리고 이틀 뒤 세월호는 완전히 물속에 잠겼다. 그로 인해 탑승 인원 476명 중 295명이 사망하고 9명이 실종 상태이다."

사실 기술의 범위를 벗어나지 않고 쓸 수 있는 것은 여기까지일 것 같다. 세월호를 이데올로기를 중심으로 테마화하는 한에서 어떤 단어의 선택 그리고 그 단어를 다른 단어와 연결하는 것 자체를 성찰적으로 다루지 않을 수 없다. 왜냐하면 이데올로기가 작동하는 곳은 가능한 단어의 더미 가운데서 특정 단어를 선택하는 행위 그리고 그 단어를 선별된 다음 단어

* 이 글은 동일한 제목으로 『경제와 사회』 104호, 2014에 실렸던 글을 소폭 수정한 것이다.

로 이어 가는 과정 자체이기 때문이다. 따라서 이데올로기 비판도 바로 그런 단어의 선택 그리고 단어와 단어의 연결에 이의를 제기하는 것, 선택과 연결을 조건화하는 힘들을 조사하고 규명하는 것, 배제된 다른 가능성들과 새로운 연결의 가능성을 환기하고 대조하는 작업이라고 할 수 있다. 하지만 이런 이데올로기 비판의 작업 또한 단어를 선택하고 또 연결하는 작업들에 의존하며, 그만큼 스스로 이데올로기가 될 위험을 안고 시작된다고 할 수 있다.

어떤 의미에서 이런 위험은 모든 의미 구성에 이미 깃들어 있는 것일 수 있다. 그럼에도 불구하고 그것에 새삼 주의를 환기하는 것은 세월호가 그런 일반적 문제를 매우 강렬한 것으로 만들고 있기 때문이다. 세월호를 둘러싼 일련의 사태는 전체 사회 성원의 의식 세계를 꿰뚫고 일상적 대화와 감정의 영역에 깊숙이 파고들었으며, 그 과정에서 의미의 구성과 이해 문제를 매우 예민한 것으로 만들었다. 이런 점 때문에 의미 구성 전반에 대한 성찰적 감수성 없이는 논의가 앞으로 나아가기 어려워졌다.

하지만 그럼에도 불구하고 논증되어야 할 개념이나 용어를 선취해서 사용하는 것을 완전히 회피하기는 어렵다. 사태의 지칭 자체가 논쟁적이며 이데올로기적 작용과 무관하지 않기에 더욱 그렇다. 이 글에서는 '2014년 4월 16일 오전 8시 48분경 대한민국 전라남도 진도군 조도면 부근 해상에서 청해진해운 소속의 인천발 제주행 연안 여객선 세월호가 전복되어 침몰했고', '탑승 인원 476명 중 295명이 사망하고 9명이 실종'인 사태를 '세월호 참사'로 명명할 것이다. 사건 직후부터 널리 통용된 표현이어서 그것의 채택을 특별히 부각시킬 필요는 없어 보일 수 있다. 하지만 세월호 '참사'慘事라는 표현은 사태의 성격에 대한 판단, '그것은 참혹한 사건事件이었다'는 판단을 내포한다. 뒤에 보겠듯이 그렇게 규정하는 것 자체가 논란거리인 상황에서는 논거에 의해 뒷받침되는 이데올로기 비판적인 작업의 결과에 입각해서 사용할 수 있는 단어를 미리 사용할 수밖에 없는데, 그 이유는 중립적 용어가 선재하지 않기 때문이다.

그런데 일단 사태를 세월호 참사, 즉 '참혹한 사건'으로 지칭하게 되면, 우리가 마주하고 있는 사태는 통상적인 이데올로기 분석의 상황과 다름을 알게 된다. 사건은 어떤 '놀라움'의 경험과 관련된다. 놀라움은 기대의 배반 또는 좌절에서 비롯되는 것인데, 그 이유는 주어진 사태가 우리의 관습적 이해를 초월하고 있기 때문이다. 따라서 사건에 직면했을 때 중심적인 과제는 '이해'가 된다. 즉 이데올로기 분석이 통상 중심 테마로 삼아왔던 의미의 '왜곡'이 아니라 의미의 '생성'이 관건이 되는 것이다. 의미의 생성은 사건에 내장된 것은 아니다. 따라서 사건으로부터 하나의 의미가 필연적으로 도출되지는 않는다. 어떤 선별과 배제의 작업을 경유해서 특정한 의미가 생성된다. 이데올로기는 그런 의미 생성의 경로에서 작동할 것이다.

만일 사건이 놀라움을 넘어 고통의 출처가 된다면, 그때 우리는 트라우마라는 말을 쓸 수 있을 것이다. 사건은 놀라움의 상관물이다. 사건은 기존 의미와 이해 도식scheme의 무능력 그리고 그로 인한 당혹을 야기한다. 트라우마는 그 이상이다. 트라우마는 신체적 찢김일 뿐 아니라 이해의 틀과 도식이 찢기는 체험이며, 그런 의미에서 육체적·심리적 고통과 관련된다. 세월호 '참사', 즉 참혹함과 사건성이라는 이중적 규정은 우리가 직면한 것이 트라우마적 사건임을 적시한다.

트라우마적 사건이 문제인 한, 피해자 범주가 구성되며, 명확하게 주어지든 불분명하든 가해자 범주 또한 구성된다. 그리고 피해자도 가해자도 아닌 관찰자가 광범위하게 존재하게 된다. 여기서 우리는 가해자와 관찰자 편에서 발생하는 책임과 공감 문제에 직면하게 된다. 그리고 세월호 참사를 둘러싸고 이해와 공감과 책임 사이에서 형성되는 복잡한 관계 속에 이데올로기가 스미게 된다. 이 경우 이해·공감·책임에 대한 개념적 검토 그리고 그것에 입각한 이데올로기 및 이데올로기 비판의 틀 자체의 갱신이 요구될 것이다.

이하에서는 먼저 세월호 참사를 둘러싼 정보 통제에 대해서 살피고 그것이 어떻게 이데올로기적 개입으로 이행했는지 밝힐 것이다(2절). 다음으로 세월호 참사에 대응하는 이데올로기적 작용의 중심 기제에 왜 '부인'denial이 중심에 서게 되는지 논할 것이다(3절). 그리고 이어서 범죄사회학의 맥락에서 개발된 그레셤 사이크스Gresham Sykes와 데이비스 마차David Matza의 작업(1956)을 확장해 세월호 참사에 나타난 이데올로기적 부인들을 살필 것이다(4절). 마지막으로 세월호 참사의 트라우마적 측면에 주목하면서 공감 및 책임 범주가 왜 이데올로기 분석과 연결되는지 따져 볼 것이다. 그리고 그것과 관련해 세월호 참사에 대해 행해진 이른바 '막말' 또는 '망언'의 이데올로기적 작용에 대해서도 간략히 논의할 것이다(5절).

2. 정보 통제에서 이데올로기적 개입으로

특정한 사태를 사건으로 수용하는 것은 기본적으로 인지적 과정을 경유해서이다. 사건이 강렬한 감정을 수반하는 경우는 많지만 이런 감정도 인지적 과정에 의해 촉발되는 것이다. 알지 않고는 슬플 수도 없다. 따라서 어떤 사태가 사건으로 부상하는 것을 막는 일차적 작업은 정보 통제이다. 정보 통제에는 은폐, 정보 확산의 제어, 그리고 적극적인 정보 조작이 포함된다. 정보 통제는 의미 구성에 개입하는 정보의 편향적 편집을 제외하면 이데올로기적 과정이 아니라 권력 행사의 과정이라고 할 수 있다.

세월호 참사에서는 이런 권력 행사의 흔적들이 도처에서 발견되는데, 그도 그럴 것이 참사나 대규모 재난은 체제를 운영하던 엘리트의 정당성을 위협하고 그들을 패닉에 빠뜨리며, 이런 상황에서 엘리트는 책임을 회피하려는 강한 동기를 갖게 되기 때문이다.[1] 그로 인해 이들은 증거를 없애고 데이터를 삭제하고 더 나아가 증인들을 침묵시키거나 불리한 정보가 확산되는 것을 막으려고 하게 된다. 더구나 세월호 참사의 경우에는 발생한 지 며칠이 지나지 않아 곧장 대통령의 책임 문제가 거론되기 시작했다. 이 경우 정부 전체가 은폐와 조작의 동기를 가지게 된다고 해도 과언이 아니다.[2]

은폐는 성공적일 경우 은폐 시도까지도 은폐한다. 그렇기 때문에 은폐가 시도되고 그것이 일정하게 성공을 거두면 바로 그 때문에 얼마나 그런 시도가 있었고 어느 정도나 성공했는지 정확히 알기가 어려워진다. 하지만 일반적으로 사건의 규모가 크면 너무 많은 정보와 너무 많은 증인 때문에 은폐는 부분적으로만 성공할 수 있다.

세월호 참사의 경우 은폐 시도가 어느 정도였는지는 알기 어렵지만, 사실들 사이의 불명료한 관계와 설득력 있는 설명의 부재로 인해 합리적 의심이 제기된 사례는 많다. 한 예로 세월호가 침몰한 다음 날인 4월 17일 '피의자 신분'인 이준석 선장이 구속되기 전 해경 수사관의 집에서 하룻

밤을 묵은 일이 논란이 되었다.[3] 이런 일은 은폐 시도일 수도 있고 그저 해경의 부적절한 조치였을 수도 있다.[4]

전체적으로 보아 세월호 참사의 경우 광범위한 은폐의 시도가 상당한 성공을 거두었다고 판단하기는 어렵다. 오히려 세월호 참사의 경우 중요한 사실들은 '풍부하게' 전달되었다. 정부는 사건 초기 대처 능력을 잃고 패닉에 빠졌는데, 바로 그랬기 때문에 은폐를 체계적으로 기획하고 성공적으로 수행하기 어려웠다.[5]

그리고 언론의 속보 경쟁과 선정주의는 중대한 오보의 원인이기도 했지만,[6] 사건의 여러 면모를 여과 없이(때로는 언론사의 정파적인 지향을 거스르면서까지) 전달되게 한 면도 있다.[7] 그렇기 때문에 세월호 참사 초기에 사건을 파악하는 해석 도식은 유가족, 자원봉사자, 여러 매체의 기자, 현장의 정부 관계자, 구난 업체 및 잠수부의 상호작용 속에서 그리고 그들 각자가 가진 미디어를 경유해서 집합적이고 자생적으로 형성되는 양상을 보였다. 커뮤니케이션 총량 또한 엄청나서 거의 폭주 수준이었기 때문에 그런 흐름을 어떤 집단이 특정 방향으로 제어하는 것은 사실상 불가능했다.[8]

하지만 이런 요인보다 훨씬 더 중요한 것은 세월호 참사가 여느 재난 상황과도 달랐던 면이다. 어떤 재난이든 다수의 사람은 그것을 미디어를 통해서 간접적으로 체험한다. 세월호 참사도 그랬다. 잘 알려져 있듯이 세월호 참사의 경우 통상적인 매스미디어 외에 다양한 독립 미디어 그리고 스마트폰과 그것에 매개된 SNS 등도 의미 구성의 중요한 경로였다. 하지만 그보다 더 주목해야 할 것은 이런 미디어들과 상호작용하며 이루어진 사건 재현의 특유성singularity이었다.

두 가지 면이 두드러진다. 하나는 수면에 쓰러져 있다가 이틀에 걸쳐 서서히 가라앉은 세월호의 이미지이다. 초기에 배를 탈출한 이들을 제외하면 단 한 명의 구조도 이루어지지 않은 채, 잔잔한 수면과 주변에 배치되어 두런거리기만 하는 구조 인력 그리고 기이한 침묵 속에서 침강하던 세월호의 모습을 전 국민이 영상으로 이틀 동안 지켜보아야 했던 것은 매우 고통스런 경험이었다. 사실 이 이미지가 전달되는 한, 뉴스에 출연한 기자가 그 이미지 옆에서 다급한 목소리로 어떤 정보를 전달하든 그것은 별 의미를 가질 수 없었다. "이것이 나라인가"라는, 누구 입에서 처음 나왔는지 모르지만 모두의 입에서 터져 나온 탄식이 되어 버린 이 말은 "죽게 내버려 둠"의 적나라한 이미지에 대한 직관적 반응이었다.[9]

다른 하나는 세월호에서 빠져나오지 못한 단원고 학생들이 죽기 전에 스마트폰에 담았던 영상들이 방송을 통해 전해진 일이었다. 이 영상들은 그것을 접한 사람들에게 매우 강렬한 정서적 체험을 야기했다. 이 영상들은 산 이가 죽은 이가 남긴 마지막 모습을 보는 것이고, 죽은 이가 자신의 임박한 죽음을 조금도 예상하지 않으면서 남겼지만 우리는 그들이 죽었다는 것을 알고 보는 영상이며, 죽은 이가 "가만히 있으라"는 선내 방송의 귀결을 모르며 따르는 모습을 담고 있지만 우리는 그 말이 어떤 귀결을 가져왔는지 알면서 보게 되는 영상이고, 천진하고 세계의 선의를 신뢰하는 어린 학생들을 세계가 어떻게 잔인하게 배반했는지 알고 있는 우리가 보게 되는 영상이다. 이런 비대칭성들이 세월호 참사를 견디기 어려운 경험으로 만들었다고 할 수 있다.[10]

이런 양상 때문에 정보 통제 시도가 어느 정도였든 관철되기는 쉽지 않았다. 하지만 정보 통제의 다른 축인 정보의 편향적 편집과 관련해 정부는 상당한 노력을 기울였으며,[11] 사건에 대한 대통령의 대응과 관련된 것에서는 특히 그랬다. 일반적으로 정치 지도자에게 대규모 재난은 커다란 위기이지만, 현장에서 구조나 복구 작업을 지휘하는 모습을 보이고 그것을 미디어를 통해 전파함으로써 집합적 슬픔을 극복하고 위무하는 역할을 떠맡는 기회가 될 수도 있다. 하지만 박근혜 대통령은 세월호 참사와 관련해 방어적으로 대응했고 공개 활동 또한 제한적이었다. 4월 17일 진도 체육관 방문,[12] 4월 29일 안산시 합동 분향소 방문,[13] 그리고 5월 19일 대통령 대국민 담화 발표가 대통령이 전면에 나선 사례인데, 셋 모두 편향적으로 편집된 형태로 방송되어 논란을 빚었다. 특히 마지막 사례는 대통령의 눈물 그리고 대통령이 눈물 흘리는 장면을 카메라가 '줌-인'zoom-in해서 찍은 일 등이 심각한 논란의 대상이 되었다.[14] 세 사례는 그 효과가 어떻든 정부가 세월호 참사에 대응하기 위해 각종 이미지와 메시지를 적극적으로 구성하고 조작하려 했다는 것을 보여 준다.

정부는 세월호 참사에 대한 정보 통제에는 실패했지만, 5월 19일 대통령의 대국민 담화 발표부터 세월호 참사의 의미 규정에 개입하기 시작했다. 제6회 지방선거를 앞두고 대통령과 새누리당 의원들이 했던 "도와주세요, 최선을 다하겠습니다" 같은 발언은, 여당이 세월호 참사에 대한 대중적 이해에 일단 순응하며 선거 승리를 위해 노력했음을 보여 준다. 하지만 이 시기에도 "대통령의 눈물을 닦아" 달라는 도착적인 구호가 지지층을 중심으로 확산되는 데 성공하기 시작했다. 왜 대통령의 대국민 담화와 그 과정에서 대통령이 흘린 눈물이 상당한 정치적 효과를 가질 수 있었던 것일까? 박근혜 대통령과 정부 기관들이 세월호 참사에서 부적절하게 행동했다고 믿는 이들은 대국민 담화 내용이 충실하게 준비되지 않은 선거용이며 발표 중에 눈물을 흘린 것이 억지스런 행동이었다고 조롱했다. 이 눈물은 담화 전에 예상되고 점쳐졌으며 심지어 그것이 실제로 일어날지 궁금해하는 양상이었다.[15] 인터넷에 널리 퍼진 이런 조롱에도 불구하고 대통령의 눈물이 큰 정치적 효과를 발휘한 이유 하나는 상당수 사람에게 부자연스러웠던 눈물이 또 다른 상당수 사람에게는 '자연스럽게' 보였기 때문이라고 봐야 한다.

그렇다면 어째서 그것이 자연스럽게 보일 수 있었던 것일까? 이데올로기는 담론적 체계성과 설득력이 아니라 기존의 사회적 편견 그리고 이데올로기 수용층의 자기 정당화 욕구에 부응하는 능력에 의해서 힘을 갖는다.[16] 박정희 향수 속에서 박근혜 대통령을 지지하고 선거에서 선택한 이들은 박 대통령을 양친을 잃은 측은한 존재로 바라본다. 대통령의 눈물은 그를 불쌍해 보이게 했는데, 그것이면 족한 것이다. 만일 그가 울어야 해서 울려고 했고 그래서 울었다면 그것은 자발성이 결여된 시늉이 아니라 그가 정말 측은한 상황에 있다는 것을 입증할 뿐이다. 그렇지 않다면 "대통령의 눈물을 닦아" 달라는 구호가 힘을 발휘한 이유를 설명하기는 어렵다.

다른 한편 박근혜 대통령을 지지하고 선택한 사람들은 자신의 선택이 잘못된 것이기를 원하지 않는다. 그런 사람들은 일관성의 자기 추동적 과정에 들어간다. 즉 그들은 자신의 선택이 올바른 것이었기를 원하기 때문에, 그 올바름을 위해 자신이 선택한 정치인이 성공하는 것이 필요하다고 느끼며, 그 성공에 필요한 정치적 지지와 투입을 마다하지 않는다.[17] 세월호 참사는 정치적 선택의 이런 자기 강화적 경향을 일시적으로 가둘 수 있었을 뿐이며, 대통령의 눈물은 그 빗장을 풀었다고 할 수 있다.[18]

그래도 이 시기까지는 세월호 참사를 둘러싼 의미 구성에서 사회적 분열은 본격적으로 나타나지 않았다고 할 수 있다. 하지만 지방선거와 7월 30일 재보궐선거를 거치며 세월호 참사는 정치와 직접적으로 연결되었고, 그 과정에서 세월호 참사의 의미 규정에 대한 이데올로기적 개입도 격심해졌다. 세월호 참사의 원인과 책임 규명이 매우 중요하며 이를 위해서는 야당의 선거 승리가 더 유리할 것으로 생각한 대중들과 선거 승리에 몰두한 야당 그리고 마찬가지로 선거 승리를 위해 세월호 참사를 정치적 의제로 만들고 여야 대결 구도 속에 넣기를 원한 여당에 의해 세월호 참사는 5월 중순 이후 빠른 속도로 선거 정치 속으로 빨려 들어갔다. 그리고 선거 정치의 영향으로 기존의 여야 프레임 속에 갇혀 갔다. 여당은 선거에 승리한 이후 더욱 강하게 이데올로기 공세를 취해 나갔다. 친여권 인사들의 돌출성 발언이 빈번해졌고 공론장에서 맹비난을 받고 추방되었던 주장들이 더 조직된 형태로 제기되고 영향력을 갖기 시작했다.

3. 사건과 이해 그리고 부인

세월호 참사가 정보 통제에서 이데올로기적 개입으로 국면이 전환됨에 따라 어떤 일이 벌어졌는지 살펴볼 차례이다. 이때 우리는 세월호 참사와 같이 전례 없는 사건이 발생할 경우 그 사건성이 이데올로기적 작용의 양태에 어떤 영향을 미치는지도 함께 살필 필요가 있다.

통상 이데올로기는 의미의 왜곡을 중심 주제로 삼는다. 참여정부가 도입한 종합부동산세 부과에 반응하는 사회적 의미 구성을 '세금 폭탄'으로 기술하고 견인하는 것이 그런 예이다. 세금이 사람을 대량으로 죽이는 수단이 되고 있다는 이런 구호에는 과장과 왜곡이 두드러진다.[19] 하지만 사건의 경우는 이와 다르다. 앞서 지적했듯이 사건은 놀라움을 야기하는 사태이며, 놀라움은 의미의 장애가 발생했음을 뜻한다. 그렇기 때문에 사건은 이해를 요구하고 촉구한다. 이런 이해 작업의 어려움에 대해 한나 아렌트는 이렇게 말한다. "모든 사건의 실제적 의미는 항상 우리가 그것에 부과하는 과거의 어떤 '원인들'을 넘어설 뿐 아니라 이 과거 자체는 사건 그 자체와 더불어서만 생겨나게 된다."[20] 아렌트의 말이 뜻하는 바는 두 가지이다. 하나는 이해의 가장 기초적 형식은 원인을 찾는 것이라는 점이다. 사건은 일종의 변신론辯神論 과정을 유발한다.[21] 우리는 불행과 악과 고통의 원인을 찾는다. 그런 점에서 사건은 자신의 과거를 구성하고 원인을 불러 모은다고도 말할 수 있다. 다른 하나는 그렇게 찾은 원인이 사건을 완전히 이해할 수 있게 해주지는 않는다는 점이다. 사실 원인을 찾는 일이 어려운 것은 아니다. 문제는 원인과 사건 간에 어떤 비례적 관계가 존재하지 않는다는 점이다. 엄청난 재난의 원인이 사소한 과실, 태만, 무지 같은 작은 인간적 악덕과 약점의 더미로 소급되고 수많은 사람에게로 책임이 분산될 때, 우리는 당혹감에 빠지게 된다. 그리고 사건이 처음부터 원인들을 초과하는 어떤 과잉을 내포하고 있음을 깨닫게 된다.

세월호 참사의 경우도 그렇다. 원인에 대한 엄격한 분석과 규명이 필요하며 그것의 공적인 확증은 매우 중요하다. 하지만 세월호 참사의 진상과 원인에 대한 공식적인 조사 결과가 아직 나오지 않았다 해도 우리가 사태의 원인을 모르는 것은 아니다. 무분별한 규제 완화, 가뜩이나 취약한 국가의 안전 보장 능력의 추가적 쇠퇴, 관료와 자본의 유착과 부패, 자본의 무분별하고 천민적인 이윤 추구, 비정규직화 속에서 쇠퇴하는 선원의 직업윤리와 전문성 약화, 해경의 태만과 무능력, 구조 작업에서마저 관철된 자본의 이윤 추구 및 관료의 부패 등을 원인으로 꼽을 수 있을 것이다.

원인들은 더 찾을 수 있다. 그것은 박근혜 대통령이 부재했고 유효한 구조 명령을 내리지 않았던 7시간이 될 수도 있고, 참여정부의 국가안전보장회의를 축소한 이명박 정부의 조치가 될 수도 있다. 세월호나 청해진해운과 미심쩍은 관계를 맺고 있는 듯 보이는 국가정보원도 원인일 수 있다. 혹은 연안 여객선 사업을 활성화하기 위해 교육청이 수학여행에 연안 여객선을 활용하라고 일선 학교에 내려보낸 공문이 원인일 수도 있다.[22]

하지만 얼마나 끈기 있게 찾아내든 그 모든 원인에도 불구하고 세월호 참사는 어떤 해명되지 않는 면이 있는 것으로 나타날 것이다(그리고 그런 면이 우리를 계속해서 원인 규명에 몰두하게 만들 것이고, 참신한 가설이나 의혹 또는 사실의 발굴에 귀 기울이게 만들 것이다). 예컨대 "가만히 있으라"라는 선내 방송을 생각해 보라. 이 평범한 말에 깃든 불길함과 기괴함 그리고 끔찍함은 그 진술 자체에 담겨 있지는 않다.

그러므로 이해는 사건 원인의 분석과 규명 이상을 요구한다. 그것은 아렌트가 지적하듯이 "그러한 일들이 전적으로 가능한 세계와 우리 자신을 화해시키는 것이다".[23] 다시 말해 끔찍한 사건이 가능할 뿐 아니라 그것이 실제로 일어나기도 하는 세계와 그런 세계가 가한 폭력성에 상처 입은 자아 간의 불화와 갈등을 극복하는 것이다. 이 경우 이해와 그것의 선물인 화해는 인지적인 과정일 뿐 아니라 실천적인 과정이 된다. 세계와 자아의 불화는 단순히 인지적으로 극복할 수 있는 것이 아니며, 자아와 세계 양편에서의 변화를 동반해야 하는 것이기 때문이다.

이렇게 사건은 이해와 변화를 촉구하는 자체 역동성을 가지며, 바로 그렇기 때문에 사건에 대한 이데올로기적 개입의 가장 기초적 형태는 왜곡이 아니라 사태가 사건으로 파악되고 명명되는 것을 막는 것, 사건의 '사건됨'에 대한 부인으로 나타난다. 세월호 참사와 관련해서 이런 부인의 대표적 형태는 세월호 참사는 "기본적으로 교통사고"라는 주장이다. 2014년 7월 24일 새누리당 주호영 정책위원회 의장이 이렇게 말하고 며칠 뒤 홍문종 새누리당 의원이 같은 말을 반복했는데,[24] 그런 발언들이 단적으로 이데올로기적이라고 규정하다면 두 의원은 아마 동일한 발언을 반복하며 항의할 것이다. "세월호는 여객선이 침몰하고 승객이 사망한 교통'사고' 맞지 않은가?" 맞다. 하지만 예를 들어 "너는 여자다"라는 진술도 맥락에 따라서는 얼마든지 이데올로기적일 수 있다. 하물며 "너는 '기본적으로' 여자다" 같은 진술은 더 말할 나위도 없다. 그런 진술은 복잡한 인격체를 한 가지 측면으로 환원하고 일반적인 것으로 분해해 버리기 때문이다. 세월호 참사를 교통사고로 규정하는 것도 환원 작업을 통해 사건의 특유성을 부인하려는 것이며, 이 특이성 또는 고유성의 부인이 바로 이데올로기적인 것이다. 이런 점을 작가 박민규는 다음과 같이 명료하게 지적하고 비판했다.[25]

> 세월호는 애초부터 사고와 사건이라는 두 개의 프레임이 겹쳐진 참사였다. 말인즉슨 세월호는
>
> 선박이 침몰한 '사고'이자
> 국가가 국민을 구조하지 않은 '사건'이다.
> ……

우리는 교통사고를 교통사건이라고 부르지 않으며, 살인사건을 살인사고라 부르지 않는 것이다. 그러므로 세월호 사고와 세월호 사건은 실은 전혀 별개의 사안이다. 나는 후자의 비중이 이루 비교할 수 없을 만큼 훨씬 더 중요하다고 생각한다. 다시 한 번 분명히 말한다. 이것은

국가가
국민을
구조하지 않은
'사건'이다.[26]

4. 부인 기법과 이데올로기적 부인들

이제 세월호 참사를 둘러싼 이데올로기적 부인이 어떻게 전개되었는지 살펴보자. 부인 형태를 포착하는 동시에 어떤 유형이 두드러졌는지 파악하기 위해 사이크스와 마차가 범죄사회학의 맥락에서 제시한 '중화 기법' techniques of neutralization을 활용할 것이다.[27] 이들의 논의는 범죄나 일탈 현상 같은 좁은 맥락을 넘어 이데올로기적 부인을 분석하는 데 적합한 틀을 제공한다. 중화 기법들은 전체 사회 성원들이 폭넓게 합의하고 있는 규범의 해석과 적용에 개입해 규범의 의미를 이데올로기적으로 재구성하고 그럼으로써 규범의 압력을 덜어 내는 방식이기 때문이다.[28] 사이크스와 마차가 제시한 다섯 가지 중화 기법 가운데 부인의 기법이 아닌 '더 큰 충성심에 호소하기'The Appeal to Higher Loyalties[29]를 제외한 네 가지는 다음과 같다.

· **피해 부인**The Denial of Injury: 어떤 행위의 결과로 빚어진 피해나 손상을 평가절하함으로써 자기 잘못을 무효화하는 기법이다. 우리 사회에서 빈번한 예를 들면 학교 폭력 상황에서 가해자는 자신의 행위가 단지 '장난'이었다는 식으로 '재명명'redesignation함으로써 피해 발생을 부인한다.

· **희생자 부인**The Denial of the Victim: 피해를 끼쳤다는 것을 인정할 경우에도 자신의 행위가 당시의 상황에서는 잘못된 것이 아니며, 피해자가 먼저 잘못을 저질렀다는 식의 주장을 하는 것이다. 예를 들어 성질더러운 주인의 가게를 파손한 행위는 정당한 복수라고 주장하는 것이다.

· **책임 부인**The Denial of Responsibility: 자신도 어쩔 수 없었다고, 주어진 상황에서 자신의 행동은 어쩔 수 없는 것이었다고 주장하며 책임을 부인하는 기법이다.

· **비판자의 비판**The Condemnation of the Condemner: 비행을 저지른 사람을 규탄하고 비판하는 이들의 동기나 성격을 문제 삼음으로써 자신에 대한 비판에서 벗어나려는 시도이다. 대개 비판자를 위선적인 사람이나 불공정한 사람으로 몰아붙인다.

이 네 가지 기법을 준거로 해서 세월호 참사의 경우를 살펴보자. 네 가지 가운데 피해 부인은 가장 기본적인 부인이며, 다른 종류의 부인에 토대를 제공한다. 예컨대 너를 때린 것은 장난이었으니 희생자도 없고 책임도 없으며 그걸 문제 삼는 사람은 이상한 사람이라는 식이 된다. 세월호 참사의 경우 피해 부인의 가장 대표적이고 '성공적인' 예는 앞 절에서 살

핀 '세월호는 기본적으로 교통사고'라는 주장이다. 교통사고라면 정규적인 사고 처리 절차를 밟으면 된다는 논리가 정당화되며, 그것이 다른 형태의 부인으로 이어지게 된다.

세월호 참사의 경우 희생자 부인은 그렇게 많이 나타나지 않았다. 그 이유는 세월호 참사의 특성 때문으로 보인다. 다수의 사상자가 발생한 사건의 경우 피해자들의 구성은 매우 다양할 수 있다. 그리고 피해자가 다양해지면 그들의 개인적 이력이나 활동 안에서 그들이 겪은 불행의 원인을 찾는 스토리를 조직할 여지가 생긴다. 하지만 세월호 참사의 경우 제주도 수학여행 중이던 단원고 학생들이 희생자 가운데 압도적인 비율을 차지했다. 그리고 17살의 청소년들에게 '불행한 일을 당해도 싸다'는 공격을 받을 이력이 있기는 어렵다. 그럼에도 불구하고 이런 부인의 형태가 없었던 것은 아니다. "가난한 집 아이들이 수학여행을 경주 불국사로 가면 될 일이지, 왜 제주도로 배를 타고 가다가 이런 사단이 빚어졌는지 모르겠다"[30]는 발언이 그 예이다. 이런 발언은 가난한 이들에 대한 차별 심리를 반영하지만, 어떤 식으로든 피해자 집단에게서 귀책 사유를 찾으려는 심리에서 비롯된 것이라고 할 수 있다.

세월호 참사는 엄청난 희생자를 낳은 사건인 동시에 관료, 각종 관리 조직과 기업의 임원, 선원 등이 법적·행정적 책임에 연루된 사안이었기 때문에 세번째 범주인 책임 부인은 엄청난 중요성을 가졌다. 따라서 이런 부인은 광범위했고 아마도 언론에 보도된 것보다 훨씬 더 심했을 것으로 추정된다. 불가피성·착오 등을 내세운 것은 물론이고 책임 부인을 위해서라면 거짓말까지 마다하지 않았다. 탈출한 선원들뿐 아니라 처음 도착한 해경 123정 정장 또한 선내의 승객에게 탈출 지시를 했다고 거짓말했다.

4월 17일 당일 목포 해경의 한 간부는 세월호 사건에 대한 해경의 초기 대응이 미진하지 않았느냐는 기자들의 질문에 "해경이 못한 게 뭐가 있느냐? 80명 구했으면 대단한 것 아니냐. 더 이상 뭘 어떻게 하냐?"고 답하기도 했다.[31] 이런 책임 부인은 행정부의 말단에 한정된 것이 아니었다. 행정부 최상층부도 책임 부인을 일삼았다. 당시 청와대 국가안보실장이었던 김장수는 "[청와대는] 재난 컨트롤 타워가 아니다"라고 발언했다.[32] 참사 발생 후 시간이 지날수록 책임 부인은 점점 더 노골화되었는데, 대표적인 사례가 국회 '세월호 침몰 사고 국정조사 특별위원회' 여당 간사인 새누리당 조원진 의원이 청와대가 재난의 컨트롤 타워가 아니라는 점을 강조하기 위해 "AI가 발생했을 때도 대통령에게 책임을 묻느냐"며 김동연 국무조정실장에게 질의했던 일이다.[33]

마지막으로 비판자의 비판을 살펴보자. 가장 격렬한 형태로 진행된 부인이 바로 이 범주의 것이다. 이 방식의 부인은 다른 부인과 달리 수세적이지 않고 공세적이기 때문에 새로운 가해가 될 수 있고, 그 성격상 격렬해지기 십상이다. 그럼에도 불구하고 시간이 갈수록 이런 부인이 강화되었는데, 그 이유는 한편으로는 세월호 참사의 성격상 유가족이 중심적인 존재가 되었고, 다른 한편으로는 유가족에 공감하고 지원하는 자원봉사자와 시민 단체 그리고 다수의 사회 성원으로 구성된 애도 공동체가 형성되었기 때문이다. 따라서 참사의 책임이 있는 것으로 지목된 대통령과 행정부(그리고 그들을 지원하는 범여권)에게는 애도 공동체의 도덕적 정당성을 약화시키고 내적 균열을 일으키는 것이 매우 중요했다.

이와 관련해 세 가지 방식의 이데올로기적 개입이 있었다. 첫째는 진상 규명을 요구하고 집회를 조직하는 유가족의 행위 뒤에 더 많은 보상을 얻으려는 의도가 있다는 식으로 몰아붙이는 것이었다. 진상이 아니라 보상을 중심 의제로 부각시키려 한 여당의 이런 전략은 야당이 부적절하게 대처함으로써 상당한 효과를 발휘했다.[34]

둘째는 유가족 집단을 분열시키려는 것이었다. '순수' 유가족이라는 표현[35] 그리고 '단원고 유가족'과 '일반 유가족' 같은 표현을 의도적으로 사용함으로써 유가족을 내적으로 분할하려고 시도한 것이다. '순수' 유가족은 불순한 유가족을 전제하는 표현인데, 불순한 유가족은 허구적으로 구상된 개념이어서 많은 비난을 받았고 큰 영향력을 발휘하지 못했다. 하지만 '단원고 유가족'과 '일반 유가족'은 실제로 존재하는 균열을 증폭하려는 것이었으며, 세월호 특별법 제정 국면에서 유가족에게 압박으로 작용했다고 할 수 있다.[36]

셋째는 유가족을 지원하는 대중과 시민 단체를 공격하는 것이었다. 세월호 참사 관련 집회 현장에 '보수 단체' 회원들이 소수 모여들어 집회를 열고 그런 양상 및 그들의 발언을 정부의 영향 아래 있는 방송과 보수 언론이 상세히 보도하는 행태가 이어졌는데, 그것이 의도했던 바는 유가족에 대한 사회적 공감이 보편적이지 않고 이견이 존재한다는 주장, 그리고 유가족을 지원하는 시민 단체나 시민들이 다른 의도를 가지고 있다는 주장을 유포하는 것이었다. 세월호 관련 집회는 "제2의 5·18을 위한 불쏘시개"이며 "시체 장사"라는 발언,[37] 세월호 참사를 기화로 종북 세력이 준동하고 있으며[38] 또 다른 광우병 정국을 기획하고 있다는 주장[39]이 그런 예이다.

사건의 고유성을 지우려는 부인의 시도에서 출발하는 이데올로기적 부인은 이렇게 다양하게 변주되었으며, 사건이 발생한 뒤 시간이 경과함에 따라 더욱 파상적으로 이루어졌다. 이런 부인들은 종편 방송들, 그리고 인터넷 댓글과 SNS를 통해 광범위하게 전파되었다. 구체적 전파의 경로나 범위가 어떠했든 이데올로기적 의미 구성의 기본 논리는 사건/사고, 진상/보상, 단원고 유가족/일반 유가족, 그리고 순수/종북이라는 의미론적 대립을 활용한 것이었다.

5. 트라우마와 공감, 책임과 '막말'

지금까지의 논의에서는 이데올로기적 개입이 마치 그 자체로 효력을 발휘하는 것처럼 서술된 면이 있다. 하지만 이데올로기가 작동하기 위해서는 다수 사회 성원의 인지적 틀 및 여론의 흐름과 연결되어야 한다. 이데올로기적 개입을 기획하는 이는—얼마나 정확했고 성공적이었는지는 알 수 없지만—대중이 가진 기존의 상식, 어느 정도 설득력을 갖고 작동하고 있는 정치적 프레임, 또는 단편적일지라도 자명한 사실들, 사회 성원의 정서적인 흐름과 접맥될 길을 찾는다. 종북 프레임을 활성화하는 것이나 경제 불황과 세월호 참사를 연결하는 것은 그런 맥락에서 시도된 것들이다.[40]

하지만 '종북'이나 '경기 침체'와 같은 인지적 틀은 사건의 영향으로 인해 사람들 의식의 수면 위로 부상하지 못하거나 부적절한 것으로 기각되어 버릴 수 있다. 그런 것들이 채택되기 위해서는 사회 성원들 안에서 형성된 자생적 이데올로기spontaneous ideology에 의해 지지를 받아야 한다. 이 문제를 살피기 위해서는 세월호 참사가 야기한 심리적 역동과 의미 재구성의 특징을 살필 필요가 있다.

앞서 세월호 참사는 놀라움을 야기한 사건임에 더해 엄청난 고통을 야기한 트라우마였음을 지적했다. 이와 관련해 세 가지 점에 주목할 필요가 있다. 첫째, 트라우마는 사회 성원을 가해자와 피해자, 관찰자로 분화시킨다. 트라우마에서 가해 요인이 자연재해인 경우 가해자 범주는 뒤로 물러날 수도 있다. 하지만 발생 요인이 비사회적인 경우에도 그것에 대처하는 사회적 과정이 다시 트라우마를 야기할 수 있다.[41] 사건에서 원인을 찾는 작업은 트라우마의 경우 대개 가해자를 찾는 작업으로 이동한다.

둘째, 개인적이지 않고 집단적인 것일 경우 트라우마는 폭넓게 확산되어 다양한 수준으로 분포한다. 세월호 참사를 예로 든다면 그것이 야기한 트라우마는 희생자나 실종자 유가족에 한정되지 않는다. 단원고 2학년 희생자와 실종자를 중심에 놓고 보면 그들의 유가족, 함께 세월호에 탔던 생존 학생과 그들의 가족, 생존 교사, 단원고 1학년 및 3학년 학생과 그들을 담당하는 교사, 사망한 학생들의 초등학교나 중학교 친구, 유가족의 이웃이나 직장 동료, 그들의 친인척, 교우教友, 동창 등 트라우마는 동심원을 그리며 확산된다. 세월호 참사의 경우 미디어 이벤트의 측면도 있었으며 전달된 정보와 이미지가 가진 충격성 때문에 대중 또한 옅은 수준의 트라우마를 겪었다. 이렇게 트라우마의 스펙트럼이 넓게 형성되면 사람들의 경험의 낙차 또한 커지게 된다.

마지막으로 트라우마를 겪는 사람은 이해의 도식이 파괴된 상태이므로 트라우마를 극복하려면 의미의 생성과 재구성 작업이 필요하다. 그런데 이런 의미 생성의 작업은 단지 개인적 수준이 아니라 '공동 의미 또는 공통 감각'common sense을 협력적으로 생성할 것을 요구한다. 트라우마로 고통받는 희생자 편에서 보면 트라우마 때문에 세계(자아를 둘러싼 사태 전체와 타자들)와 자아의 관계가 훼손되었으며, 그로 인해 자기 관계의 안정성 또한 위협받고 있는 상황이다. 그러므로 타자와 공유할 수 있는 의미 세계의 복구 또는 생성 없이는 트라우마를 극복할 수 없다.

하지만 공동 의미의 협력적 생성은 결코 간단치 않다. 앞서 지적했듯이 트라우마 속에서 사회는 피해자와 가해자로 분열된다. 그리고 가해자 또는 가해자의 위치에 처한 사람은 공동 의미의 형성에 협력하기는커녕 오히려 남아 있는 의미 자원마저 파괴하는 경우가 많다.[42] 또한 트라우마 경험의 스펙트럼이 넓기 때문에 피해자들 사이의 소통과 공동 의미 형성도 결코 간단치 않다. 자칫하면 넓은 의미에서는 피해자 범주에 함께 속하는 이들 사이에서 이차적 가해가 새롭게 발생할 수도 있다.[43]

트라우마가 집합적인 것인 한에서 관찰자 범주의 사람들과 피해자 사이의 공동 의미 형성도 매우 중요한 과제가 된다. 이렇게 폭넓은 범주의 사람들이 참여할 때만 공동 의미는 그 표현에 걸맞은 공동성을 가지게 된다. 또한 그럴 때만 트라우마 공동체의 넓어진 외연이 확장되고 이해의 깊이가 생겨나며, 그런 의미의 자장이 형성될 때만 가해자들이 사태에 대한 책임을 지지 않을 수 없게 되고 그들마저 공동 의미의 형성에 참여하게 된다.[44]

관찰자의 참여자로의 자세 전환, 그리고 타자의 고통에 반응하려는 태도를 견지하는 것을 우리는 공감이라고 부를 수 있을 것이다.[45] 이 과정을 인지적 모델을 따라 이해해서는 안 된다. 공감은 타자의 고통을 아는 것이거나 같은 고통을 느끼는 것이 아니라 피해자의 훼손된 세계 경험의 극복 노력을 함께하고 그것에 반응하는 것이다. 그 과정에 인지적인 무엇이 있다면, 그것은 타자의 고통이 자신의 삶과 결코 무관하지 않고 오히려 내적 연관을 가지고 있다는 사실을 깨닫는 것이다. 예컨대 그것은 다음과 같은 경험이다.

> 우리가 마음껏 가엾다고 느낄 수 있는 것은 고통받는 이들의 상황에 우리 자신이 아무런 책임도 없다고 생각할 때뿐이다. 그런데 그날 이후로 우리는 그렇게 느낄 수가 없다. 우리는 교통사고 사망자들을 불쌍하게 여길 수는 있지만 같은 방식으로 세월호 희생자들을 불쌍하게 여길 수는 없다. 손써 볼 사이도 없이 발생한 사고가 아니기 때문이다. 우리는 충분히 구할 수 있는 이들을 죽어 가도록 내버려 두었다. 많은 사람들이 오래도록 괴로워하는 이유도 그것이다. **죽은 사람들이 단지 불쌍해서가 아니라 그들이 죽어 가는 긴 시간 동안 아무것도 할 수 없을 만큼 이 엉망진창인 시스템을 방치한 우리 자신에 대한 수치심 때문에 몸서리치는 것이다.**[46]

여기서 보듯이 공감은 책임으로 이행하고, 그 책임은 과거에 대해서는 죄의식을 유발하며 미래에 대해서는 의지와 행위를 불러일으킨다. 확실히 세월호 참사가 우리에게 알기를 요구하고 있는 핵심적 사실은 사회 전체에 뻗어 있는 책임의 중층적인 연계 구조에 대한 이해와 그것에 책임지려는 태도이다.[47]

하지만 공감은 자세를 견지하는 긴장에 찬 능동적 과정이며, 책임은 그보다 더 긴장 어린 것이다. 그렇기 때문에 관찰자 입장에서는 참여자보다 방관자가 되는 편(아마도 잠재적으로 가해자 편이 되는 것일 텐데)이 더 편안한 선택이다. 심리적 경제의 면에서 본다면, 주디스 허먼이 지적하듯이 피해자와의 공감을 유지하는 것보다 차라리 가해자를 편드는 것이 훨씬 쉽다. "가해자는 국외자에게 아무것도 하지 않아도 된다고 말한다. 가해자는 악을 보고 싶어 하지 않고 듣고 싶어 하지 않고, 말하고 싶어 하지 않는 보편적인 바람을 악용한다. 반대로 피해자는 국외자가 고통을 덜어주길 원한다. 피해자는 행동하고 관여하고 기억하기를 요구한다."[48]

이런 심리-경제는 프로이트가 말한 '쾌락 원리'를 따르는 것이다.[49] 그런데 쾌락 원리가 추구하는 안락함은 인간 행동을 동기화하고 이데올로기적 관념 체계를 유도하는 요인으로 간주되는 이해관심interest과 다른 것이 아니다. 어떤 의미에서 안락은 이해관심의 텔로스라고 해도 과언이 아니다. 경제적 이익 추구가 목표하는 바는 편안함에 다름 아니며, 권력의 원초적 이해관심 또한 명령이나 의지가 마찰 없이 관철되는 긴장 없이 안락한 상황이다.[50] 이런 심리-경제로부터 세월호 참사에 대해 '지겹다. 이제 그만하자' 또는 '세월호 피로감' 같은 발언과 태도가 출현하거니와, 그런 태도와 발화는 관찰자라는 사회적 위치 그리고 그 위치에서 공감과 참여와 관여로 이동할 때 요구되는 긴장에서 벗어나려는 심리-경제적 이해관심의 관철이라고 파악할 수 있다.

이런 발화와 태도는 이해관심의 개입으로 인한 의미의 왜곡 또는 인식 주체가 가진 사회적 위치가 야기하는 환영이나 인지적 왜곡[51]이라는 이데올로기의 전통적 정의와 잘 부합한다. 그리고 이런 자생적 이데올로기로부터 피해자와 그의 사회적 연관의 분리splitting 그리고 그런 사회적 유대의 연쇄를 인지할 때 닥쳐 오는 책임감의 부인이 발원한다. 만일 이런 태도가 더 진행되면 관찰자는 마침내 문턱을 넘어 가해자의 편에 서서 피해자를 사물화reification하는 태도를 취할 것이다. 그리고 그것이 이른바

'막말' 또는 '망언'의 출현 지점일 것이다.

물론 세월호 참사 이후의 막말 가운데 일부는 발화자가 가진 편견이 뜻하지 않게 광범위하게 전파된 것들도 있지만, 막말 중 이데올로기적 의미를 지닌 것은 공공연하게 피해자들을 모욕하려는 의도를 가진 것들이었다. 이런저런 사례가 있지만, 세월호 참사 유가족 김영오 씨(유민 아빠)의 단식 투쟁이 계속되고 여러 시민이 단식에 동참하던 2014년 9월에 있었던 '일베'의 폭식 투쟁이 가장 뚜렷한 사례라고 할 수 있다.

이런 일베의 행동을 비롯한 의도적 막말에 대해 그것이 '패륜적'이라는 도덕적 비판이 일반적이었다. 하지만 일베의 행동이나 악의적인 막말은 이데올로기적 효과를 가진 것이기도 하다. 그것은 트라우마적 사건의 희생자들에 대해 분리와 물화에 입각한 태도를 발전시켰을 뿐 아니라 그것을 공적으로 발언하는 것이 가능하다는 것을 예시했다. 이런 예시로 인해 일부 사람은 도덕적 훼손감을 느끼게 되겠지만, 그런 과정은 스스로 가능성의 공간을 확장해 나가는 것이기도 하다. 그럼으로써 가능하지 않은 것으로 여겨졌던 감수성·태도·발언이 가능해지는 것이다. 이런 가능성의 확장은 매우 위험하다. 왜냐하면 사회는 가능한 것과 가능하지 않은 것을 준별함으로써 존립하며, 모든 것이 가능해지면 공적 세계와 공론장 전반이 외설적이고 공격적인 공간이 되기 때문이다.[52] 언어가 향유로 충전되면 그것은 더 이상 소통과 공동 의미 형성에 쓰일 수 없다.

폭식 투쟁을 주도한 자유대학생연합은 페이스북에 이렇게 적었다. "네크로필리아들의 죽음을 향한 단식 투쟁에 저항하기 위해 생명을 존중하는 우리들은 삶의 징표인 '식'을 통해 투쟁합니다. 바이오필리아들이여! 오라 5시 광화문역으로!! 자대련에서 삼각 김밥을 무상으로 제공합니다.” 진상 규명을 위해 단식 투쟁을 하는 세월호 유가족과 시민을 ‘시간증屍姦症 환자’로 명명하는 이런 태도는 언어를 도착적 도구로 바꾸는 것이다. 아니, 이런 단어를 사용하는 이들이 그 단어를 제대로 실감하며 사용하고 있는지 의심스럽다. 만일 그것이 아렌트가 말한 “무사고”[53]의 징후가 아니라면, 그렇게 도착적으로 사용된 언어들은 향유로 물들어 있다고 할 수 있다. 언어가 향유로 충전되면 그것은 더 이상 소통과 공동 의미의 형성에 쓰일 수 없다. 그들은 이런 공공연한 모욕적 언사를 통해 트라우마의 희생자들이 동료 인간과 공동 의미를 형성할 수 있다는 믿음을 박탈하고 있는 것이며, 관찰자들에게는 엉망이 되고 있다는 느낌을 주고, 사태가 이치에 맞게 풀려 갈 것이라는 기대를 꺾어 버리는 것이다. 이런 상징적 폭력을 위해 거리낌 없이 의미가 조작되는 것, 그것이 막말의 이데올로기적 작용이라고 할 수 있다.

6. 맺음말

세월호 참사는 여전히 진행 중인 사건이며, 그것이 야기한 트라우마를 극복하는 데 얼마나 긴 시간이 필요할지, 이 사건으로 인해 파괴된 공동 의미가 언제 어떻게 복구될 수 있을지는 알 수 없다. 불확실성과 동요로 가득 찬 삶에서 우리의 삶이 평화와 안정성을 획득하기 위해 필요한 것은 무엇인가? 그것들 가운데 몇 가지는 적어 볼 수 있을 것이다. 몇 가지 기초적인 사회적 사실들이 흔들리지 않아야 한다. 그것을 위해서는 증언이 필요할 것이다. 잘못과 실수가 있는 세계에서 과거를 안정화하고 평화로 이끌기 위해서는 용서가 필요할 것이다. 미래를 급진적 우연에 휩쓸리게 하지 않기 위해 우리는 약속할 능력을 가져야 하며, 약속을 지키는 것에 자기 존재를 걸 수 있어야 한다.[54] 이런 것들이 가능할 때, 우리는 협력할 수 있고, 공감과 책임을 매개로 공동 의미를 새롭게 생성할 수 있을 것이다.

하지만 세월호 참사 그리고 그것에 대한 반응들을 살펴보면서, 기대를 버려서는 안 되지만 그것이 결코 쉽게 충족될 수 없음을 느끼게 된다. 세월호 참사로 인해 희생자는 물론이고 대다수 사람이 세계와 자아 간의 손상된 관계를 치유하기 위해 이해에 대한 깊은 욕구를 느끼고 있지만, 이해를 위한 의미 구성의 경로는 이데올로기적 개입을 향해서도 폭넓게 열려 있기 때문이다. 가해와 책임의 문제가 해결되어야 하는 상황은 그런 이데올로기의 개입을 더욱 촉진한다. 그러므로 이데올로기 비판적 감수성을 결여한다면, 이해의 작업은 오히려 미로에 빠질 위험이 있다.

이 글은 이런 점을 염두에 두면서, 이데올로기적 기제로서 '부인'을 새롭게 조명하고 분석에 활용할 필요를 제기했다. 그리고 이데올로기적 기획이 성공하기 위한 토대로서 자생적 이데올로기가 형성되는 방식에 주목할 필요성을 주장하고 일부 살펴보기도 했다. 그리고 막말이나 폭식투쟁 같은 현상이 가진 이데올로기적 효과도 살펴보았다. 의미와 이해는 창발성을 요구하는 작업이다. 유감스럽게도 이데올로기도 그런 면을 갖는다. 그러므로 이데올로기 비판 또한 제 몫을 다하기 위해서는 그래야 한다. 이데올로기 비판이 우리와 세계의 불화를 넘어서게 해주지는 않겠지만, 비판의 거름 없이 이해의 숲이 무성해지기는 어려울 것이다.

2장

⋮

고통의 의료화와 치유의 문법

세월호 이후의 지식정치학

김명희

1. 사회적 사실로서 세월호 트라우마

2015년 벽두에 '광복' 이후 가장 중요한 사건을 묻는 한 신문사의 조사에서 '한국전쟁'(15.5%)과 '세월호 참사'(13.9%)가 나란히 1~2위를 차지한 결과가 보여 주듯, 2014년 세월호 참사는 분명 우리의 상식적인 이해를 넘어서는 커다란 외상적 사건이었다. 그리고 참사 후 1년 8개월에 이르는 기간 동안 생존자 학생, 유족, 구조에 나섰던 '세월호 의인' 김동수 씨의 자살 기도가 있었음이 세간에 알려졌고, 2015년 12월 14~17일 언론의 차가운 외면 속에서 진행된 '세월호 참사 특별조사위원회' 1차 청문회에서는 '세월호 의인' 김동수 씨의 자해 시도를 다시 한 번 목도해야 했다. 분

* 이 글은 「고통의 의료화: 세월호 트라우마 담론에 대한 실재론적 검토」, 『보건과 사회과학』 38집, 2015와 「세월호 이후의 치유: 제프리 알렉산더의 외상 과정 논의를 중심으로」, 『문화와 사회』 19권, 2015를 이 책의 기획 의도에 맞게 가필·재구성한 것이다.

명 세월호 트라우마는 단순한 비유나 관용어를 넘어 다양한 징후와 증상을 통해 표출되는 사회심리적 실체를 지닌 사회적 사실이며, 사회적 고통의 한 형태라고 볼 수 있다.

하나의 질문으로 논의를 시작해 보자. 세월호 참사는 왜 전 국민적인 차원의 트라우마를 야기했나? 세월호 탑승 인원의 상당수가 꽃도 피워 보지 못한 어린 나이의 학생이라는 점이 국민적 공감과 애도를 불러일으킨 요인이었을 것이다. 그리고 세월호 참사는 그 예측 불가능성과 희생자의 무작위성으로 인해 누구나 쉽게 유족이 될 수 있다는 깨달음을 준 사건이기도 했다. 그러나 더욱 큰 충격은 알다시피 참사의 발생 국면에 있었다. 세월호 참사의 발생 국면과 수습 과정을 지켜본 시민들은 이구동성으로 "그 시점에 국가는 존재하지 않았고, 정부는 무정부 상태였다"고 말했다. 이렇게 말할 수 있는 것은 생명이 수장되는 모든 과정을, 국가가 국민을 구조하지 않는 사회적 과정을 미디어의 생중계를 통해 실시간으로 '보았기' 때문이다. 여기에 '재난 일반'으로 환원될 수 없는 '4·16 참사'의 특수성이, 또 집단 트라우마collective trauma의 성격을 갖는 '세월호 트라우마'의 특수성이 있다.[1]

사건을 야기한 힘에 대한 총체적 규명을 진실 규명이라 말할 수 있다면, 알다시피 세월호 사건은 다른 국가 재난과 달리 유난히 사건 기록과 증거의 훼손이 많은 사건이었고, 관련 정보가 원천적으로 차단된 상태에서 진실로 가닿는 문이 봉쇄되었다. 아마도 '국가가 국민을 구조하지 않은' 사회적 과정이 미디어를 통해 그토록이나 전방위로 노출되지 않았다면, 역사적 사례를 통해 볼 때 세월호 참사의 귀책은 '폭도'와 '간첩', 심지어 '북한'의 소행으로 쉽게 돌려졌을지도 모를 일이다. 하지만 세월호 참사는 그렇게 만들어질 수 없었다. 그러기에는 너무나 많은 '목격자들'이 존재했기 때문이다. 따라서 '세월호는 기본적으로 교통사고'라는 담론의 등장과 함께 개별 행위자(들)에게 참사의 귀책을 끊임없이 전가함으로써—또 각종 보도 권력을 동원해 사실을 왜곡함으로써—4·16의 본질을 희석시키려는 시도는 어떤 측면에서는 다소 불가피한 지식-정치의, 또는 조지 레이코프의 용어로 말하자면 '프레임 정치'의 산물이라고 볼 수 있다.[2]

참사 직후부터 현재에 이르기까지, 포스트-세월호 국면을 주도하고 있는 '사고-보상 프레임' 속에서 '세월호'는 점차 국민들의 기억 속에서 잊혀 가고 있는 것으로 보인다. 사고-보상 프레임은 304명의 생명을 수장에 이르게 한 사인死因에 대한 정부의 공식적 설명과 사후 정책 모두를 암암리에 규정하고 있다. 세월호 참사는 '재난 트라우마'에 대한 심리적 치료의 중요성을 국가적인 의제로서 본격적으로 다루게 만들었다는 점에서 이전의 재난과 분명히 구별되었다. 사건 발생 직후부터 미디어를 통해 강조된 '외상 후 스트레스 장애'Post Traumatic Stress Disorder(이하 'PTSD')에 대한 걱정과 우려 속에서, 보건복지부는 곧바로 세월호 참사 피해자를 위한 의료적 개입을 담당할 전문 기관인 '안산 정신건강트라우마센터'(이후 '안산 온마음센터'로 명칭 변경)를 설치했다. 문제는 의료 패러다임에 기초한 전문가적 개입이 치유 산업의 성장과 재난 담론의 과잉, 그리고 지체된 진실 규명 국면과 조응하면서 우리가 목도하고 있는 사회적 고통의 근원과 본질을 희석시킬 위험을 노정하고 있다는 점이다.

이 글은 '사고-보상 프레임'의 규정력 속에서 세월호 트라우마 담론을 관통하고 있는 두 가지 잘못된 논리적 전제를 성찰한 후 대안적인 치유의 문법을 모색해 보고자 한다. 첫째, '트라우마'를 충격적인 사건에 대한 고립된 개인들의 반응으로 진단하는 PTSD 담론은 세월호 트라우마가 생존자 내지 유족의 트라우마로 환원되지 않는 집단적·문화적 트라우마임을 간과한다. 둘째, 개별 행위자의 증상 질환에 초점을 맞춘 정신과적 치유 담론은 외상의 생산과 재생산의 기저에 '사건-구조-인식과 행위' 간의 인과 작용causation이 자리한다는 점을 놓침으로써 고통의 의료화라는 잘못된 처방을 초래할 우려가 있다. 반면 이 글이 취하고 있는 비판적 실재론critical realistic[3] 관점과 최근 인문사회과학계에서 제출된 외상 연구의 성과들은 '사고-보상 프레임'에 내재한 진단적 실수와 포스트-세월호 국면의 외상 과정에 대한 유의미한 통찰을 제공하고 있다.

2. 현실주의의 오류: 사고-보상 프레임의 지식정치

참사 이후 진행된 고통의 의료화 경향을 드러내기 위해 우선 '사고-보상 프레임'에 내재한 인식적 오류를 살펴볼 필요가 있다. 세월호 참사의 사건성을 부인하는 사고-보상 프레임은 사건의 원인에 대한 질문을 봉쇄함으로써 현실주의actualism의 오류 또는 경험주의empiricism의 오류를 야기한다. 또한 이는 고통의 사회적 차원을 의학적 치료의 문제로 치환해 고통의 원인에 대한 처방을 고통의 증상 경험에 대한 개입으로 환원하는 환원주의reductionism의 오류를 동반한다. 두 가지 문제는 분석적으로 구분되지만, 크게 '사고-보상 프레임'에 의해 동시에 규정되고 있는 동전의 양면이라 볼 수 있다.

1) 사건이자 구조로서 세월호 참사

세월호 참사의 중요한 또 하나의 특징은 이 사건이 '보도 참사'이기도 하다는 점이다. 이 과정에서 중요한 수행 집단carrier group으로 등장한 것이 미디어와 언론이다. 언론은 물량 보도와 왜곡 보도를 통해 초기부터 국가의 구조 실패와 대응 과정의 책임 있는 행위자로 개입했고, 재난 보도 또한 개별적 실패라기보다 구조적 실패라는 것이 관련 학계의 진단이다.[4] 따라서 4·16을 명명하는 그 첫번째 국면에서 "사건성을 부인하려는 이데올로기적 개입"[5]에 맞서 '4·16은 과연 무엇인가'에 대한 분석적 재정의와 개념적 노력이 절실했다. 세월호 참사를 사고와 사건이라는 이중의 프레임의 복합물로 변별해 낸 개념화의 시도는 흥미롭게도 (인)문학자들로부터 시작되었다.

> 세월호는 선박이 침몰한 '사고'이자, 국가가 국민을 구조하지 않은 '사건'이다.[6]

즉 사건으로서의 세월호는 선박 침몰과 구조rescue 실패라는 분리된 두 개의 문제 차원을 동시에 갖고 있다. 아울러 세월호는 사건으로 표출된 구조structure 실패이다. 사건과 구조, 이 두 측면이 짧은 시간 동안 한 사태 속에 공존했다는 데 세월호 사태의 본질이 숨어 있다. 엄밀히 말해 사건은 사건을 야기한 어떤 힘을 전제한다. 그런 의미에서 사건은 구조의 표출이지만, 구조 자체는 아니다. 그런데 세월호 참사는 다른 일반적인 순간적 사건과 다르게 한국 사회의 경제, 사회, 정치, 국가 공동체, 관료 기구의 능력과 행태, 가치와 윤리가 집약적으로 표출된 압축 구조와 같았다. 박명림은 이러한 맥락에서 세월호 사태를 세 단계로 구분한다. 첫째, 침몰의 요인과 과정이다. 이 단계에서는 사태 발생 시점 한국 사회의 사회경제적 모순 구조, 특히 돈과 물질이 지배하는 신자유주의 요소가 가장 크게 작용했다. 둘째는 구조 실패다. 인간 사회에는 자연재해를 비롯해 위험이 상존한다. 그러나 재난이 재앙으로 변전되느냐 마느냐의 갈림길은 국가의 대응에 달려 있다. 알다시피 선박 침몰 과정은 곧 생명 구조 실패 과정이었고, 국민 생명 보호를 존재의 제일 목적으로 삼는 국가 실패와 국가 실종이야말로 세월호 사태 전 과정의 요체였다. 셋째는 사후 대처 국면이다. 첫째가 구조 영역이고 둘째가 국가 영역이라면, 셋째는 공동체 전체의 사회적 심성 구조, 정치의 역할, 마음의 생태계를 말한다. 진실 규명이 답보되고 사태 해결이 장기화되면서, 충격과 경악, 애도와 슬픔, 혼란과 분기, 그리고 혐오와 배제의 국면을 경과해 초기의 '국가 가해-가족 피해' 구도가 피해자인 가족들이 오히려 공격받는 상황으로 전도된 것이다.[7]

이 과정에서 사고-보상 프레임의 주도력은 지속되었다. 네이버 지식백과의 '시사 상식 사전'도 4·16을 '4·16 세월호 침몰 사고'로 규정하고 있다. 2014년 9월 16일 국무회의의 대통령 발언에서도, 대통령 담화문에서도 세월호는 '사고'로, '피해-보상'의 문제로 언술된다. 세월호 3법에서도 '다중 인명 피해 사고'의 프레임이 계속 사용되었다. 이 과정에서 언론들이 세월호 참사의 원인 중 하나로 지목한 것은 '한국 사회에 여전히 만연한 안전 불감증'이었다. 4월 16일을 '재난 안전의 날'로 정하자는 얘기가 참사 직후부터 나왔고, 국민안전처도 이렇게 만들어졌다. 세월호 이후 학교에서 가장 크게 변화했던 점도 바로 이 '안전 불감증'과 관련된 조치들이다. 안전 교과가 설치되었고, 안전 매뉴얼이 보급되었으며, 학교 시설 안전 관리가 강화되었다. 현장학습 및 수학여행 요건이 강화되었고, 여론의 분위기에 압박을 느낀 많은 학교가 수학여행 자체를 취소했다.[8]

이렇게 사고-보상 프레임은 재난 산업과 안전 담론의 부상과 범람 속에서 세월호 참사를 규정하는 해석틀이 되었다. 그러나 모든 국민이 가장 궁금해하던 의문인 '국가는 왜 국민을 구조하지 않았는가'는 대답되지 않았다. 실질적인 진상 조사를 무력화한 것으로 평가되는 세월호 특별법 시행령(2015년 3월 27일 공포, 5월 11일 제정)과 같은 날 공포된 '4·16 세월호 참사 피해 구제 및 지원 등을 위한 특별법 시행령'(3월 27일 공포, 3월 29일 제정)은 진상 규명을 피해 치료의 외삽적이고 부수적인 요소로 분리·배제하고 있음을 명백히 보여 준다.

그러나 엄밀히 말해 304명의 희생자를 낳은 미증유의 참사 과정에—의도적이든 비의도적이든—국가가 책임이 있음을 인정한다면, 이는 '보상'이나 '위로금'의 사안이 아니라 명백히 '배상'의 사안이다. 설사 보상이 되더라도 그에 합당한 국가의 사죄가 선행되어야 한다. 이를 통해 일관된 배(보)상 기준을 확립하고, 가족의 피해, 정신적 고통, 사회적 배제와 같은 심각한 피해까지 포괄해야 하며, 밝혀지지 않은 진실은 의혹 그 자체로 또 하나의 중요한 피해임이 확인되어야 한다.[9] 따라서 세월호 참사에 대한 최소한의 해법이 1) 진상 규명, 2) 책임자 처벌, 3) 명예 회복, 4) 배상과 보상, 5) 기념과 추모, 6) 치유와 회복 등 역사 청산의 기본 원칙을 공유한다는 점은 일정한 사회적 합의에 이른 것으로 보인다.[10]

2) 사고-보상 프레임 : 현실주의의 인식적 오류

실재론의 용어로 말하자면 사고-보상 프레임은 현실주의actualism의 인식적 오류를 범하고 있다. 현실주의란 실재 영역the real을 '사건'이 일어나는 현실 영역the actual으로 환원하는 관점을 말한다.[11] 사고는 사건의 한 유형이라고 할 수 있다. 그러나 사건은 우연의 산물이 아니라, 그 자체로 복잡한 원인과 의미를 지니며 사회의 구조를 드러내 보여 주는 징후이자 증거의 역할을 할 수 있다. 사건사의 인식론은 구조와 사건의 밀접한 관련성에 주목한다. 이 입장에 따르면 실재의 영역에서 작동하는 인과적 메커니즘은 실증주의가 전제하는 것과 달리 변수들 간의 항상적 연합constant conjunction을 발생시키지 않는다. 즉 실증주의 입장에서는 세계가 평평하게 구성되어 있고 모든 지식은 관찰 가능한 경험으로 환원되어야 하기에, 사건을 야기한 인과적 힘의 존재는 부인된다. 모든 사건은 우연성의 산물이 되는 것이다. 반대로 실재론적 견지에서 특정 인과 메커니즘은 상황에 따라 작동하지 않을 수도 있으며, 작동하더라도 상쇄 메커니즘에 의해 예기된 결과가 현실의 세계에서 실현되지 않을 수 있고 경험되지 않을 수 있다. 그러나 경험되지 않는다고 해서 사건과 경험을 야기한 인과적 힘의 존재가 부인되는 것은 아니다. 이러한 입장에서 개별 사건은 일회적이고 우연적인 현상이 아니라 구조의 작용이나 발현이며, 거꾸로 구조를 이해하고 설명할 수 있는 계기이자 단서가 된다.[12] 포스트-세월호 국면의 지식-정치는 이러한—암묵적인—경험주의적 존재론과 인식론이 범람하는 가운데 납득 불가능한 사건과 경험의 원인들에 대한 상식적인 질문과 해명의 노력이 봉쇄되는 특징을 보인다.[13] 이는 현실의 사건에 대한 설명적이고 서술적인 차원에서 인식적 오류를 동반하는 지식의 문제를 야기한다.[14]

3. 환원주의의 오류: 고통의 의료화와 개별화

한편 사고-보상 프레임에 내재한 재난의 의료화 경향은 고통스런 경험을 야기한 사회적 조건과 과정을 은폐·개별화함으로써, 고통의 사회적 '원인'에 대한 처방을 개별적인 고통 '증상'에 대한 개입으로 환원하는 오류를 동반한다. 재난의 의료화는 통상 고통 감정의 의료화를 수반하는데, 대중 산업사회가 추동하는 감정의 조작과 감정적 삶의 기계화 경향을 '탈감정 사회'라는 개념으로 의제화한 스테판 G. 메스트로비치는 사회적 삶의 과잉 합리화에 의해 카타르시스가 봉쇄되는 현대 사회를 '치료 요법 사회'라 특징짓는다. 치료 요법 사회에서 감정은 자아와 타자에 의해 쉽게 조작될 수 있는 유사類似 지적인 현상으로 변형되고, 행위에서 분리된 감정은 사회적 연대의 차원에 다시 반작용한다.[15] 이는 근대 의학의 전문화된 발전과 함께 어떤 것이나 '병'이 되고 공동체의 구성원을 잠재적 '병자'로 만드는 의학의 하위 정치, 다시 말해 의료의 대상이 아니었던 문제들을 질병illness 내지 장애disorder와 관련시키면서 의료적 문제로 다루는 사회 의료화 과정과 긴밀한 관련을 맺고 있다.[16]

이를 주도하는 프레임이 '세월호 트라우마=PTSD' 담론이다. 아서 클라인만이 말하듯 사회적 고통에 대한 기술적 분석은 때로 희생자 고유의 언어를 특유한 일반적·전문적 언어로 전환시켜 고통에 관한 표현과 경험을 바꿔 버린다. 고통·죽음·애도의 실존적 과정은 우리가 합리적이라 생각하는 이성이나 기술에 의해 변질되며, 이러한 변질을 통해 고통의 치유책에 대한 관심은 더욱 옅어진다. 의학은 고통의 실존적·도덕적·미적, 심지어 종교적 측면을 관료적으로 변화시키는 강력한 동인이다.[17]

1) PTSD라는 질환 범주의 사회적 구성

사실 정신 건강 담론에서 질환의 범주가 일정 정도 사회·정치 과정의 산물이라는 점은 오랜 상식 중 하나이다. PTSD는 전쟁·대참사·재난 같은 '일반적인 인간 경험의 범주를 넘어서는' 충격적인 외상 사건을 경험한 후 그 후유증으로 발생한 장애를 말한다. 이 장애의 기준은 단일한 외상 사건의 생존자들이 보이는 증상을 기준으로 삼고 있다. 즉 『정신 장애 진단 및 통계 편람 IV』[18]에 수록된 PTSD의 진단 기준에서는 외상 사건 자체가 무엇이었는지보다는 그 사건과 관련해 공포감이나 두려움, 무력감을 느꼈는지와 같은 주관적 반응이 진단의 전제 조건이다. 애초 베트남전쟁 이후 미국 사회로 갓 귀국한 군인들의 심리적 문제를 설명해 줄 적절한 진단명을 찾고자 한 것이 PTSD의 시대적·사회적 배경이었는데, 이 진단명은 베트남전쟁 귀환병의 심신 장애 전부를 설명하기에도 턱없이 부족할뿐더러, 베트남전쟁에서 살인 행위를 한 가해자들이 겪은 증상을 무차별하게 적용해 일반화하는 것은 한계가 있다.[19] 엄밀히 말하자면 "병사들의 정신을 망가뜨린 것은 전투의 외상이 아니라 베트남전의 도덕적 양면성 그리고 미국 정부와 군의 기만이었다".[20]

그렇기에 대형 참사가 야기한 집단적 고통에 대한 최근 연구들은 미국에서 최초로 동력을 얻어 2004년 무렵부터 인간의 고통을 가리키는 국제 공통어이자 사회적 통념의 일부가 된 PTSD에 내재한 '자문화 중심주의'의 위험을 경고하고 있다. PTSD는 증상 목록의 수준을 훨씬 뛰어넘어 미국인과 서양 세계가 자아를 생각하는 하나의 세계관을 묘사한다. 서양식 사고를 지배하는 마음/신체, 심리/사회 이분법은 특정 사회·문화적 맥락에서 창출되는 '의미를 제거한 외상'이 존재하며 외상 반응들이 문화의 영향권 밖에 존재한다고 가정한다. 그리고 이는 '고립된 개인'에 입각한 서양 의학의 인지적 선호와 더불어 제약회사 마케팅과 연구 전략에 의해 구체화되고 강화되었다.[21]

비판적 실재론의 관점에서 따져 보자면 PTSD는 의학적 자연주의의 소박한 실재론에 기반하고 있다. 정신병리학의 최근 논쟁은 두 가지 양극화된 입장으로 특징지어진다. 하나는 '의학적 자연주의'medical naturalism이고, 다른 하나는 '사회 구성주의'social constructionism이다.

에밀 크레펠린Emil Kraepelin을 따르는 의학적 자연주의는 자연적 질병 독립체들의 변치 않는 외부 세계가 실제로 존재한다는 확신에 기초해 있으며, 정신의학 질병 분류학이 그에 따라 점차적으로 진행된다고 가정한다. 이와 달리 사회 구성주의에 따르면 정신의학적 진단은 정신 건강 전문가들이 벌이는 활동의 부산물이다. 이러한 입장에서 정신 건강이나 질환의 원인이 무엇인지 따지는 인과관계 논쟁은 근본적으로 문제적인 것으로 간주되고, 정신병리 자체에 대한 연구는 정신병리가 사회적으로 구성되는 방식에 대한 연구로 대체된다. 비판적 실재론은 의학적 자연주의가 상정하는 인과관계의 주장을 수용하지만, 경험적 방법과 경험 이전의—전문적—이해관계 및 사회적 힘 사이의 관계에 민감하다. 실재론은 사회 구성주의만큼이나 실증주의적 접근에 비판적이며 사회 연구에서 의미의 사회적 구성이 가장 중요하다는 점에 동의한다. 차이가 있다면 실재론자는 외상 범주를 사회적으로 구성된 것으로 받아들이는 동시에 외상의 발생 조건이 실제로 존재한다는 것을 주장한다는 점이다. 다시 말해 사회 구성주의는 고통이 구성되는 문화적·역사적 맥락을 강조한다는 점에서 타당하지만, 정신적 고통이 현실과 맺는 인과관계에 대한 경험적 주장 자체를 문제화한다면 옳지 않다. 마찬가지로 의학적 자연주의는 고통의 경험적 탐구를 강조한다는 측면에서 타당하지만, 특정한 전문적 개념(예컨대 PTSD)을 과잉 일반화해 무차별하게 적용될 수 있는 본보기로 순진하게 간주한다면 옳지 않다.[22] 즉 인간의 고통에 대한 의학적 이해와 설명 또한 '하나의' 이해 또는 설명 방식에 불과하며, 외상은 측정 가능한 실증주의적 합리성을 넘어서는 접근을 요구한다.

2) 고통의 의료화와 개별화

고통에 대한 실재론적인 관점은 문제의 공식화와 개입과 관련해서 효력을 발휘한다. 정신적 외상에 대한 의료적 접근의 첫째 맹점은 외상을 유발한 사건과 사회적 과정을 개별화individualization한다는 점에 있다. 의료적으로 여러 가지 치료법이 개발되고 있는 추세이지만 현재까지는 항우울제 약물 치료와 인지-행동 요법의 결합이 가장 효과적인 치료 옵션이다. 항우울제는 부정적인 기분이나 불안감을 완화하는 효과를 낳는다. 인지-행동 요법은 현실에 대한 긍정적인 함의를 고취함으로써 사기 저하와 의욕 상실을 반전시키는 기능을 한다. 물론 치료를 하지 않는 것보다는 생물학적·인지적 협공 방식을 통한 치료적 개입이 고통받는 사람을 돕는 데 효과적으로 보일 수 있다. 그러나 PTSD의 진단 및 처방이 취하고 있는 방법론적 개인주의로는 개별 환자들의 우울증 혹은 PTSD 식별이 정신의학적인 방법이 아니라 사회적인 방법을 필요로 한다는 점을 결코 깨닫지 못한다.[23]

예컨대 이 진단명 속에서는 생존자가 다른 재난 희생자 혹은 전체 공동체 구성원과의 관계에서 겪을 수 있는 죄책감, 부끄러움, 자기 비하 같은 상호 주관적인 '관계' 체험이 의미 있게 고려되지 않는다. 이 관점에서는 생존자들의 고통이 '사건 일반'에 대한 정신병리학적 반응으로 이해될 뿐, 외상적 사건에 의미를 부여함으로써 자신의 삶에 '그 사건'을 통합해 가는 개별 생존자의 도덕적 갈등이나 이에 개입하는 사회적 환경, 즉 연대의 차원은 설명할 수 없다. 치료에 대한 환원주의적 접근법의 위험은 환자들의 고통을 초래한 폭력적인 사회 조건을 모호하게 만든다는 점이다. 결국 치료의 기술적 처방은 고통의 유발 경로를 흐릿하게 함으로써 에밀 뒤르케임이 말한 '설명 없는 치료'의 딜레마에 빠지게 된다.[24]

둘째, 참여자의 경험과 해석을 무시한 채 외부 전문가의 입장에서 행해지는 증상 중심의 분석은 자칫 의료 체계나 전문가의 권력에 의해 '이상자'로 명명되는 정체성의 침해를 불러올 수 있고 지배-복종 관계를 통한 외상의 재현과 고통의 재활성화를 일으킬 수 있다.[25] 달리 말해 인간은 환경의 변화에 일방향으로 반응하는 수동적인 유기체가 아니라, 일정한 개념과 믿음에 입각해 주어진 상황과 경험을 해석하고 설명하는 인과적 행위 주체이다. 그러므로 설명은 과학자의 전유물이 아니라 사회적 삶의 기본 형태이다. 사회적 행위에 대한 설명의 핵심에는 그 행위의 기저에 깔려 있는 의미들에 대한 판별이 자리하고 있다. 그 의미들을 발견해 가는 과정에는 행위자들 자신의 해명accounts, 즉 자신이 문제의 행위를 왜 수행했는지, 자신 및 다른 사람의 행위에 어떤 사회적 의미를 부여하는지 등에 대한 행위자 자신의 진술의 획득도 포함된다. 이것들은 수집되고 분석되어야 하며, 이를 통해 그 행위의 기저에 있는 규칙들을 발견할 수 있게 된다.[26]

항우울제 제약 산업이 추동하는 '고통을 위한 시장'에 편입된 재난 감정의 의료화는 정신적인 위기에 있는 사람들을 돕기는커녕 더 큰 위기로 밀어 넣을 수 있다.[27] 이러한 맥락에서 일본 항공기 대형 참사 유족의 삶을 연구한 노다 마사아키는 "마음 산업에 관련된 제약회사, 정신과 의사, 사회복지사, 임상 심리사, 기자, 정부 행정 담당자들의 그러한 무자각이야말로 사회적 병리 현상"이라고 말한다.[28]

그에 따르면 가족 상실을 겪은 유족은 일정한 상喪의 과정을 수행한다. 예컨대 고인의 죽음에 의미를 부여하고 그 뜻을 받들어 고인에게 향했던 생의 에너지를 사회로 돌리는 '유지遺志의 사회화' 과정을 거친다는 것이다. 이 과정에서 사고 '후'의 환경은 유족의 슬픔에 관여하는 중요한 변수이다.[29] 가해자와 구조의 대응과 자세는 어떤지, 언론, 장례업자, 종교인, 변호사, 손해보험 회사 등 이른바 상의 비즈니스에 관계된 주체들이 유족을 어떻게 대하는지, 가족과 친척, 친구, 지인, 이웃, 고인이나 유족의 직장 동료가 어느 정도나 공감하는지에 따라 슬픔이 달라지기 때문이다. 따라서 상의 과정은 우리, 모든 살아남은 자의 과제이다. 이렇게 생각하면 사회는 사고 후의 환경 개선을 통해 유족의 슬픔에 관여할 수 있다는 사실을 다시 한 번 확인할 수 있다.[30]

이러한 관점에서는 고통의 원천을 연구하는 데 있어 개별 희생자를 대상으로 삼지 않을 것이고, 특정한 사회·문화적 맥락에 의해 형성된 'PTSD'와 같은 현대 정신의학의 변화하는 진단적 개념의 타당성을 당연시하지도 않을 것이다. 따라서 초개인적 현상에 중점을 두는 사회(심리)학적 맥락에서 인간의 고통에 대한 훨씬 더 광범위한 개념이 정당하게 모색될 수 있다.

4. 세월호 트라우마의 여러 차원과 외상 과정

이제까지의 논의를 간략히 요약하면 '개인 차원의 증상 중심주의적인' 접근을 취하는 정신의학적 분석은 증상을 소거하거나 완화하는 대증요법에 멈춘다는 한계가 있다. 반면 최근에 제출된 사회적·역사적 외상에 대한 논의는 외상의 사회적 맥락과 재생산 기제를 질문한다.[31]

최근의 통찰력 있는 사회(심리)학적 연구 성과는 외상이 본디 사건에 대한 정신적·정서적 반응이라는 점을 부인하지 않는다. 하지만 이들은 동시에 사건을 유발하는 만성적 환경이 사건 이전에 선행한다는 점,[32] 외상이 '사건 그 자체'에서 발생하는 것이 아니라 사건의 의미가 재생산되는 사회적 과정——공적 담론 및 제도의 변화——에서 발생한다는 점에 주목한다.[33] 이러한 관점에서 보면 외상은 피해자가 사건 이전부터 가지고 있던 심리적 속성의 결과(예컨대 피학성 성격장애)도 아니고 단일 사건 이후의 충격에서 기인하는 것(예컨대 PTSD)도 아니다. 이들은 외상에 대한 통념적인 견해나 PTSD를 '진단적 실수'라 명한다. 다시 말해 '외상이란 자연적으로 존재하는 것이 아니라 사회에 의해 구성되는 것'이며, 그 기저에는 '사건·구조·인식과 행위 간의 인과관계'가 자리한다.

이에 따르면 외상은 그 경험을 야기한 사건의 인과因果에 대한 납득 가능성(설명 가능성)과 긴밀한 관련을 맺고 있다. 간단히 말하면 외상의 근원적인 문제가 다루어지지 않으면 외상은 지속된다. 외상 경험의 핵심은 물리적 폭력에 대한 즉자적 반응이 아니라 '관계의 단절'과 '고립'의 사회적 과정에 있다. 따라서 외상의 본질은 '사건 이전–사건–사건 이후'의 연속적 스펙트럼 속에서 이해되어야 한다.[34] 즉 외상은 지속적인 과정 속에 자리한다는 것이다. 나아가 세월호 이후 외상화 과정을 이해하는 데 있어 제프리 알렉산더의 집단적·문화적 외상 개념은 층화된 사회적 실재에 대한 실재론의 개념 구상에 통합된다면 더욱 유력해질 수 있다.

알렉산더에 따르면 '일반lay 외상 이론'의 문제는 모든 '사실'이 감성적·인지적·도덕적으로 조정된다는 점을 무시하는 과도한 자연주의적 관점에 있다. 이 한계를 극복하기 위해 알렉산더는 문화적 외상 모델을 제안한다. 외상이 문화적이라는 것은 무엇을 의미하는가? 그것은 사건과 사건의 재현 사이에 존재하는 간극gap에서 발생한다. 이 간극이 바로 외상 과정trauma process이다. 문화적 외상을 확고히 하고 지속시키는 메커니즘은 심리학적 외상과 매우 다르다. 집단적 정체성에 귀속된 구성원들이 자신들의 미래 정체성을 변화시킬 충격적인 사건에 종속되어 있다고 느낄 때 외상은 지속된다. 문화적 층위에서 발현되는 외상의 경우, 외상적 사건에 대한 지배적 서사를 공적 청중에게 주장하는 수행 집단의 재현 과정과 밀접한 관련을 맺는다. 예컨대 1) 고통의 성격, 2) 피해자의 성격, 3) 광범위한 청중에 대한 외상 피해자의 관련성, 4) 책임의 귀속을 둘러싼 재현을 통해 집단적 기억과 국민 정체성 또한 영향을 받는다. 외상에 대한 인식 부족과 공적 영역으로의 진입 실패는 수행 집단의 '전달의 무능력'에 기인하며, 이 역시 외상 과정의 일부를 구성한다.[35]

외상 과정 논의는 세월호 트라우마에 대한 분석적 이해와 치유적 개입에 몇 가지 장점을 갖는다. 첫째, 사건 외상 도식, 즉 외상을 '충격적인 사건 일반'에 대한 정신적 반응이 이미 종결되어 치료적 개입의 시작 지점으로 보는 의료적 자연주의와 달리, '그 사건'을 해석하고 설명함으로써 자전적 기억과 서사적 정체성 안에 통합해 가는 외상의 미결정성에 대한 시야를 열어 준다. 이를 통해 단지 '피해자' 범주로 환원되지 않는 복합적인 외상 경험에 대한 보다 폭넓은 이해를, 아울러 인과적 행위 주체로서 피해자의 목소리와 참여권을 존중하는 치유 과정을 함께 고려할 수 있다.

둘째, 사건과 사건의 재현 사이의 간극이 외상을 유발한다는 통찰은 참사 당일부터 현재에 이르기까지 언론이 중요한 수행 집단으로 개입했던 세월호 참사의 외상 과정에 대한 보다 적실한 이해를 제공한다. 알렉산더에 따르면 수행 집단은 이념적·물질적 이해관계를 가지고 있다. 이들은 사회 구조의 특정한 자리에 위치해 있다. 수행 집단은 엘리트일 수도 있지만 소외된 계층일 수도 있고, 또한 분열되고 양극화된 사회 질서 내에서 다른 사회 영역이나 조직에 반하는 특정 영역이나 조직을 대변하는 제도일 수도 있다. 그리고 '외상 경험'의 재현은 집단에 가해진 고통스러운 피해를 규정하고 희생자를 확인하며, 책임을 귀속시키고, 정신적이고 물질적인 배(보)상을 할당하는 사회적 과정으로 이해될 수 있다. 이런 식으로 외상이 경험되고 상상되고 재현되는 과정에서 집단 정체성은 상당 부분 수정될 것이다. 정체성의 수정 과정은 곧 집단의 과거를 탐색하고 재기억하는 과정이다. 기억이란 사회적이고 유동적일 뿐 아니라 현재의 자의식과 깊이 연관되기 때문이다. 정체성은 현재와 미래를 직면하는 것뿐만 아니라 집단의 이전 삶을 재구성하는 과정을 통해 지속적으로 구성되고 확보된다. 부연해 두자면 재현을 통한 외상의 일상화 과정은 문화적 외상의 특수한 사회적 의미를 결코 상쇄시키지 않는다. 보다 폭넓은 공중이 다른 사람들의 고통에 참여하면 문화적 외상에 대한 사회적 이해와 공감의 영역이 확대될 것이며, 이는 새로운 형태의 사회적 결합으로의 효과적인 길을 제공할 것이다.[36]

특히 알렉산더는 외상 경험의 전기적이고 인격적인 재현이 설득력 있는 외상 서사의 창출뿐 아니라 도덕적 삶에 영향을 미친다는 점을 강조한다.[37] 기실 사건은 그 사건을 살아서 경험한 모든 사람을 '살아남은 자'로 만든다. 현장에 있었던 소수의 생존자는 물론 미디어의 이미지를 통해 '타인의 고통'을 목도한 대부분의 사람도 모두 남은 자이다.[38] 이때 살아남은 자들이 자신의 행동을 되돌아보고 비판하게 되면서 나타나는 죄책감과 부끄러움은 보편적으로 나타나는 외상 사건의 후유증이다. 다만 잊지 말아야 할 것은 살아남은 자들이 겪는 일련의 감정은 도덕적이고 관계적인 체험(연대감)을 전제한다는 점이다. 예컨대 죄책감은 생존자가 다른 사람의 고통이나 죽음을 목격했을 때 특히 더 심하다고 알려져 있다.[39]

이러한 유형의 죄책감은 "나는 살아 있다, 고로 죄가 있다.…… 친구가, 지인이, 모르는 누군가가 내 대신 죽었기 때문에 여기 있다"라는 아포리아의 공식을 갖게 된다.[40] 그 감정의 동학을 이해하고 이에 적절한 이름을 부여하는 작업은 외상을 경험한 사람들에 대한 도덕적 의무에 충실한 언어를 찾으려는 시도라고 할 수 있다. 이들 논의에 착안해—당연한 출발점이지만, 세월호 참사가 초래한 사회적 고통은 미디어가 표상하는 것과 달리 단일하거나 균질적이지 않으며, 다양한 위치에 자리한 행위 주체들의 고통 경험의 복합물이다—세월호 유가족과 언론사 취재 기자, 그리고 자발적 구조에 나섰던 생존자 김동수 씨의 사례를 통해 PTSD로 환원되지 않는 이들의 외상 과정과 관계 체험을 복원해 보기로 하자.[41]

1) 세월호 유가족의 외상 과정: 왜곡된 상의 과정

CBS와 안산 온마음센터가 2015년 3월 19일부터 3월 29일까지 11일간 세월호 유족 152명을 대상으로 진행한 정신 건강 실태조사 결과에 의하면 응답자 중 55.3%가 자살 충동을 갖고 있으며, 이는 40대 기준 일반인의 자살 충동률인 6.1%보다 10배 가까이 되는 것으로 나타났다. 무엇보다 심각한 문제는 84.2%가 치료적 도움을 받지 않거나 상당수가 신뢰하지 않고 있으며, 유족들의 외상이 세월호에 대한 세상의 반응이나 관심이 잊혀가는 데 영향을 받고 있다는 점이다.[42] 세월호 침몰로 인한 자녀의 죽음과 실종은 그 자체로 어마어마한 고통이다. 그러나 참사 초기부터 현재에 이르기까지 이들의 고통과 인간관계의 파괴가 정부와 언론의 왜곡 보도를 통해, '사건과 사건의 재현 사이의 간극'을 통해 가중되었다는 점을 여러 문헌을 통해 어렵지 않게 확인할 수 있다.

> 저희 유가족은 지금 세월호를 두 번 타고 있습니다. 그런 유가족들에게 국민이고 정치인이고 언론인이고 할 것 없이 모두 컨테이너를 얹고, 쇳덩어리를 얹고, 쌀가마니를 얹어요.[43]

> **당시에, 많이 와서 물어봐요. 보상금 얼마 받았냐고.** 그래서 4촌 6촌하고 안 만났어요, 통화도 안 하고. 친형제만 만났어요. 친형제는 내 말을 믿으니까. 내가 장남이니까 오빠, 형님 얘기하는 건 다 믿지. **4촌 6촌은 안 믿고 정부 말만 믿는 거야. 언론만.**[44]

자크 라캉이 말하듯 보는 것 속에는 힘이, 권력이 작동한다. 응시하는 시선gaze을 느낄 때 사람들은 불편해지기 마련이다. 다른 이의 응시 속에서 나는 낯선 나를 느낀다. 생존자와 피해자 가족이 감내해야 하는 사회적 시선은 한편으로는 전형적인 피해자 상을 원하는 사회적 통념에서, 다른 한편으로는 알렉산더가 말한 '책임의 귀속'이 명확치 않은 혼란 때문에 강화된다.[45]

> 내가 죄인 같아서 밥을 먹는데도 눈물이 나오고, 어휴 저게 자식 죽었는데 저렇게 잘 먹나 그렇게 손가락질할까봐 겁도 나고. 남들은 모여서 웃고 떠드는데 나는 한쪽에서 울고. 쳐다보는 눈빛들도 달라요. 나를 되게 불쌍하게 보는데, 난 또 그게 싫은 거예요.……
> 이사 갈 생각도 해요. 동네 아줌마들을 만나도 몸이 불편하고, 쳐다보고 수군거리는 것 같고……아는 사람들이랑 마주치기도 싫어서 출퇴근 시간에도 문 밖으로 나가지도 않아요. 옆집에서 문소리 나면 신발장 앞에까지 나갔다가 멈춰 서고, 엘리베이터도 누르는 층 보면 피해서 안 타고. **애들이 그렇게 죽은 게 우리 부모 책임은 아니잖아요. 자식이니까 부모가 죄인이 되는 거지만 사실은 국가 책임인데 사람들은 그렇게 생각을 안 하는 것 같아요. 그게 싫더라고요.**[46]

전문가 집단은 언론과 다른 측면에서 수행 집단이라고 할 수 있다. 최근 제출된 인류학적 현장 보고는 고통에 대한 전문가적 개입 과정이 도리어 고통의 심화를 유발하고 있음을 보여 준다. 전문가들은 기존에 추구해오던 의료적 패러다임과 피해자들의 경험적 패러다임이 부딪치는 상황 속에서 자신의 패러다임을 유보할 생각이 조금도 없었다. 즉 이들은 피해자 가족이 경험하는 고통의 본질을 정치적이고 사회적인 측면에서 이해하기보다는 개인의 질병 경험으로 환원하고자 했으며, 그 결과 의료 전문

가들의 접근은 도리어 정부에 대한 유가족의 불신 및 고통을 강화하는 요소로 작동했다.[47]

유가족은 지원에 대한 정보를 정부에게서 직접 얻지 못했고, 가족협의회 또는 지인을 통해 전해 들었다. 심리 치료의 경우 유가족의 의사를 묻지 않은 채 일방적으로 진행되거나 심리 치료사가 매번 바뀌는 일도 있었다.[48] 이러한 까닭에 약물 치료와 상담 치료는 세월호 생존자와 유족의 고통을 완화시키는 데 별다른 효험을 내지 못하고 있다.

> 승아를 설득해서 아빠가 같이 정신과 상담을 받으러 다녔어요. 상담을 하면 선생님이 10분, 20분 정도 마인드 컨트롤을 해주는데, 처음에는 이게 치료 순서인가보다 생각했죠. 근데 한 달이 가고 두 달이 돼도 똑같은 거예요. 우리한테 그렇게 마인드 컨트롤을 해주고 괜찮냐고 질문을 던지면 위로가 되나? 처방해 준 약을 먹으면 좀 괜찮아지나? 아닌 거예요. 진짜 아닌 거예요. 뭔가 편해지고 마음이 달라져야 하는데 와 닿지가 않더라고요. 동생 잃은 아이에게 약물을 주는 게 무슨 치료냐 싶고, 감기 예방접종 받으러 가는 기분이 드니까 더 가자고 못하겠더라고요.[49]

> 서비스하고 돈 나가는 건 일사천리로 지원했어요. 트라우마센터에서 사람이 나오고, 통장하고 안산시 공무원이 적극적으로 우리들 애로사항을 해결해 주려고 노력했어요. 이번 참사가 재난 상황에서 가족 돌봄 서비스 같은 정부의 복지 프로그램이 틀을 갖추는 계기가 되지 않았나 싶어요. 오직 진상 규명만 안 하고 있는 거예요.[50]

물론 이는 참사 이후 피해자들을 위한 '적절한' 의료적 개입이 '정상적인' 상황에서 행해질 수 없었던 치유 환경의 제약을 일면 반영하고 있다. 진실 규명의 지체와 함께 국가에 대한 불신과 분노가 누그러지기는커녕 점점 상승하는 상황에서, 보건복지부가 설치한 안산 정신건강트라우마센터는 참사 피해자 및 가족에 대한 치료와 개입을 반년이 넘도록 제대로 수행할 수 없었다. 또한 보건복지부와 안산 교육청 간의 부서 갈등 때문에, 단원고 생존자 학생들은 교육청에서 요청한 전문가 집단이 관리하고, 단원고 바깥의 피해자들—희생자 학생들의 형제자매 및 유가족—은 보건복지부에서 요청한 전문가들이 관리하는 이분법적 구조가 양산되었다. 이처럼 분열된 전문가적 개입은 유가족과 생존자 가족 간의 갈등을 강화하는 요인으로 작동했으며, 궁극적으로 세월호 참사 피해자들의 다양성을 고려하는 총체적인 진단 및 개입을 구축하는 데 부정적인 영향을 미쳤다.[51] 주디스 허먼의 말을 상기하자면 이 같은 조건에서는 "의학계나 정신 건강 체계도 학대하는 가족의 역할을 맡을 수 있"다.[52]

2) 언론사 취재 기자들의 외상 과정: 목격자-방관자의 관계 체험

최근 개정된 『정신 장애 진단 및 통계 편람 V』(2013)에서는 경찰관·소방관을 비롯한 언론인도 'PTSD 취약 직업군'으로 분류되어 있다. 가령 미국의 경우 종군기자들의 28%가 PTSD를 입은 것으로 집계된 바 있고, 2001년 9·11 현장을 취재했던 언론인, 목격자, 심지어 방송을 본 시청자까지도 심리적 외상과 PTSD 증상을 보였다. 이는 언론이 외상에 대한 본격적인 관심을 갖게 한 계기가 되었다. 물론 지진이나 홍수, 태풍 같은 천재天災도 어마어마한 외상적 사건이고 그 폭력성으로 인해 정신적 외상을 입을 수 있다. 그러나 자연재해의 경우 사람들은 자신이 통제할 수 없는 위험이라 느끼기 때문에 자신이 특정되었다거나 막을 수도 있지 않았을까 하는 죄책감에 시달릴 확률은 적다. 그러나 인재人災는 자신을 직접 겨냥한 공격이라 느끼거나 자책할 가능성이 훨씬 높기 때문에 외상적 사건 가운데서도 정신적 외상이 가장 심한 것으로 알려져 있다. 또한 외상은 천재와 인재의 차이뿐 아니라, 외상적 사건의 폭력성에도 민감하게 영향을 받는다.

알다시피 세월호 참사의 발생 과정은 언론에게도 책임이 있는 명백한 인재였고, 취재 기자들은 참사 직후의 실상과 '생명 구조 실패'를 직접 지켜본 목격자이기도 했다. 게다가 당시 팽목항을 취재해야 했던 많은 기자는 외상적 사건을 겪은 사람들을 취재할 때 무엇을 조심해야 하는지 등을 제대로 교육받지도 못한 상태였다. 다시 말해 이들은 외상에 대한 충분한 이해가 없는 상태에서 천재가 아닌 인재의 현장을 목격하고 보도해야 했다.[53] 이러한 이유로 현장 취재 기자들은 이번만큼 극한의 심리적 외상을 경험한 적은 없다고 말한다.[54]

터미널 앞쪽으로 공터가 있었는데 그곳에 많은 사람들이 혼재되어 있었다. 실종자 가족, 언론사 기자, 경찰, 정부 관계자까지 뒤섞여서 충돌하고 있었다. 가족들은 울면서 경찰, 정부 관계자들을 찾고 있었다. 기자들은 가족들과 경찰을 찾아다녔다. 경찰은 가족들과 기자를 피해 다녔다. 상황을 파악하고자 하는 이성적인 움직임도 있었지만 많은 사람들은 눈물을 멈추지 못하고 있었다. 살면서 이토록 많은 인원이 눈물을 흘리는 모습을 보았다. 충격이었다. 아직도 나는 파도 소리를 들으면 울음소

리가 들리는 듯하다.[55]

그리고 참사 직후 팽목항의 밤, 유족들이 경험했던 희망과 좌절, 무력감, 그 뒤 이어진 해경과 언론을 향한 분노의 감정을 기자들은 함께 경험했고 느꼈다.

> 팽목항의 빛과 눈물은 반비례했다.…… 가족들은 해경에게 강력하게 아이들을 구조할 것을 요구했다. 아직도 맴도는 어머니의 목소리 "우리 아이가 지금 안에 살아 있어요. 여기 있지 말고 얼른 배를 띄워요!" 나의 심장을 강하게 찔렀다. 해경에서는 지금 구조 중이라고 했지만 정확한 상황 설명을 하지 못했다. 다시 나에게 묻는 유족들이 있었다. 손까지 잡고 나에게 매달렸다. 눈이 마주치는 순간 눈물을 참기 어려웠다. 말 한마디 내뱉기 어려웠다. 상황을 모르는 영상 기자. 그냥 손을 꼭 잡아 주고 나서 현상을 잠시 떠나 바다를 보았다. 너무 가슴이 떨려서 서 있기도 어려웠다. 다시 현장을 쳐다보았을 때 아무도 대답해 주지 않는 정부에 실종자 가족들은 분노하기 시작했다. 가족들은 해경에게 따지기 시작했고, 구급대원들을 몰아치기 시작했다. "도무지 너희들은 왜 육지에 있냐?"라고. 그리고 나는 왜 육지에 있는가.
> 대답을 하지 못한 죄는 바로 나타났다. 실종자 가족들의 분노가 언론을 향하기 시작한 것이다. '언론은 여기 와서 무엇을 하고 있는 것이냐? 지금 수색하고 있는 상황이 제대로 보도되고 있느냐?' **언론은 늘 그렇듯이 정부의 브리핑만 그대로 받아쓰고 있었다.** 나는 현장을 가서 정말 수색이 되고 있는지 살펴볼 수 있을까? 우리 취재 기자는 아침 뉴스를 위해서

자정이 되기도 전에 숙소로 들어갔다. 과연 현장에 없는 취재 기자는 무슨 의미일까? 영상 기자는 가족들의 반응만 영상에 담기에 바빴다. 등 뒤에서는 아이들이 바다에 빠져 죽고 있는데 내 카메라는 실종자 가족들의 눈물만을 향해 있었다.[56]

이 점에서 통상 세월호 취재 기자들의 외상 증상을 일컫는 '간접 외상'이나 '대리 외상' 등의 진단명이—주관적인 고통의 당사자와 객관적인 관찰자의 (불가능한) 이분법을 전제하는—이들이 겪어야 했던 상호주관적이고 관계적인 차원의 고통 경험을 담아낼 수 있는지 의문이다. 취재 기자들의 무력감은 "늘 그렇듯이 정부의 브리핑만 받아쓰"는 관행 탓에 더욱 강화되었다. 이들의 고통은 이른바 '취재원들'과 합리적인 보도의 거리를 유지하기 어려운 불합리한 조건을 반영하며, '사실'과 '진실' 사이에서 수행 집단이 직면해야 했던 윤리적 갈등에 상당 부분 기인하는 것으로 보인다.

간단히 말해 취재 기자들은 방관자 혹은 잠재적으로 가해자가 될 수 있는 상황과 위치에서 참사의 발생 국면을 경험했다.[57] 이 역시 구조적 폭력이 통상 수반하는—부등가적이고 폭력적인—관계의 체험이다. 이렇게 언론의 외면과 왜곡 보도 속에서 유가족은 팽목항에서부터 완전히 고립되었다. "시신이 들어오는 외항에서도 원칙 없는 취재 경쟁은 여전했지만, BBC의 보도는 전혀 달랐다. BBC 뉴스 영상은 시신이 들어오는 곳을 통제하고 있는 해경의 표정, 구급차 창문으로 비치는 시신의 모습, 오디오는 차분했지만 냉정했다. 그들은 또한 국내에서는 아무도 다루지 않는 보도도 서슴지 않고 했다. 실종자 가족들이 팽목항에서 청와대로 항의 방문을 하겠다고 하자 엄청난 경찰 인력이 투입되어 그들이 팽목항을 빠져나가는 것을 막았다. BBC는 이러한 상황을 정말 '기이한 광경'eccentric scenes이라고 두 번이나 언급했다. 하지만 이러한 보도는 국내 방송에서는 어디서도 이루어지지 않고 있었다. 이후 유가족들의 청와대 항의 방문이 사고 3주 뒤인 5월 9일에 있었다. 서울 한가운데서 이뤄진 이 사건의 경우에는 많은 언론사에서 보도했다. 그들에게 팽목항은 그렇게 절망적인 공간이자 고립된 공간이었다."[58] 그리고 현재의 국면에 이르기까지 언론은 '유족의 상喪의 과정'을 왜곡하는 수행 집단으로 기능하고 있다.

3) 생존자-자발적 구조자들의 외상 과정: 가난을 '입증'해야 하는 사람들

세월호의 사회적 고립 과정에서 가장 결정적인 전환점은 알다시피 언론의 사실 왜곡의 정점에 있었던 '보상금' 문제와 세월호 생존자·유족의 '특권' 코드화였다. 얼마 전 한 언론사와 컨설팅 회사가 실시한 세월호 참사 후 1년간 변화한 여론 지형의 결과는 2014년 4~5월, 2014년 7~9월, 그리고 보상금 지급 논의로 시작한 2015년 4월 세 꼭지점을 중심으로, 세월호를 둘러싼 여론이 요동치는 곡선과 프레임의 이동을—'사고-보상 프레임'의 연장선상에 있는 '특권-보상 프레임'으로의—뚜렷하게 보여 준다.[59] 이 과정에서 이른바 '세월호 의인' 김동수 씨의 자살 기도가 있었다. 그의 자살 시도는 '생계 수단 화물차 있었으나 보상 못 받아', '보상 못 받고 트라우마에 시달려', '경제난, 트라우마', '생활고' 등의 타이틀과 함께 언론의 헤드라인을 장식했다. 거의 천편일률적인 이 재현 방식은 세월호 트라우마·자살의 원인을 경제적 보상의 문제로 환원하는 사고-보상 프레임의 절정을 보여 주었다.

클라인만이 말하듯 관찰자는 물론이고 고통을 받는 당사자나 고통을 가하는 장본인에게서도, 우리가 사회적 고통을 '재현하는' 방식이 그대로 경험으로 전환된다. 우리가 표현하는 대상과 그것을 표현하는 방식은, 우리가 개입할 것과 하지 않을 것을 미리 나타낸다. 이미지화되지 않은 것은 이제 더 이상 현실이 아니다. 이미지화하는 바로 그 행위가 대중 매체와 이데올로기 및 정치경제학적인 압력 아래 놓여 있는 직업에서 사회적 경험을 왜곡시킨다. 따라서 이런 환경 속에서는 개인적인 '목격'조차 현실과 타협한다.[60]

그러나 김동수 씨 관련 기사를 연대기적으로 재구성해 그 내러티브의 맥락을 면밀하게 살펴보면, 그의 자살 기도가 세월호의 '생명 구조 실패'와 긴밀한 매듭을 맺고 있는 연쇄 사건이라는 점이 곧 드러난다.[61] 첫번째 국면에서 김동수 씨는 생존자이자 "해경은 사람들을 살릴 마음이 없었다"는 진실을 목격한 구조 현장의 목격자였고, 사건과 사건의 보도 사이에 자리한 치명적인 간극을 언론에, 그리고 법정에서 진술한 증언자였다. 2014년 5월 15일 인터뷰 당시 그를 옭아매고 있었던 도덕적 '죄책감'의 호소는 2014년 10월 선원 공판의 증언에서도 반복되었다.

> 집에만 있다 보니 방송이나 인터넷을 보면 너무 얼토당토 않은 내용도 나오고, 5분 내 (다 빠져) 나올 수 있었다는 말도 있고…… 제가 보기엔…… 아무도 겁에 질려 움직일 생각을 못했습니다. 그런데 저도 따지고 보면 죄인입니다. 아직 죄책감에 살고 있습니다. 학생들을 더 끌고 나오지 못했다는 생각에 지금은 정신과 약도 안 통합니다. 수면제도 안 들고, 안정제도 안 듭니다. 눈만 감으면 배 창가의 승객들이 창문 두드리

는…… 것이 보입니다. 왜 학생들을 끝까지 구하지 못했나…….

……해경이 저한테 와서 뭐라고 한 줄 아십니까? "선장이 살인자죠?" 이랬습니다. 선장이 살인자면, 해경도 살인자입니다. 나도 살인자입니다. 어느 한 분이 진정한 이야기를 하면 끝날 텐데, 생사람이 생사람을 잡고 있습니다. 이런 부분도 생각해 주십시오. 판사님께 감사하고, 떠들어서 죄송합니다.[62]

즉 목격자로서(생명을 구조하지 않은 해경을), 구조자로서(생명의 구조자로 나서야만 했던), 살아남은 자로서(끝내 구조의 책임을 다하지 못하고 남은 생명들과 삶과 죽음의 경계를 달리할 수밖에 없었던) 김동수 씨에게 당시의 관계 체험과 복합적인 외상 기억이 현재까지 공존하고 있는 것이다. 결코 한 측면으로 환원될 수 없고, 환원되어서도 안 되는.

그리고 참사 1년 후, 자살 시도 직후 마지막 인터뷰에 이르기까지 일관되게 그는—이십여 명의 목숨을 구하고도—"창문 안에 있는 아이들"을 구하지 못하고 빠져나와야 했던 무력감과 자책감을, 부끄러움을, 그리고 국가의 책임 문제를 강하게 호소했다.[63]

창문을 보면 (침몰 당시 세월호의) 창문 안에 있는 아이들이 생각나는데, 제가 어떻게 잊으라고 그런 고통이 있는데 남들은 알 수가 없죠.…… 세월호가 다 해결된 것 같지만, 아무것도 안 돼 있는데 우리 국민은 안전에 대해서 어떻게 믿겠습니까?[64]

창문에서 학생들과 일반인들이 수장되는 장면을 본 게 가장 힘들고…….

> **죄책감이 더 많죠.** 왜냐면 조금이라도 제가 차분했었으면……, 들어가서 밖으로 나가라고만 했어도 이런 참극은 없었을 텐데…….[65]

그러나 미디어에 의해 취사선택되어 재현된 김동수 씨는 '의인'에서 생계비 보상과 의학적 치료를 받아야 할 '환자'로 순식간에 강등되었다. 이와 함께 그가 감내해야 했던 정신적·도덕적 고통은 물질적·경제적 보상의 차원으로 환원되었다. 구조와 시신 수습에 자발적으로 참여한 뒤 수색의 후유증에 시달리고 있는 화물차 기사들과 잠수사들도 다르지 않다. 이들은 육체적 고통과 함께 "미친 짓이나 다름없었던" 자신들의 구조 참여와 도덕 감정이 매도되고 왜곡당한 과정의 울분을 동시에 말한다.[66] 구조 현장을 떠나자 이들을 기다리고 있었던 것은 "작업 대가로 한몫 단단히 잡았다는 사람들"로부터의 치욕이었고, 구조 직후 일상으로의 복귀를 어렵게 한 육체적·정신적 후유증에 대한 "적절하고, 효과적이고 즉각적인 배상"('인권 피해자 권리 장전' 제15조)[67]의 부재는 "가난을 입증해야 하는" 압력을 함께 남겼다.[68]

이제까지 거칠게 살펴본 세 가지 사례는 서로 다른 위치에서 세월호를 체험했음에도 참사 직후 '생명 구조 실패'의 외상적 경험과 (무)책임의 시간대에 함께 멈추어 있다. 이 세 사례가 동일하게 의존하는 '사회적 조건'은 무엇인가? 너무나 간단하게도 "모든 고통과 혼란의 원인은 하나다. 진실이 밝혀지지 않아서이다". "단 하나의 열쇠이자 너무나 당연하며 우선되어야 할 해결책"이 지체되었기에,[69] 사고-보상 프레임에 의해 견인되는 세월호 고통에 대한 의료적 처방은 오히려 문제의 본질을 왜곡·호도할 뿐더러 치유적 관계의 형성을 저해하고 있는 셈이다.

5. 세월호 이후의 치유: 애도의 정치에서 재현의 정치로

결국 '세월호 트라우마'는 재난 일반에 대한 증상 질환을 의미하는 PTSD로 환원되지 않으며, 생명 구조 실패라는 불가해한 사건의 사회적 과정과 무책임의 시간대에 편입된 전 국민 차원의 사회적 고통의 발현으로 이해할 수 있다. 이러한 이해가 타당하다면, 세월호 트라우마의 치유 문법에도 개별적인 치료나 금전 보상이 아니라 진실을 알 권리에 입각한 설명적 치유, 나아가 인권과 연대에 입각한 관계적 치유의 관점에서 보다 포괄적으로 접근할 필요가 있다.

사실 첫번째 쟁점은 이미 심리학자들의 자성적인 목소리와 행동을 통해 간명하게 지적되었다. 심리학자들의 행동은 진상 규명과 수사권·기소권을 보장하는 특별법 제정을 위한 세월호 유가족의 노력과 의지가 비본질적 논란과 비방으로 왜곡되는 시점에 나왔다. 심리학자들은 "비극적인 현실의 이유를 밝히고자 함은, 인간의 기본적인 본능이다. 납득되지 않은 경험은 계속되는 고통을 만들어 낸다"고 했다. 이들은 "'왜, 세월호가 침몰하였는가'라는 질문에 답하지 않고서는, 지금 현실을 결코 이해할 수 없다. 이해하지 못한 현실을 극복하기란 단연코 불가능하다"며 "진상 규명으로 죽음의 원인을 밝히는 것은 유가족의 죄책감을 덜고, 생존 학생들의 고통을 줄이는 출발점"이라고 주장했다.[70] 요컨대 사태의 궁극적인 진실을 남김없이 '알 권리'right to know, 즉 진실권은 정의와 인간 존엄을 위한 기본 권리이며, 치료를 받을 권리 또한 사태의 진실을 정의롭게 판정할 수 있는 진실권과 분리될 수 없다.[71]

그렇다면 많은 인문사회과학자가 세월호 이후 실천적 대안으로 제시한 공감과 '애도의 정치'[72]는 세월호가 억압한 진실the real과 고통의 본질을 밝히고 사회화하는 '재현의 정치'와 긴밀한 매듭을 맺는다.[73] '지연되고 억압된 애도 과정'은 '지연되고 억압된 진실 규명'과 설명의 불가능성에 터하고 있다. 유가족에게 애도의 조건이 되는 시신 수습 행위가 물리적인 수습을 넘어 사인死因을 이해하고 설명함으로써 죽은 자와의 관계를 새롭게 의미화하는 작업과 분리될 수 없는 것처럼, '설명'은 외상의 회복과 치유 작업의 전제 조건이자 핵심 동력이라 할 수 있다.

둘째, 인권과 연대에 입각한 관계적 치유는 사회가 유족의 슬픔에 관여할 수 있는 가장 유력한 방법은 일상적인 치유 환경의 조성, 즉 참사 후의 환경 개선—안전 사회의 건설과 신뢰 회복—이라는 앞의 논의와 궤를 같이한다.[74] 외상 경험으로 인해 손상되고 변형되었던 신뢰, 자율성, 주도성, 능력, 정체성, 친밀감과 같은 기본 역량이 처음에 다른 사람과의 관계 속에서 형성되었던 것처럼 되살아날 때도 그러한 관계가 필요한 것이다.[75] 즉 '고통받는 사람들의 연대'야말로 억압적으로 구축된 정신 의료를 변화시키는 힘이다. 전문가 시스템에 의존하는 사고에서 벗어나 일상적 장소와 일상적 관계성을 구축하는 것이 곧 사회적 치유의 과정이라 할 수 있다.[76] 그러하기에 세월호 이후의 치유는 학문이나 예술 등에 의한 상징적 치유나 제도적 기념 사업에 맡겨질 수 없다. 극심한 고통의 체험이 실증주의적 제도·권력·관행을 좇아 그릇된 언어로 재현되는 순간, '트라우마의 물화reification'[77]로 귀결될 위험이 있기 때문이다.

특히 세월호 참사의 민낯이 사건 그 자체의 충격보다는 사건을 둘러싼—사건의 축소·은폐·부인을 포함한—재현의 정치에서 첨예하게 드러났다는 점을 상기한다면, 고통의 축소·은폐·개별화를 동반할 것으로 예상되는 포스트-세월호 국면에서 망각의 명령에 맞서 진실을 알 권리와 상처받은 이들의 목소리를 존중하는 '설명적 치유', 구체적인 타자의 삶과 생명에 대한 관심과 공감, 목격자들의 연대에 굳건히 닻을 내린 '관계적 치유', 인권과 정의에 입각한 '사회적 치유' 모델과 방법론이 보다 통합적이고 다학제적인 관점에서 논의될 필요가 있다.[78] 정서적인 동시에 인지적이며 설명적인 동시에 관계적인 공감이 발현되는 사회적 치유의 과정을 통해서만, 남은 자들이 감내해야 했던 죄의식과 우울증이 사회 정의와 연대를 향한 정치의 긍정적인 에너지로 전복될 수 있을 것이다. 세월호 이후의 한국 사회는 세월호 이전으로 돌아갈 수 없다. 그렇다면 세월호 이후의 인문사회과학은, 이론은 무엇을 할 것인가?[79]

3장

가라앉은 자들과 남은 자들

이영진

한동안 세월호 뉴스만 나오면 눈을 돌렸다. '눈먼 자들의 국가'에서 연이어 벌어지던, '사람이 사람을 잡아먹는' 처참한 풍경들을 지켜본다는 것이 너무 괴로웠기 때문이다. 그리고 어느덧 약 2년의 세월이 흘렀고, 세월호는 이제 서서히 망각의 저편으로 향하고 있는 것 같다. 애도란 결국 죽은 자의 목소리에 귀를 기울이는 것이라고 되뇌어 보지만, 어마어마한 속도로 굴러가는, 그리고 눈만 뜨고 일어나면 '특종 사건'이 일어나는 이 사회에서 그들의 목소리에 귀를 기울일 '여유' 따위는 없어 보인다. 그 모습이 "조심해, 조심하지 않으면 안 돼"라고 경고하는 그들의 목소리를 외면한 채 계속 수렁으로 빠져들어 가는 배를 보는 듯해서 섬뜩해진다. 물론 그 배에 타고 있는 사람들은 바로 아직 살아 있는 우리들 자신이다.

2년의 세월이 흐른 지금 세월호 '사건'[1]을 돌이켜 보면서 지금도 잊혀

* 이 글은 「2014년 여름, 비탄의 공화국에서: 애도와 멜랑콜리 재론」, 『문학과 사회』 107호, 2014를 소폭 수정한 것이다.

지지 않는 순간은 단원고 황지현 양의 시신이 떠올랐던 그날이다. '사고' 발생 200여 일, 294번째 희생자가 물 위로 떠오른 지 102일 만이었다. 조사 기관에 따르면 발견 지점은 수차례의 수색 작업이 이루어진, 그래서 이미 수색이 완료된 지점이었다. 사고 발생 200여 일, 그것도 자신의 18번째 생일에 떠오른 그 아이러니하고 기묘한 우연성을 어떻게 설명해야 할까. 과거를 애써 지우며 일상으로 돌아가고 싶어 하는 사람들을 질타라도 하듯, 그녀는 '아직' 살아 있는 자들에게 자신에게 남은 마지막 표현 수단인 몸의 언어로 필사적으로 말을 건네고 있는 것일까. 그 사건을 과학적·합리적 언어로 풀어 낼 재주가 내게는 없다. 다만, 그녀의 귀환이 아직 죽은 자에 대한 응답이 끝나지 않았음을, 아니 응답은 결코 완료될 수 없음을, 그리고 누군가는 계속해서 응답해야 함을 우리 사회에 환기시켜 준 묵시록적 사건이라는 점만큼은 분명하다. 이 글을 저 시커먼 바다 밑에서 200여 일 만에, 권력에, 탐욕에, 혹은 안온한 일상에 눈이 먼 채 망각의 늪으로 빠져들어 가던 우리를 깨우기 위해 돌아와 준 황지현 양에게 바친다.

1

세월호가 침몰했던 그날 저녁 지인들과 이야기를 나눌 때만 해도 사태의 심각성을 전혀 깨닫지 못하고 있었다. 누가 전원 구조라는 오보를 터뜨렸는지 황당해하면서도, 그래도 밤새 구조 작업을 하면 모두 구할 수 있겠지 하는 근거 없는 기대를 품기도 했다.

하지만 실시간 생중계로 사람들이 타고 있는 배가 가라앉는 모습을 지켜보면서, 또 미디어가 선전하던 사상 최대의 구조 작업이 전개되고 있음에도 불구하고(물론 이 뉴스는 이후 또 다른 오보였음이 밝혀졌다) 왜 한 명도 구출해 내지 못하는지 도저히 이해할 수 없었다. 그리고 이윽고 물에 떠오른 시신들을 확인한 유족들의 절규와 배 안의 선실 어딘가에 혹시나 살아 있을 아이들 걱정에 마음이 새까맣게 탄 부모들의 모습에 속절없이 눈물이 흘러내렸다. 친구를 위해 입고 있던 자신의 구명조끼를 벗어 준 한 어린 학생의 앳된 사진에, 제자들을 먼저 피신시키려다 자신은 빠져나오지 못한 교사들의 사연에, 그리고 선장을 비롯한 선박직 선원들은 모두 빠져나간 자리에 홀로 자리를 지키며 승객들의 퇴선을 돕다 결국 목숨을 잃은 한 비정규직 여승무원의 이야기에 가슴 한구석이 먹먹해지지 않은 이는 없었을 것이다. 그것이 비록 왜 이러한 참사가 발생했는가에 대한 냉철한 책임 규명보다는, '비탄의 사회'society of suffering 분위기를 만들어 내면서 동시에 학생들을 돕다 희생된 교사나 친구에게 구명조끼를 벗어 주고 자신은 살아남지 못한 의로운 소년의 미담 사례를 끼워 넣으면서 그래도 이 사회는 아직 살 만한 사회라는 식의 여운을 생산해 내는 '감성 정치'의 통치성에 휘둘리는 것이라 해도 말이다. 이들의 죽음을 앞에 두고 머릿속 사전을 아무리 뒤적여도 적절한 애도의 말을 찾아낼 수 없었다. 그것은 말/논리를 압도하는 말/논리 이전의 충격이었다.

다른 한편으로, 초동 대응의 실패에 이어 이후의 구조 작업에서 해경 조직들이 보여 준 무능력의 극치, 자신에게 책임이 떨어질까 전전긍긍하면서도 실종자 가족들의 아픔에 대한 최소한의 공감도 갖지 못하는 관료들의 작태(과연 그 아비규환의 현장에서 '라면'을 먹는 것이 가능했을까), 그리고 이 참사에서 자기는 전혀 관계없다는 듯이 책임자를 엄벌에 처하겠다는 국정 최고 책임자의 고도의 '유체 이탈 화법'을 지켜보면서 가슴 밑바닥에서 끓어올랐던 것은 분노를 넘어, 이것이 바로 내가 살고 있는 사회의 '수준'이라는 인식에서 오는 부끄러움, 그리고 배가 침몰해서 형체도 없이 사라질 때까지 지켜볼 수밖에 없었다는 무력감이었다. 지켜 주지 못해서 미안하다는 말 한마디에 이 땅에 사는 많은 이가 공감했던 것은, 결국 이런 무능력한 사회를 만들었던 것이 바로 자기 자신이라는 뼈아픈 인식 때문이었을 것이다. 이미 세월호 이전에도 한국 사회에서는 서해 페리호 침몰부터 성수대교, 삼풍백화점 붕괴, 씨랜드 참사, 대구 지하철 참사, 그리고 올해만 하더라도 경주 리조트 체육관 붕괴 사건 등 굵직굵직한 사건·사고가 끊이지 않았고, 또 그때마다 많은 사람이 희생되지 않았는가. 그런 참사들이 되풀이되었음에도 아무런 교훈을 얻지 못하는 사회에서 가장 손쉬운 제물이 되는 것은 사회적 약자, 특히 아이들이다.

하지만 2년의 세월이 흐른 지금 한국 사회는 과연 세월호를 어떻게 기억하고 있을까. 세월호 이전과 이후 한국 사회는 어떻게, 또 얼마나 달라졌을까. 적어도 글을 쓰는 지금 그 변화의 징후를 감지하기는 쉽지 않아 보인다. 한때 문제의 회사의 실소유주라는 한 인물에 대한 광적인 마녀사냥은 그의 사체가 발견된 후 흐지부지 끝나 버렸다. 또 과적, 고박 불량, 무리한 항해 등 많은 문제가 제기되었던 '청해진해운'과 승객들을 버리고 탈출한 선원들은 모두 '비교적' 가벼운 형량을 구형받았을 뿐이다. '해피아', '철피아'라는 신조어를 만들어 내며 한국 사회 병리 구조의 온상으로 지목된 부패한 관료 조직들에 대해서도 어떤 변화가 일어나고 있는지는 전혀 알 길이 없다. 한국 사회의 이런 모습을 보노라니, 대구 지하철 참사의 한 생존자가 세월호 사건이 일어난 지 얼마 후에 남긴 다음과 같은 말이 비수처럼 가슴에 꽂힌다.

애도 분위기가 잠잠해지고 시민들은 방관자가 될 겁니다. 사고에 무관심해지고 냉담해질 겁니다. 그러고는 잊혀질 겁니다. 구속된 선장과 승무원 등은 몇 년 복역한 뒤 일상에 복귀할 거고요. 그 누구도 유가족과 생존자들의 일상과 삶, 치유에 대해 관심을 갖지 않게 되겠죠. 정부 등은 보상금 집행을 통해 사태를 조기에 마무리하려 할 겁니다. 이 과정에서 보상금에 눈먼 온갖 사람들이 유가족과 부상자 주변으로 모여들 겁니다. 참사와 상관없는 이들이 이후 사태 수습을 맡겠다고 나설 수 있지요. 오히려 저처럼 유족이나 부상자들이 협박당하는 일도 생길 수 있고요. 저는 대구에서 이런 일들을 수없이 봤습니다. 이런 지난한 과정이 얼마나 살아남은 자들을 지치고 힘 빠지게 하는지도 말이죠.[2]

이러한 사태야말로 세월호 사건으로 수세에 몰린 통치 권력이 가장 바라 마지않는 현실의 도래일 것이다. 세월호 사건은 특별법에 대한 여야의 합의가 이루어짐으로써 '일단락이 난' 후, 망각의 늪에 빠져들고 있다. 사건 발생 초기부터 일각에서는 '경기 회복', '국회 파행을 막기 위해' 등 여러 이유를 들이대며 세월호 사건을 '끝내고 싶어 했고', 적어도 현재의 상황을 보면 그들의 바람대로 이루어졌다. 비단 세월호뿐이랴. 한국 사회에서 대다수의 의혹 사건은 책임자 처벌은 고사하고 최소한의 원인 규명도 없이 '시효 완료'되어 서류철 속으로 들어가 버린다. 이 글은 잊혀져 가는 그 참사를 다시금 상기하면서 동시에 산 자들은 죽은 이들의 말에 귀를 기울이면서 그들에게 어떻게 말을 걸어야 할 것인지, 그 대화의 문법을 찾아 나가는 하나의 힘든 여정이다.

2

너무나 어처구니가 없어 도저히 납득할 수조차 없는 이번 세월호 참사가 발생한 원인은 무엇인가로부터 이야기를 시작해야 할 것 같다. 이 사건은 어느 모로 보더라도 한국 사회가 처한 총체적 난국을 보여 준 상징적인 사건으로 기록될 것이다. 여기에는 한 사람이라도 더 많은 승객을 싣기 위한(한 푼이라도 더 벌기 위한) 무리한 선박 개조 및 증축, 돈이 된다는 이유로 승객보다는 화물을 더 중시하는 고질적인 구조, 경제적 손실을 막기 위해 정시 운항을 가장 우선시하는 선주(자본) 측의 압박, 그리고 선박 증개축 심사부터 과적·고박 점검까지 안전을 책임져야 할 관련 기관의 태만한 운영 등과 같은 해상 운송 시스템의 총체적인 난국이 있었다.

세월호가 건조된 지 20년이 넘은 노후한 선박이며, 선주 측의 이익을 위해 선령 규제 연한이 원래 20년에서 무려 10년이나 '합법적으로' 연장된 것은 이전 정권의 일이다. 출항 전 세월호의 재화 중량은 3,963톤으로 제한 기준인 3,790톤보다 173톤이 많았지만 이를 심사해야 할 해경은 책임을 방기했다. 또한 출항 전 안전 점검 보고서에 적힌 화물량은 657톤이었지만, 감사원 조사 결과 실제로 실린 화물은 2,142톤으로 세 배 이상 많았다.[3] 세월호의 적재 가능한 화물의 최대치인 1,077톤에서도 무려 1,065톤이 초과된 것이다. 그리고 이렇게 조금이라도 화물을 더 싣기 위해 세월호는 배의 균형을 잡는 데 필요한 평형수를 적정 복원성 유지에 필요한 1,568.8톤의 절반에 불과한 761.2톤만 채운 채 출항했다. 물론 과적은 세월호의 운항에서 일상적인 것이었다.[4] 또 하나의 안전장치인 스태빌라이저에 결함이 있었으며, 화물을 부실 고박했다는 의혹도 제기되고 있다.

이렇듯 상습적인 과적으로 이미 만신창이가 된 세월호는 비인간 행위자에 빙의憑依해서 우석훈이 이야기한 것처럼, "끙, 신음을 하고 육중한 몸을 움직이며", "다시는 돌아올 수 없는 마지막 항해를 떠났다".[5] 그것도 "시간 절약, 비용 절감"이라는 이 사회의 황금률 앞에서 다른 안전한 수로를 제쳐 두고 위험한 항로——대한민국에서 두번째로 위험하다는 진도 앞바다, 맹골수로——를 선택해서 말이다. 여기에 베테랑 선장이 아닌 4개월 된 신참이 홀로, 그것도 짙은 안개로 출항이 지연되어 뒤처진 시간을 만회하기 위해 고속으로 이 수로를 운항했을 때 비극의 씨앗이 뿌려졌다.

물론 그런 구조적 원인 때문에 배가 침몰했다 하더라도 초기 구조에서 매뉴얼대로만 행동했다면 인명 피해는 최소화했을지도 모른다. 잘 알려진 것처럼 배의 이상 징후가 발견된 오전 8시 49분부터 선체가 물에 잠긴 11시 18분까지 황금 같은 '149분'의 시간이 있었다. 하지만 세월호가 침몰했을 때 우리에게는 위기에 대한 최소한의 대처 매뉴얼도 없었다(얼마 전 후쿠시마 원전 폭발 이후 일본 사회를 '매뉴얼 사회', 즉 매뉴얼을 넘어서는 참사에 대해서는 전혀 대처하지 못한다며 비판했던 말이 부메랑처럼 되돌아온다. 우리에게는 그런 매뉴얼조차 없었던 것이다).

침수가 확인되었다면 승객을 전원 갑판으로 대피시킨 뒤 구명정으로 탈출시키는 게 기본이다. 하지만 당시 세월호에서는 선내에 가만히 있으라는 안내 방송만이 울려 퍼졌다. 그리고 안내 방송에 따라 승객들이 선내에서 기다리는 동안 선장과 선원들은 가장 먼저 온 해경의 배에 유유자적 올라탔다. 배의 구조를 가장 잘 알고 있었을 그들은 아무런 부상을 입지 않았음에도, 구조된 이후 구조 작업에 참가하기는커녕, 오히려 그 긴박한 시간에 (보험금을 위해) 해운 회사에 전화를 걸어 재화 중량을 줄이는 데 급급한 모습을 보이는 등 승객들에 대한 최소한의 구조 책임마저 방기했다. 선박의 운항에서 구조까지 전 과정에서 가장 막중한 책임을 가지는 선장(그래서 선장을 'captain'이라고 부르지 않는가)이 월급 2백여 만 원을 받는 6개월 비정규직이었다는 사실을 굳이 여기 덧붙일 필요는 없을 것이다. 이는 선장에게 면죄부를 주려는 의도가 아니다. 다만, 바로 배 밑바닥까지 한국 사회의 가공할 신자유주의 시스템이 작동하고 있는 현실에 대한 씁쓸함과 허탈감을 기록해 두기 위해서이다.

여기에 초기 이상 징후를 제대로 감지하고 적절히 대응하지 못한 관제 센터, 초기 구조에 있어 전혀 전문적이지 못했던 해경, 그리고 더딘 구조와 말 바꾸기, 불화 등 혼선을 가중시키며 민간 구조와의 조율에 실패한 행정부의 무능력함은 이번의 비극적인 참사에 마지막 점을 찍었다. 구조 작업에 절실히 필요한 해상 크레인이 사고 발생 12시간 만에 출발한 것은 해경 측이 '크레인 사용 부담'을 떠안지 않으려 했기 때문이라는 '의혹'은 매우 설득력 있게 들린다.[6] 급박한 상황 속에서 공기 주머니 투입, 바지선 투입, 야간 구조를 위해 오징어잡이 선박과 같은 민간 어선 투입 등 많은 구조 대책이 실종자 가족들의 요청이 있고 나서 한참 후에야 비로소 이루어졌다는 사실은 우리 행정부의 부끄러운 자화상이다.

더욱 문제인 것은 이러한 참사에 대해 어느 누구도 책임을 지려 하지 않는다는 것이다. 청해진해운 관계자들의 첫 공판에서 이들은 세월호 사건의 배경으로 거론되어 온 무리한 선체 개축, 화물 과적, 부실 고박(고정·결박) 등의 사실에 대해 일부 인정했지만, 이러한 사실이 세월호 희생자 293명을 죽음에 이르게 했다는 검찰의 주요 공소 사실에 대해서는 부인하며 선박의 침몰과 희생자들의 사망 원인을 선원들의 과실로 돌렸다.

"과적이나 부실 고박을 가정하더라도 많은 희생자가 발생한 원인이 검찰이 이미 기소했듯 선원들의 '살인의 고의'에 의한 것이라고 할 경우 부실 고박으로 인한 과실치사상 혐의는 제3자(선원)에 의해 인과관계가 단절되는 것 아니냐"는 것이 해운 관계자 측 변호사들의 주장이다.[7]

책임 회피에 있어서는 행정부 역시 마찬가지이다. 대다수 관료가 자리 보전에 급급한 가운데 현직 총리는 아직 사태가 수습되기도 전에 사임 의사를 밝혀 여론의 뭇매를 맞았고, 실제로 얼마 후 사임했지만 신임 총리 후보자들을 둘러싼 몇 차례 웃지 못할 해프닝이 벌어진 후 '적당한 사람이 없다는 이유로' 헌정 사상 최초로 다시 유임이 된 전례를 남겼다. 대통령의 유체 이탈 화법이 불러일으킨 파장에 대해서는 앞서 다룬 바 있다. 국정조사에 출석한 청와대 비서실장 역시 청와대는 '법적으로' 재난의 컨트롤 타워가 아니라는 말만 되풀이했다. 고위 공무원들 중 이 사건에 대해 자신의 책임을 인정하는 이는 아무도 없는 것 같다.

이러한 한국 사회의 현실은 전후 일본의 가장 영향력 있는 정치 사상가였던 마루야마 마사오가 일본 사회의 병리로 지적한 '무책임의 체계'를 상기시킨다. 원래 '무책임의 체계'는 아시아-태평양 전쟁의 책임을 묻는 전범 재판에서 일본군 지휘자들이 보인 정치적 리더십의 부재와 책임을 지지 않는 일본형 의사 결정 구조의 문제를 비판하기 위한 개념이었지만,[8] 2011년 3·11 대지진과 후쿠시마 원전 사고 이후, 자신들의 책임을 회피하고 떠넘기는 데 급급한 도쿄전력이나 정부의 행태가 문제시되며 다시 많은 사람의 입에 오르내리기 시작했다.[9] 70년이 지난 오래된 개념이지만 본질적인 문제가 해결되지 않았다는 점에서 여전히 신선하다고 말하지 않을 수 없다.

실제로 관료제는 어떤 행동이 그 대상에게 미치는 영향에 대한 책임을 상급자, 명령권자에 대한 책임으로 바꿔 버림으로써, 결과적으로 책임의 소재를 애매하게('누구의 책임도 아닌 것으로') 만들어 버리는 속성이 있다. 여기에 지난 정권 당시(2009년) '비즈니스 프렌들리'라는 명목으로 '규제 개혁(?)/완화' 법안을 제정하면서 사업주의 책임을 묻는 양벌규정을 완화해 놓은 상태다. "상당한 주의와 감독을 게을리하지 아니한 경우에는 처벌받지 않는다"는 독소 조항이 그것이다.[10] 이 조항은 세월호와 관련해 문제가 되고 있는 '선박 안전법'에도 어김없이 들어 있다.

물론, 책임을 진다는 것의 의미가 지금 정치권에서 즐겨 사용하는 '정권 비판'의 용도로 오염되어서는 안 된다. 하지만 과거를 망각하고 책임 규명에 소홀했던 결과가 지금의 참사 공화국 대한민국을 만들었다는 사실을 잊어서는 안 될 것이다. 지금 바로 이 순간에도 계속해서 위기의 징후들이 속속 나타나고 있는 고속철도, 원자력 발전소, 또 다른 어딘가에서 파국의 씨앗이 자라고 있는 것은 아닐까. 그 두려운 예감이 카산드라의 예언이 되지 않기를 바랄 뿐이다.

3

세월호 사건이 있은 지 얼마 후 한 시사 주간지는 시커먼 바다 위에 뱃머리만 남은 세월호 사진을 표지에 실으면서 '이것이 국가인가'라는 도발적인 물음을 던졌다.[11] 아마 그 물음 속에는 그것이 안전장치가 있음에도 불구하고 일어나는 정상 사고normal accident이든, 아니면 조직의 의사 결정 체계상의 문제나 안전 문화의 부재로 인해 발생하는 사고이든, 언제 사고가 발생하더라도 이상하지 않은 위험 사회risk society 대한민국에서 만일 사고가 터졌을 때 국가가 과연 우리를 구조해 줄 것인가에 대한 심각한 위구심과 함께 국가란 무엇이어야 하는가에 대한 문제 제기가 깃들어 있을 것이다. 그리고 어쩌면 누군가는 거기서 과거 어려움에 빠진 국민들에게 손을 뻗치던 자애로운 주권자를 상상했을지도 모른다.

하지만 현대 사회에는 결여되어 있는 그 무엇인가가 과거에는 있었고 그것을 다시 현대 사회에서 재평가하고 싶다는 이러한 욕망, 즉 노스탤지어가 갖는 문제는 무엇보다 그것이 과거에 대한 의식적·무의식적 기억 상실의 소산, 즉 환상에 불과하다는 것이다. 왜냐하면 '살게 만들고 죽게 내버려 두는' 근대 권력의 통치성이 작동하던 1970년대 한국 사회에서 권력 행사의 초점은 오히려 후자, 즉 '죽게 내버려 두는' 쪽에 있었기 때문이다. 하지만 실제와는 무관하게 이러한 노스탤지어를 동원한 감성 정치가 만들어 낸 환상은 세월호 침몰이라는 파국 앞에서 산산조각이 나 버렸다. 이번 참사는 현 대통령이 그렇게 모방하고 싶어 했던, 또 그를 지지했던 많은 대중이 마음 한구석에 가지고 있었던, (그것이 긍정적인 것이든 부정적인 것이든) '박통' 식의 강력한 과시적 통치성은 이제 더 이상 이 사회에서 작동할 수 없음을 만천하에 드러냈다. 실종자 가족들이 아무리 소매를 잡고 눈물을 흘리며 탄원을 하더라도 이 상황에서 이 나라 행정부의 최고 수장이 할 수 있는 일이란 없었다.

아니, 오히려 이번 파국을 통해 우리는 오늘날의 한국 사회를 지배하는 권력의 본질을 뒤늦게나마 깨닫게 되었는지도 모른다. 통치 기구의 인플레이션, 행정의 과잉, 경제적 개입주의를 혐오하면서도 더 많은 자유를 도입한다는 명목으로 통제와 개입 메커니즘을 구사하며 국가에 철저히 기업화의 원리를 이식하려고 하는 이 권력의 다른 이름을 우리는 '신자유주의적 통치성'이라고 부르고 있다. 아직 신자유주의적 통치가 본격적으로 가동되기 이전인 1978~1979년 미셸 푸코는 신자유주의적 통치성의 본질이 시장의 경제적 형식이 통화의 교환을 넘어 사회관계와 개인 행동의 인지 가능성, 해독의 원리로까지 일반화되고, 각자의 이해관계의 극대화가 일반적 이익을 구성한다는 신념 아래 작동하는 통치 권력이라는 점을 정확하게 짚어 낸 바 있다.[12] 다시 말하면 신자유주의의 원리란 시장 논리를 사회 전체에 철저하게 관철하고자 국가가 법적 개입을 통해 제도적 틀을 형성한다는 국가 개입 원리이다.[13]

1997년 외환 사태를 계기로 신자유주의의 공습이 본격화된 이래, 20여 년의 세월을 거치면서 신자유주의적 통치성은 한국 사회 구석구석에 뿌리를 내렸다. 합리성과 효율성만이 가치의 척도로 군림하는 가운데 모든 것이 거래와 매매의 대상으로 전락한 사회에서 국민의 안전이라고 예외가 될 수는 없다. 이해관계의 극대화를 위해 남아 있는 안전장치인 각종 규제들이 제거되거나 완화되는 상황 속에서 국민의 안전 따위는 커다란 고려의 대상이 아니었던 것이다. "부패한 정부는 모든 걸 민영화하기를 원한다"는 노엄 촘스키의 명언을 떠올리지 않더라도,[14] 지난 정권 이래로 사회적인 것의 축소와 그 한 수단으로서의 민영화가 우리 사회의 전가의 보도가 되었고, 그 과정에서 자본과 관료의 유착이 심각한 부패를 초래했다는 것은 분명한 사실이다. 최소한의 경제적 개입주의와 최대한의 사법적 개입주의가 공존하는 신자유주의적 통치성은 부패와 선택적 친화성selective affinity을 갖는다. 효율과 유용성, 노동 유연성flexibility에 대한 강조는 안전 및 공정성을 위한 각종 규제라는 제약을 넘어서려 하며, 그 과정에서 부패가 개입하는 것이다.

한국 사회의 경우 그 부패를 주도하고 있는 것은 관료, 정치인, 청와대, 군, 같은 학교 출신으로 이루어진 엘리트 카르텔이다.[15] 세월호 참사 이후 구명정 관리, 차량 고박, 탑승객 수 파악 등에 있어 총체적인 부실 논란이 제기되면서, 해운조합, 해수부를 아우르는 세칭 '해피아'를 비롯해 '철피아', '원자력 마피아' 등 국가의 핵심 부서들과 민간 기업이 중심이 된 부패의 카르텔이 다시 수면 위에 떠올랐다. '다시'라는 부사를 쓴 이유는 이것이 결코 새로운 현상이 아니기 때문이다. 이미 2012년 '부정 청탁 금지 및 공직자의 이해 충돌 방지법'(일명 '김영란법')이 제기되었다는 사실 자체가 이러한 부패 카르텔이 한국 사회를 좀먹고 있음을 알리는 징후일 것이다. 하지만 국무회의를 통과하며 원안에서 더욱 멀어진 이 법안은 세월호 사건 약 1년 후인 2015년 3월 3일에 국회를 가까스로 통과했고, 1년 6개월간 유예 기간을 거쳐 2016년 9월 시행될 예정이지만, 시행을 둘러싼 잡음은 여전히 끊이지 않고 있다.

나아가 세월호 참사가 있기 얼마 전(2012년)에 개정된 '수난 구호법' 역시 사회 전역에 경쟁 원리를 만연시켜 이익 추구라는 원리가 적용되어서는 안 되는 영역까지 시장 원리를 확대 적용하면서 공공 영역을 축소시키는 신자유주의적 통치성의 연장에서 이해되어야 한다. 국가가 모든 것을 떠맡을 수는 없다는 여당 의원의 발의로 개정된 수난 구호법에 의해 구호마저 외주 대상이 되었다는 사실을 세월호 참사 전에 알고 있었던 이는 몇 명이나 될까. 당시 수난 구호를 일임받은 기업이 바로 문제의 '언딘 마린 인더스트리'(이하 '언딘')라는 회사였다. 재난 자본주의의 첨병으로 실적을 쌓은 언딘은 초기 구조의 혼선과 지연 및 실패의 책임을 묻는 여론의 질타 속에서도 당당했다. 계약서상 자신들이 국가로부터 명령을 받은 것은 선체의 인양과 같은 구난·구호 업무이지 (인명의) 구조가 아니며, 인명의 구조는 국가의 의무라는 것이었다. 오히려 언딘은 이를 이행하지 못하는 해경의 무능력을 꼬집기도 했다. 그렇다면 과연 해경은 구조와 구난·구호의 차이를 알고 있었을까. 참사 이후 공식 브리핑에서 "수중에 있는 선체 수색이나 구난에선 정부보다 민간(언딘) 실력이 낫다"는 해경 측의 발표에 구조는 들어 있었던 것일까.

더욱 황당한 것은 용역 업체 언딘이 자신의 역할은 구조가 아니라고 스스로 밝혔음에도 불구하고, 실제로 현장에서는 구조를 위해 언딘이 먼저 잠수에 들어가야 하니까 민간 잠수부, 심지어 SSU나 UDT 같은 해군 전문 요원마저 현장에 접근하지 말라는 해경의 통제가 있었다는 사실이다. 여기에 시신 수습을 두고 실적을 따졌다는 이야기, 즉 시신을 발견한 민간 잠수사에게 언딘 측이 같이 발견한 것으로 하자고 이야기했다는 '괴소문'은 차마 입에 올리기도 끔찍한 것이지만, 나오미 클라인이 보고하고 있는 것처럼, 2005년 뉴올리언스 카트리나 참사 이후 사고 시신 수습을 둘러싸고 실제 발생했던 현실이기 때문에 너무나 설득력 있게 들린다. 당시 구호 직원들과 자원봉사 장의사들은 뜨거운 햇볕 아래 방치된 시신들이 부패되어 가는데도 전혀 도와줄 수 없었다. 시체를 건드리는 것이 장례 서비스 회사(부시의 정치 자금 기부자이기도 하다)의 상업적 영역을 침범하는 것이 되었기 때문이었다. 가공할 '재난 자본주의'disaster capitalism의 도래이다.[16]

카트리나 이후 뉴올리언스의 폐허 속에서 리베카 솔닛이 목도했듯이 대재난은 새로운 혁명적 공동체를 만들어 낼지도 모른다.[17] 이 사회 곳곳에서 펄럭이고 있는 노란 리본들, 팽목항에 쇄도하는 자원봉사자들의 물결, 그리고 실종자들의 무사 귀환을 기원하는 촛불 행렬이 그러하듯이, 재난은 새로운 연대의 싹을 만들어 내기도 한다. 하지만 동시에 자본은 재난을 기화로 공공 영역으로 더욱 잠식해 들어가고 있다. 그리고 이런 '재난 자본주의'가 지배하는 세상은 예전 울리히 벡이 위험 사회 도래의 한 특징으로 예언한 것처럼 위험이 민주적이고 평등하게 찾아온다는 가설을 폐기시킨다. 계급이 내려갈수록 상대적으로 더 재난의 위험에 취약해지고 있기 때문이다. 이제 위험, 재난마저도 계급화된다. 뉴올리언스 카트리나 참사 이후 피해를 입은 사람들은 대부분 가난한 사람이었다. 부자들은 대개 그 전에 비행기를 타고 안전한 곳으로 날아갔으며, 심지어 그들의 재산 역시 보험에 들어 있었기 때문이다. 그렇다면 '세월호에 탄 아이들이 강남 학생이었다면, 해경이, 해수부가, 안행부가 이렇게 보고만 있었을까' 라는 유언비어가 떠도는 현실이야말로 (사실 여부를 떠나서) 재난 자본주의 사회를 살아가는 우리 사회의 불안의 한 징후가 아닐까. '재난 아파르트헤이트'가 작동하고 있는 전 지구적 자본주의 사회에서 국가란 도대체 무엇일까.

4

세월호 사건이 우려스러운 또 하나의 이유는, 이 사건이 생존자나 유족, 그리고 실종자 가족들뿐만 아니라 한국 사회 전반에 미칠 심적 외상, 즉 트라우마 때문이다. 주지하듯이 일반적으로 트라우마trauma는 한 개인이 감당하기 힘든 충격적인 사건을 경험했을 때 마음을 보호하는 막이 찢겨 버리는 현상을 의미한다. 임상 심리 전문가들은 세월호 사건 관련자 대부분이 심각한 스트레스와 불안, 우울증을 호소하는 등 일반적 트라우마 장애뿐만 아니라 사건 이후에도 오래 지속될 수 있는 외상 후 스트레스 장애PTSD가 나타날 것을 우려하고 있다. 특히 성장 단계에 있는 어린 학생들의 경우 외상 사건에 훨씬 취약하다는 점에서 더욱 많은 주의가 필요하다. 한 생존 학생 아버지는 "친구 3분의 2를 잃은 우리 아이들 마음이 어떨까. 지금도 죄책감에 시달리고 누가 자기를 알아보지 않을까 걱정한다"며 이야기를 꺼낸다. 사고 이후 얼마 지나지 않은 어느 날, 학생들이 함께 지내는 숙소에서 화재 감지기가 오작동하면서 사이렌이 울리고 '침착하게 밖으로 대피하라'는 방송이 나오는데, 아이들이 당황해서 씻고 있는 부모를 데리고 나오다 넘어져 다치고 일부는 꼼짝도 못했다는 것이다. 세월호 안에서 들었던 방송과 똑같아 친구들을 두고 왔다는 죄책감에 그런 행동을 했다는 것이 아이들의 말이었다.[18]

특히 세월호 침몰 트라우마가 여타 참사 사건들에 비해 더 심각한 이유는 우선 배에 갇혀 있던 아이들이 수장되는 과정 전체가 전국에 실시간 생중계되는 상황에서 이를 속수무책 지켜볼 수밖에 없었다는 데서 오는 무력감과, 침몰 이후 정부가 보여 준 무책임하고 무능력한 사고 수습 과정 때문이다. 그 외에도 가혹한 트라우마에 정면으로 맞서는 것이 아닌, 국가 통합이라는 미명 아래 현실을 배제하는 기제(예를 들어 3·11 이후 일본 정부가 국민들에게 부르짖은 소비 활성화와 너무도 유사한 '세월호 이후 위축된 내수를 진작시켜야 한다'는 슬로건), 참사가 일어난 원인 분석과 책임 규명은 제대로 하지 않은 채 정부나 해경의 발표만을 되풀이하면서 피해 상황만, 그것도 흥미 위주로 보도하며 심층 보도 대신 선정 보도만 일삼는 매스미디어의 편파성과 선정성(이번 참사를 기화로 그들에게 붙여진 '기레기'[기자+쓰레기]라는 오명에서 회복하는 길은 당분간 요원해 보인다) 등은 트라우마를 한층 부채질하는 대표적 요인들이다.

배가 침몰한 것이 1차 트라우마라면, 정부의 무책임한 대응은 2차 트라우마이다. 여기에 조금만 크게 울고 소리를 질러도 진짜 유가족이 아니라는 등, 불순 세력이 끼어 있다는 등의 '막말'이 너무나 자유롭게 통용되는 사회적 분위기, 책임자들의 변명만이 난무하는 법정, 유족들에게 가만히 있으라고 외치면서 실제로는 파행으로 귀착된 세월호 관련 국정조사는 3차, 나아가 4차 트라우마를 야기하고 있다. 실제로 아이들의 구조와 관련해 자신들의 거듭된 요청을 묵살하는 정부의 성의 없는 대응에 급기야 집단행동을 개시하며 청와대로 향한 유가족을 기다리고 있던 것은 싸늘한 무응답이었고, 다음 날 아침 뉴스에서 유족들은 시위대 취급을 받기에 이르렀다. "배에서도 기다리라더니"라며 허탈해하던 한 유족의 절규는 폐부를 찌른다. 또한 시간이 흐름에 따라 세월호에 대한 사회적 관심이 점점 엷어지는 상황에서 생존자나 유족, 특히 실종자 가족들이 겪고 있는 고립감도 간과해서는 안 된다.

이러한 트라우마는 비단 생존자나 유가족, 실종자 가족에 국한된 문제가 아니다. 지난 20여 년간 무수한 대형 사고를 겪었음에도 사회가 전혀 바뀌지 않았다는 실망감, 그리고 언젠가는 나와 내 가족에게도 비슷한 사고가 일어날지 모른다는 막연한 공포, 즉 지그문트 바우만이 이야기하는 마음을 구획하는 프레임으로서의 '파생적 공포'가 사회 전체에 만연해 있다.[19] 3·11 이후 체르노빌과 더불어 인류사상 최악의 원전 사고가 된 후쿠시마 카타스트로프에 직면해 있으면서도 '안전'을 위장한 '국가'라는

'밀실'에 사람들을 가둔 채 끊임없이 사람들을 방사능 공포에 노출시키고 있는 일본 사회를 '호러 국가'horror state라고 진단한 다카하시 도시오의 논의를 떠올린다면, 지금의 한국 사회는 바다 건너편의 또 하나의 '호러 국가'다. 여기서 호러는 '자신을 넘어선 외부에 대한 공포'인 테러terror와 달리, '자신을 포함한 내부에 대한 공포'이자 동시에 '사람들이 외부를 잃어버린 시대의 공포'를 말하며, 이런 공포를 불러일으키는 '내부'란 '해결 불가능성에 의한 내적 파괴'를 일컫는다.[20]

호러 국가가 만들어 내는 공포는 불확실하며, 위협의 정체를 모르기 때문에 그것에 대처할 방법이 없다는 점에서 사회에 무기력증을 만연시킨다. 트라우마 역시 점차 집단적인 양상으로 변모한다. 실시간으로 올라오는 참사 소식을 지켜보며 유족들의 처지에 공감하면서 정부의 무책임한 대응에 분노를 표출하기도 하지만, 정작 자신이 아무것도 할 수 없다는 사실에 사람들은 무력감, 나아가 죄의식을 느낀다. 이러한 무력감, 죄의식은 트라우마를 겪은 사람들이 갖는 공통적인 핵심 감정이다. 그 참사가 자신의 책임이 아님에도 불구하고, 희생자와 심리적 동일시를 하면서 그만큼의 죄의식을 떠맡으며 "내가 무언가를 했어야 하는데 그러지 못해서 누군가가 죽은 것이 아닐까"라는 자책감에 몸을 맡기는 것이다. 더욱이 수많은 언론 매체가 반복해서 틀어 대는 이미지들은 우리의 집단 기억 속에 봉인되어 되새겨지면서 트라우마를 한층 가중시킨다. 이틀에 걸쳐 서서히 침몰해 가는 배를 무력하게 지켜볼 수밖에 없었던, 구조 의지가 있는지 여부를 의심할 수밖에 없었던 정부와 해경의 무책임한 초동 대응, 그리고 진실을 외면한 채 정부 측 목소리만을 반영하는 미디어의 실상을 목도해야 했던, 그리고 결국 모든 구조 작업이 무위로 끝난 채 바다에서 나온 이들의 훼손된 시신을 보아야 했던 가족들이 앞으로 겪게 될 트라우마의 위험성을 경고하는 목소리는 이런 이유 때문에 더욱 설득력이 있다.

트라우마나 우울증으로부터의 회복, 치유는 물론 중요한 문제이다. 왜냐하면 트라우마나 우울증이 야기하는 고통은 한 개인이 감당하기에 너무나 엄청난 시련이기 때문이다. 대구 지하철 참사에서 죽음의 문턱을 가까스로 빠져나온 이들은 여전히 불현듯 일상을 엄습해 오는 끔찍한 악몽에 시달리고 고통을 호소한다. 혼자 살아남았다는 자책감에 시달리며 괴로워하는 이들도 있다.[21] 또 세월호 참사로 죽은 아들이 내일이라도 다시 문을 열고 집으로 돌아올 것 같아 아직도 매일 아이의 방을 청소한다는, 아이의 죽음을 인정할 수 없어 눈물을 흘릴 수도 없다는 한 어머니, 그리고 실종된 지 두 달이 지나도록 아이의 시신을 찾지 못해 팽목항을 떠나지 못하면서 시신을 찾은 부모들을 부러워하는 어머니의 이야기는 듣는 것만으로도 마음을 이지러지게 한다.

하지만 이러한 위험성에 대한 경고의 목소리들이 또 하나의 '사회를 보호해야 한다'는 억압적 분위기를 만들어 내고 있는 것은 아닌가 하는 의구심 역시 지울 수 없다. 실제로 세월호 사건 이후 한국 사회에서 트라우마를 다루는 시각은 마치 위험한 폭발물이 터지지 않을까 두려워하며, 이를 부정적인, 즉 치유해야 할 병리 현상으로 보는 측면이 강하다. 얼마 전 방영된 한 방송사의 다큐멘터리에서는, 트라우마적 체험이 스트레스에 더 과하게 반응하는 유전자 조직에 영향을 주며 이것이 세대적으로 전승된다는 의학 실험을 비중 있게 다루면서도, 그 치유책에 대해서는 트라우마를 야기한 사회 자체의 변화(개혁)보다는, 공동 치료나 긍정적 환경 조성과 같은 임상의학적인 차원을 소개하는 데 그치고 있다. 일선 현장에서 이들의 트라우마 치유를 담당하고 있는 의료 기관 역시 상황은 크게 다르지 않다. 과연 세월호 사건이 초래한/할 트라우마는 이런 의학적 실천을 통해서 완전히 해소될 수 있을까. 현재의 시점에서 본다면 전망은 부정적이다. 트라우마에 대해 임상학적 접근이 아닌 병리학적 접근, 즉 그러한 트라우마가 발생한 원인에 대한 본질적인 탐구가 요청되는 이유도 여기에 있다.[22]

5

여기서 우리는 '애도'mourning란 무엇인가라는 근원적인 문제로 다시 돌아오게 된다. 「애도와 멜랑콜리」Trauer und Melancholie, 1917라는 유명한 글에서, 지크문드 프로이트는 멜랑콜리를 다음과 같이 정의한다. "상실해버린 과거의 대상을 타자로 인정하고 그에 대한 애착을 포기하는 것을 애도의 본질로 보면서, 과거의 대상에 대한 집착을 버리지 못한 채 강제로 철회된 리비도가 다른 대상으로 향하지 않고 자기 자신에게로 향하는 나르시시즘적 단계로의 퇴행에서 일어나는 극심한 우울증." 멜랑콜리적 주체는 상실된 대상과 자아를 동일시하기 때문에 극도의 자기 비하나 학대로 자아를 소모시키며, 외부 세계와 자신을 차단한 채 엄습하는 절망감에 고통스러워한다. 이러한 멜랑콜리적 상태에서 벗어나기 위해 자아는 한때 존재했던, 하지만 지금은 부재하는 그 대상에게 부여된 리비도를 거두어들이고 애착을 위한 새로운 대상을 찾아야 한다. 진정한 애도는 바로 이러한 작업을 통해 포기된 대상이 나의 일부로 화하고 자아의 현존 속에서 내가 그 대상을 끊임없이 기억하게 되는 상태이다.[23]

프로이트적 의미의 '애도'는 지나간 과거의 일이 어차피 불가항력적이라는 것을 우리가 겸허하게 받아들이도록 독려한다는 점에서는 고무적이다. 산 자는 계속해서 살아 나가야 하며, 이를 위해서는 상실을 상실로 받아들여야 한다는 것, 즉 과거와 명랑하게 작별해야 한다는 것이다. 하지만 이러한 의의에도 불구하고 프로이트의 애도 개념이 트라우마의 역설(혹은 억압된 자의 귀환)에 충분히 주목하고 있지 않다는 점에 대해서는 여러 지적이 제기되어 왔다.[24] 특히 프로이트의 애도론이 트라우마가 일깨우는 환기력을 간과했다는 자크 라캉의 지적은 의미심장하다. 라캉에게 트라우마는 사라진 타자와 만나는 한 가지 방식이자, 타자의 호소에 적절히 응답하지 못했음을 일깨우는 동시에 그럼에도 불구하고 부단히 응답하려고 노력해야 함을 일깨우는 것, 즉 근본적인 윤리의 문제를 환기하는 것이다.[25] 상실의 슬픔을 봉합하고 이를 승화하려는 시도는 환자로서 주체가 자신의 병을 극복하고 살아가기 위한 하나의 처방일 수 있지만, 성급한 봉합은 결국 그러한 트라우마를 만들어 낸 관계성까지 묻어 버리는 우를 범할 수 있다는 것이다.[26]

한편 프로이트적 정신분석 전통과는 다른 장에 속해 있던 동시대의 사상가 발터 벤야민은 '애도의 거부'the refusal to mourn라는 독특한 애도론을 전개한다. '죽음과의 정사'love affair with death로도 명명되는 벤야민의 이러한 자세는 슬픔의 건전한 '종료'로 간주되는 상징적인 애도의 태도라기보다는 '비애극'Trauerspiel에, 즉 끝없이 반복적인 '애도의 유희play'에 빠져 있는 알레고리적인 멜랑콜리의 태도라고 할 수 있을 것이다. 여기서 알레고리는 벤야민 스스로 이야기하듯 우울증 환자 특유의 세상을 읽는 방식으로, 상징성이 갖는 조정, 매개의 힘에 대항하는 것이자, 매개되지 않는 극한들의 변증법dialectics of the unmediated extremes을 의미한다. 이는 결코 애도 행위 자체에 대한 거부가 아니다. 오히려 벤야민에게 애도란 젊은이들의 죽음을 이해 가능한 스토리('국가를 위한 고귀한 희생')로 만들어 내면서 과거를 종료시키는 이야기적 상기narrative memory, 즉 "민족·국민이라는 이름 아래 이루어진 희생을 정당화하도록 작동하는" 시스템으로서의 당대의 '기념식전 문화'를 거부하며, 과거를 단순히 되풀이하는 것으로서의 '트라우마적 기억'에 대한 고수를 의미했다.[27]

이상의 논의들은 공통적으로 트라우마를 야기하는 사회적 환경의 변화 없이 의학적(심리학적) 치료만으로는 회복이 결코 이루어질 수 없음을 역설하고 있다. 나아가 이는 사회가 주도하는 상징적인 치유나 기념식전 문화에 대해서도 가차 없이 저항한다. 장엄한 기념식전의 공간적 장소를 구축하는 것보다, 오히려 충실한 현전으로서의 긍정적 장소를 거부하면서 트라우마가 만들어지는 시간의 어긋남의 경험에 천착하는 자리에서, 범람하는 애도에 대한 타협 없는 저항이 모색될 수 있을 것이다. 유포되는 애도에 대한 타협 없는 저항인 것이다.[28] 그런 점에서 "우리들에게 세월호의 죽음은 개인 차원의 자연사가 아니기에 애도는 정의의 문제로, 산 자들에 대한 정의가 아니라 죽은 자들에 대한 정의로 건너가야 한다"는 철학자 김진영의 전언에 나는 지지를 보낸다. 애도는 산 자들이 죽은 자들과 어떻게 관계를 맺을 것인지, 죽은 자들에게 어떻게 정의로운 관계를 만들어 줄 것인지를 발본적으로 묻는 것이어야 하기 때문이다.[29]

물론 기념식전적인 치유에 대해 타협을 비통히 거부하며 저항하고자 하는 벤야민의 절망적 시도가 최종적으로 그가 열망하는 진정한 구원에 대한 보증이 될 수 있을 것인지에 대해서는 여전히 회의적이다. 하지만 그럼에도 불구하고 '애도의 거부'라는 다소 극단적일 수 있는 벤야민의 애도론을 제시한 이유는, 기존의 기념식전 문화를 답습하는 것으로 결코 현재의 문제를 해결할 수 없다면, 오히려 파국의 중심으로 침잠해 들어가면서 진정 상실된 것이 무엇인지를 깨닫는 그런 충격요법이 더욱 적절하다고 생각되었기 때문이다. 다시 말하면 '애도의 공동체'라고 떠벌리는 산자들의 '안심해 버린' 공동체에 포섭될 수 없는 이질적인 존재들인 그들과 만나고, 그들의 원한을 공유하는 것, 그리고 그러한 원한의 감정을 "그 사회의 객관적 존재 방식과의 관련하에서 리얼하게 파악"하고 전화시키는 것이야말로, 애도의 정치의 출발점인 것이다.[30]

하지만 세월호 이후 한국 사회의 풍경은 이러한 애도의 정신과는 거리가 먼 것이었다. 논란의 쟁점이 되었던 '특별법'은 사고 발생 201일 후 통과되었지만 애초에 유족들이 요구했던 원안과는 멀어져 버렸다. 심지어 특별법 제정 과정에서 유가족이나 생존자들은 특례 입학이니 보상금이니 하는 근거 없는 루머에 시달려야 했다. '교통사고 피해자가 왜 의사자냐?', '나라를 위해 목숨 바친 것도 아닌데 (거리로 나선 유족들을) 이해할 수 없다'는 악의 섞인 목소리도 들린다. 그리고 그 한 마디 한 마디 말과 행동이 비수처럼 생존자와 유가족의 가슴에 꽂힌다.

왜 이 사회는 구사일생으로 살아남은 어린 학생들과 아직 제대로 상을 치르지도 못한 유가족들을 다시 거리로 내몰았는가. 왜 이 사회에서는 언제나 가해자들은 눈 하나 깜짝하지 않은 채 피해자들에게만 외로운 싸움을 강요하는 부조리가 되풀이되는가. 정신분석학적 관점에서 본다면 이러한 태도를 가능하게 하는 기제는 '부인'disavowal이다.[31] 이 사건에 너무 매달려 있어서는 안 된다, 위기에 처한 경제를 살리기 위해서는 내수

진작에 방해가 되는 세월호를 잊어야 한다, 혹은 이 사건을 단순한 교통사고 정도로 처리해 버리고자 하는 식의 사회적 분위기는 비현실화, 대상 리비도의 후퇴로 요약되는 부인의 대표적 징후들이다. 세월호 참사를 자신에게도 언제든지 일어날 수 있는 일로 받아들이는 태도, 혹은 참사가 빚어낸 무수한 죽음들을 잊지 않고 거기에 자신의 리비도를 투여하는 슬픔, 혹은 멜랑콜리적 태도는 모든 가치를 경제적으로 환산하면서 심지어 마음·감성에 대해서까지 경제적 절약의 이익을 강조하는 신자유주의 사회의 에스프리를 거스르는 것이다. 한국 사회에서 세월호 사건에 대한 관심의 급격한 쇠퇴는 바로 이러한 신자유주의 시대의 통치성, 즉 마음의 레짐régime의 한 구현이 아닐까. 그렇다면 '이것이 국가인가'라고 묻기 전에 우리는 이렇게 되물어야 하는 것이 아닐까. '과연 이것이 사회인가!', 아니 '사회란 무엇인가'.

악몽 같던 2014년 4월의 어느 날, 착잡한 마음에 강의실에서 학생들과 함께 봤던 구로사와 아키라 감독의 영화 「꿈」(1990)의 한 장면이 계속 뇌리를 떠나지 않는다. 한 에피소드에서 구로사와는 지난 아시아-태평양 전쟁에서 살아남은(길고 어두운 터널을 빠져나온) 한 일본군 장교가 갑자기 전멸한 자신 휘하의 소대의 혼령들과 마주하는 인상 깊은 장면을 만들어 냈다. 자신의 죽음을 납득하지 못하는 병사, 또 죽어서도 군인의 임무에서 벗어나지 못한 채 이승을 떠도는 병사들의 혼령 앞에서 장교는 절규하면서 혼자 살아남은 죄책감을 토로한다. 하지만 어두운 산 속에서 끊임없이 들려오는 개 짖는 소리, 그리고 죽은 병사들을 떠나보낸 주인공에게 이빨을 드러내고 으르렁거리며 달려드는 검은 개의 이미지는 그의 이야기가 죽은 자들에게 결코 납득되지 않았음을 알레고리적으로 드러내고 있다. 그리고 그 모습이야말로 죽은 자들에 대한 산 자들의 책임이 얼마나 무거운 것인지를 역설적으로 보여 주는 것이기도 하다. 산 자들의 책임이란 죽은 자들을 애도하며, 그들이 왜 그런 죽음을 당할 수밖에 없었는지를 죽은 그들에게 납득시켜 줌으로써, 그들을 편안히 저 세상으로 보내 주는 것이다.

영화를 본 후 학생들과 이야기를 나누는 자리에서 나는 엄습하는 자괴감에 말을 잇지 못했다. "우리 아직 안 죽었어요. 우리가 왜 죽어요?"라고 묻는 그들에게, "나는 꿈이 있는데, 난 살고 싶은데, 나는 하고 싶은 게 너무 많은데"라는 마지막 절규를 핸드폰에 남긴 채 물속으로 가라앉은 어린 학생에게, 물이 차오르는 배 안에서 자신의 구명조끼를 친구에게 벗어 주었던 어린 학생에게, 또 "너희들을 다 구하고 난 나갈게"라고 학생들을 안심시키며 구명조끼를 챙겨 주다가 정작 자신은 영영 뭍으로 돌아오지 못한, 젊다 못해 어린 '비정규직 아르바이트' 여승무원에게, 과연 나는, 아니 우리 사회는 과연 그들이 왜 죽을 수밖에 없었는지를 납득시킬 수 있을까.[32] 아직 이 사회에 '책임'과 '의무'를 지기 이전에 당연히 누려야 할 '즐거움'도 '권리'도 채 누려 보지 못한 그들이 왜 차가운 바닷속에서 서서히 죽어 가야 했는지 우리는 어떻게 그들에게 이야기해 줄 수 있을까. 그런 그들 앞에서 기존의 관습적인 애도는 사실상 불가능한지도 모르겠다. 어설픈 위로의 말을 해서도 안 된다. 우리는 멜랑콜리의 어두운 심연 한가운데에서 침잠한 채, 구조되지 못하고 결국 '가라앉은 이들'the drowned의 목소리에 계속 귀를 기울이며 그들의 말에 성실하게 응답해야 한다. 그것은 살아남은 우리가 짊어져야 할 인간으로서의 최소한의 의무이다.

追記

2014년 9월 말 특별법에 대한 여야의 합의가 이루어지면서 세월호 사건은 일단락이 났다. 세월호 정국으로까지 불렸던 긴박한 상황에서 치러진 보궐선거에서 수세에 처해 있는 것처럼 보였던 여당이 어떻게 압승을 할 수 있었는지, 왜 야당은 그토록 무기력했는지, 그리고 '특별법'이 왜 그토록 기묘한 합의로 끝나고 말았는지에 대해서는 더 많은 분석이 이루어져야 할 것 같다. 그리고 그 과정에서 유가족들이 어떻게 "자식의 목숨을 담보 삼아 무리한 것을 뜯어내려 하는" '정치꾼'으로, 그리고 여야의 정치 놀음에 낀 '천덕꾸러기'로 전락하고 말았는지에 대해서도 또 다른 논의의 장이 필요하다. 단순히 '프레임 싸움'에서 졌다고 이야기해 버린다면 너무 무력하지 않은가.

이 글의 모태가 되었던 2014년 7월의 글(「2014년 여름 비탄의 공화국에서」, 『문학과 사회』 109호)은 적어도 신분 고하, 이데올로기의 차이를 막론하고 '죽음'에 대해 한 사회가 공유하는 최소한의 '성스러움'sacred, 그리고 그 사회에 대해 상주喪主는 최소한의 권리를 요구할 수 있다는 믿음에 기대어 쓴 것이었다. 하지만 세월호 이후 2014년의 그 잔인했던 8월과 9월은 그런 믿음마저도 순진한 것에 불과하다는 것을 깨닫게 해주는 시간이었다. 특별법을 촉구하는 유가족의 '단식'이 이루어지던 광화문 광장 바로 옆에서 '단식'에 맞선 '폭식 투쟁'이라는 '어처구니없는' 행위가 버젓이 행해지는 현실, 그리고 그 광경을 보고도 '표현의 자유'라는 미명 아래 무관심과 침묵으로 일관하는 우리 사회의 민낯을 보면서 느꼈던 추악함과 섬뜩함은 지금도 지워지지 않는다. 그리고 이와 더불어 한때 한국 사회를 뒤덮었던 비통함과 슬픔은 어느 순간 흔적도 없이 사라져 버렸다. 현대

사회에서 동정심과 같은 감정은 전통 시대의 카리타스caritas가 아니라 문화 산업이 대량으로 생산한, 알맹이가 없는 대체된 동정심—실제로 연민pity에 더 가까운 새로운 동정심—이 이제 하나의 사치품, 즉 '동정심 피로'로 귀착되는 소비재에 불과한 것이 되어 버렸다는 스테판 G. 메스트로비치의 분석은 탈감정 사회를 살아가는 우리에게 매우 설득력 있게 들린다.[33]

죽음에 대한 의미 부여, 그리고 그 한 표현으로서의 애도의 정치는, 비극으로 점철된 지난 60여 년의 한국 현대사에서 강력한 힘을 행사해 왔다. 그 힘의 정당성은 아마 기나긴 문명화 과정을 거치며 인류 사회가 보편적으로 갖게 된 죽음에 대한 성스러움에서 연유하는 것이리라. 그 최소한의 성스러움마저 사라져 버린 사회, 유족의 최소한의 권리마저 통용되지 않는 사회에서 '애도'라는 프레임이 여전히 유효한지 자문해 본다. 우리는 죽음의 역사학자 필립 아리에스의 시대 구분이 더 이상 통용되지 않는 낯선, 새로운 시대를 몸소 살아가고 있는지도 모른다. 그렇다면 이러한 현실은 죽음을 연구하는 학자에게 '기회(?)'일까, 아니면 '시련'일까.

> **마셀러스** 자네는 학자야, 그것에게 말 걸어 봐, 호레이쇼Thou art a scholar; speak to it, Horatio. (『햄릿』 1막 1장)

4장

⋮

세월호 트라우마와 죽은 자아의 연대

김종곤

1. 물음: 왜 세월호 트라우마는 집단 트라우마인가

사람은 누구나 살아가면서 마음의 상처를 입는다. 하지만 그 상처가 보이지 않는다고 해서 사라지는 것은 아니다. 마음의 상처 역시 몸에 난 그것과 마찬가지로 상흔을 남기게 마련이다. 물론 어떤 상처는 기억에 남더라도 지나간 과거의 일로 여기며 끌어안고 살아갈 수 있다. 그런 상처는 살아가는 데 별 문제가 되지 않는다. 반면 어떤 상처는 기억을 떠올리는 동시에 사건·사고 당시 느꼈던 감정을 반복해서 느끼게 한다. 반복한다는 것, 그것은 알 수 없는 힘에 이끌려 과거로 돌아가는 것이며, 동시에 미래로 나아가는 시간의 흐름은 단절된다는 의미를 지닌다. 거기에는 '현재-과거'의 반복만이 있을 뿐이다.

우리에게는 2014년 4월 16일 세월호 참사가 그렇지 않은가? 2년의

* 이 글은 동일한 제목으로 『진보평론』 61호, 2014에 게재한 글을 일부 수정한 것이다.

시간이 흘렀음에도 '세월'이라는 낱말만 보거나 들어도, 또 길을 가다 앞 사람이 멘 가방에 붙어 있는 '노란 리본'만 보아도, 친구와 즐겁게 이야기를 나누다 그 친구가 차고 있는 '노란 팔찌'만 보아도, 휴가차 들른 바닷가에 서 있어도, 어느새 시간이 멈추고 다시 2년 전 그날로 돌아간다. 그리고 진도 앞바다에 뱃머리만 내민 채 거꾸로 가라앉고 있던 세월호를 텔레비전 속보로 보면서도 밥을 먹고 있던 그날 내 모습을 끔찍하게 여긴다. 모두가 구출될 것이라는 말을 철석같이 믿었던 나를 원망한다. 2년이라는 시간 동안 광화문 거리에 서기도 했으며, 특별법 제정을 요구하는 목소리도 내어 보았지만 어떠한 진상 규명도 되지 않고 있는 지금 죄스러운 마음이 엄청난 무게로 가슴을 누른다. 그래서 여전히, 아직도 아프다.

이것은 이전에 있었던 성수대교, 삼풍백화점 붕괴 사고, 대구 지하철 화재 사고 등의 대형 참사와는 달라 보인다. 아니 확실히 다르다. 물론 그 때도 희생자들에 대한 안타까운 마음과 한 명이라도 구조되기를 바라는 마음은 컸다. 하지만 유독 세월호 참사는 시간이 가도 계속해서 기억되고, 죄스럽고, 아픈 마음이 더 강하게 든다. 세월호와 함께 바다에 가라앉은 사람들, 그리고 싸늘한 주검으로 가족과 만난 사람들, 아직까지 돌아오지 못하고 있는 아홉 명의 사람들, 그들은 이전에는 나에게 존재하지 않았지만 참사 이후 나에게 말을 걸어 오는 이들이 되었다.

이러한 증상은 외상 경험 이후 나타나는 증후군과 닮아 있다. 하지만 엄밀히 보자면 '나'는 세월호 참사의 직접적인 경험자가 아니지 않은가? 물론 충격적이고 비극적인 사건을 경험한 사람의 가족이나 가까운 친구들에게 마치 전염되듯이 트라우마 증상이 나타나는 경우도 있다. 그렇지만 나는 세월호에 탑승했던 사람 중 그 누구와도 사적인 관계가 없지 않은가? 더군다나 위와 같은 증상이 몇몇 소수가 아니라 (참사 당시에는 더 많았겠지만) 많은 사람에게서 집단적으로 나타났다는 점에서 더욱 의아하다.

참사가 일어나고 얼마 후 나온 한 기사는 자녀를 둔 부모와 세월호 참사가 있기 얼마 전 가까운 사람의 죽음을 경험한 사람들에게서 우울증이나 불면증 같은 증상이 나타나기도 했다는 조사 결과를 내놓았다. 세월호 참사와 어떤 직접적인 연관성이 없음에도 이들이 대리 트라우마vicarious trauma[1] 같은 증상을 보였다는 것이다(이 글에서는 트라우마를 경우에 따라 '외상'으로도 표현한다).

하지만 이러한 설명이 설득력을 가진다고 하더라도 세월호 참사가 안긴 상처가 그토록 집단적이었다는 점을 설명하기에는 불충분해 보인다. 왜냐하면 세월호 트라우마의 대상은 기사에서 말하는 사람들로 축소되지 않기 때문이다. 세월호 트라우마를 경험한 사람들이 자녀가 있건 없건 희생자 가족이 겪었을 고통에 일정 정도 공감한다는 점만 보더라도 이미 대리 트라우마를 경험한 사람들을 포함하면서도 넘어선다. 그것은 세월호 트라우마를 대리 트라우마와 같이 단지 유가족과의 동일시 혹은 자기 경험과의 연상적 관계로만 설명하는 것은 결국 세월호 트라우마가 가진 의미 추적을 개인으로부터 시작하는 것이기에 '왜 집단적인가'에 대해 설명하는 데 한계를 지닌다는 뜻이기도 하다.

이러한 점에서 이 글은 우선 어떻게 세월호 참사가 몇몇 개인이 아니라 직접적인 관련이 없는 사람'들'에게도 트라우마가 되었는지를 논의하고자 한다. 하지만 이 글의 최종적인 목적은 단지 세월호 트라우마를 '과거'에 발생한 비극적이고 충격적인 사건이 낳은 또 하나의 트라우마로 규정하고자 하는 것이 아니다. 참사가 일어난 지 2년여의 시간이 흘렀음에도 여전히 세월호 트라우마가 문제인 것은 그것이 '현재' 진행 중이기 때문이다. 그것은 세월호 트라우마가 치유되지 못하고 있는 어떤 '조건'이 형성되었으며 아직도 힘을 발휘하고 있다는 것을 의미한다. 그렇기에 이 글은 그 조건이 무엇인지를 살펴보면서 그것에 대한 실천적 방향성을 제시하고자 한다.

2. 세월호 트라우마: 국가의 결핍을 경험한 사건

우리는 어떤 충격적이고 비극적인 사고를 경험하고 난 후 '그것을 믿을 수 없다' 혹은 '그것이 왜 나에게 일어났는지 이해할 수 없다'와 같은 반응을 보이곤 한다. 사고를 통해 우리가 마주하는 것은 우리의 언어 사전에서는 찾아볼 수 없는 낯설고 기괴한 괴물과 같은 것의 출현이기 때문이다. 이는 자신이 믿거나 이해하고 있는 대상으로서의 현실 세계와 의미 체계로 이루어진 정신 세계 간의 불일치를 보여 주는 것이다. 그러한 중얼거림들은 의미화되지 않는 탄식으로서 고르게 펼쳐져 있던 상징 체계의 어느 일부분이 침식당하는 트라우마[2]를 경험하는 순간에 나타나는 징후이다. 자크 라캉식으로 말하자면 주체의 상징적 재현 체계가 붕괴된 것이다. 그렇기에 비극적 사건은 그것을 경험한 자의 내러티브로 통합되어 의미를 획득하지 못하고 그 주변을 떠돌아다니는 부유물을 생성하는 것으로 이해될 수 있다. 다시 말해 외상적 경험은 "규범을 따르지 않는 '비정상적인' 외상적 상징화 과정"이면서 "비상징화된unsymbolized, 비재현화된unrepresented, 인정되고 소유되지 않은unclaimed" 것들이 외상적 실재의

파편으로 생성되는 것을 의미한다.[3]

이를 바탕으로 보자면 사회 대다수가 트라우마를 입었다는 것은 대부분의 사람이 이전부터 같은 이념과 이상으로 받아들이고 있던, 나아가 결코 붕괴되지 않으리라 굳게 믿고 있던 어떤 질서 체계가 전혀 예측하지 못한 상태에서 무너져 내렸다는 의미가 될 수 있다. 그렇다면 세월호 참사에서 대다수가 받아들이고 믿었지만 붕괴된 질서, 상징적 재현 체계는 무엇인가? 그리고 붕괴되고 균열이 가해진 그런 틈을 통해 출현한 것은 무엇인가?

우선 우리를 충격에 빠뜨린 요인을 말하자면 자신의 안위를 먼저 생각하고 기본적인 의무마저 방기한 세월호 선장, 침몰해 가는 배를 바라보며 적극적으로 승객을 구출하지 않은 해경, 그리고 온갖 비리와 탈세로 오직 이윤만을 추구한 유병언 일가 등등이 있을 것이다. 그리고 어쩌면 이 열거는 꼬리에 꼬리를 물며 끝이 없을지도 모른다. 그렇기에 세월호 참사는 한국 사회가 지닌 '총체적 문제'로부터 비롯된 것이라는 말이 나오는 것도 너무나 당연하다.

그러나 원인은 모든 곳에 있다는 말은 아무것도 말하지 않는 것과 같기에 그러한 말은 분석적이지 않다. 또 가령 열거된 문제점들이 세월호 참사의 요인이라고 받아들인다 해도 이미 그러한 문제점들은 이전의 사건들에서도 여러 차례 드러났기 때문에 세월호 참사가 유독 충격적이라는 점을 설명하기에는 부족해 보인다. 예를 들어 1995년에 발생한 삼풍백화점 붕괴 사고 때도 붕괴 조짐이 미리 예견되었지만 사장과 직원들은 그 어떤 조치도 취하지 않고 건물을 빠져나갔으며, 이 사고의 이면에는 부실 공사, 뇌물 수수 같은 비리가 놓여 있었다. 그렇기에 선장의 무책임한 행위, 해경의 미온적 대응, 사람보다 이윤을 우선시한 해운 회사의 행태 등을 세월호 참사가 여느 사고보다 더 충격으로 다가오는 주요 요인으로 꼽기는 힘들 것 같다.

세월호 참사가 다른 재난 사고에 비해 유독 충격으로 다가오는 것은 그 이전의 사고와는 동일시할 수 없는 부분이 있기 때문이다. 우리는 처음 세월호 사고가 보도되던 그 시간에, 침몰하고 있는 세월호를 보면서 모두가 구조될 것이라고 믿었다. 하지만 결국 그들 대부분은 구조되지 못했다. 비록 그들의 고통스러운 몸짓과 음성은 듣지 못했으나 우리는 사실상 매체를 통해 그 현장을 지켜보고 있었던 것이다. 차이는 여기에서 발생한다. 우리는 마치 팽목항에 서서 지켜보는 것처럼 보고 있는 '목격자'로서 '국가'가 그들을 모두 살려 낼 것이라고 믿고 있었던 것이다. 하지만 구난과 구조의 책임이 있는 국가는 이 사고에 방관 수준으로 대응했으며, 그 과정에서 선장, 해경, 유병언 일가와 다르지 않게 무책임했고 무능력했다. 아니 책임을 다하려 하지 않았고 능력을 발휘하지 않으려 했다고 말하는 것이 더 정확할 수도 있다.

그렇기에 세월호 참사를 통해 붕괴된 것은 국가란 국민의 재산과 생명을 보호할 의무를 가지고 있으며 그래서 우리는 국가가 존재하는 '한' 안전한 삶을 살 수 있다는 바로 그 믿음이다. 이러한 믿음은 국가가 단지 나의 안전을 위탁하고 보호해 줘야 하는 의무를 가진 대상 혹은 영토와 조직 체계의 실체성으로서 내가 살아가는 공간에 국한되는 것이 아니라 국가가 자아-이상이면서 초자아로서의 아버지라는 정신 세계에 바탕을 둔 것이다.

특히 한국은 분단 국가라는 점에서 '민족≠국가'라는 어긋남을 은폐하고 봉합하기 위해 스스로 민족의 대표자임을 자임하면서 국민의 절대적 아버지로 군림해 왔다. 그렇기에 국가는 절대적 사랑의 대상이었다. 하지만 세월호가 침몰하고 있던 그 순간부터 국가는 물에 빠져 허우적대며 살려달라고 애원하는 자식을 외면하는 아버지, 그래서 부모로서의 자격이 의심되는 그러한 아버지-국가가 되었다. 그래서 세월호 참사라는 '사고'는 국가에 대해 투여하고 있던 상징성에 균열을 드러내 보이고 '아버지=국가'가 사실 완벽한 존재가 아니라 결핍을 가진 존재[4]라는 점을 드러낸 '사건'인 것이다.[5]

사랑의 대상이었던 국가는 그 사랑이 유지되기 위한 기본적인 책임마저도 다하지 않았고, 또 사랑을 배신한 것에 대해 진정 어린 사과조차 하지 않았다. 사람들의 정신 세계 내에서 국가는 내가 사랑하는 대상이기를 멈추었다. 국가가 그토록 강조하는 헌법적 차원에서 보더라도 자기 모순적이게도 국가는 헌법에서 규정하고 있는 '국민 보호 의무'를 다하지 않았으며, 그러한 의무 방기가 국민의 기본권뿐만 아니라 생명의 침해를 가져왔다는 점에서 국가는 세월호 참사에 가장 큰 책임이 있는 가해자이다. 그렇기에 세월호 참사는 국가가 국민을 대상으로 폭력과 살인을 행한 '국가 범죄'[6]로까지 분류될 수 있는 충격적인 사건인 것이다.[7]

하지만 문제는 여기에서 끝난 것이 아니다. 국가는 오히려 참사 이후 대책 마련과 수습에 여력을 다하기보다는 책임의 전치를 통해 대중의 불안·공포·분노가 특정 대상을 향하도록 조직하면서 자신의 결핍을 봉합하려 했다. 처음 세월호 참사가 발생했을 때 국가는 단지 눈을 가린 자였지만, 나중에는 눈을 가린 채 한 손에는 저울을 또 한 손에는 칼을 들고 있는 정의의 여신 유스티티아Justitia로 나타났다. 그리고 눈이 초래하는 현혹을 피하고 공명정대하게 '악'을 처단하겠노라고 공표했다. 동시에 희생자들은 대부분이 어린 학생이라는 점에서 '착함', '나약함'으로, 학생들을 구하려다 희생당한 승무원과 교사 등은 '용감함'이라는 감성적 이미지를 통해 '선악 대결 구도'를 완성했다. 국가는 이 구도를 통해 선과 악의 가운데에 위치하면서 선을 보호하고 악을 물리치는 '해결사'로 등장한 것이다. 그리고 모든 것을 자신이 처리하겠노라고 힘주어 말하면서 침몰하고 있던 세월호에서 방송되었던 죽음의 목소리, '가만히 있으라'를 전 국민을 대상으로 반복했다.

3. 국가의 유일한 대처: 왜곡된 상징화와 탈정치화

사고 이후 사람들을 괴롭힌 것 중 하나는 어린 학생들을 비롯한 희생자들을 지켜 주지 못하고 결국 죽음에 이르게 만들었다는 죄책감이었다. 모든 사람의 심정을 대변할 수는 없지만, 짐작컨대 그것은 오늘날 대한민국이라는 국가를 이렇게밖에 만들어 오지 못했기에 세월호 참사에서 어린 학생들이 희생될 수밖에 없었다는 박탈감, 현장에서 또 언론을 통해 죽어 가고 있는 사람들을 보면서도 그들을 구조할 수 없었다는 무기력함 등이 결합된 자책일 것이다.

그러한 죄책감은 자아를 향한 마조히즘masochism으로서 울분과 같은 내적 긴장 상태를 만들어 낸다. 그러나 자아의 코나투스conatus를 유지하기 위해서는 마조히즘을 외부 대상으로 전환할 필요가 있다. 마조히즘은 사디즘sadism이 자신을 향한 것으로, 성격상 둘은 하나의 몸이다.[8] 국가가 인출하고 동시에 조직하고 있는 사디즘적 성향의 '분노의 파토스'는 바로 이 지점에서 국가의 논리와 조우한다. 그리고 이러한 만남은 대속代贖 의례인 '희생 제의'와 같이 선원들에 대한 사법적 처리, 그리고 국가 총동원령을 방불케 하는 유병언 검거 작전으로 이어졌다.

그런데 전통적인 희생 제의가 "사회에서 배제됐거나 그 속에 거의 속하지 못하는 사람들"이나 "사회에 대해 충분히 이의를 제기할 수 있는 형편"이 아닌 자 혹은 "사회에서 배척된 자"hors-caste를 대상으로 해왔다는 점에서 세월호 참사의 경우는 이와 다르다.[9] 이 경우에 희생 제의의 대상은 사회적 예외 상태에 있는 자들이 아니다. 이들은 책임 있는 자들이지만 나머지 책임 있는 자들의 죄를 모두 끌어안은 자들이다. 그렇다고 해서 이들을 예수에 비유하고자 하는 것은 아니다. 왜냐하면 여기서는 그 의례나 대상의 숭고함이라고는 찾아볼 수 없기 때문이다. 그럼에도 "희생 제의라는 엄격한 장치 뒤에는 특히 대상을 바꿔치기하는 폭력 속성의 '교묘한' 조작이 숨어 있다"[10]는 점에서는 마찬가지이다.

문제는 그러한 조작이 곧 사고 이후 트라우마를 왜곡된 표상으로 '상징화'한다는 데 있다.[11] 세월호 참사에서 사후적으로 대리 보충되고 지연되는 논리는 사고의 책임이 선원들과 유병언 일가에게만 국한될 수 없음에도 순수 사태로서의 세월호 침몰 사고를 이전부터 존재해 왔던 악에 의한 선의 희생으로만 상징화한다. 세월호 사고는 무책임한 몇 사람, 이윤에 눈먼 몇 사람에 의해 선하고 용감한 사람들이 희생된 일반적인 살인 사건이지(비록 그 규모는 크지만) 결코 정치의 영역에서 다루어야 할 문제가 아니라는 것이다.

하지만 세월호 참사는 그것의 발생부터 지금까지 국가의 의무 방기가 있었고, 동시에 국가에 의한 권리의 박탈과 배제, 책임의 전치 등이 개입되었다는 점에서 정확하게 '정치의 문제'이다. 오히려 세월호 참사를 정치의 영역에서 배제하고자 하는 탈정치화야말로 세월호 참사를 통해 드러난 국가가 지닌 근본적인 결핍을, 국가는 국민을 언제나 보호하는 울타리라는 환상에 가해진 균열을 은폐하고 봉합하려는 시도로서 조작적 정치에 다름 아닌 것이다.

안타깝게도 이것은 어느 정도 성공한 듯하다. 사고 발생 두 달이 지나면서 몇몇 언론사를 제외하고는 세월호 관련 방송은 범죄자 유병언 일가를 쫓는 데 집중했으며, 사람들의 관심도 점점 세월호에서 2014년 월드컵으로 옮겨 갔다. 그리고 여기저기에서 앞날의 발전을 위해 이제 그만 잊고 힘을 내자는 이야기를 하기 시작했다. 이는 마치 세월호 사고로 인해 경험한 트라우마가 치유되고 우리 사회가 다시 정상 궤도로 돌아온 것처럼 보이게 했다. 어쨌든 사람들에게 이 사고의 책임 소재는 명확해졌고, 그 사고에 대한 기억은 비정치적인 것으로 전치되어 시간이 흐르면서 점점 사람들의 관심사에서 멀어지고 있으니 말이다.

하지만 모든 사람이 그런 것은 아니었다. 사랑하는 사람을 아직까지도 떠나보내지 못하고 백방을 뛰어다니면서 정보 공개와 책임자 처벌 그리고 재발 방지 시스템 구축을 요구하는 유가족이 있다. 유가족과 함께 거리에서 단식을 하고, 촛불을 들고 국가를 향해 세월호 참사에 대한 진상 규명을 요구하며, 인권 선언으로 이어 가는 시민사회의 직접 행동도 끝나지 않고 계속되고 있다. 이들은 아직 죽은 자를 떠나보낼 준비도 떠나보낼 마음도 없는 것이다. 그래서 세월호 참사는 진행형이다. 기억은 매일 이들을 팽목항으로 그리고 아직 인양되지 못하고 맹골수도에 잠겨 있는 세월호 속 사람들에게로 이끈다. 아직 애도는 끝나지 않았다.

4. 애도의 규격화와 멜랑콜리: '죽은-존재', '산-존재'

프로이트는 「애도와 멜랑콜리」Trauer und Melancholie에서 애도를 "보통 사랑하는 사람의 상실, 혹은 사랑하는 사람의 자리에 대신 들어선 어떤 추상적인 것, 즉 조국, 자유, 어떤 이상理想 등의 상실에 대한 반응"이라 정의한다.[12] 다른 한편으로 애도는 이전까지 애착 대상을 향하던 리비도libido[13]가 철회되어 다른 대상으로 향해야 한다는 것을 의미한다. 그렇다고 이것이 즉각적으로 이루어지는 것은 아니다. 애도에는 '시간'이 필요하다. 그 시간 동안 어떤 경우에는 리비도 철회에 대한 반발과 함께 대상에 대한 집착이 유지되기도 하고, 또 때로는 그 힘이 너무 강해 환각 상태에 빠지기도 한다. 이러한 고통은 현실에 대한 존중 즉, 대상-상실을 인정할 때까지 지속된다. 뒤집어 말하면 시간이 지나면서 상실된 애착 대상을 향하던 리비도를 다른 대상으로 돌리게 된다면 애도는 완성된다는 것이다.[14]

그런데 애도에 있어 무엇보다 중요한 것은 사회적 공감과 지지이다. 왜냐하면 사회적 유대 관계를 맺지 못하는 애도는 과잉 감정으로 치부되면서 그 애도를 멈출 것을 요구받게 되기 때문이다.[15] 또한 그러한 조건 속에서 시간은 단지 물리적 시간에 불과할 뿐 대상 상실의 인정으로 나아가기 위한 '작업'이 진행되는 시간이 될 수 없기 때문이다. 애도를 위한 시간은 멈춰 버린다. 시간이 흐르지 않는다는 것은 미래로 나아가지 못하고'현재-과거'로 반복되는 순환에 붙잡혀 있다는 것이다. 마치 세월호 바깥에 있는 우리마저도 세월호에 묶여 함께 침윤해 가듯 말이다.

세월호 참사 이후 국가는 어떠했는가? 국가는 애도하려는 자들을 세월호 참사가 발생한 그 시점에 묶어 버렸다. 국가는 '자아 이상과 금지적

초자아'라는 이중적인 부성적父性的 권위를 바탕으로, 한편으로 희생자 및 슬픔에 빠져 있는 사람들과의 동일시를 시도하고 희생에 대한 복수를 다짐하면서, 거짓인지 진실인지 알 수 없는 눈물을 흘리는 아버지의 형상을 보였다. 그것은 내가 사랑했던 아버지의 모습이면서 사랑하고 싶은 아버지의 모습이다. 그러나 또 다른 한편으로 그 국가는 옥내에 설치된 분향소에 조문하는 것 외에는 어떠한 애도의 방식도 불허하면서, 촛불을 들고 숨김없이 사고의 진상을 규명하고 진실을 밝히라는 시민들을 향해 아버지의 법을 말하는 권위적이고 엄격한 아버지이다. 그 아버지는 국가의 절대성을 내세우면서 거세 공포를 이용해 자신에 대한 증오를 철회하라고 요구한다.

아이러니한 점은 세월호 참사가 제기한 '국가란 무엇인가?'라는 물음이 오히려 국가 권력을 강화하는 결과를 낳는 방향으로 전개되었다는 점이다. 그것을 가능하게 한 대표적인 수단이 바로 경제주의적 위기설이었다. 이때 세월호 트라우마는 비극적인 사건을 경험한 사람이 겪는 마음의 상처가 아니다. 그것은 이윤 창출을 방해받는 경제의 상처이다. 중요한 것은 그러한 경제적 위기가 곧 국가의 위기, 그리고 국민으로서 나의 미래 삶의 위기와 등치된다는 것이다. 풍족한 미래를 위해서는 세월호 참사를 애도하면서 쓸데없이 에너지를 쏟을 것이 아니라 다시 각자의 일터로 돌아가서 생산에 매진하고 소비를 활성화시켜야 한다는 목소리에 힘이 더해진다. 따라서 국가에 대한 물음이 비록 '아버지=국가'에 대한 회의로 이어진다고 할지라도 현실성과의 틈새가 땜질되는 순간, 물음 그 자체는 의미 없는 것이 되면서 오히려 국가주의를 강화하는 결과를 낳고 마는 것이다.[16]

이렇게 본다면 땜질은 그 이전과 동일한 상태를 복원하는 것이 아니게 된다. 그것은 약한 지점을 확인하는 것이면서 그렇게 드러난 부분을 더 강력하게 봉합하는 결과를 낳는 것이다. 하지만 애도의 제한은 국가주의의 강화라는 결과만 초래하는 것이 아니다. 왜냐하면 거기에는 또 다른 정치적 효과가 수반되기 때문이다.

프로이트에 따르면 애도는 "대상에게서 리비도를 분리하고자 하는 미움과 그런 공격에 대항해 리비도의 현 위치를 고수하고자 하는 사랑이 대립하게 되는 것"[17]으로서 애도가 원활하게 진행되지 않으면 대상을 향하던 리비도는 사랑을 계속하고자 나르시시즘적 퇴행을 통해 자아로 도피하고 만다. 문제는 자아로 도피한 리비도가 "자아를 포기된 대상과 동일시"하면서 그 애증 병존의 갈등이 내적으로 두 자아 간에 발생할 수 있다는 것이다. "만일 대상에 대한 사랑—대상 그 자체가 포기된 뒤에도 결코 포기될 수 없는 사랑—이 나르시시즘적인 동일시 속에 숨어 버린다면 그 동일시에 의한 대체 대상에 증오가 작용하게 되면서 그 대상을 욕하고, 비하시키고, 고통받게 만들고, 그리고 그런 고통 속에서 사디즘적인 만족을 이끌어 내게 된다."[18] 즉 멜랑콜리로 전개되는 것이다. 이는 결론적으로 애도 작업travail du deuil 자체가 "애착 대상의 상실에 따르는 고통과 병리적 상태에 빠지지 않기 위한 자아의 실존적 몸부림"[19]이지만 그것이 원활하게 이루어지지 않을 경우 자기 파괴라는 비극적인 상황을 낳을 수 있다는 것을 의미한다.[20]

그렇기에 애도의 제한은 곧 애도하려는 자를 멜랑콜리가 가지고 있는 특성, 즉 자존감의 상실과 무기력함이라는 '상태'에 빠뜨려 헤어 나올 수 없게 하는 것이라 할 수 있다. 특히나 초자아로서 국가가 그러한 애도의 제한을 시도한다면 그때 국가는 외설적 아버지의 모습과 다르지 않다. 여기서 남는 것은 오로지 그 외설적 아버지의 욕망이며, 그렇기에 사람들이 겪고 있는 고통 따위는 중요하지 않게 된다. 반복하자면 국가와 자본은 세월호 참사를 지극히 사적이고 인간적인 것으로 제한하고 정치적으로 '악용'하지 말라고 말한다. 그리고 '당신들은 이 사건과 상관이 없는 사람들이니 오버하지 말라'고 경고한다. 죄의식 같은 것은 과잉 감정이라는 것이다. 그러니 다시 국가와 자본이 안내하는 욕망의 길을 따라 즐기면 된다. 월드컵을 즐기고 경기를 부양하기 위해 소비하면 된다는 것이다. 이는 애도하는 자들에게 어떠한 자격도 없고 어떠한 것도 할 수 없는 '죽은-존재'가 될 것을 요청하면서 그들을 '정치적 멜랑콜리' 속에 가두려는 것에 다름 아니다.

그러나 이를 뒤집어서 보자면 애도를 멈추지 않으려는 것은 세월호 참사가 낳은 틈새를 빗겨 나가면서 질서로의 편입을 거부하는 것, 규격화를 실패하게 하는 것, 그래서 그 틈새를 땜질하는 것을 방해하는 것이다. 그런 의미에서 세월호 참사에 대한 애도는 죽은 자에 대한 리비도를 철회하는 과정 이상의 의미를 지니고 있다. 그것은 상실된 대상으로부터 리비도를 철회하는 과정 이전에 애도 작업을 가능하게 하는 조건으로서 국가가 봉쇄한 사회적 지지와 공감에 대한 요청이며, 더구나 죽음의 이유[21]를 밝힐 것을 요구한다는 점에서 억울하게 죽어 간 사람들에 대한 산 자의 충실성의 표현이다. 그렇기에 애도의 주체는 무기력함에 빠져 있기보다는 적극적이며, 국가와 자본의 욕망에 포섭되기보다는 그것에 대해 공격적이다. 물론 그렇다고 해서 이들이 고통스럽지 않거나 죄책감으로부터 자유롭다고 할 수는 없다. 오히려 이들은 죄책감을 가지고 진실을 규명하겠노라 맹세하고 그 책임을 기꺼이 짊어진다는 점에서, '죽은-존재'이기를 거부하고 투쟁하는 '산-존재'로 스스로를 주체화하고 있는 것이다.

5. 죽은 자와의 연대, 정치적 애도

김진영은 세월호 참사와 관련한 인터뷰에서 다음과 같이 말한다. "애도는 새로운 관계를 만들어 내는 것인데, 거기엔 두 가지 의미가 있습니다. 지금까지 맺어 온 관계를 상실한 것에서 비롯된 슬픔 작업이 하나이고, 그 관계의 문제점도 함께 성찰하면서 새로운 관계를 맺어 가는 것이 다른 하나입니다. 죽음 앞에서, 특히 사랑하는 사람의 죽음 앞에서만 열리는 새로운 사유의 가능성입니다."[22] 그렇다. 애도는 결코 삶과 죽음을 경계 짓고 단절시키는 것이 아니다. 이 둘은 투과성 여과망과 같이 서로를 넘나드는, 그래서 이전의 관계와 다른 관계를 형성하는 것이다. 그렇기에 애도가 성공하면 죽은 자를 망각하는 것이 아니라, 물질적 세계에서는 함께하지 않더라도 나의 정신 속에서 함께 공생하는 대상으로 받아들이게 된다. 그것은 나의 마음 한편에 그 대상이 지속적으로 살아갈 수 있는 어떤 공간을 내주는 것과 같다. 따라서 산 자와 죽은 자의 연대를 통해 죽은 자는 '산-비존재'가 되는 것이고, 이때 살아 있는 자는 비로소 '산-존재'가 될 수 있는 것이다. 이렇듯 애도는 존재와 비존재가 함께 살아갈 수 있는 가능성을 생산한다.

그렇다면 필요한 것은 죽은 어떤 것으로 살아가라는 요청에 맞서 애도를 멈추지 않는 것이다. 그것도 진정한 애도를 말이다. 하지만 이것이 분향소를 다시 찾고 헌화를 하며 매년 4월 16일에 어떤 기념식을 하자는 의미는 아니다. 또 세월호 희생자들의 죽음을 인정하고 가슴에 묻으라는 것도 아니다. 이는 다시 규격화된 애도 형식으로 돌아가 원환적 대안을 제시하는 것에 불과하기 때문이다. 근본적인 문제는 개인에게 있는 것이 아니라 트라우마를 원한의 감정으로 전이시키고 유사·거짓 애도와 눈물의 퍼포먼스를 통해 진정한 애도를 가로막는 '기억의 탈정치화'와 '정치적 멜랑콜리'에 있다. 그렇기에 애도 작업은 그러한 전이 관계를 단절하고 세월호 참사에 대한 기억과 대면하면서 '정치적 애도'를 만들어 가는 것이어야 한다. 그것은 세월호 참사에 대한 애도를 '시체 장사'니 '빨갱이들의 선동'이니 떠드는 이들을 향해, 그리고 그 뒤에서 팔짱을 끼고 조용히 묵인하고 암묵적으로 지지하는 세력들을 향해 '인간의 생명만큼, 그것도 국가 안에서 죽고 사는 문제보다 더 정치적인 것이 어디에 있는가?'라고 따져 묻는 데서 시작해야 한다.

그러나 이러한 물음은 보수 진영을 향해 있는 것만은 아니다. 그것은 진보 진영에게도 던져져야 하는 물음이다. 단적으로 세월호 참사 두 달 후에 치러진 6·4 지방선거 결과를 놓고 보더라도 그렇다. 교육감 선거를 제외하고는 여당이 원래 불리할 수밖에 없다는 지방선거에서 새누리당은 선전했고 당시 새정치연합과 진보 정당들은 실패했다. 이 결과를 놓고 어떤 사람들은 '바닷물에 300여 명의 어린 아이들이 수장되었음에도 불구하고 변한 것은 없다, 정신을 못 차렸다'고 한탄했다. 하지만 한탄은 애도를 정치화하지 못한 진보 정당을 비롯한 진보 진영에 돌려야 하는 것 아닐까. 세월호 참사와 정치를 분리하고자 한 정략에 맞서 '우리는 다르다', '바꾸자'라는 정치적 선명성만을 내세우고 그것에 대한 확인 도장을 찍듯이 노란 리본을 선거 포스터에 붙이는 것이 곧 '정치'인가라고 반문해야 하지 않을까. 여기에서는 다른 것을 찾을 수 없었을 뿐 아니라 바꿀 필요성도 느끼지 못했다. '가만히 있으라!'라는 선내 방송을 반복하면서 세월호 참사를 야기한 장본인 중 하나인 국가 권력을 차지하기 위한 '조용한' 권력 다툼만이 있었다. 그렇기에 이전에도 그랬듯이 실패한 자들은 성공한 자들과의 경쟁에서 패배한 것이 아니라 그 스스로 성공한 자들을 위한 경쟁을 하고 있었던 것이다.

정치적 애도는 단순히 대의 민주주의라는 형식 안에서 권력의 자리를 채우는 것이 되어서는 안 된다. 물론 현 국가의 무능력을 주장하며 권력의 전복을 꿈꾸는 자들은 선거에서 이기는 것이 더 이상 세월호와 같은 사고가 일어나지 않도록 방지하고 안전한 삶을 살 수 있도록 세상을 바꾸어 가는 것이라고 말할 수 있다. 하지만 그 말은 이미 오래전부터 해왔던 것 아닌가? 그리고 현재까지 실패해 오지 않았던가? 더구나 그러한 말은 역사적으로 보더라도 앞뒤가 바뀐 말이다. 한국 정치사에서 대중들은 정부와 여당에 맞서 싸워 보겠다고 하면 어김없이 표를 던져 주었다는 점에서 스스로가 무엇을 했는지부터 돌이켜 보아야 하는 것이다.[23]

여기에 필요한 것은 앞서 인용한 것처럼 '죽은 자와의 연대'를 통한 '새로운 사유'이다. 이는 굿을 통해 죽은 자와 접신하고 그들의 넋을 기리는 동시에 산 자의 슬픔을 달래자는 그런 의미에 국한된 연대가 아니다. '죽은 자'는 우리 삶의 경계 밖에 있는 무無가 아니며, 그들은 죽어도 죽지 않는 역사가 되어 우리의 미래 삶을 바꾸는 기억으로 항상 현재화되는 존재들이라는 사유가 필요하다는 것이다. 그것은 4·19와 5·18 그리고 1970~1980년대의 민주화 항쟁 속에서 죽어 간 자들을 기억하고자 하는 것과 같다. "죽은 자들은 상속할 기억을 가진 타자로, 국가 폭력의 흔적으로, 유령으로 우리 주변을 배회하고 있다. 그들과 관계 맺기를 함으로써 더 정의롭게, 덜 고통스럽게 살 수 있다면 그들에게 먼저 말을 걸고 그들의 목소리에 귀를 기울여야 하는 절박함은 오히려 우리에게 있는 것이 아닐까."[24]

세월호 참사에서 죽어 간 자들을 기억하고 그들과 연대하는 것 역시 과거로부터 그 기억을 현재화해 지금 우리를 진단하고 반성하며 미래의 삶, 다시 말해 국가와 자본의 욕망에 따라 질식된 현재와 같은 삶이 아니라 '생명'이 숨 쉴 수 있는 그런 삶을 기획하고자 하는 것이 될 수 있다. 비록 그것이 멜랑콜리의 위험에 노출시키고 고통스러운 애도를 지속시키는 것일지라도 말이다.

4·16 이전으로 돌아갈 수 없는, 세월호 이후의 우리는 죽은 자의 요청에 따라 저항할 것인가 아니면 묵인할 것인가라는 햄릿의 딜레마에 처해 있다.

죽느냐 사느냐, 그것이 문제로다!

2부

세월호 이후의 국가

5장

멈춰진 세월, 멈춰진 국가

신자유주의적 통치성과 폭력의 새로운 형상

최원

세월호가 침몰한 지 20여 일이 지나고 이미 구조에 대한 간절한 바람이 완전한 절망으로 바뀌었을 때, KBS의 김시곤 보도국장은 "세월호 사고는 300명이 한꺼번에 죽어서 많아 보이지만, 연간 교통사고로 죽는 사람 수를 생각하면 그리 많은 건 아니"라는 취지의 발언을 했다가 즉시 사람들의 공분을 불러일으켰다.[1] 그러나 이후 이러한 '교통사고' 담론은 아예 세월호 참사를 하나의 교통사고에 불과한 것으로 몰아가기 위한 새누리당의 기본 담론으로 채택되어 집권 세력의 책임 회피를 위해 적극적으로 활용되었으며, 또 부분적으로는 여론 조작에 성공한 듯이 보이기까지 한다.[2] 반면 이러한 악의에 차고 비겁한 왜곡을 비판하고자 하는 사람들은, 세월호 참사는 늘 일어날 수밖에 없는 교통사고 가운데 하나이거나 불가항력적인 자연재해가 아니라 명백한 '인재'라고 말함으로써 사고 발생을 예방

* 이 글은 동일한 제목으로 『진보평론』 61호, 2014에 실렸던 글을 수정한 것이다(특히 실천 방향을 논하는 결론 부분을 수정했다).

하지 못하고 구조에 총체적으로 실패한 국가에 대해 그 책임을 추궁하려고 했다.

세월호는 '자연재해가 아니라 인재'라는 이러한 성격 규정의 의도는 물론 완전히 정당한 것이며, 국가의 공적 책임이라는 문제를 적절히 제기한 것이라고 볼 수 있다.[3] 하지만 나는 세월호 사건이 자연재해가 아니라 인재라는 말, 상당히 합리적으로 보이지만 또 어찌 보면 너무 틀에 박힌 것처럼 보이는 이 말을 우리가 한 번쯤 의문에 붙여 보고, 세월호는 '그 이상'이었다고 말해야 비로소 이 끔찍한 사건을 이해할 수 있는 길이 열릴 것 같다는 느낌이 든다. 이 글은 이러한 의문을 가지고 이 사건의 본질을 다시 고민해 보고자 하는 의도에서 쓴 글이다. 나는 우선 미셸 푸코의 '안전 권력' 및 그것의 현대적 양상으로서의 '신자유주의적 통치성'neoliberal governmentality에 대한 논의를 통해 세월호 사건을 조명해 보고, 이를 통해 드러나는 폭력의 새로운 형상을 에티엔 발리바르의 논의에 기대어 분석해 보고자 한다.

1. 세월호, 안전 권력, 그리고 신자유주의적 통치성

푸코는 1977~1978년에 콜레주 드 프랑스에서 행한 『안전, 영토, 인구』 강의의 첫번째 편에서 세 가지 상이한 권력 유형을 구분하는데, 법전 체계, 규율 메커니즘, 안전 장치가 그것이다.[4] 가장 오래된 권력 유형인 법전 체계(주권 권력)는 "허가와 금지라는 이항 분할"에 의해 작동하는 권력으로서 특정한 행동 유형의 금지와 그 금지를 위반했을 때 가해지는 처벌의 결합으로 이루어져 있다. 법전 체계는 단순하게 특정한 '행동'과 '처벌'

에만 관심을 두기 때문에, 죄를 범한 사람(죄인) 자체에 대해서는 별 관심을 두지 않는다. 구체적으로 죄인을 어떻게 교정할 것인지, 어떻게 그를 감시하고 훈육하고 통제해 특정한 방식으로 행동하도록 만들 것인지 하는 문제를 중심으로 조직되는 권력은 두번째 유형인 규율 메커니즘으로서, 그것은 개인 하나하나에 따라붙으며 그들을 특정한 방식으로 규범화할 수 있는 (경찰, 의학, 심리학과 관련된) 일련의 특정한 기술들을 발전시킨다. 이러한 기술 가운데 푸코가 드는 가장 대표적인 것으로는, 주지하다시피 제러미 벤담이 18세기 말에 발명한 일망감시법(판옵티콘panopticon)과 같은 것이 있다. 그것은 원형으로 배열된, 속이 훤히 들여다보이는 감방에 개인들을 가두고, 그 중앙에 감시탑을 세워 그곳에서 죄인들의 행동을 일괄적으로 감시하게 만드는데, 이때 죄인들은 감시자를 볼 수 없지만 감시자는 죄인들 모두를 볼 수 있는 구조가 만들어진다. 이러한 구조 속에서 죄인들은, 비록 감시자가 항상 자기를 보고 있는 것은 아닐지라도, 언제 자기를 볼지 모르기 때문에, 자신이 항상 감시당하고 있다는 느낌을 갖게 되며, 따라서 자신의 행동을 스스로 검열하도록 강제된다. 법전 체계가 기껏해야 처벌에 대한 공포를 불러일으키는 '외적 권력'으로 나타난다면(따라서 죄인은 자신의 범죄 행위를 들키지만 않으면, 다시 말해서 외부에 있는 법적 권력의 눈을 피하기만 하면 된다), 반면 규율 메커니즘은 죄인 스스로가 자기 자신을 감시하고 규율하게 만드는 (피할 수 없는) '내적 권력'으로 나타난다. 곧 규율 권력은 개인의 외적 행동뿐만 아니라 그의 내적 행동, 그의 내면까지 장악해 통제하는 권력인 것이다.

이에 반해 (우리가 이 글에서 가장 관심을 갖고 있는) 세번째 권력 유형인 안전 장치는 '자유주의'에 특징적인 권력 메커니즘이다. 이것은 각각의 개인의 규율에 관심을 두는 것이 아니라 (그 개인들로 구성된) '인구' 전체에 관심을 두면서, 문제가 되는 행위 또는 현상을 있을 수 있는 일이라고 간주하고 사회가 그것을 어느 정도까지 용인할 수 있는지 '비용 계산'을 행하는 식으로 작동한다. 예를 들어 절도라는 행위가 문제가 될 때, 규율 권력은 절도라는 행위를 사회로부터 완전히 몰아내기 위해 개개인의 일거수일투족을 감시하는 방식으로 문제에 접근한다고 하면, 오히려 안전 권력은 절도를 사회로부터 완전히 몰아낼 수는 없다고 보면서, 그것을 어느 정도 수준에서 용인해야 되는지, 다시 말해서 절도를 막아 내는 데 들어가는 사회적 비용과 절도를 용인함에 따라 생겨나는 사회적 손실 사이에서 균형점이 어디에 있는지를 결정함으로써 사회적 리스크를 관리하고 해당 인구에게 가장 큰 이익을 가져다주는 용인의 한계를 찾아내려고 한다.

푸코는 규율 권력과 안전 권력의 차이를 명확히 보여 주기 위해 곡물 가격 문제를 둘러싸고 근대 중상주의(17~18세기)와 중농주의(18세기 말)가 서로 격돌했던 역사적 논쟁에 주목한다. 문제가 되었던 것은 (특히 흉년에) 곡물 시장에서 거대 상인이 매점매석을 행함으로써 독점적으로 곡물 가격이 높게 형성되고 이에 따라 노동 대중에게 식량난이 발생하는 현상이었는데, 규율 권력의 모델을 좇았던 중상주의자들은 이러한 현상을 막기 위해 시장에 각종 규범을 도입하고 강제하는 방식을 채택했다. 예컨대 그들은 곡물이 아닌 특정 작물의 재배를 금지하고(예컨대 포도 재배 금지), 상인에게 곡물가가 인상되기도 전에 곡물을 빨리 매각해 시장에 공급하도록 강요하며, 곡물이 외국으로 수출되거나 특정인에 의해 비축되는 것을 금지하고, 곡물 가격 자체를 철저히 낮게 제한함으로써 식량난을 예방하려고 했다. "반-식량난의 체계"라고 불리는 이러한 중상주의적 정책은 주지하다시피 역사적으로 완전한 실패로 귀결되고 말았는데, 왜냐하면 그러한 정책은 극단적인 가격 제한으로 인해 농민들이 곡물을 수확하려고 투자한 액수에도 미치지 못하는 소득을 얻게 함으로써 (풍년에조차) 농민들을 파산하게 만들거나 그 이듬해에 농민들이 파종을 적게 하도록 강제해 오히려 식량난을 야기하는 뜻밖의 결과를 가져왔기 때문이다. 요컨대 수요와 공급에 따른 시장의 가격 운동이 경직됨에 따라 시장 전체가 마비되는 역효과를 가져온 것이다.

반면 안전 권력의 모델을 추구했던 중농주의자들은 곡물 규제가 아닌 곡물 자유화야말로 식량난에 대응할 수 있는 더욱 효과적인 방책이라고 주장했다. 그들은 높은 가격의 독점적 곡물 가격 형성이나 식량난과 같은 현상은 사회로부터 제거해야 할 (도덕적) '악'이 아니라 '있을 수 있는 일'이라고 주장하면서, 곡물의 수출을 자유화하고 비축을 허용하며 곡물 가격을 자율화하거나 심지어 곡물 가격의 상승을 조장함으로써 그러한 현상에 대응하려 했다. 이들에 따르면, 풍년이 들 경우 곡물 수출을 자유롭게 하도록 만들고 다른 한편 비축을 허용하게 되면 가격은 유지되거나 상승하는 결과를 가져오게 된다. 이렇게 되면 농민들은 전년의 수확 덕분에 다음 해에는 경작을 더욱 늘리게 되어 오히려 미래의 식량난의 위험을 줄일 수 있게 된다. 그렇다면 흉년이 들 경우엔 어떠한가? 그때는 식량난이 생겨나지 않을까? 이러한 질문에 대해 중농주의자들(특히 루이-폴 아베유Louis-Paul Abeille)은 식량난이라는 사태 자체를 부인하고 식량난을 '공상'이라고 규정함으로써 자신들의 답변을 준비하는데, 이들에 따르면 아무리 심한 식량난이라고 할지라도 인구가 살아갈 수 있는 최소한의 수단이 총체적으로 부재해 인구가 모두 죽는 것은 아니기 때문에 식량난이 라고 부르는 사태는 며칠이나 몇 주 안에 사라질 수밖에 없다는 것이다. 물론 식량난은 사태가 발발하기 6개월 이상 전에 이미 그 징조가 나타나기 때문에, 흉년이 드는 징조가 보이면 곡물 판매자들은 당연히 곡물 가격을 올리기 시작할 것이다. 그렇지만 곡물의 수출입이 자유화되어 있다면, 6개월이 지나 식량난이 본격적으로 발생하게 될 무렵 외국으로부터 얼마만큼의 곡물이 유입될지 예상할 수 없기 때문에 국내 상인들은 미래의 곡물 가격에 대한 확신을 가질 수 없게 되고, 따라서 이들은 곡물 가격이 막 상승하기 시작하는 초기 국면에 약간의 수익 증가분을 얻는 선에서 만족하며 식량을 내다 팔기 시작할 것이다. 요컨대 중농주의자들은 시장이 가끔 정상적이지 못한 가격 현상이나 물품의 품귀 현상을 보일 수는 있지만, 그러한 현상은 그대로 놔두면 시장이 스스로 알아서 바로잡을 수 있는 일시적 성격의 문제일 뿐이라고 주장했던 것이다.

혹자는 안전 권력에 대한 이와 같은 푸코의 논의가 도대체 우리의 주제인 세월호 참사와 무슨 상관이 있는지 의아해할 것이다. 이 연관을 보기 위해 우리는 푸코의 다음과 같은 발언을 주의 깊게 읽어 볼 필요가 있다.

> [안전 권력의 모델 안에서] 이제 인구 수준에서는 식량난이 일어나지 않습니다.……그것은 우리가 식량난을 억제할 수 있게 됐다는 의미입니다. 뭔가 "하게 내버려 둬라", "일어나게 내버려 둬라", 혹은 "사태가 일어나게 내버려 둬라"라는 뜻에서의 '되어 가다'라는 것을 수단 삼아서 말입니다.……**단, 하나의 조건이 있습니다.** 사람들의 계열 전체를 위해서, 시장들의 계열 전체 안에는 일정한 부족, 일정한 가격 폭등, 밀을 살

때의 일정한 곤란함, 즉 일정한 기아가 존재[해야]한다는 것입니다. 결국 일부 사람들은 굶주려 죽을 수도 있습니다. 그러나 이런 사람들이 굶어 죽도록 방치함으로써 우리는 식량난을 공상의 산물로 만들 수 있고, 예전 체계에서 볼 수 있었던 것같이 식량난이 총체적인 재앙으로 일어나는 것을 막을 수 있다는 것입니다. 이렇게 해서 식량난이라는 사건은 양분됩니다. 총체적 재앙으로서의 식량난은 소멸하지만, 일정한 개인들을 죽게 만드는 식량 부족은 사라지지 않을 뿐만 아니라 소멸해서는 안 되는 것이 되는 셈입니다.[5]

여기에서 푸코는 자유주의적 안전 권력이 사회적 리스크를 제거하는 것이 아니라 그것을 단지 관리하고 심지어 적극적으로 용인하고 활용하는 권력이기 때문에, 필연적으로 인구의 일부를 '죽도록 방치하는' 권력일 수밖에 없다는 점을 강조하고 있다. 세월호 참사를 '교통사고'라고 규정하고, 300명이 넘는 사람들의 죽음이 "연간 교통사고로 죽는 사람 수를 생각하면 그리 많은 건 아니"라고 말할 때, 그것은 정확히 이 참사를 나머지 인구가 살아남기 위해서는 어쩔 수 없이 치러야 되는 적정 비용의 계산이라는 관점에서 바라보고 있는 것이 아닐까?[6] 그러나 혹자는 이렇게 반문할지도 모른다. '선입견을 지우고 본다면 자유주의적 안전 권력이 최선책은 아니지만 적어도 인구를 가장 효율적인 방식으로(어쨌든 경제적인 차원에서 효율적인 방식으로) 보존하도록 허용한다는 점에서 차선책은 될 수 있으며 사실상 거기에 대한 대안도 없는 마당에, 우리가 이미 실패한 과거의 규율 권력의 모델로 돌아갈 수는 없는 것 아닌가?' 그러나 사태는 그렇게 단순하지 않다. 조금 더 푸코의 논의를 따라가 보자.

『안전, 영토, 인구』를 강의한 이듬해에 푸코는 『생명관리정치의 탄생』이라는 제목을 가지고 자신의 논의를 이어 가는데, 이 강의는 더 이상 근대의 자유주의적 통치성이 아니라 20세기에 등장한 신자유주의적 통치성을 중심적인 분석 대상으로 삼는다. 푸코의 논의가 공개되기 전에 많은 사람은 신자유주의란 결국 고전적 자유주의로 자본주의가 복귀한 것에 불과한 것 아니냐는 진단을 내놓고는 했다. 그러나 푸코에 따르면 신자유주의는 여전히 안전 권력의 범주 안에 포함될 수 있지만 고전적 자유주의로 복귀한 것이 아니라 오히려 그것과 구분되는 새로운 통치성을 수립했다고 볼 수 있다.

고전적 자유주의는 앞서 살펴본 것처럼 '자유방임'을 기본 원리로 삼았고, 따라서 시장에 대한 정부의 개입을 최대한 억제함으로써 시장에서 자연스럽게 행해지는 '교환'의 필연적 법칙을 통해 인구를 통치하려고 했다. 그러나 이러한 고전적 자유주의가 단기적인 관점에서 성과를 거두었다고 할지라도 장기적인 관점에서까지 성공적이었던 것은 아니었는데, 그것은 무엇보다도 자유주의가 (칼 맑스가 분석한) 자본주의적 축적의 모순을 극복하지 못했으며 주기적 공황의 위기와 격렬해지는 계급투쟁의 출현을 막아 내지 못했기 때문이다.[7] 이러한 고전적 자유주의의 문제점을 교정하고자 등장한 것이 바로 신자유주의이다. 푸코에 따르면 신자유주의적 사고는 (사람들이 흔히 말하듯이 1970년대 말에 시작된 것이 아니라) 2차 대전 전후로 독일에서 형성되었던 질서자유주의ordoliberalism까지 거슬러 올라가는 상당히 긴 전통을 가지고 있다. 독일 질서자유주의자들(프라이브루크 학파)은, 시장의 기본 소여를 (고전적 자유주의자들이 믿었던 것과 달리) '교환'이 아니라 '경쟁'이라고 보면서, 시장 내의 경쟁을 교란하는 시장 외적 요소들(예컨대 '정경 유착'을 통한 독점의 형성 따위)을 제거하기 위해서는 정부가 자유방임을 해야 하는 것이 아니라 오히려 적극적인 개입 정책을 펼쳐야 한다고 주장했다. 물론 이는 정부가 시장 그 자체에 개입해야 된다는 뜻은 아니다. 그러나 그들은 (고전적 자유주의자들이 파악한 것과 달리) 시장은 그 자체로는 유약하고 깨지기 쉬운 영역이기 때문에 시장을 둘러싸고 있는 시장 외부의 다양한 사회제도에 정부가 개입함으로써 시장을 보호할 필요가 있다고 역설했다.

그렇다면 질서자유주의자들은 정확히 정부가 어떤 방식으로 이러한 개입을 수행해야 한다고 말하는 것일까? 그것의 핵심은 바로 모든 개인 및 개인들이 형성하는 모든 사회적 조직을 오직 순수 경쟁이라는 원리에 입각해 활동하는 행위자로 전환시키는 데 있다. 사회의 모든 구성원은 이제 하나의 기업enterprise이 되며, 그가 경제 영역에서 활동하건 그렇지 않건 간에 예외 없이 시장의 논리에 동원되어야 하는 '경제적 인간'Homo oeconomicus으로 파악된다. 바꿔 말해서 질서자유주의는 시장 내에 반反경쟁을 야기할 수 있는 요소를 가지고 있는 시장 외부의 사회를, 역으로 시장의 경쟁 원리가 잠식하도록 만드는 방식으로 정부가 개입할 것을 요구하며, 그렇게 시장을 사회 전체로 일반화할 것을 주문한 것이다.[8]

1960년대 말에 미국에서 등장한 신자유주의(이른바 시카고 학파)는 이러한 독일 질서자유주의의 기본 노선을 충실히 계승하면서도 그것을 발본적이고 극단적인 방식으로 확장한다. 이제 신자유주의는 교육, 육아, 의료, 공공 서비스 등 사회의 모든 분야에 경쟁과 경제적 계산의 논리를 도입한다. 교육은 물론 아이들에 대한 부모의 사랑까지도 그들에게 경쟁력(이른바 '스펙')을 갖춰 주기 위한 부모의 경제적 투자이다. 의료나 공공 서비스는 더 이상 공적인 방식으로 시민의 대표인 정부가 통제하고 관리해야 하는 영역이 아니라 전부 또는 적어도 상당 부분이 민영화되어 다양한 기업이 자신만의 독자적인 상품을 개발함으로써 경쟁적으로 이윤을 창출해야 하는 영역이 되며, 이에 따라 서비스의 수혜자들도 이제 자신의 지갑을 열어 보험 상품을 구매함으로써만 자신의 사회적 안전social security을 다소간 보장받을 수 있게 된다. 이뿐만이 아니다. 심지어 범죄자들조차 경제적 관점에서 자신의 범죄 계획의 리스크를 계산하고 그것을 실행에 옮기거나 옮기지 않는, 얼마간 합리적 선택을 하는 경제적 인간으로 이해되면서, 정부는 범죄 행위가 사회를 총체적으로 위협하지 않는 수준에서 그것을 관리할 수 있는 방식으로 (범죄자들 스스로가 벌일) 게임의 규칙을 고안해 낸다. 이러한 관점에서 보면, 단지 이러저러한 개인과 사회 조직뿐만 아니라 가족과 (경찰 조직을 포함한) 국가까지 모든 활동 주체가 공히 경제적 계산의 주체로 변하게 되는 것이다.

하지만 사회의 이러한 신자유주의적 재편은 앞서 말한 자유주의적 안전 권력의 폭력적인 측면을 감소시키기는커녕 오히려 엄청난 규모로 확대재생산할 수밖에 없으며, 더 많은 수의 사람을 더 많은 영역에서 '죽도록 방치'하는 결과를 가져올 수밖에 없다. 우선 비경제적 영역에 시장 원리를 도입하려는 시도는 그 자체로 극단적인 폭력을 수반하는 과정일 수밖에 없다. 왜냐하면 그것은 비시장적 영역에 이미 물질적으로 형성되어 있는 (전통적이거나 그렇지 않은) 사회적 유대의 관계들을 깨뜨리고 그것을 전부 시장적 관계로 대체하거나 환원하는 폭력적 과정이기 때문이다. 이 작업에 다소간 성공하기 위해서 신자유주의는 순수하게 경제적인 수단에 의존할 수 없으며 물리적이거나 비물리적인 폭력을 지속적으로 동원할 수밖에 없다. 더 나아가 신자유주의는 사람들을 모두 무한 경쟁의 한복판으로 밀어 넣고자 하며(이미 이러한 경쟁 자체가 하나의 '고통'이며 따라서 '폭력'이다), 따라서 이윤 추구를 위한 순수 경쟁 원리의 원활한 작동에 방해가 되거나 그것을 교란할 수 있는 사회적 요소는 모조리 파괴하려고 들기 때문에, 정경 유착과 같은 지배 계급의 행태뿐 아니라 사람들이 상호 연대하거나 자신의 정치적·사회적 권리를 위해 함께 투쟁하는 것이 극단적으로 곤란해지는 사회적 환경을 조성하고, 여전히 저항이 일어난다면 그곳에서는 단호하게 오래된 법적 권력과 규율 권력을 동원해 저항을 분쇄하는 실천으로 나아갈 수밖에 없다. 이렇게 해서 '권리'의 자리에는 돈을 주고서야 살 수 있는 '특권'이 들어서게 되고, 특권을 구매할 수 없는 비참한 처지에 놓인 자들은 자신의 생존을 운에 맡긴 채 하루하루를 비루하게 살아가도록(또는 오히려 죽어 가도록) 방치되는 상황이 일반화된다. 이것은 폭력의 양적인 확장을 넘어 폭력의 질적인 변화를 가져오며, 그리하여 폭력의 새로운 형상의 출현으로 이어질 수밖에 없다.

2. 폭력의 새로운 형상과 국가

세월호 참사가 일어나고 얼마 지나지 않아 『매일노동뉴스』에 실린 칼럼에서 한지원 노동자운동연구소 연구실장은 사태의 본질을 꿰뚫는 진단을 내놓았다.

> 80년대 이후 지배 이데올로기인 신자유주의는 복지국가 모델을 비효율적이고, 낭비적인 것으로 규정했다. 국민 전체를 보호하는 사업이 아니

> 라 비용 대비 편익이 큰 사업에 재정을 지출해야 한다고 주장했다. 국민의 안전도 시장의 가치로 계산되는 것이 이 시대의 논리라는 것이다.
>
> 극단적 예는 신자유주의 최전선에 있었던 2005년 미국이었다. 미국 뉴올리언스는 허리케인 카트리나로 80%가 물에 잠기고 3천 명이 넘는 시민들이 사망 혹은 실종됐는데, 사태 이후 미국 정부가 침수를 미리 예상하고도 아무런 조치를 취하지 않았다는 사실이 밝혀졌다. 침수 예상 지역이 빈민 밀집 지역이어서, 큰 규모의 침수 방지 투자는 빈민들이 죽거나 다쳤을 때 지불하는 보상비보다 훨씬 크다는 게 숨겨진 이유였다. 경제학적으로 이야기하면 비용보다 편익이 작다는 이야기다. 국민 안전 역시 비용과 편익을 따져야 한다는 신자유주의 국가 모델의 극단적 예다.[9]

이러한 한지원의 설명에서, 우리는 앞서 살펴본 신자유주의적 통치성이 가지고 있는 폭력성에 대한 푸코의 논의가 고스란히 드러나고 있음을 잘 알 수 있다. 신자유주의적 국가는 재난을 막는 데 들어가는 사회적 비용과 그것을 복구하는 데 들어가는 비용을 계산해 어느 선에서 재난을 용인할 것인지를 결정하는 방식으로 위험을 관리하는 국가일 뿐, 그 결과 얼마나 많은 사람이 죽을 수 있는지에 대해서는 관심을 두지 않는 국가이다. 또 이러한 신자유주의적 국가의 폭력성은 단지 한국을 비롯한 반주변 및 주변의 국가에서만 특수하게 나타나고 있는 현상이 아니라 미국을 비롯한 중심의 국가에서도 마찬가지로 나타나고 있는 상당히 보편적인 현상이다(이것이 바로 신자유주의적 세계화의 효과 가운데 하나라는 점은 두말할 필요도 없을 것이다).

그러나 나는 여기에서 우리가 또 하나의 논점을 읽어 낼 필요가 있다는 생각이 드는데, 그것은 바로 신자유주의적 폭력이 작동하는 특이한 방식에 관한 것이다. 신자유주의적 안전 권력은 주권 권력(법전 체계) 및 규율 권력과 달리 개인들의 신체에 직접적인 폭력을 가하거나 신체에 밀착해 그것을 특정한 질서에 따라 움직이게끔 감시하고 강제하는 권력이 아니라 오히려 그 개인들이 놓여 있는 '환경'에 특정한 경제적 게임의 법칙을 도입하고 그 게임의 패자들을 '죽도록 방치'하는 권력이기 때문에, 신자유주의적 폭력은 개인들 앞에 가시적인 방식으로 자신을 드러내기보다는 오히려 원거리에서 또는 무대의 뒤편에 숨어 작동하는 비가시적 성격을 띤다는 점이다. 이 때문에 신자유주의적 폭력은 주권 권력의 폭력이나 규율 권력의 폭력과 달리 훨씬 더 자연화된naturalized 방식으로, 다시 말해서 마치 그러한 폭력이 누군가에 의해 저질러진 인위적인 것이 아니라 자연에 의해 저질러진 것인 양, 자연적인 것인 양 나타나게 된다. 허리케인 카트리나와 세월호가 가지고 있는 공통점 가운데 하나는 바로 그것이 불가항력적인 자연재해(그것이 말 그대로 자연의 태풍이든 아니면 자연히 일어날 수밖에 없는 교통사고이든 간에)인 것처럼 나타나고 있다는 것이다. 그런데 눈을 씻고 주변에서 사례들을 좀더 살펴보면, 이러한 자연재해에 의한 죽음은 세계 곳곳에서 찾아볼 수 있을 뿐 아니라 점점 더 증가하고 있는 추세임을 쉽게 알 수 있다. 수년 전 동남아 일대를 덮쳐 쑥대밭을 만들고 수백만의 목숨을 앗아 간 쓰나미, 대지진에 의해 야기된 일본의 후쿠시마 원전 사고에서부터 심심치 않게 뉴스에서 접하게 되는 전염병이나 역병의 창궐 소식들(수백만의 아프리카 인구를 쓸어 버린 에이즈나 최근에 창궐한 에볼라 바이러스 따위)까지 말이다.

물론 끔찍한 자연재해는 그 역사가 폼페이의 화산 폭발 이전으로까지 거슬러 올라가며, 인류 역사를 통해 지속적으로 일어난 일반적인 현상임에 분명하다. 그러나 문제는 과거의 자연재해가 명쾌하게 자연적인 것으로 규정될 수 있었다면, 최근에 일어나고 있는 자연재해는 더 이상 그것이 자연적인 질서에만 속하는 것인지 아니면 인위적인 폭력의 질서에도 속하는 것인지 경계 짓기가 모호한 현상이 되어 나타나고 있다는 점이다. 지구의 기후 변화(이른바 '지구온난화')에 따른 대규모 자연재해의 증가를 우리가 단순히 자연적인 현상에 불과하다고 치부하고 넘어갈 수는 없으며, 또한 지구의 한쪽에서는 넘쳐 나는 의료품과 생필품 및 그것을 조달하고 운영할 수 있는 인적 자원이 부족해, 똑같은 전염병이 지구의 다른 한쪽에서는 몇백 배, 몇천 배의 인구를 학살하는 효과를 가져오게 될 때 이를 단순히 자연적인 현상에 불과하다고 말하고 넘어갈 수는 없다. 또 역으로, 전통적으로 봤을 때 인위적인 폭력으로 명확히 분류되던 범죄나 집단 학살과 같은 것도 이제 더 이상 인위적인 것 또는 어떤 특정 주체에 의해 저질러진 폭력으로만 나타나는 것이 아니라 마치 우리를 둘러싼 (자연적이라고까지는 할 수 없을지라도) 객관적인 환경을 이루며, 따라서 우리가 어쩔 수 없이 감내해야 되는 자연스러운 삶의 조건인 양 나타나고 있다.

에티엔 발리바르는 「정치의 세 개념: 해방, 변혁, 시민공존」(1996)이라는 논문에서 이렇게 말한다.

> 오질비Bertrand Ogilvie는 최근에 자연적인 것과 사회적인 것의 경계가 경향적으로 말소되는 것처럼 보이는 폭력의 특수하게 근대적인 새로운 형상들에 대한 질문을 재포착했고, 히스패닉-아메리칸 언어에서 차용된 "일회용 인간의 생산"(쓰레기 인구poblacion chatarra)이라는 끔찍한 말을

통해 그 형상들을 재결합했다. 그는 인도주의적 은폐의 어떤 조작들이나, 그와는 반대로 배제를 재확립하는 것을 목표로 하는 인간 자재 착취(장기의 상거래, 유아들의 유통 등)의 어떤 시도들이 주변에서 성행하고 있다는 것과 함께, **세계 시장에서 잉여 인구들을 "자신의 운명에 따라 죽도록 방치하는"** 모든 "간접적이고 위임된 절멸"이(자연적이라 일컬어지는 재앙들, 전염병들, 상호적인 집단 학살들, 또 더 일상적으로는, 브라질 빈민가favelas의 유아 살해와 같이 범죄성과 그 억압의 모호한 경계들에서 정기적으로 행해지는 청소가) 행해지고 있다는 것을 예로 든다. 이러한 "비주체성의 환상적 압력"과 함께, 우리는 분명 푸코가 그 이론화를 제안한 바의 모든 권력 관계의 정반대편에 와 있다. 또한 우리는 정치에 대한 권리의 요구가 우스꽝스러운 것이 되어 버린 상황에 처해 있다.[10]

발리바르는 이렇게 자연적인 것과 사회적인 것의 경계가 경향적으로 말소되는 듯이 보이는 폭력의 새로운 형상을 가리켜 "초객관적 폭력" la violence ultra-objective이라고 부르는데, 이는 그가 이 형상을 "구조적 폭력"이라고 부르는 것과 명확히 구분하고자 하기 때문이다.[11] 구조적 폭력은 체계의 재생산을 위해 체계에 대한 저항을 파괴하는, 사회적 관계들에 본래적인 억압이고, 비록 그 자체가 가공할 만한 폭력으로 나타나고는 하지만, 그러한 폭력은 여전히 어떤 기능성을 지니고 있으며 체계 안에서 그것이 봉사하는 이익, 권력의 위치, 사회적 지배의 형태를 식별할 수 있도록 허락하고 더 나아가 (저항하는 사람들의 편에서) 그것을 뒤집을 수 있게 해준다. 반면 세계 경제에 기입되어 있는 수백만의 내버릴 수 있는 사람들의 총체적 제거로 나타나는 초객관적 폭력은 더 이상 체계의 기능성이 아니라 그것의 비기능성을 단적으로 표현한다. 그것은 이제 더 이상 대다수의 인구를 포괄하는 '구조적 착취'를 조직하지 못하는 자본주의의 무능력을 표현하는 것이다.

발리바르가 여기서 초객관적 폭력을 푸코의 권력 개념의 정반대편에 위치시키고 있는 것도 이 때문이다. 푸코는 (자유주의적이거나 신자유주의적인) 안전 권력이 갖고 있는 폭력의 성격을 날카롭게 포착했지만 그것이 여전히 어떤 '기능성'에 의해 특징지어지며, 비용 계산의 합리성을 실현하고 있다고만 생각했다. 푸코는 항상 (적어도 근대의) 권력을 부정적이라기보다는 긍정적인 것으로, 억압적인 것이라기보다는 생산적인 것으로 사고하고 싶어 했고, 기본적으로 그것을 유연성flexibility을 가지고 있으며, 그 위계가 역전될 수 있는 가능성을 가지고 있는 것이라고 파악했다.[12] 물론 이는 푸코가 안전 권력에 대한 이론화를 시도했던 것이 신자유주의가 처음으로 가시적이 되었던 1970년대 말이었으며, 따라서 그것이 30여 년 후에 초래할 폭력의 극단적 양상을 아직 목격하지 못했기 때문일 수도 있다.[13] 어찌 되었든 우리가 현재 목도하고 있는 폭력의 형상은 푸코가 말했던 것과는 상당히 다른 것, '권력'이나 심지어 '지배'(이것이 구조적 폭력이다)조차 초과하며 우리가 '부정적인 생명 정치'(발리바르)라고 부르도록 강제되는 '잔혹'cruauté의 형상을 띤 것이다.

발리바르는 자신의 논문에서 이러한 초객관적 폭력이 그것과 짝을 이루며 나란히 등장하는 초주체적 폭력(인종 학살 등과 같은 동일성에 관련된 폭력)과 정세 속에서 어떻게 결합해 정치의 가능성 자체를 파괴하는 쪽으로 움직이고 있는지를 설명하고 있지만, 여기서 우리는 약간 논의의 방향을 달리해, 그것이 국가의 성격을 어떻게 변화시키고 있는지, 그리고 그것은 우리로 하여금 어떻게 투쟁할 것을 요구하고 있는지를 생각해 보도록 하자.

세월호 참사를 통해 사람들은 '이것이 국가인가?'라고 물으며 공공성을 내동댕이친 국가의 무책임을 규탄했다. 그러나 이러한 참사는 어떤 특정 개인이나 관료 집단(그것을 관피아라 부르든 해피아라 부르든 적폐라고 부르든 간에)의 책임 방기의 문제를 넘어서는 것으로, 신자유주의하에서 국가가 필연적으로 취하게 되는 형태에서 비롯된 것이다. 국가가 자신이 책임져야 할 공공 영역을 하나하나 쪼개서 민영화시키고 그것을 기업들의 이윤 추구의 장으로 탈바꿈시킨 후에 그렇게 텅 빈 국가가 실제로 할 수 있는 일이라고는 아무것도 없는 것이 당연하지 않은가? 국가가 할 수 있는 유일한 것은 단지 사람들을 죽도록 방치하는 것뿐이다. 세월호 참사에서 구조 인원이 제로였다는 사실, 그리고 유민 아빠가 40일 넘게 단식을 하면서 목숨이 경각에 달해도 그대로 방치하고 있었다는 것, 심지어 대통령에 대한 단순한 면담 요구조차 무시하고 있었으며 아직도 무시하고 있다는 것이야말로 이러한 신자유주의적 통치성의 본질을 상징적으로 우리 앞에 드러낸다. 아무것도 하지 않는 것, 그것이 국가가 유일하게 할 수 있는 것이 되었다.

물론 국가는 여전히 대중들의 상상 속에서 전능한 자로 나타나고 있다. 발리바르는 이를 가리켜 "전능한 자의 무기력"이라고 부르는데, 신자유주의하에서 국가는 오히려 자신의 무기력함을 감추기 위해 가상의 적을 만들고 그 적을 공격하는 일에 몰두한다. 사실 박근혜 정부가 세월호 참사 이전까지 (그리고 그 이후에도 여전히) 행한 유일한 실천이 무엇인가? '종북 몰이'가 아니었던가? 이 때문에 우리는 복지국가의 대선 공약을 휴지 조각처럼 모조리 날려 버린 후에 공작 정치에 몰두해 온 것이 단지 박정희 정권의 유령이 복귀했기 때문이라고 여겨서는 안 된다. 박정희 정권은 그 모든 독재와 폭력과 조작과 과오에도 불구하고, 어쨌든 국민으로 하여금 새벽이면 종을 치고 밖에 나가 함께 일하게 만들기 위해 무엇인가를 했던 정권이었다고 한다면(따라서 박정희 정권의 본질은 '규율 권력'이자 '생명 권력'이었다), 현재의 박근혜 정부는 아무것도 하지 않는 정부, 오직 독재와 폭력과 조작과 과오만이 남아 있는 정부이기 때문이다.

하지만 이제 우리는 이것이 박근혜나 새누리당만의 무능력이 아니라 신자유주의적 국가 일반의 무능력이라는 것을 알 수 있다. 단적으로 과거 노무현 또한 "권력은 시장으로 넘어갔다"고 말하면서 국가의 수장으로서 자신이 아무것도 할 수 없었다는 고백을 한 바 있지 않던가? 그리고 바로 그렇기 때문에, 우리가 신자유주의에 반대해 수행해야 할 투쟁은 단순히 정권을 다른 정권으로 바꾸거나 심지어 인민이 권력을 되찾아 오는 일(해방의 정치를 실현하는 일)에 그칠 수 없다. 푸코가 안전 권력을 분석함으로써 전하고자 했던 핵심 논지 가운데 하나는 권력의 장소가 반드시 국가에만(더욱이 국가의 통치자나 수권 세력에게만) 있는 것이 아니라는 점이다. 국가가 아무것도 아니라는 뜻이 아니라 국가가 자신의 힘을 집중시키는 곳이 어디인지 알고 거기에서 저항의 전략을 정교하게 추구해야 한다는 것. 사실은 이것이야말로 푸코를 맑스와 함께 '변혁의 정치'의 이론가로 분류하게끔 만드는 것이 아닌가? 발리바르는 여기에, 신자유주의에 대한 투쟁은 극단적 폭력이라는 문제를 결코 우회할 수 없다는 논점을 추가한다. 그런데 이러한 극단적 폭력은 단순히 국가를 해체하거나 폐지하거나 그 바깥에 자리 잡음으로써 해결할 수 있는 문제가 아니다. 오히려 이러한 아나키적 전략은 국가의 무기력함에 대한 대중적 불안감이 걷잡을 수 없이 국가를 옹호하는 쪽으로 도착되게 만들고, 극단적 폭력을 더욱더 증폭시키는 결과를 낳을 수도 있다. 발리바르는 기존의 정치철학이 '다중이란 본래적으로 폭력적이며 국가만이 시민공존의 유일한 요소'라고 끊임없이 가르치지만 우리에게 필요한 것은 시민공존(반폭력)의 관념을 다중의 자율성이라는 관념과 화해시키려고 시도하는 것이라고 말하는데, 이는 우리로 하여금 맑스가 『고타 강령 비판』에서 국가주의자들에게 일갈하며 했던 발언으로 되돌아가도록 만든다. "'국가에 의한 인민의 교육'이라니, 어처구니없는 말이다.…… 정반대로 국가야말로 인민에 의한 매우 근엄한 교육을 받아야 할 필요가 있다."

이러한 인민에 의한 국가의 교육은 어떤 수단을 통해 이루어질 수 있을까? 세월호 유가족과 다양한 시민사회 단체가 함께 연대해 쟁취하고자 했던 '수사권과 기소권을 가지고 있는 세월호 특별법'은 분명히 그러한 수단 가운데 하나였지만 사실상 좌절되었고, 현재 4·16 세월호 참사 특별조사위원회는 정부의 다양한 방해 공작에 의해 거의 무력화되어 있는 상황이다. 물론 이러한 결과가 그 자체로 이 투쟁의 무의미함을 뜻하는 것은 아닐 것이다. 제대로 된 특별조사위원회의 재건과 운영은 여전히 하나의 목표로 남아 있어야 할 것이다. 그러나 4·16 세월호 참사 2주기가 돌아오는 현시점에서 돌이켜 보면, 투쟁이 너무 세월호 사건 자체의 진상 규명에만 초점이 맞추어져 있었으며(과거 나의 시야 또한 마찬가지였다), 이 때문에 시민들의 정치 활동이 다양한 활로를 찾지 못하게 된 것은 아닌가 하는 의문이 드는 것도 사실이다.

이 문제와 관련해서 참고해 볼 만한 외국의 사례는 1911년 3월 25일에 뉴욕에서 발생한 트라이앵글 셔트웨이스트Triangle Shirtwaist 화재에 대한 시민들의 대응이다. 이 사건은 의류 공장에서 발생한 화재였는데, 건물에 아무런 방화 장치도 없었으며, 노동자들의 통제를 위해 일부 출입문이 잠겨 있었고, 유일한 탈출로인 비상 계단과 화물 엘리베이터가 화재로 인해 이용할 수 없게 되어 대형 참사로 이어진 경우였다. 상당수 노동자가 9층 창문에서 뛰어내려 죽는 끔찍한 모습을 보면서 충격에 휩싸인 뉴욕 시민들은 장례식을 계기로 시위에 나서기 시작했고 마침내 '공공 안전에 대한 시민위원회'를 결성해 의회로 하여금 공장조사위원회 구성을 위한 법률을 발의하게 만들었다. 처음에는 9개 도시, 그리고 나중에는 뉴욕 주 전체를 대상으로 벌인 이 공장조사위원회의 조사 활동에 기초해 1912~1913년에 새로운 노동법이 입법되었을 뿐만 아니라 1919년에는 안전과 건강에 대한 규칙을 다루는 행정위원회까지 설치되었으며, 노동법을 현대화하는 핵심적인 계기로 작용했다.[14]

이러한 사례를 보면서 드는 생각은, 세월호 사건을 계기로 적어도 여객 산업 전반 및 해양 안전에 대한 전면적인 실태조사를 추진하도록 정부 및 의회에 압력을 가하고, 여기에 기초해 제도적인 변화들을 이끌어 내며, 더 나아가서 그것을 지속적으로 감시·통제하는 시민들의 활동을 제도적인 방식으로 보장하는 길을 열어 내는 운동을 (진상 규명을 위한 특별법 제정 운동과 함께) 추진할 필요가 있었던 것은 아니었을까 하는 것이다. 세월호 사건의 발생 과정 자체의 진상 조사에만 시야가 한정되고, 박근혜 정권의 책임이라는 관점에 우리의 사고가 갇혀 버리면서(지금도 계속되고 있는 다수의 음모론은 이러한 협소한 시야를 고착시키는 데 큰 효과를 발휘했다), 실질적인 제도적인 변화들을 이끌어 낼 수 있는 기회를 놓치게 된 것은 아닐까? 지금은 세월호 운항 비리로 징역형을 받은 30명의 관리인이 선박안전기술공단에 의해 채용되고 그 신분도 민간인에서 준공무원으로 격상되는 일이 벌어질 정도로 개혁과는 정반대의 방향으로 사태가 진행되고 있다.[15] 지금이라도 세월호와 관련된 시민들의 정치 활동을 어떤 방향에서 조직할 것인가를 다시 한 번 고민해 볼 필요가 있다. 이러한 논의야말로 세월호의 원혼들 앞에서 시민으로서의 우리가 책임지고 행해야 할 가장 중요한 실천 가운데 하나이기 때문이다.[16]

프란치스코 교황에게 쓴 세월호 유족들의 편지는 이렇게 시작한다. "'세월'은 한국말로 '흘러가는 시간'이라는 뜻입니다. 이러한 이름을 가진 배가 2014년 4월 16일 진도 앞바다에서 침몰했습니다. 그러나 세월호 침몰 이후 우리 가족들 시간은 흐르지 못하고 멈추었습니다." 정말 완벽한 의미 부여다. 다만 나는 나의 입장에서 이렇게 덧붙이고 싶다. 멈춘 것은 유족들의 시간만이 아니라 우리 모두의 시간, 따라서 세월 그 자체라고. 세월이 멈추었다고. 어떤 불의injustice가 이 세월을 멈추었다고. 햄릿의 말처럼, "시간이 끊어졌다"Time is out of joint. 이렇게 멈춘 세월은 다시 흐르지 않는다. 다시 흐른다 해도, 적어도 예전의 그 세월이 다시 흐르는 것은 아니다, 아니어야만 한다. 따라서 이것은 (단번에 오는 종말은 아닐지 모르겠으나) 돌이킬 수 없는 어떤 종언의 시작a beginning of the end을 표시한다. 새로운 세월을 시작하라고 명령하는 그 모든 원혼들, 유령들 앞에서 우리는 무엇을 약속할 것인가? 무엇을 맹세할 것인가?

유령 (지하에서) 맹세하라. / 그들이 맹세한다. (『햄릿』, 1막 5장)

햄릿 오 이런, 호레이쇼, 이 일이 밝혀지지 않는다면 내 더럽혀진 이름은 내가 죽은 후에 어떤 삶을 살아갈지! 나를 진심으로 생각해 준다면 자네의 행복을 한동안 잊고 이 모진 세상에서 고통스러운 삶을 살아 주겠나, 내 이야기를 들려주기 위해서 말일세. (5막 2장)

6장

세월호 참사와 분단폭력을 넘어서

다시 광화문으로 걸어야겠다

김도민

0. 4·16 이후, 나는 왜 쓰는가

> 가족대책위원회 대변인인 예은이 아빠가 페이스북에 '오늘은 154번째 4월 16일입니다'라고 했죠. 그건 문학적인 수사가 아니에요. 그분들은 정말로 그래요.……이게 트라우마의 핵심입니다. 그 순간 삶이 정지하는 거예요. (정혜신)[1]

쓸 수 있을까. 이해, 아니 감히 가늠이나 할 수 있을까. 세월호 참사를 두고 과연 차분하고 논리적인 글을 쓰는 것이 가당키나 할까. 태어난 지 200여 일된 아들의 눈을 바라본다. 웃으면 따라 웃는 그 해맑은 눈빛을 찬찬히 바라본다. 그 맑은 눈망울에 자꾸 세월호 아이들의 목소리, 눈빛이

* 이 글은 『진보평론』 62호, 2014에 실렸던 시평 「다시 함께 광화문으로 걸어야겠다: 세월호 참사와 분단체제를 넘어서」를 대폭 고쳐 쓴 것이다.

아른거린다. 내 아이의 삶이 그 아이들의 삶과 다르지 않았을 것이고, 죽은 아이들의 부모가 느끼는 아픔을 감히 가늠조차 할 수 없겠지만, 자꾸 아들의 눈을 볼 때마다 슬프고 아려 온다. 내 아이와 단원고 아이들 사이에 놓인 생사의 경계선이 얼마나 확실하다고 할 수 있겠는가. 멍하다 슬프고, 분노하다 지쳐 간다. 지치지 않기 위해, 슬퍼만 하지 않기 위해, 살아 있다는 사실이 부끄럽지 않기 위해 나는 무엇을 할 수 있을까, 해야 할까.

어디서부터 시작해야 할까. 물속에서 죽어 가는 아이들을 단 한 명도 살리지 못한 무능한 정부와 일부 여당 의원은 세월호 참사가 '교통사고'에 불과하다며 국가 책임론을 비껴가려 했다. 언제부터 무능하고 무책임하고 불통인 정부와 정치인들이 한국을 장악했으며, 어떻게 해야 부조리하고 견고한 이 무책임의 구조를 깨뜨릴 수 있을까. "최종 책임은 대통령"에게 있으며 "이번 사고를 계기로 안전 대한민국"으로 완전히 새롭게 개조하겠다고 대통령은 약속했다. 그러나 실상은 어땠는가. 유가족과 많은 시민이 거리에서 수사권과 기소권을 포함한 '세월호 특별법' 제정을 요구했으나 대통령은 국회가 알아서 할 일이라며 무응답으로 일관했다. 뿐만 아니라 언제든지 유가족이 원하면 만나겠다던 약속과 달리 유가족의 지속적인 면담 요청을 거부했다. 심지어 청와대는 일부 유가족이 순수하지 않다고 비판했고, 일부 보수 세력은 '빨갱이' 세력의 책동이라며 비난하기도 했다.

'세월호 특별법'에는 여당이 추천한 특별 검사에 대한 유가족의 동의 권한이 명시되어 있으며, 소환 조사가 필요하다고 판단되는 인물이 조사에 불응할 경우 동행 명령장을 발부할 수 있도록 하고, 이를 거부할 시 과태료를 부과하는 내용 등이 포함되어 있다. 하지만 특별조사위원회(이하

'특조위')는 수사권과 기소권이 빠진 채로 2015년 1월 1일부터 활동을 시작했다. 유가족은 2014년 10월 31일에 이룬 여야의 합의안에 대해 11월 7일 "반대하지 않"는다고 발표했다. 가족대책위원회는 "이런 미흡한 법안을 당장이라도 거부하고 싶"지만 "하루라도 빨리 진상 규명 활동이 시작되어야 하는 필요성을 고려하여 눈물을 머금고" 반대하지 않았다.[2] 그러나 특조위 상임 및 비상임 위원들의 임명장은 2015년 3월에야 주어졌고 특히 특조위의 실질적인 활동은 실무를 담당할 공무원이 파견된 8월 이후인 2015년 9월부터 가능했다. 나아가 여전히 새누리당 측 추천 위원은 특조위 해체를 주장하며 특조위의 청문회를 보이콧하고 참석하지 않았다. 증인으로 출석한 관련자들은 '모른다'와 '기억이 나지 않는다'를 반복했으며 청문회만으로는 여전히 진상 규명이 요원하다.[3]

이 지독하고 섬뜩한 죽음이 더 이상 일어나지 않게 하기 위해 어디서부터 시작해야 할까. 세월호 참사가 발생한 지 거의 2년이 다 되어 가는 지금, 여전히 세월호 유가족들은 '오늘도 ○○○번째 4월 16일일 뿐'이고 '밝혀진 게 하나도 없다'며 거리에서 투쟁 중이다. 2014년 4월 16일이라는 시간에 갇혀 1분 1초도 더 나아가지 못하고 트라우마에 고통받는 세월호 유가족들의 시간을 흐르게 하기 위해서는 무엇을 해야 할까?

세월호 참사는 개인적 차원에 머무는 트라우마가 아니라 사회적 성격의 트라우마를 야기했다. 사회적 성격으로서 세월호 트라우마는 정신의학적 상담과 약물 투여 등으로 해결할 수 있는 개인적 차원을 넘어선다. 즉 외상 후 스트레스 장애를 야기한 외적 원인에 대한 철저한 진상 규명이 이뤄진 후에야 비로소 치유도 가능해진다. 따라서 참사를 야기한 원인과 책임자를 명확히 밝혀내야 하며, 이를 위해서는 사회 구조적인 모순과

환경, 그리고 폭력 구조 자체에 대한 다차원적인 분석이 필요하다.[4]

세월호 참사의 원인과 참사가 낳은 사회적 트라우마의 구조를 밝혀내기 위한 여러 각도의 분석이 가능할 것이다. 특히 이 글은 분단폭력이 어떻게 무책임한 국가와 무관심한 국민을 만들어 냈으며, 세월호 참사에서는 어떻게 작동하고 있는지 드러내고자 한다.[5] 이는 이 책 5장으로 수록된 최원의 글이 전 세계적 차원에서 보편적으로 진행되는 신자유주의라는 새로운 폭력의 양상을 살펴본 것과 다른 각도에서, 왜 대한민국에서 유독 단 한 명도 구조하지 못했으며 이후 진상 규명은 요원한지를 한반도 분단이라는 '분단폭력'의 관점에서 분석하는 것이다.

한편 세월호 참사 이후 2년 동안, 참사 원인과 이후 세월호 참사를 둘러싼 한국 정부와 사회, 사람들의 대응에 대해 수많은 연구가 쏟아졌다. 충격적인 참사에 학문적 분석 자체가 어려웠던 초기와 달리 시간이 갈수록 좀더 심층적인 학술적 연구들이 쌓여 갔고 앞으로도 계속 축적될 것이다. 다만 한 가지 조심스럽고 두려운 것이 있다.

철학자 사사키 아타루는 2011년 일본 대지진으로 후쿠시마 원전에서 다량의 방사능이 누출된 대참사가 발생했을 때 일본 학계에서 참사가 "2, 3년 동안 문학, 사상, 비평에서 '소재'로 소비되고 그대로 잊혀지"는, 일종의 '게임'으로 이용되는 위험성을 지적했다.[6] 나도 세월호 참사를 둘러싸고 벌어지는 수많은 학자의 인정 욕망 충족 혹은 자신의 학문적 입지 키우기라는 '스펙 쌓기' 게임에 동참하고 있는 것은 아닐지 조심스럽다.

물론 학자들 모두가 그런 게임에 빠져 있다고 하긴 어려울 것이다. 세월호 참사를 둘러싸고 진정성을 가진 글들도 꽤 있었다. 그러나 때로는 너무 어려운 개념들을 세월호 참사에 꿰어 맞추려 하는 것 같아 답답한 마음이 드는 것도 사실이었다. 실제 세월호 유가족들이 그런 학문적 글들을 읽고 공감할 수 있을지, 일반인들이 공감하며 세월호 참사 해결에 동참하게 하고자 하는 글인지, 이런 비판에서 나 또한 자유로울 수 있을지 걱정이 앞선다.

세월호 참사를 소비하거나 스펙을 쌓는 게임에 빠지지 않으면서 학문적으로 진지하고 성실하게 마주하는 것이 어떻게 가능할까. 학문적 논리로 쉽게 유가족의 고통을 해석하는 것도 문제이지만 참사에 무기력해지고 우울해하는 데 머무는 것도 아무런 변화를 이끌어 내지 못할 것이다. 세월호를 '이용'하지 않으면서 "진지하게 무언가를 말"하는 자세란 어떤 것이어야 할까.[7]

한국 현대사를 공부하는 사람으로서 몇 가지 간단한 사실을 적시하는 것으로 쉽지 않은 물음에 대한 대답을 대신해 보려 한다. 1951년 거창에서 발생한 민간인 학살 관련 '거창 사건 등 관련자의 명예 회복에 관한 특별조치법'(1996년 제정), 1948년 발생한 '제주 4·3 사건 진상 규명 및 희생자 명예 회복에 관한 특별법'(2000년 제정), 1980년 발생한 '5·18 민주화 운동 등에 관한 특별법'(1995년 제정), 1980~1981년 신군부에 의한 '삼청교육대 피해자의 명예 회복 및 보상에 관한 법률'(2004년 제정) 등. 세월호 유가족이 수긍할 만한 진상 규명과 책임자 처벌에 걸리는 시간은 우리 모두가 잊지 않고 더 많은 이가 그들에게 다시 걸어갈 때 줄어드리라 생각한다.

1. 누가 국가의 책임을 가로막는가

몸싸움을 하다 보면 우리도 모르게 전경의 안경을 뺏을 때가 있어요. 보면 애예요. 그럼 다시 안경을 돌려줘요. 걔네들도 '아, 미안해요' 그래요. 가는 데마다 경찰하고 우리하고만 싸우고 있어요. 책임질 사람들은 쏙 빠지고 자식 같은 애들하고만 싸우게 만들어 놨더라고요. (단원고 희생자 신호성 학생의 어머니)[8]

1) 분단폭력이란 무엇인가

세월호는 침몰했고 수백 명의 아이들은 "가만히 있으라"는 지시를 따르다 죽었다. 유가족은 국가가 최선을 다해 구조하고 있다는 대통령 이하 국가 공무원과 언론의 말을 믿으며 기다리다가 단 한 명의 생명도 구하지 못한 과정을 하나하나 또렷이 지켜보았다. 유가족은 지지부진한 구조 현장을 지켜보면서 정부를 믿으라는 언어 고문에 고통스러워해야 했다. 어디서부터 잘못되었기에 믿고 가만히 있으라는 폭력에 시달려야 했을까. 여기에는 바로 누구 하나 책임지지 않는 무책임하고 무자비한 국가를 낳은 분단폭력이 도사리고 있다.

누구도 구조하지 못한 무책임하고 무능한 국가의 문제뿐 아니라 이후 참사의 진상 규명과 더 안전한 대한민국을 만들기 위한 국가의 대책 또한 어느 것 하나 납득하기 어려운 것 투성이었다. 안전을 책임질 컨트롤타워를 만들겠다던 대통령은 국민안전처 장관과 차관에 모두 군 장성 출신이라는 안보 책임자를 임명했다. 세월호 참사에 공감하고 거리에 나선 이들에게 정부와 일부 정치권, 대한민국엄마부대봉사단 같은 보수 단체들은 '불순 세력이 한국을 위기로 몰아넣고 있다'고 비난했다. '안보'를 앞세워 모든 문제를 해결하려 들고, 문제 제기자를 불순한 빨갱이로 낙인찍을 수 있는 것은 분단폭력이라는 객관적 폭력이 여전히 견고하게 작동하고 있기 때문이다.

한반도 분단이 어떤 문제를 낳았는지에 대해서는 이미 상당한 연구가 이뤄져 왔다. 1970년대부터 선구적으로 분단 현실을 직시하고 해방 이후를 분단 시대로 규정하고 분단체제라는 부정적인 체제의 극복을 제창한 강만길에서 시작해,[9] 백낙청을 중심으로 하는 이른바 창비 그룹에서 많은 연구를 축적해 왔다.[10] 나아가 최근에는 분단 문제를 국가 폭력이라는 관점에서 다룬 김동춘의 분석 등이 있었다.[11] 이 연구들은 한반도 분단이 한국 사회에 미치는 다양한 부정적 영향력을 '분단체제'와 '국가 폭력'이라는 관점에서 충실히 분석했다.

분단체제와 국가 폭력에 대한 기존의 연구를 바탕으로 하지만, 그럼에도 굳이 '분단폭력'이라는 새로운 개념을 제안하고자 한다. 왜냐하면 분단체제라는 개념은 체제라는 가치 중립적 뉘앙스 때문인지 부정적인 측면과 동시에 불가피성이라는 의미를 포함하고 있고, 국가 폭력이라는 개념은 분단이 야기한 복잡한 폭력의 양상까지 포착하는 데는 한계를 가지기 때문이다. 따라서 분단체제와 국가 폭력의 개념을 좀더 잘 포함할 수 있는 개념이 필요하다. 분단 자체가 폭력이며, 분단이 국가나 사회, 나아가 한 인간에까지 작동하는 다양한 차원을 좀더 잘 드러내기 위해, 분단폭력을 한반도의 남북 분단이 낳은 주관적·객관적 폭력이라 정의하겠다.[12]

분단폭력은 남북 분단이라는 특수한 상황에서 무책임한 국가와 국가의 반인권적·반민주주의적 조치는 불가피하다는 논리를 내세우는데 이는 1948년 남북한에 정부가 따로 수립된 이후 본격적으로 형성되었다. 즉 1948년 남북 분단은 신생 대한민국에 일촉즉발의 안보 위기를 낳았다. 한국 정부는 인권과 민주주의를 억압하는 것이 '불가피하다'고 주장하며 실제 숱한 인권 유린을 자행했다.

예를 들어 1949년 당시 UN 한국위원회는 이승만 정부가 시민 자유를 없애며 전체주의 방향으로 나아간다며 강력히 비판할 정도였다. 위원회는 반민주적인 상황이 지속된다면 한국의 생존은 정당화되기 어려우며 미국 또한 반공이라는 이유만으로 한국을 더 이상 도와서는 안 된다고 주장했다. 이에 대해 당시 한국 내 미국 정부를 대표하던 최고 책임자인 주한 미국대사 무초John Muccio는 한국 정부를 비판하는 사람들을 "꿈의 세계에 산다"며 반박했다. 그는 한국의 수도가 적군과 충돌하는 38선에서 30마일(약 48킬로미터) 정도밖에 떨어져 있지 않으며, 한국 내 일촉즉발의 위기 상황은 한국 대중의 두려움을 증폭시키고 있다고 설명했다. 따라서 대중의 두려움을 해소하기 위해 비민주적이고 반인권적인 극단적 조치들을 수행하는 것은 불가피하다며 한국 정부를 옹호했다. 결국 미국조차 안보 위기 상황에서 이승만 정부의 안정과 효율성을 강조하며 한국 정부의 비민주적 조치들이 불가피하다는 주장을 펼치면서 이승만 정부의 전횡을 모른 척했다.[13]

분단은 또한 해방 이후 지속되어 온 국민적 열망인 친일파 처단을 위한 반민족행위특별조사위원회(이하 '반민특위')조차 제대로 활동하지 못하게 하고 해체시키는 결과를 초래했다. 1948년 8월 5일 제헌 국회는 일제강점기에 일본에 협력해 민족 배반 행위를 했던 친일 분자를 처벌하기 위해 헌법 제101조에 따라 제정된 법률인 '반민족 행위 특별법'을 9월 22일 공포했다. 이에 따라 1948년 10월 반민특위가 국회 내에 설치됐고 이 위원회는 특경대特警隊라는 특별 경찰을 두어 수사권을 행사했다.[14]

반민특위는 정부 수립 직후 곧바로 국민적 여론의 강력한 지지하에 활동을 시작했다. 하지만 1949년 중반을 지나면서 거세지는 냉전의 소용돌이와 남북한 체제 대결의 와중에 반공이 친일파 처단이라는 탈식민의 과제보다 중요해졌다. 따라서 당시 이승만 대통령은 반민특위의 활동이 행정부를 약화시키고 신생 대한민국의 불안을 가중시켜 국가 안보의 위협을 높인다고 비난했다. 내부에 친일파가 많았고 이승만의 지시를 따르던 경찰은 반민특위 관련자들에게 테러와 암살을 자행했고 결국 1949년 6월 6일 반민특위 사무실을 습격함으로써 반민특위를 무력화했다.

이로써 부와 권력을 누렸던 친일파들은 응당한 책임과 처벌을 받기는커녕 반공이라는 기치하에 자신들의 지위를 유지하거나 더욱 강화했다. 반민특위 해체는 곧 친일파의 책임을 묻지 못한 무책임한 국가로서 대한민국의 첫 출발이었다. 바로 분단폭력의 시작이었고 그 후 한국 현대사에서 무책임한 국가에 책임을 묻기란 분단이라는 특수한 조건하에 매우 어려워졌다.

2) 객관적 폭력으로서 분단폭력

선박을 책임져야 할 선장과 선원들은 자신만의 이익을 위해 가장 먼저 빠져나왔다. 침몰하는 선박 안의 인명을 살려 내려는 책임 있는 구조 시스템은 결여되어 있었고 대통령과 국무총리는 최선을 다하라는 지시와 최선을 다하고 있다는 답변만을 반복했다. 선장과 선원이라는 개인, 그리고 대통령과 그 이하 국가 공무원 모두 무책임의 극치를 보여 주었다. 이것이 수백 명의 사람을 앗아 간 세월호 참사의 원인이었다.

그렇지만 전자와 후자의 무책임은 성격이 달랐다. 선장과 선원은 비록 선박을 책임져야 할 책무를 가졌지만, 사적 이익을 추구하는 개인으로서 자신의 생명을 먼저 구하고자 순간 아주 이기적으로 행동하게 될 수도 있다. 이는 누구에게든지 쉽게 보이는 선장 및 선원들의 개인적·주관적 폭력인 것이다. 사적 개인의 이기심은 혼자 먼저 살겠다고 다른 누군가의 죽음을 전혀 고려치 않는, 쉬이 알아챌 수 있는 폭력이다. 그리고 이것은 가시적으로 드러난 책무 방기이고 폭력이기에 법적 처벌의 대상으로 누구든 쉽게 인식할 수 있다.

그러나 후자인 대통령 이하 국가 공무원의 구조 실패를 어떻게 보아야 할까? 최선을 다했다고 하는, 현장에 가서 구조를 독려했고 주어진 조건에서 최선을 다했다고 하는 국가 공무원의 구조 실패를 우리는 처벌할 수 있는 것일까? 여기서부터 헷갈리기 시작한다. 대통령과 관련 공무원 모두 자신의 위치에서 최선을 다했다고 한다면 이럴 경우 그들의 의도와 다른 결과가 나왔다고 그들을 처벌할 수 있기나 한 것일까?

공무원이 국민을 위해 최선을 다했다고 항변하기 때문에 얼핏 그냥 의도치 않은 실수 정도로 이해되기 십상이다. 즉 폭력이라는 개념과 어울리지 않는 소프트한 느낌을 준다. 그렇지만 여기에는 거대한 무책임 국가를 낳은, 눈에 보이지 않는 객관적 폭력으로서 분단폭력이라는 함정이 도사리고 있다. 국가 안보상 대통령의 7시간 행적을 밝힐 수 없다는 대통령 비서실장의 설명, 진상 규명을 위해 거리에 나선 유가족에게 쏟아진 '빨갱이' 비난과 청와대의 '순수 유가족' 발언. 국민의 안전을 지키겠다고 해양경찰청을 해체하고 신설되는 새로운 컨트롤 타워인 국민안전처 장관에 안전보다 안보 전문가인 전직 합참의장을 임명하고, 그뿐 아니라 차관까지 모두 군 장성 출신으로 임명했다. 이처럼 물속에서 죽어 가는 한 명의 학생을 살리는 것보다 안보를 중요시하는 것이 한국 사회의 현실이다.

무책임한 국가 시스템은 국가 안보라는 최상위 가치 아래서 더 이상 질문의 대상이 되기 어렵다. 합리적이고 이성적·민주적으로 국가 책임을 물으려는 순간 '빨갱이'로 내몰리는 한국의 현실은 분단이 낳은 객관적 폭력이 강고하게 작동하고 있음을 여실히 보여 준다.

분단폭력 같은 객관적 폭력은 주관적 폭력에 비해 잘 가시화되지 않기 때문에 우리는 객관적 폭력의 결과에 둔감하기 십상이다. 사악한 개인과 억압적 공권력, 광신적 군중 등이 만들어 내는 가시적인 폭력보다 더 잔혹하고 근본적인 차원에서 작동하고 있는 비가시적이고 더 과격하며 가장 순수한 형태인 객관적 폭력이 존재한다. 예를 들어 자본주의는 무한 자기 증식이라는 구조적 폭력을 내재하고 있으며 "전 지구적 자본주의의 사회적 조건에 내재되어 있는 '초객관적' 혹은 구조적 폭력으로서, 이는 노숙인에서 실업자 등과 같이 배재됐거나 있으나 마나 한 사람들을 '자동적으로' 만들어 낸다". 실제 사회적 현실에서 일어나는 일을 결정하는 "냉혹하고 '추상적인', 유령과 같은 자본의 논리"는 "순수하게 '객관적'이고, 체계적이며, 익명성을 띠기 때문"에 눈에 잘 보이지 않고 책임 소재가 불명확하다.[15]

마찬가지로 분단폭력도 책임 소재가 불명확한 객관적 폭력의 일종이다. 즉 분단폭력은 "항상 변덕스럽고 유동적인 상황이 조성되고, 이러한 상황 속에서 강대국의 갈등이 남북한에 교묘하게 이전되고 증폭되면서, 갈등의 해결을 서로 미루면서 방치하고, 권력의 무책임성과 식민성을 조장하는 행태"를 반복적으로 낳아 왔다. 국가의 무책임성은 남북한 내부 정치 체제를 더 비민주적이고 억압적인 방향으로 추동하며, 따라서 그 안에서 살아가는 한반도 주민은 자신의 삶의 자결권을 확보하는 것도, 민주적 사회를 꿈꾸는 것도 어려웠다.[16] 이처럼 분단폭력은 거대한 폭력임에도 잘 보이지 않기 때문에 인식하기 어렵다. 하지만 분단 이후 현재까지 한반도 주민의 삶에 강력한 영향력을 미쳐 왔음을 우리는 깨달아야 한다.

2. 분단을 넘어 연대로

> 그래도 이 일을 겪고 나서 남의 일을 돌아보게 된 것 같아요. 밀양이든 쌍용자동차든 사회 문제가 됐던 것들. 나는 그들의 외침에 하나도 관심 없었는데…… 지금은 내가 사건의 한가운데 있지만, 내가 그랬던 것처럼 남들도 똑같이 그렇겠구나 싶어요. 너무 많은 사람들이 희생되었는데 변한 게 별로 없고. 80년 광주도 결국 10년, 20년 가고…… 이 일 역시 시간과의 싸움이 되겠고, 또 누군가의 엄청난 희생이 있어야겠고, 외면도 있겠고…… 그들이 주는 떡고물 하나에 움직이고 고마워하며 작고 평범한 국민들은 그러고 살아가는 거구나. 대한민국을 움직이는 사람들은 끄떡도 하지 않는데……. (단원고 희생자 길채원 학생의 어머니)[17]

책임지지 않아도 되는 국가는 더 이상 국민을 무서워하거나 민주적인 문제 제기를 두려워할 필요가 없다. 이런 한국에서 살아가는 우리는 나서서 무엇을 해결하기 두려워하고 각자도생을 위해 자신과 내 가족에 함몰되어 간다.[18] 개인들은 모이지 못하고 자꾸 흩어지고 '분단'된다. 보편적인 인권과 민주주의를 주장하려고 해도 특수한 분단 상황이라는 논리에 그 목소리가 커지기 어렵다. 이는 국가의 독단이나 문제를 교정하기 위한 민주적 견제가 작동하지 않게 만든다.

분단폭력은 원자화된 개인을 만들고, 나서기를 꺼리는 개인들은 국가에 문제 제기하지 못하고 국가는 비판하는 세력을 빨갱이로 손쉽게 낙인찍으며, 국제적 인권과 민주주의 기준에 어긋나더라도 분단 특수성을 내세우며 책임을 회피하기 쉽다 보니 다시 무책임한 국가와 무능한 정부로 남게 된다. 흔히 집단을 강조하는 전체주의와 개인을 강조하는 개인주의는 대립적 이데올로기로 이해된다. 그러나 사카이 다카시의 주장처럼 "전체주의와 개인주의는 사실 정반대의 이데올로기가 아니다. 오히려 전체주의의 전제가 개인주의이다". 구조화된 분단과 전쟁 상황에서 우리는 이웃과 공동체를 신뢰하기보다 자신이나 가족에 매몰되어 버린다. 따라서 "고립되고 무기력"해져 파편화된 우리는 "더욱 강력한 힘의 보호를" 찾아 "국가나 독재자에게 집약되는 전체성으로 수렴되어 버린다".[19]

즉 분단폭력은 한반도에서 살아가는 사람들을 고립화하는 해체의 힘으로 작동할 뿐 아니라 동시에 국가나 강력한 지도자에게 자신을 내맡기게 만드는 수직적·수동적인 힘으로 작동한다. 분단폭력은 국가 차원에서는 무책임한 정부를 만들어 내는 동시에 사회 차원에서는 원자화되고 고립화된 개인을 만들어 낸다. 무책임한 정부는 불안한 안보를 내세우며 국민에게 무자비해지고, 동시에 개인은 그런 국가에 더욱 억눌리는 악순환에 빠지며, 고립화되고 무력해진 개인을 통해 국가는 전체주의적 통제 질서를 강화한다.

이 악순환을 야기하는 분단폭력을 어떻게 해체할 수 있을까. 분단이라는 '뺄셈'의 힘을 연대라는 '덧셈'의 힘으로 바꾸어야 한다. 특히 세월호 참사에 대한 진상 규명과 이를 통한 책임자 처벌 그리고 참사 이후 트라우마로 고통받는 세월호 유가족의 치유를 위해 세월호를 기억하고 행동하는 사회적 연대가 절실하다.

첫째, 분단폭력이 낳은 무책임한 국가하에서 누구나 '유가족'이 될 수 있는 한국의 비참한 현실을 깨달아야만 한다. 정부 수립 전후 발생한 제주 4·3 사건과 한국전쟁기 민간인 학살, 군사정권 시절 국가 권력이 자행한 고문과 살인, 1980년 광주 민주화 운동, 2009년 쌍용자동차 사태 등 한국 사회는 끊임없이 '유가족'을 만들어 냈다. 유가족을 순수와 불순으로 나누고, 유가족과 연대하려는 사람들을 '빨갱이'로 낙인찍는 무능하고 무책임한 국가를 낳는 분단폭력을 해체해야 한다. 내 자식과 단원고 아이들이 다르지 않다는 것, 누구나 '유가족'이 될 수 있는 섬뜩한 한국 현대사를 직시한다면 더 많은 이가 세월호 유가족의 목소리에 귀 기울일 것이다.

둘째, 세월호 특조위의 남은 활동에 국민적 지지와 감시를 보내야 하며, 이후 정부와 여당에 의해 무기력해진 특조위가 완료하지 못한 문제들을 해결하기 위해 수사권 등 강력한 권한을 가진 새로운 위원회를 만들 법 개정 운동을 펼쳐야 한다. 대한민국은 반민특위를 만들어 친일파 책임을 물으려 했으나 실패함으로써 무책임한 국가로서 첫 출발을 했다. 무책임한 국가의 출발점이자 분단폭력의 시작이 곧 반민특위의 해체였다. 이후 한국 현대사에서 국가에 책임을 묻기란 매우 어려웠다. 대한민국 역사상 유일하게 수사권을 가졌던 반민특위의 사례처럼 강력한 권한을 가진 특조위를 새롭게 출범시키는 데 힘을 모아야겠다.

셋째, 더욱 정치화된 이슈로 세월호 문제를 부각해야 한다. 참사가 발생한 지 2년이 지났지만, 그동안 세월호 유가족이 원하는 진실 규명은 거의 이뤄지지 않았고, '세월호 특별법' 제정과 발효 그리고 특조위의 활동 등 모든 것이 정치적 힘에 의해 어느 것 하나 제대로 이뤄지지 못했다. 세월호 참사 초기 대통령과 정부는 적극적 관심을 기울이는 듯했으나, 얼마 후 실시된 재보궐선거에서 여당이 압승함으로써 세월호 문제를 해결하려는 의지조차 사라져 버린 것 같다. 결국 진정한 진상 규명을 위해 다시금 특별법을 개정하거나 적어도 세월호 유가족의 이야기에 귀를 기울이게 하기 위해서라도 세월호 참사 해결을 위한 정치적 연대가 필요하다. 2016년 국회의원 선거와 2017년 대통령 선거에서 적극적으로 세월호 문제 해결을 위한 전 국민적 연대가 필요하다. 아무것도 할 수 없다는 "개인화된 패배감"을 넘어 유가족이 수긍할 수 있는 세월호 진상 규명과 책임자 처벌을 위해 "정치적 화약"을 만들어 내야 한다.[20] 국회의원과 대통령에 나서는 후보들에게 진보와 보수를 떠나 공개적이며 불가역적인 세월호 공약을 만들도록 정치적 압박을 가해야 한다.

넷째, 세월호 유가족과 어떻게 연대할지, 무엇을 해야 할지 막연하다면 유가족이 있는 광화문으로, 안산으로 함께 걸어 본다면 어떨까. 어린이, 학생, 회사원 등 모두 함께 세월호 유가족을 향해 한 걸음씩 내디뎌 보면 좋겠다. 이제는 모두 지쳤으니 그만 쉬고 싶을지도 모른다. 그러나 그만 잊고 싶을 때마다 2014년 여름 세월호 특별법 제정을 외치며 서울대에서 광화문으로 행진해 갔을 때 들었던 한 단원고 학생 어머니의 말이 떠오른다. "엄마의 마음으로 지금 여기에 있습니다. 여러분, 여기까지 와 주셔서 감사합니다. 그렇지만 여러분 엄마의 마음으로 다치지 마십시오." 행진해 온 학생들을 외려 걱정하는 유가족 어머니의 말 앞에 부끄럽지 않아야 한다.

2년이 지난 지금도 세월호 유가족은 진실 규명을 위해 고군분투 중이다. 이들을 두고 돌아갈 편안한 일상은 존재하지 않는다. 세월호 침몰

후 떠 있는 배를 텔레비전으로 보면서 아무것도 할 수 없던 그 무기력함과 죄의식을 벗어던지고 함께 행진하는 동행의 물결이 이어져야 한다. 내 아이가 안전할 수 있는 대한민국을 위해 우리 모두 세월호 유가족을 향해 다시 걸어야겠다.

7장

세월호를 해석하는 네 가지 프레임

사고, 사건, 사태, 그리고 사회에 관하여

정용택

1. 사고에서 사건으로: 다시, '국가'란 무엇인가

단행본의 표제로 사용되어 더욱 널리 알려진 에세이 「눈먼 자들의 국가」에서, 소설가 박민규는 2014년 당시의 시점에서 '세월호 참사'를 둘러싸고 각축을 벌인 해석의 주된 프레임frame[1]을 두 가지로 명확히 구별한다. 세월호 참사에는 "뜻밖에 일어난 불행한 일"을 의미하는 해석의 프레임('사고로서의 세월호')과, "사회적으로 문제를 일으키거나 주목받을 만한 뜻밖의 일"을 의미하는 해석의 프레임('사건으로서의 세월호')이 모호하게 겹쳐져 있다는 것이다. 만일 두 프레임을 모두 받아들인다면, 일단 "세월호는 선박이 침몰한 '사고'이자 국가가 국민을 구조하지 않은 '사건'"이라고 말할 수 있을 것이다.[2] 물론 박민규는 그럴 경우 우세종優勢種으로 남게 되는 것은 전자일 것이라 주장하며, 겹쳐져 있는 두 프레임을 엄격히 분리할 것을 요구한다. 단순히 사고事故와 사건事件의 사전적 해석을 참조하더라도, 둘은 각각 의미하는 바가 전혀 다르기 때문에, "세월호 사고와 세월호 사건은 실은 전혀 별개의 사안"으로 취급되어야 한다는 것이다. 그는 "후자의 비중이 이루 비교할 수 없을 만큼 더 중요하다고 생각"하기 때문에, '사건으로서의 세월호' 프레임을 강조한다.

박민규에 따르면, 사고와 사건을 가르는 핵심은 '의도' 혹은 '고의성'의 유무이다. "의도가 개입되는 순간 사고는 사건이 된다."[3] 사건에는 사고에 없는 의도적인 '책임자'가 존재한다. 따라서 의도를 가지고 사건을 일으킨 그 누군가가 바로 사건의 책임자가 되는 것이다. 그렇다면 '세월호 사건'의 책임자는 누구인가? 박민규에 따르면 일단 유병언은 사고의 책임자일 뿐 국가가 국민을 구조하지 않은 사건의 책임자는 아니다. 사건의 책임자는 따로 있다. 유가족과 많은 국민이 사건의 진실을 밝히고자 하는 이유도 그렇게 믿고 있기 때문이다. 이미 앞에서 세월호 참사는 "국가가 국민을 구조하지 않은 '사건'"이라고 규정한 바 있으니 '의도'를 가지고 '세월호 사건'을 일으킨 '책임자' 역시 국가라고 말하는 것이 논리적으로 옳을 터이다. 하지만 그는 동어반복을 선택하지 않는다. 대신에, 국가가 사건의 책임자라는 단순한 진실을 확인하고자 하는 것을 '정부'가 가로막고 있다고 말한다.

> 유병언은 사고의 책임자지 국가가 국민을 구조하지 않은 사건의 책임자는 아니다. 사건의 책임자는 따로 있다. 유가족들이, 또 많은 국민이 진실을 밝히고자 하는 이유는 그 때문이다. 지금 그것을 정부가 가로막고 있다.[4]

정부는 사건의 책임자를 보호해 주고 있을 뿐이지 정부가 곧 사건의 책임자라 말하진 않고 있다. 그 얘기인즉슨, 사건의 책임자인 '국가' 안에 정부가 아닌, 정부가 보호하는 또 다른 존재가 있다는 것이다.

> 무엇보다 476명이 탄 선박이 침몰한 참사가 일어났는데 아무런 대책회의가 없었으며, 그 위중한 7시간 동안 비서실장은 대통령이 어디 있었는지 "모른다"는 답변을 했다. 그날 국가는 없었다는 가설이 사실이 되는 순간이었다.[5]

대통령의 부재를 국가의 부재와 동일시하는 것은, 대통령을 국가 그 자체와 동일시하고 있는 것으로 볼 수밖에 없다. 국가가 세월호 침몰 사고와 마주해 "신고와 구호·수습의 '의무'를 저버린 데에는 분명한 '의도'가 존재하기 때문"이라고 주장할 때, 즉 국가는 의도를 가지고 "국민을 구조하지 않은" 것이라고 말할 때, 대통령을 위시한 정부 당국자들로 인격화된 국가 관념이 박민규에게는 암묵적으로 전제되고 있다. "어쨌거나 공공의 주체인 당신들에게 하고 싶은 말이 있다. 당신들은 너무 많은 거짓말을 했다."[6] '공공의 주체'란 표현을 '국가의 주체'란 말로 바꿔도 무방해 보인다. 그는 국가를 대통령과 정부 관료들로 대표되는 국가 권력자들과 동일시하고 있는 것이다. 대통령에게 세월호 사건의 최종 책임을 어떤 식으로든 물을 수 있고, 마땅히 그렇게 해야 한다는 것에는 이견의 여지가 없다. 하지만 대통령이 어떤 '의도'를 가지고 "국가가 국민을 구조하지 않은 사건"을 주도했다고 보지는 않는다. 그런 식의 접근은 마치 특정 인물 몇몇의 '의도적' 범죄로 세월호 사건이 일어난 것처럼 생각하게 만들 소지가 크기 때문이다. 4월 16일 당일 '대통령의 7시간 행적'을 포함한 청와대의 대응 양상을 조사하는 것이 사건의 진실 규명에서 꼭 필요하다는 점을 부정하지는 않지만, 그렇다고 그것이 곧 세월호 참사라는 총체적 사건에 관한 해석을 규정하는 최종 심급이 될 수는 없다는 것이다.

물론 박민규의 주장대로 "세월호는 국가가 국민을 구조하지 않은 사건"임에 틀림없다. 이 테제 자체는 부정할 수 없는 '진실'이다. 문제는 여기서 '국가'가 정확히 무엇을 의미하는가이다. "국가가 국민을 구조하지 않은 사건"으로 규정되는 세월호 참사에서 도대체 '국가란 무엇인가?' 박민규처럼 국가를 대통령이라는 인격체와 직접적으로 동일시하지 않더라도 "국가가 국민을 구조하지 않은 사건"이라는 테제를 정당화하는 것은 충분히 가능하다고 본다. 단, 국가를 다르게 개념화하는 한에서만 가능하다. 사회과학적으로 국가를 설명하는 방식에는 크게 두 가지가 있다. 하나는 국가를 '사물'이나 '주체'로 이해하는 방식이고, 다른 하나는 국가를 '관계'로 이해하는 것이다.[7] 전자가 국가를 변하지 않는 어떤 본질적 속성을 지닌 사물 내지는 일관된 정체성을 지닌 행위 주체들(통치 세력)로 환원한다면, 후자는 국가를 구체적인 역사의 시공간 속에서 물질화된 사회적 관계의 응축물로 파악한다.[8] 다시 말해, 전자가 국가를 모종의 본질적 기능으로 도구화하거나 특정한 행위 주체들로 인격화한다면, 후자는 국가를 복합적·갈등적 성격을 지닌 제도들의 집합으로 구조화·총체화하는 것이다. 국가의 개념을 어떻게 규정하는가에 따라—즉 국가를 인격화된 주체로 볼 것인가 아니면 '형태 결정된 사회적 관계'로 이해할 것인가에 따라—'사건으로서의 세월호' 프레임에 관한 해석 역시 달라질 수 있을 것이다.

박민규의 말대로라면, 고유한 인격을 가진 주체로서의 국가, 즉 국가의 인격적 화신인 '대통령'은 승객 구조에 최선을 다했으나 능력이 부족해 결과적으로 구조에 실패했던 것이 아니라, 아예 처음부터 '의도적으로' 구조를 시도하지 않았다는 얘기가 된다. 만일 대통령이 "국민을 구조하지 '않은' 사건"이라는 세월호 프레임을 철저하게 밀고 나가면 결국 세월호의 실소유자는 국정원이었고 세월호의 침몰도 국가기관의 대선 개입을 은폐하기 위한 국정원의 '공작'이었으며, 궁극적으로 사건의 배후에는 7시간 동안 행방이 묘연한 대통령이 있다는 식의 음모론적 해석에 도달할 수밖에 없을 것이다. 물론 이러한 음모론이 제기된 배경에는 참사의 진실 규명에 관한 정부 당국의 적극적인 회피가 존재하고 있음을 부정할 수 없다. 정확한 정보를 제공하기는커녕 제기되는 의혹에 대해 불성실한 답변과 오락가락하는 해명만을 늘어놓은 정부의 태도가 음모론의 확산을 더욱 자극했다는 것이다. 그런 점에서 음모론적 상상은 슬픔과 분노에 잠겨 있는 대중들이 정부에 대한 불신 속에서 제한된 정보를 가지고 도저히 이성적으로 납득하기 어려운 사건의 원인을 묻고 답하는 과정에서 언제든 생성되기 마련이다.

그러나 아무리 음모론이 제기된 배경의 정당성을 인정한다고 할지라도, 그것을 사건에 관한 최종적인 답변으로 취할 수는 없다. 박민규 역시 글의 말미에 끝내 '국정원 실소유자설'을 끌어들이고 있는 데서도 볼 수 있듯이, 음모론이 제시하는 해결책은 범죄를 저지른 개인이나 기관을 색출해 사건에 대한 모든 법적 책임을 묻는 것으로 완성된다. 마치 특정한 개인이나 기관이 모든 문제의 원흉이고, 그들만 처벌하면 문제가 완벽하게 해결될 수 있다는 식이다. 실제로 세월호 음모론의 결말 역시 국정원과 해경과 해군의 상위에 존재하는, 곧 인격화된 국가 그 자체인 주권자 대통령에 대한 법률적 기소로 그려졌다. 그러나 이러한 음모론적 서사에서는 "구조構造가 중요한 역할을 할 가능성, 우리 자신이 공모자일 가능성, 문제 제기가 잘못되었을 가능성"[9]이 전혀 고려되지 않는다. 청해진해운의 실소유주인 유병언이나 선장 이준석을 국정원장이나 대통령으로 바꾼 것에 지나지 않을 뿐 세월호 참사의 구조적 원인을 분석하고 그에 대한 사회적 책임을 공유하는 데는 어떠한 도움도 되지 못한다는 것이다. '사건으로서의 세월호' 프레임을 지지하되, 사물이나 주체가 아닌 관계로서의 국가 개념에 기초해 프레임에 관한 해석을 전면적으로 수정해야 할 이유가 여기에 있다.

굳이 음모론의 뉘앙스를 강하게 풍기는 그런 해석으로 나아가지 않더라도, 세월호 참사를 분석하는 데 있어 국가를 끌어들이는 것은 다른 방식으로도 얼마든지 가능하다. 실제로 참사 발생 직후부터 현재까지 수많은 연구자가 세월호 참사의 원인 분석에서 '국가'를 중요한 요소로 다루어 왔다. 그러나 이때 '국가'는 현 정부를 대표하고 있는 대통령과 그 측근들로 손쉽게 인격화되지 않았다. 오히려 세월호 분석에서 주로 다루어진 국가란 '국가 권력'을 누가 소유하고 있는가와 무관하게 지속적으로 유지되는 '국가 장치'를 가리킨다고 볼 수 있다.[10] 물론 모든 종류의 국가 권력은 특정한 장치/배치로 물질화되는 한에서만 존재할 수 있다는 점에서 국가 권력의 작동 방식에 관한 분석은 국가 장치에 관한 분석과 불가분의 관계에 놓여 있다. 요점은 이러한 분석틀을 적용해 세월호를 "국가가 국민을 구조하지 않은 사건"의 관점에서 분석한다고 했을 때, 대통령에게 국민을 구조할 마음이 있었는지 없었는지는 더 이상 중요한 쟁점이 아니게 된다는 사실이다. 보다 중요한 쟁점은 국가 장치의 재구조화와 연동되어 생명·안전 영역에서 국가 권력이 작동하는 방식이 보다 탈중심적으로 변화되었다는 사실이며, 세월호 참사는 단지 우리로 하여금 그러한 변화를 뒤늦게 자각시킨 계기였을 뿐이라는 것이다. 이것이 세월호 참사와 국가 장치를 연관시켜 분석하는 데 있어 '사회구조'적 접근의 요체를 구성한다.

이를테면 일찍부터 세월호 참사의 근본적인 배경으로 지목된 국토해양부(2013년에 '국토교통부'로 바뀌기 전의 명칭)의 '여객선 선령 제한 완화 조치'[11]라든가, 한국선급이나 한국해운조합과 같은 준자율적 비정부 조직Quangos으로 안전 및 위험 관리 영역이 민영화·외주화된 시스템, 나아가 구조 활동 전반이 해경이 아니라 선체 인양 전문 업체인 '언딘 마린 인더스트리'UMI에 전적으로 위임된 현상 등은 신자유주의적 통치성neoliberal governmentality의 맥락에서 '국가의 특수 법인화' 또는 '국가의 준자율적 비정부 조직화'the quango-ization of the State 현상[12]의 일반적인 단면에 해당한다. 따라서 냉정하게 보자면 "국가가 국민을 구조하지 않은 사건"으로서 세월호 참사는 "재난을 막는 데에 들어가는 사회적 비용과 그것을 복구하는 데에 들어가는 비용을 계산하여 어느 선에서 재난을 용인할 것인지를 결정하는 방식으로 위험을 관리하는 국가", 그래서 "얼마나 많은 사람이 죽을 수 있는지에 대해서는 관심을 두지 않는" 신자유주의적 국가들에서는 거의 예외 없이 나타날 수밖에 없는 사건이었다는 것이다.[13]

'국가의 특수 법인화' 과정에서 이루어진 생명·안전 영역의 전면적인 민영화는 이미 내재적으로 시장경제적 효율성이라는 기준을 지향한다.

그리고 이는 경제적 비효율성을 근거로 관료제에 기초한 국가의 행정적 관리 기능을 전면적으로 폐지하는 것으로 나타난다. 우리가 세월호 참사 과정 전반을 통해 고통스럽게 목도했듯이 공공성의 담지자로 상상되어 온 '국가의 공백'은 사실상 그러한 공공 부문의 민영화 과정의 현실적 결과라 할 수 있다. 따라서 이와 같은 국가 장치 분석은 무책임한 대통령이나 정부 당국자들이 의도적으로 국민을 죽음으로 내몰았다는 도덕적 성토와 전혀 무관한 성격을 지닌다. 그런 현상은 현 정권 이전부터 이미 오랜 시간 동안 진행되어 온 신자유주의적 국가 개혁의 산물이라 할 수 있기 때문이다. 굳이 따지자면, 민주화 이후 그간의 모든 정부가 "이것이 국가인가?"라는 질문 앞에서 자유로울 수 없다는 것이다. 따라서 적어도 민주 정부였다면 세월호 참사는 발생하지 않았으리라는 가정은 김영삼 정권부터 박근혜 정권까지, 소위 87년 이후 역대 모든 정권이 공공 부문의 민영화, 안전·위험 부문의 외주화, 고용 조건의 유연화를 정책적으로 일관해 왔다는 사실을 망각하고 있는 퇴행적 환상에 불과하다.

요컨대 "국가가 국민을 구조하지 않은 사건"으로서 세월호 참사는 국가 권력의 독점적 행사자인 주권자가 모종의 의도를 갖고 국민을 죽여 버렸다는 그런 식으로 설명될 것이 아니다. 신자유주의적 국가 개혁의 산물인 규제 완화와 공공 부문의 민영화, 안전·위험 부문의 외주화, 고용 조건의 유연화와 같은 국가 장치의 재구조화의 맥락에서 시민의 생명·안전과 관련한 권력의 작용 방식이 변화하는 양상 가운데 빚어진 사건으로 설명되어야 한다는 것이다. 그래야 비로소 우리는 진도 앞바다를 우리 모두가 처한 현실적 보편성 속에서 국가 장치의 구성적 결핍, 또는 그 근본적 무능력과 대면하는 장소로 재전유할 수 있기 때문이다.

2. 사건에서 사태로

1) '사건'의 부정과 '진영 논리'의 귀환

비록 보편성이 "구성이나 제조의 대상이 된 현실들로 이루어져 있다"[14]고 할지라도 국가는 스스로 언제나 공공성과 같은 보편적 가치를 구현한다고 자부해 왔다. 그렇기 때문에 세월호 참사의 희생자들이나 그 가족들이 국가 그 자체의 법적이고 윤리적인 가치들의 이름으로, 또는 자신들의 국민적 정체성을 수단으로 삼아 국가의 실패와 무능함에 대항해 싸우는 것을 허용해야 국가는 자신의 보편성을 입증할 수 있게 된다.[15] 따라서 국가가 내세우는 시민의 안전과 생명 보장이라는 공식적 가치와 실제 국가 권력이 작용하는 현장에서 벌어지고 있는 일들 사이의 심대한 간극 혹은 모순이 '세월호 사건'을 통해 비극적으로 드러났을 때, 희생자 가족들과 시민들이 그 모순을 문제 삼고 정의롭지 못한 헤게모니의 구조에 맞서 저항했던 것은 국가 그 자체의 보편성을 증진시키는 데 있어 가장 효과적인 전략이었다. 하지만 일시적이고 잠정적으로 국가 권력을 점유하고 있을 뿐인 현 정권의 지배자들은 세월호 사건이 드러낸 국가의 공백 상태를 회피하는 데 급급했으며, 시민들이 그러한 공백을 폭로하며 공직자로서 그 사건에 책임 있게 응답하라고 요구하는 것을 대한민국 체제에 대한 불순한 도전이라고 매도해 버렸다.

앞서 "국가가 국민을 구조하지 않은 사건"으로서 세월호 사건을 대통령 개인의 직무 유기로 한정해 해석하기 이전에 '국가 장치'가 재구조화되고 '국가 권력'의 작동 방식이 변화하는 맥락에서부터 이해해야 한다고 주장한 바 있다. 하지만 그러한 분석의 목적이 현 대통령과 정권이 세월호 사건에 대해 져야 할 책임을 면제해 주려는 데 있는 것은 결코 아니다. 국가를 대통령이나 정권과 곧장 동일시하지 않더라도, 그들이 국가 장치를 인격적으로 대표하고 있는 동시에 국가 권력의 가장 적극적인 행사자라는 사실에는 변함이 없기 때문에, 세월호 사건에 드러난 국가의 공백에 대해 그들이 지니고 있는 법률적·도덕적·정치적 책임은 어떠한 이유에서도 부정되거나 축소될 수 없다는 것이다. 대통령과 정부 당국자들이 정말 무슨 의도를 가지고 "국민을 구조하지 않은" 것은 아니라 할지라도, 그들이 수행한 재난 관리 및 구조 작업이 총체적인 실패로 귀결된 것에 대해선 어떤 식으로든 책임을 져야 마땅하다. 이에 관해서는 4·16 세월호 참사 특별조사위원회(이하 '특조위')에서 활동한 권영빈 진상 규명 소위원장이 했던 말을 인용하는 것으로 충분할 것이다.

> 세월호 진상 규명 소위원장으로서, '세월호 참사 원인에 정부가 있다'고 확언할 수는 없습니다. 그러나 정부 책임이 있건 없건, 정부는 적극적으로 협조해야 합니다. 우리 사회에 이런 참사가 재연되지 않도록 하는 것도 정부의 '책임'입니다. 정부나 여당이나 '정부의 책임'이라는 문제를 단순히 현 정권의 약점으로 국한해서 볼 문제가 아닙니다.[16]

세월호 참사를 "국가가 국민을 구조하지 않은 사건"으로 규정한다고 했을 때, 그때 '사건'이라는 말을 '국민을 구조하는 국가'라는 것이 존재하지 않음을 드러냈다는 의미에서, 즉 (공공성의 담지자로 상상되어 온) 국가의 공백이 분출되었다는 의미로 해석해 보는 것도 가능할 것이다. 세월호 사건을 국가의 공백과 연관시키는 이러한 해석은 알랭 바디우의 사건론에 그 토대를 두고 있다. 바디우에 따르면 "사건에 의해 소환되고 명명되는 것은, 사건이 바로 그것에 대하여 '사건'을 이루고 있는 그 상황의 중심적 공백이어야 한다".[17] 그에게 "사건événement이란 사건의 진리를 갖는 상황 안에서의 공백의 출현"이다.[18] 쉽게 말해서 사건이 도래하는 자리가 바로 '공백'vide이라 할 수 있다. 사건을 공백의 출현으로 인해 한 사회의 구조가 파열되는 과정으로 본다면, 국가의 공백 상태를 드러낸 세월호 참사 역시 그동안 우리를 지배해 온 국가에 대한 일체의 상상계를 파열시키고, 나아가 그러한 사회적 상상계를 토대로 구축되어 온 국가 권력의 헤게모니 구조가 붕괴한 '사건'이라 해석할 수 있을 것이다.

그런데 바디우의 사건 개념을 '세월호 사건'을 해석하는 데 참조한다고 했을 때 주의할 점이 있다. 바디우의 사건론 전반에서 사건이 갖는 위상이다. 어쩌면 바디우 사건론에서 사건은 그것 자체로는 사실상 아무것도 아니라 할 수 있다. 물론 사건이 일어나지 않으면 진리가 도래할 수 없다는 점에서, 사건은 진리의 도래에 필수적인 계기를 형성한다. 하지만 사건의 발생만으로는 진리의 도래를 충분히 설명할 수 없다는 것도 분명하다. 그래서 바디우는 모든 '새로움'이 곧 사건은 아니라고 주장한다. 사건에 대한 '충실성fidelity의 주체' 없이는 사건으로부터 그 어떤 진리도 생산될 수 없기 때문이다. 즉 사건을 통해 나타난 진리에 충실한 주체가 출현하지 않는다면, 사건이 발생했다는 것만 갖고는 아무런 의미도 끌어낼 수 없다는 얘기다. 결국 사건은 그것을 통해 드러난 진리에 충실하고자 하는 주체의 행위 속에서만 진정한 의미에서 사건일 수 있는 것이다. 이는 세월호 사건에 관한 논의에도 그대로 적용될 수 있는 문제이다. 세월호 사건이 드러낸 (국가의 공백이라는) 진리에 대해 국가 권력자들은 과연 어떻게 응답했던가? 그들은 이 사건에 충실한 주체가 되었던가? 질문을 던지는 것조차 민망할 만큼 현 정권이 세월호 참사 이후 보여 준 행보는 사건에 충실한 주체의 모습과 거리가 멀었다. 그들은 결코 '국가의 공백'의 관점, 즉 '세월호 사건'의 관점에서 참사 이후의 상황을 마주하지 않았다. 세월호 사건을 통해 도래한, 국가에 관한 새로운 진리에 자신들을 연루시키지 않았던 것이다. 그들은 세월호 유가족이나 세월호 추모 집회에 참가한 시민들과 달리 '세월호 사건' 속에서 결코 주체가 되지 못했다.

대통령은 '세월호 참사 대국민 담화'를 통해 국가의 구조 업무는 사실상 실패였다며 세월호 참사가 '국가가 국민을 구조하지 않은 사건'임을 인정하는 태도를 보여 주었다. 비록 사건이 발생한 지 한 달이 지나서였지만, 사고에 제대로 대처하지 못한 책임이 자신에게 있음을 인정하고 철저한 진상 규명과 재발 방지를 위해 대대적인 국가 개혁을 약속하기도 했다. 마치 이 사건에 충실하게 응답하고자 하는 주체의 모습을 보여 줄 것만 같았다. 하지만 이후 6·4 지방선거에서 여당이 승리하자 박근혜 정권은 세월호 사건에 대한 자신의 책임을 국민들로부터 완벽하게 면제받았다고 확신했다. 혹시라도 특별법이 제정되어 대통령까지 조사 대상이 된다면, 선거를 통해 받은 면책이 무위로 돌아갈 상황이었다.[19] 그리하여 수사권과 기소권 보장을 골자로 하는 유가족의 '세월호 특별법' 제정 요구를 철저하게 외면한 것도 모자라 특별법 제정을 촉구하는 모든 집회·시위에 강경 진압으로 일관했다. 결정적으로는 특조위의 활동을 끊임없이 방해했고, 급기야는 특조위가 제출한 조직안 및 예산안을 대폭 축소함으로써 사실상 특조위의 활동을 무력화시켜 버렸다. 그것이 정말 특조위가 대통령을 포함한 청와대 등의 참사 대응 관련 업무 적절성에 대한 조사를 개시하기로 의결했기 때문인지는 알 수 없지만, 전반적으로 정부가 특조위를 적극적으로 지원하지 않았던 것은 명백한 사실이다. 청와대와 정부 당국자들이 세월호 사건에 충실하게 응답하는 주체의 모습을 보여 주었다고 인정하기는 어려운 것이다.

문제는 정권이 세월호 사건에 충실하게 응답하기를, 즉 책임 있는 주체가 되기를 거부했다는 사실에서 끝나지 않았다. 그들은 그마저도 '사고로서의 세월호' 프레임을 고수하기보다는 아예 전혀 다른 프레임으로 국면을 전환시켜 버렸기 때문이다. 그들은 사고에서 사건으로 세월호 참사 해석의 프레임을 간신히 바꾸는 데 성공했던 유가족과 시민들에게 예상치도 못한 반격을 선사했다. 놀랍게도 박민규는 불안한 어조로 '사고'가 '사건'에 의해 무력화되었을 때 저들이 꺼내 들 새로운 프레임을 이미 정확히 예측하고 있었다.

> 아마도 다음 프레임은 세월호가 경제의 발목을 잡는다, 또 이어질 프레임은 세월호 유가족 속에 불순 선동 세력이 있다, 그리고 결국 당신들의 비장의 무기 당신들의 오류~켄 종북으로 몰아갈까 나는 두렵다.[20]

안타깝게도 그의 예측은 한 치도 빗나가지 않았다. 정권의 대응 방식은 이중적이었다. 첫째, 세월호 참사가 국가의 무능함과 공백으로 인해 발생한 '사건'이라는 점을 일단 받아들이되, 그 '사건'에 대해 대통령과 정권이 져야 할 법적·정치적·도덕적 책임은 일체 부정하는 것. 둘째, 대통령이 책임을 져야 할 일도 아닌데 대통령에게 책임을 계속 묻는 이들이 있다면, 그들은 모종의 의도를 가지고 국가를 비판하는 불순한 세력이라는 것. 그리하여 정권의 편은 국가의 편이고, 정권의 적은 곧 국가의 적이라는 진영 논리 안으로 세월호 참사를 가두는 데 성공한다. 정권이 세월호 사건에 대한 주체적 책임을 부인한다는 것은 결국 본인들에게 계속해서 '세월호 사건'이 생산한 진리에 대한 '충실성'을 요구하는 유가족과 시민들을 자신들의 적이자 국가의 적으로 돌려세운다는 것을 의미했다. 바로 그것이 '사건'의 프레임에 새롭게 맞서고자 저들이 '사고'의 프레임을 대신해 내놓은 새로운 프레임이었다. '세월호 사건'에 대한 응답 방식의 차이를 정쟁政爭적 사안으로 치환해 버린 이 프레임은 '세월호'가 정치적 기표로 작동하는 곳에서는 어김없이 그 존재를 드러내 왔다는 점에서, 세월호 참사를 둘러싼 해석의 프레임이 '이데올로기적 프레임'으로 재생산되는 양상을 그대로 보여 준다.

세월호 유가족들이 처음에는 '불순 세력'으로 의심받고, 이후에는 거액 보상금과 각종 특혜(대학 특례 입학이나 의사자 지정)를 요구하는 '세금 도둑'으로 몰렸다가, 끝내는 광의의 '종북 세력'으로 낙인찍히게 되는 이 모든 과정을 포괄하는 해석의 프레임을 '사태로서의 세월호' 프레임이라 명명하고자 한다. 이 프레임이 강화되면서 세월호가 사고인가 사건인가는 더 이상 중요한 문제가 아니게 되었다. 이제는 누가 정권의 편이고 누가 정권의 적인가를 가리는 것만이 중요해졌다. 정권이 사건으로서의 세월호에 대한 자신의 책임을 인정하지 않는 태도를 취했기에 세월호 유가족은 당연히 그러한 정권에 정면으로 저항하는 길을 갈 수밖에 없었다. 그리고 정부를 향한 그런 가족들의 외로운 투쟁에 시민들이 결합하게 되는 것은 자명한 일이었다. 바야흐로 '애도의 정치화'가 본격화된 것이다. 그러나 돌이켜 보건대, 이러한 '정쟁 국면'으로의 전환은 애초부터 정권이

유도한 측면이 강했다. 가령 참사가 발생한 지 한 달이 채 못 되었던 2014년 5월 9일 새벽, 세월호 사건을 교통사고와 비교했던 KBS 보도국장의 막말에 대한 사과를 요구하는 KBS 사장과의 면담이 성사되지 않자 유가족은 다시 한 번 청와대를 향해 행진을 시도한다. 그러나 유가족의 행진은 새벽 4시 청운효자동 주민센터 앞에서 경찰에 의해 저지당했고, 정오가 될 때까지도 대치 상태가 이어졌다.[21]

그런데 그날 오전 청와대 대변인은 브리핑 중에 이 상황에 관해 매우 충격적인 논평을 내놓는다. 그는 "지금 청와대 진입로에 유가족분들이 와 계시는데, 순수 유가족분들 요청을 듣는 일이라면 누군가가 나가서 그 말씀을 들어야 한다고 입장이 정리됐다"고 말했다. "순수 유가족이 무슨 뜻이냐?"는 기자들의 질문에 "유가족이 아닌 분들은 [청와대가 말씀을 듣는] 대상이 되기 힘들지 않겠느냐는 말"이라며, "실종자 가족들이야 진도 팽목항에 계실 테니까 여기 계실 가능성이 적을 테고"라고 덧붙였다.[22] 그의 발언은 청와대 앞에서 농성 중인 이들이 유가족이 아닐 수도 있다는, 또는 유가족이 있다 하더라도 거기엔 유가족 아닌 '불순분자' 또는 '전문 시위꾼'이 유가족 속에 섞여서 정치적인 선동을 하고 있다는 청와대의 인식을 명확히 드러낸 것이었다. '순수 유가족'에서 '순수'라는 단어의 진의야 정확히 알 수 없지만, 적어도 청와대가 유가족에게 상상하고 기대하고 있는 이미지가 불순한 시위꾼에게 선동당하지 않은 순수한 사람들, 즉 정권이 허용할 수 있는 범위 안에서만 슬퍼하고 분노하는 '비非정치적인' 사람들이라는 것만은 분명해 보인다.

'대변인'의 발언은 역시 대통령의 입장을 말 그대로 '대변'代辯한 것에 불과했다. 밤을 새워 가며 면담을 요구했던 유가족을 청와대 앞에 그대로 세워 놓고 대통령은 그날 열린 긴급민생대책회의에서 "세월호 사고 여파로 소비 심리 위축 조짐이 나타나고 있다"면서 마치 자신과의 면담을 요청하고 있는 가족들을 겨냥한 듯 "사회 불안이나 분열을 야기하는 언행들은 국민경제에 전혀 도움이 안 된다"고 말한다.[23] 세월호 참사 이후 사회 전반에서 정부에 대한 비판이 나날이 높아져 가고 있는 것에 대해, '유언비어'와 '정치적 선동'이 모든 국민을 불안에 떨게 만들어 소비 심리 위축과 경기 악화로 이어질 수 있으니 경제를 위해 '유가족과 시민은 가만히 있으라'는 뜻으로 해석될 수 있다. 물론 그런 발언은 정부의 위기관리 능력이 부재함으로 인해 초래된 경제 불안의 책임을 유가족과 시민에게 떠넘기고 있는 것에 불과했다. 이처럼 '국가가 국민을 구조하지 않은 사건'에 대해 응당 져야 할 책임을 부인함으로써 희생자 유가족과 시민의 저항을 촉발시킨 장본인이었던 정권은 시민들의 저항이 거세지자 마치 기다렸듯이 '노란 리본'의 정치적 불순함을 거론했다.

대통령과 정부가 유가족을 적대하는 태도를 노골적으로 드러내기 시작하자, 희생자 가족들은 정부를 향해 분노하며 정부 수반인 대통령에게 공식적으로 책임을 요구했다. 그러자 이에 대해, 그리고 유가족들의 범위를 넘어 시민사회적 차원에서 정권 퇴진 운동으로 이어지는 것에 대해 여당과 보수 언론은 청와대나 정부 당국보다 훨씬 더 강경한 태도로 유가족과 시민들을 비난했다. 곧이어 유가족과 시민들을 불순한 정치 세력으로 몰아가는 다종다양한 우익 세력이 등장하게 되면서 마침내 세월호 참사를 둘러싼 해석의 프레임은 진영 구도하에서의 정치적 갈등 사태로 완벽하게 전환되었다. 사고의 진실 규명과 사건의 책임 인정에 관한 문제 제기는 모두 사라지고 '진영 논리'만이 득세하기 시작한 것이다. 급기야는 세월호 추모를 상징하는 '노란 리본'을 부착했는가 안 했는가를 가지고 그 사람이 속한 '진영' 혹은 정치적 입장이 가늠되는 희비극적인 상황까지 빚어졌다.

> 침몰과 구출 과정에서 실종되었던 국가는 진실 규명과 책임 논란 국면에서 진영 구도와 담론에 힘입어 다시 등장했다. 국가의 일반적·포괄적 책임 담론을 넘어 논의 구조가 '진보냐 보수냐', '보수 정부 박근혜 정부가 위기다', '대통령이 비판받는다'라고 전변되자, 초기의 국가 실패 국면은 곧바로 '보수 결집-박근혜 지지-정부 보호-국가 부활과 진보 공격-유족 공격' 구도로 전변되었다. 진실 규명을 차단하고 국가 책임을 면탈해 줄 담론 전환의 고리는 분명했다. 진영 구도였다.[24]

오늘날 한국 사회에서 '진영 논리'는 구체적이고 특수한 인물이나 사안, 주장에 대한 판단이 요구될 때, 판단의 대상이 어떤 진영에 속해 있는가 또는 그 주장이 어떤 진영에서 비롯된 것인가를 유일한 기준으로 삼아 평가하고 결론을 내리는 사고방식으로 이해되고 있다. 이미 머릿속에 '내 편'과 '네 편'을 갈라놓고 문제가 되는 대상이 어느 편에 속해 있는가 혹은 어느 편에서 나온 이야기인가에 따라 판단이 그때그때 달라지는 지극히 비논리적인 사고방식인 것이다. 현실의 복잡한 모순과 역설에 관한 성찰적 사유가 들어설 여지가 없기 때문이다. 진영 논리는 여야 또는 보수와 진보를 가리지 않고 편만하게 퍼져 있는 한국 사회의 고질적인 병폐로 자주 지적되고는 한다. 물론 그런 지적에도 일리는 있다. 하지만 '세월호 사태' 국면에서 드러난 일련의 장면들을 단순한 '진영 논리'의 반복으로만 규정하기는 어려울 듯하다. '사태로서의 세월호' 프레임 속에서 '진영 논리'는 결국 '종북 몰이'라는 극단적 폭력의 형태로 그 실체를 드러내고 있기 때문이다.

2) '종북 몰이'와 '폭식 투쟁'

'사태로서의 세월호' 프레임이 '사건으로서의 세월호' 프레임만큼이나 세월호 참사의 전체 프레임을 구성하는 데 있어서 중요한 의미를 갖는 것은 단순히 진영 논리를 반복했기 때문이 아니다. 한국 사회에서 진영 논리는 확실히 여야가 일정하게 공유하고 있는 것이기는 하지만, 우파에게 그것은 언제나 '종북 몰이'로 귀결된다는 점에서 야당이나 진보 진영의 일각에서도 나타나는 일반적인 진영 논리와는 결이 완전히 다르다는 점을 유념해야 한다. 청와대와 정부 여당이 생산하고 보수 언론이 중개해 극우 커뮤니티들이 열렬히 소비해 온 '종북'從北이라는 기표는 통합진보당과 같은 특정한 정파에만 적용되는 것이 아니다. "이질적이고 다양한 현안과 대상이 종북주의라는 하나의 틀에 묶이게 되는 결정적 이유는 그것들이 우익 보수 세력의 견해에 어긋난다는 단 하나의 사실에 있다."[25] 그들은 김대중·노무현 두 전직 대통령을 포함해 자신들에게 반하는 모든 정파와 단체, 개인을 '종북'으로 규정해 왔다. 심지어는 2012년 대선 당시엔 여당 후보를 지지하지 않는 유권자 49% 전체를 종북으로 지칭할 정도였다. 따라서 우파에게 있어서만큼은 '진영 논리'와 '종북 몰이'가 사실상 구별 불가능한 것이다. 그런 점에서 엄밀히 말하자면 오늘날 한국 사회에 우파나 보수는 거의 존재하지 않는다고 봐야 한다. 보수를 자칭하는 이들이 갖고 있는 진영 논리의 실체가 '종북 몰이'라면 그들은 더 이상 우파가 아니라

'극우'라 불러야 하기 때문이다.

'종북'으로 몰린 당사자가 북한에 대해 실제로 어떤 입장을 갖고 있는가는 극우 세력에게 중요치 않다. 그들에게는 현 정권과 국가가 전적으로 동일시되기 때문에, 정권에 대한 반대는 국가 그 자체에 대한 반대가 되고, 결국에는 북한을 이롭게 하고 북한을 추종하는 것이 된다. 극우 세력들의 종북 몰이가 "자의적인 논리와 가치들로 접목되어 있으며, 객관적인 진실이나 균형적인 관점과는 거리가 멀 수 있다"[26]는 점이 수없이 지적되었지만, 정작 본인들에게는 그런 비판이 전혀 통하지 않고 있다. 어차피 누군가를 '종북'으로 규정할 때 발생하는 정치적 이득, 또는 모든 정치적 갈등 현안을 종북 논란으로 치환했을 때 얻는 정치적 효과가 중요하지 당사자가 정말로 북한을 추종하는지 안 하는지는 그들에게도 부차적인 사안이기 때문이다. 이렇듯 오늘날 한국 사회의 구조적 변혁을 가로막는 치명적인 해악이 되는 우파적 '진영 논리'의 종별성specificity은 그것이 기존의 '색깔론'이나 '반공주의'를 '종북 몰이'로 업그레이드한 점에 있음을 명시해야 한다.[27]

다시 한 번 강조하지만, 문제는 이 끔찍한 극우적 '종북 몰이'가 끝내는 '사태로서의 세월호' 프레임 속에서 형상화되었다는 사실에 있다. '세월호 사태' 국면에서 우파들의 '진영 논리'가 극우적 '종북 몰이'로 그 실체를 드러내는 과정을 복기해 보자. 이미 참사 발생 직후부터 세월호 참사와 관련해 정부의 무능을 비판하는 여론을 국가 안보를 해치는 종북 좌파의 선동이라고 규정하는 목소리가 나타났다.[28] 하지만 이러한 '종북 몰이'가 '세월호 사태' 프레임의 핵심으로 부상한 것은 특별법 제정을 위한 유가족들의 단식 투쟁이 시작되고, 정부에 대한 비판의 목소리가 담긴 세월호 추모 집회가 전국적으로 확대되면서부터였다. 진실 규명과 '세월호 특별법' 제정에 관한 유가족의 요구가 번번이 좌절되는 것에 분노한 시민들이 "가만히 있지 않겠습니다!"라고 외치면서 '노란 리본'을 달고 촛불 집회를 처음 개최했을 때만 해도 여당 일각이나 우익 진영에서는 불순한 좌파 세력이 순진한 유가족을 선동하는 것이라고 주장했다. 그러나 곧이어 유가족이 직접 청와대 행진을 시도하고, 촛불 집회에도 적극적으로 동참하고 있는 것으로 알려지자, 이들은 아예 희생자들에 대한 애도마저도 철회하고 유가족과 시민들을 모두 싸잡아서 '종북 세력'이라고 모함하는 극단적인 언사를 내뱉기 시작한다. 유가족에 대한 혐오 발화가 공론화된 것은 '현실로 걸어 나온 일베'라고 할 수 있을 김호월이라는 인물 덕분이었다. 한 대학의 겸임 교수로 재직 중이던 그는 유가족의 청와대 행진에 대해서 "대통령이 세월호 주인인가? 왜 유족은 청와대에 가서 시위를 하나? 유가족이 무슨 벼슬 딴 것처럼 쌩난리를 친다. 이래서 미개인이라는 욕을 먹는 거다"라는 글을 SNS에 게재했다.[29] SNS에서는 물론이고 언론과 방송으로, 급기야는 재직 중이던 학교로까지 파문이 확산되자 그는 글을 자진 삭제하고 유가족에게 사과의 뜻을 전했다. 하지만 이후 특별법 제정 운동이 확대되고 유가족의 저항이 격렬해지자 이내 사과를 번복하고 작심이라도 한 듯이 전보다 훨씬 더 과감하게 세월호에 관한 혐오 발화를 연일 쏟아냈다.

사실 김호월의 경우 대학 교수라는 사회적 지위로 인해 그의 발언이 유난히 주목받았던 것일 뿐, 세월호에 관한 종북 몰이는 이미 그 전부터 극우 커뮤니티들에서는 흔히 목격되는 현상이었다. 가령 대표적인 극우 사이트 가운데 하나인 '수컷닷컴'에는 "역시 미개 지역이라. 천안함과 다른 사고 피해자들은 가만히 있는데 저것들은 왜 지랄인지" 같은 식으로 천안함 유가족과 세월호 유가족을 대조하며 유가족의 정치성을 폄훼하는 일이 반복되고 있었다. 또한 '박사모'(박근혜를 사랑하는 모임)에서는 "유가족이라고 무조건 선은 아니다"라는 제목의 글이 올라오기도 했고, 여기에 "아들딸의 죽음마저 정치적 목적을 위해 이용하는 비열한 유가족이라면 더 이상 배려와 보호의 대상이 될 수 없다"는 댓글이 달리곤 했다. 며칠 뒤에 올라온 게시물에서는 "안산에 전라도 사람이 40%나 거주한다. 유가족 분포도 그렇다. 그러니 유가족 대표를 좌빨로 세운 것"이라는 주장이 등장했고, 이에 호응해 "좌빨들은 국가 재난과 죽음조차 선동에 이용하는 악질"이라는 식의 댓글들이 난무했다. 아니나 다를까 며칠 뒤에는 세월호 추모 집회에 참가한 시위대의 사진을 올려놓고 "저것들은 전쟁 나면 노란 완장 차고 죽창 들고 돌아다닐 종북 좌파 빨갱이다", "저것들이 없어져야 이 나라는 선진국에 진입한다" 같은 비난의 댓글들이 쇄도했다.[30] 그러나 아직까지는 주로 극우 커뮤니티 내부에서의 온라인 상호작용을 통해 혐오 발화가 이루어지는 수준이었을 뿐, 세월호 유가족과의 대면적 상호작용을 통한 직접적이고 공개적인 차원의 폭력 행위로까지 나아간 것은 아니었다.

한편 7월이 되어서도 실종자 수색에 진척이 없고, 특별법 제정은 점점 요원해져만 가자, '세월호 참사 희생자·실종자·생존자 가족대책위원회'[31]는 7월 14일 국회 앞에서 기자회견을 열어 "국회와 대통령은 가족대책위원회가 원하는 특별법을 제정하라"고 촉구했다. 그리고 국회와 광화문 광장에서 무기한 단식 투쟁에 돌입하게 된다. 그리하여 이제 광화문 광장은 극우 세력과 유가족 간의 대면적 상호작용이 폭력적으로 이루어지는 갈등의 장소로 변모한다. 유가족의 단식 투쟁은 그동안 주로 보수 언론과 극우 사이트를 중심으로 이루어져 온 담론적 형태의 세월호 종북 몰이를 오프라인 현실의 집단 행동으로 끌어내는 결정적 계기가 되었다. 유가족의 단식 투쟁이 4일차로 접어들던 7월 17일, '어버이연합' 회원들은 광화문 KT 사옥 앞에서 '세월호 특별법' 제정을 반대하는 기자회견을 연 뒤 곧바로 단식 농성장으로 몰려와 "세월호 참사는 거짓 폭력"이라고 주장하며 유가족을 향해 고함을 지르거나 특별법 제정 촉구를 위한 서명을 받던 책상을 넘어뜨리며 난동을 부렸다.[32] 공식적으로 유가족과 극우 세력이 대면적 만남을 통해 직접적으로 충돌한 최초의 사건이었다.

충격이 채 가시기도 전에 바로 다음 날인 18일, 이번에는 또 다른 극우 단체인 '엄마부대봉사단'이 농성장을 찾아왔다. 이들은 아예 처음부터 단식 농성장 바로 맞은편에서 '세월호 특별법 제정 반대' 집회를 열고 유가족을 정면으로 응시하면서 "유가족들 너무 심한 것 아닙니까 의사자라니요", "나라를 위해 목숨을 바친 것도 아닌데 이해할 수 없네요" 등의 문구가 적힌 팻말을 들고 시위를 벌였다. 유가족은 즉각적으로 철수를 요구했지만 엄마부대봉사단의 한 단원은 "집회를 막으면 사진을 찍어 다 고발하겠다"고 하면서 오히려 웃는 얼굴로 자랑스럽게 '셀카'를 찍어 댔다고 한다.[33] 마치 사전에 합의된 대로 임무 교대라도 하듯이, 사흘 후인 7월 21일에는 어버이연합 회원들이 농성장을 찾아와 또다시 난동을 부리다 경찰에 연행되는 일이 벌어졌다.[34] 이후로 한동안 잠잠하던 그들이 다시 광화문 광장에 나타난 것은 유민 아빠 김영오 씨의 단식 투쟁이 장기화됨으로써 '세월호 특별법'이 전 국민적 이슈가 되면서였다. 당시 광화문 광장에는 단식을 이어 가는 유가족, 국민단식단, 천주교사제단이 머물고 있었다. 어버이연합을 주축으로 한 이른바 '애국 단체'들은 8월 25일 기자회견을 열고 자신들도 김영오 씨에게 진실(?)을 촉구하는 의미에서 단식 릴레이에 들어가겠다고 밝혔다. 물론 곧이어 몰래 치킨을 뜯어먹는 퍼포먼스를 벌임으로써 유가족의 단식 투쟁을 진정성이 없는 것으로 희화화했지만. 그 후로도 며칠 동안 이들은 유가족 주변에 모여 단식 릴레이를 빙자한 '짜장면 몰래 먹기' 같은 퍼포먼스를 벌이면서 유가족을 마음껏 조롱했다.[35]

어버이연합의 조롱 퍼포먼스를 대규모의 집단행동으로 발전시킨 것은 그 아들 격인 '일베'(일간베스트저장소) 회원들이었다. 일베 회원들은 단식 투쟁을 하던 유가족들 앞에서 2014년 8월 31일부터 9월 7일까지 일명 '(생명 존중) 폭식 투쟁'을 이어 갔는데, 그 중에서도 절정은 무려 500여 명 가량이 단식 농성장 부근에 모여들었던 9월 6일이었다. 일베는 유가족과 멀찍이 떨어져 짜장면이나 시켜 먹던 어버이연합보다 훨씬 더 유가족에게 가까이 다가갔다. 유가족과 얼굴을 직접 마주하고 그들에게 말을 걸며 그들을 조롱하는 과감함을 보여 준 것이다. 이들은 유가족 앞에서 보란 듯이 피자 100판과 맥주, 치킨, 육개장, 라면, 김밥 등을 나누어 먹었고 노래를 부르며 춤도 춰 댔다. 또한 "유가족들이 초코바를 먹으면서 단식을 했다"며 시민들에게 초코바를 나누어 주기도 했다.[36] 지금도 일베에서는 이날의 사건을 '광화문 대첩', '9·6 대첩', '광화문 9·6 대첩' 등으로 부르며 기념하고 있는 반면에, 유가족은 도저히 씻을 수 없는 모욕감을 느낀 악몽 같은 날로 기억하고 있다. 사회적으로도 파장이 커져서 이 사건을 계기로 일베 회원들의 사고 체계에 관한 진지한 분석들이 제출되기 시작했고, 과거에 수행된 분석들이 활발히 재조명되기도 했다. 당시 보수 언론에서조차 어버이연합과 일베가 벌인 일련의 행동이 그전부터 진행되어 온 야당과 진보 단체들의 동조 단식에 대한 맞불 작전의 성격을 띠고 있는 것으로 보고 세월호 참사가 보수 단체와 진보 단체의 대결 양상으로 치닫고 있음을 개탄할 정도였다.[37]

그러나 일베의 폭식 투쟁을 '보수와 진보의 정치적 갈등 구도'가 전면화된 사건으로만 해석하는 것은 그들이 보여 준 폭력성과 잔혹성의 정치적·사회적 의미를 축소할 위험이 있다. 일베의 폭식 투쟁은 세월호 참사가 진영 논리에 의해 작동하는 정치적 갈등 사태로만 규정될 수 없음을 보여 준 중대한 사건이기 때문이다. 2014년 9월 29일자 『시사IN』의 특집 기사는 일베 이용자들이 어떠한 논리 구조를 통해 자신들의 행동을 정당화하는지를 명쾌하게 제시함으로써, 일베적 사고 체계의 실체를 알리는 데 많은 공헌을 한 것으로 평가받았다.[38] 이 기사에 따르면, 일베의 폭식 투쟁은 그들이 일관되게 견지해 온 '무임승차자 혐오 코드'의 연장선상에서 이해되어야 한다. 그들이 공유하는 사고 체계 안에는 호남(일베의 표현으로는 '홍어')과 여성(일베의 표현으로는 '김치년'), 그리고 진보 좌파(일베의 표현으로는 '종북 좌빨')에 대한 강한 혐오가 존재한다. 일베의 관점에서 이 세 집단의 공통점은 '권리와 의무의 불일치'이다. 이들은 모두 대한민국에 대해 자신이 지닌 의무는 다하지 않고 권리만 과도하게 요구하는 '무임승차자'이자 떼를 써서 과도한 보상을 받아 낸 덕분에 온갖 특혜를 누리고 있는 특권층이다. 반면에 병역과 납세의 의무를 성실하게 이행하고 체제의 질서에 착실하게 순종했던 평범한 '애국 시민'들은 그들로부터 부당하게 권리를 빼앗겨 버린 억울한 희생자이다. 그런 관점에서 보자면, 폭식 투쟁은 호남, 여성, 진보 좌파와 다를 바 없는 특권층 혹은 무임승차자인 세월호 유가족을 징벌해 애국 시민의 빼앗긴 권리를 되찾아야 한다는 생각에서 비롯된 것이라 할 수 있다.

하지만 그동안 음성적이고 개별적인 '인증 놀이' 수준에 그쳤던 일베 회원들의 행동이 거대한 규모의 집단 행동으로 발전한 것은 단순히 시민사회 내부의 이기적인 무임승차자들에 대한 시민적 적대감 때문이라 설명하기는 어렵다고 본다. 아직 유가족이 구체적으로 받은 특혜도 없고 누리고 있는 특권이랄 것도 없는 상황에서, 그것도 불과 몇 달 전에 억울하게 자식을 잃은 것에 분노해 진실 규명을 위한 특별법 제정을 촉구하고 있을 뿐인 평범한 이웃들을 상대로 이토록 폭력적이고 모욕적인 행동을 조직적으로 감행할 수 있었던 데는 보다 적극적인 차원의 이데올로기적 신념과 도덕적 자신감이 내재해 있었다고 보아야 한다. 마음에 조금이라도 남아 있던 양심의 거리낌을 제거할 수 있는 결정적 동인, 잘못은커녕 애국적인 행동을 했을 뿐이라는 그들의 확신은 결국 5월부터 진행되어 온 세월호 유가족에 대한 전방위적인 '종북 몰이'에 연원을 둔 것이었다.[39] 일베 회원들은 애초부터 '종북 몰이'를 목표로 했고, 실제로 그런 방향으로 나아간 정권 주도의 세월호 정쟁 구도 안에서 세월호 유가족이란 얼마든지 모욕하고 혐오해도 되는 존재라는 인식을 신념화할 수 있었다. 그런 내면화된 신념에 기초해 마침내 폭식 투쟁이라는 전대미문의 집단적 폭력 행동까지 감행할 수 있었던 것이다. 따라서 일베를 비롯한 극우 세력에게 '종북 세력' 혹은 '좌빨'로 불리는 이들이 정확히 어떤 존재로 표상되고 있는가를 먼저 파악해야만 저 잔혹한 폭식 투쟁에 담긴 의미 역시 제대로 이해할 수 있게 된다.

3. 사태에서 사화로: '전쟁 정치'와 사회의 파괴

'종북'從北은 문자 그대로 남한 사회 안에서 북한을 추종하는 사람을 지칭하는 용어이다. 대한민국 정부가 공식적으로 북한을 "동북아시아의 한반도와 그 부속 도서 중 휴전선 이북 지역을 무력 점거한 반국가 단체"로 규정하고 있으며, 『국방백서』에서도 '북한 정권과 북한군은 우리의 적'이라고 명시하고 있는 상황에서 누구라도 북한을 추종하는 것으로 판명되면 그는 대한민국의 타자, 즉 대한민국에서 시민 혹은 국민으로서의 성원권을 박탈당해도 무방한 존재로 선언된다. 전쟁의 논리가 정치의 논리에도 그대로 적용되고 있는 것이다. 전쟁 중에는 적에게 시민권은커녕 인권조차도 보장하지 않는 일이 일반적이듯이, 종북 세력에게도 시민권의 박탈은 곧 인권의 박탈로 이어진다. 에티엔 발리바르는 시민권의 배제란 인간성 또는 인간 규범 바깥으로의 배제로 해석될 수밖에 없다고 지적한 바 있다. 인간 존재로 인정받기 위한 조건들과 시민적 참여를 위한 조건들의 잠재적 동일성, 즉 인권의 주체가 될 수 있는 조건과 시민권의 주체가 될 수 있는 조건은 사실상 동일하기 때문에, 시민으로서 대표되지 않는 한 인간으로서도 옹호될 수 없게 된다는 것이다. 따라서 시민권을 상실한 주체는 유적類的으로 '결격' 인간 또는 '열등' 인간으로 간주된다.[40]

폭식 투쟁에 나선 일베 회원들 역시 인간 이하의 인간인 '세월호 종북 세력'은 대한민국 내에서 '애국 시민'에게만 허용되는 인간의 일반적인 권리와 인간적인 대우를 누릴 수 없다고 믿었다. 그들이 유가족 앞에 얼굴을 들이밀고 그토록 모욕적인 조롱을 일삼았을 때 그들의 눈에 비친 유가족은 더 이상 동료 시민도, 나아가 인권을 가진 인간도 아니었던 것이다. 바로 여기서 '종북'이라는 기표가 민주주의에 대해 갖는 근본적인 '위험' 요소가 드러난다. '종북' 기표를 통해 극우 세력들은 자신과 정치적으로 다른 목소리를 내는 '타자'에 대한 폭력을 손쉽게 정당화한다.[41] 그들에게는 시민권도 인권도 주어질 필요가 없다고 보는 것이다. 비록 국가가 노골적으로 세월호 유가족과 시위대를 종북이라 선언한 것은 아니었지만, 그들을 진영 논리하에서 정권에 반하는 적대 세력으로 몰아갔던 것은 분명하다. 이러한 정권 차원의 적극적인 진영 논리 활용은 극우 세력과 보수 언론으로 하여금 세월호 유가족을 대한민국 체제에 도전하는 광의의 종북 세력으로 규정할 수 있도록 빌미를 제공했다. 세월호 참사의 유가족을 극우 세력의 극단적 폭력에 노출된 '국민적 소수자'로 생산한 것은 다름 아닌 국가였던 것이다. 국가의 법적·정치적 개입이 없었다면, 그들은 그저 재난의 희생자이자 사회적 고통의 담지자로서 잠재적인 소수자 신분에 머물러 있었을 것이다. 하지만 국가가 그들을 법적으로 분류하고 통제하는 순간 그들은 현실적으로 소수자가 되었다. 여야가 추진했던 '의사자 지정'이나 '특례 입학'과 같이 특혜 시비를 유발하는 정책, 단원고 학생 및 교사 유가족과 일반인 유가족 사이의 갈등을 불러온 정부의 차별적인 지원 체계, 그리고 희생된 교사 가운데 기간제 교사를 '계약직 근로자'라는 이유로 '순직' 대상에서 제외시킨 국가의 결정 등이 세월호 유가족을 소수자로 만들어 가는 법적 차원의 분류 및 통제 장치의 구체적인 예라고 할 수 있을 것이다.

더욱이 세월호 유가족에 대한 담론적 차원의 종북 몰이가 극우 커뮤니티들과 보수 언론을 통해 자행되고 있을 때, 국가는 어떠한 제재 조치도 하지 않고 방관함으로써, 사실상 그들의 종북 몰이를 암묵적으로 승인

했다. 이러한 상황에서 일베와 같이 현 정권을 국가 그 자체와 동일시하는 이들에게 정권을 비판하는 세력은 실제로 북한을 추종하든 않든 간에 대한민국의 안전과 안보에 위협이 되는 존재이므로 마땅히 대한민국으로부터 추방되어야 할 적으로 간주된다. 일베 연구자 김학준의 지적처럼 "한국 사회의 '돌연변이'이거나 '일탈자'이기는커녕 가장 성공적으로 체제가 작동했을 때 산출되는 주체"[42]라고 할 수 있을 일베 회원들은 자신의 투쟁이 국가를 지키기 위한 내부의 적들과의 전쟁이라고 확신했기 때문에 일말의 죄책감도 느끼지 않았던 것이다. 9월 6일의 폭식 투쟁을 '광화문 대첩'과 같은 전쟁의 은유로 표현하고 있는 데서도 드러나듯이, 일베 회원들은 자신이 국가를 대표해 대한민국 내부의 적들을 처단하는 '전쟁'을 수행했고 거기서 승리했다고 믿고 있을 뿐이다.

사고냐 사건이냐 하는 세월호를 둘러싼 프레임 논쟁이 교착 상태에 빠졌을 때, "진영 논리에 따라 국가의 무능과 책임을 호도·회피·면책하려는 이념적 시도"[43]가 나타났고, 이는 국가에 맞서는 유가족과 시위대를 향한 무차별적인 '종북 몰이'로 확대되었으며, 끝내는 '폭식 투쟁'과 같은 대규모의 집단적 폭력 행동으로 귀결되었다. 이 모든 과정을 유도한 것은 정권이었고 분위기를 조성한 것은 보수 언론이었으며 실행에 옮긴 것은 일부 극우 세력이었다. 하지만 그런 구체적인 정황은 모두 망각되고 결국 대중의 기억 속에 세월호 참사는 보수와 진보 간의 정치적 갈등 사태로만 남게 되었다. 누가 그런 사태를 촉발했고, 그러한 갈등 사태 속에서 누가 가해자이고 누가 피해자인지 제대로 묻지도 따지지도 않은 채, 유가족의 단식 투쟁과 일베 회원의 폭식 투쟁은 보수와 진보 둘 다 똑같이 순수성을 잃고 세월호를 정쟁에 이용하려는 시도로 치부되고 만 것이다. 그렇게 해서 '사태로서의 세월호' 프레임이 사고의 프레임과 사건의 프레임을 모두 대체하고, 지금까지도 세월호 참사를 해석하는 데 있어 지배적 프레임으로 대중의 사고 체계 속에 굳건히 자리 잡고 있다.

'사태로서의 세월호' 프레임은 보수와 진보, 우파와 좌파가 공유하는 진영 논리와 그에 따른 정쟁 구도를 핵심으로 한다. 그렇기 때문에 우파적 진영 논리도 사태로서의 세월호 프레임 안에서 일단은 설명될 수 있었다. 하지만 앞서 살펴봤듯이, 우파들의 진영 논리는 자신과 다른 정치적 입장을 가진 이들을 사회 내의 경쟁자로 인정하는 것이 아니라 사회 바깥으로 추방해야 할 적으로 간주하는 극단적 폭력의 '종북 몰이'를 실체로 하고 있다. 그들의 종북 몰이가 끝내 폭식 투쟁과 같은 '전쟁 정치'의 형태로 현실화되었다는 점에서 그것은 사태로서의 세월호 프레임을 벗어나 다른 장면을 형상화한다. 그 장면을 포착하기 위해서는 사태로서의 세월호 프레임이 아닌 다른 프레임이 필요하다. 정치의 작동과 사회의 유지 자체를 근본적으로 불가능하게 만드는 그런 반정치적이고 반사회적인 논리를 하나의 고유한 정치적 입장이나 사회적 관점으로 존중해 줄 수는 없는 것이다. 만일 종북 몰이와 폭식 투쟁이 진영 논리를 기축으로 하는 '사태로서의 세월호' 프레임 안에서는 온전히 설명될 수 없다면, 이제 그 프레임의 바깥으로 눈을 돌려 그것들을 담아낼 수 있는 새로운 프레임을 만들어 내야 할 것이다. 새로운 프레임의 단서는 세월호 참사 이후 자행된 종북 몰이와 폭식 투쟁을 통해 국가적 재난의 희생자들에게까지 '전쟁 정치'의 논리가 적용되었다는 사실에 있다.

기본적으로 '전쟁 정치'란 "정치·사회 갈등이 폭력화되거나 지배 질서 유지를 위해 '적과 우리'의 원칙과 담론이 사용되어 적으로 지목된 집단을 완전히 부정"하면서, "사회 전 영역이나 집단에 전쟁의 원리가 일반화되어 국가 내부의 야당 저항 운동, 비판적 민간인까지도 내전 중의 절대적 적absolute enemy처럼 취급"하는 정치적 실천을 말한다.[44] 그동안 한국에서 '전쟁 정치'는 대체로 정권이 주도적으로 이데올로기와 법과 공권력을 동원해 정치적 반대 세력을 내부의 '적'으로 간주하고 노골적인 국가폭력과 진압 작전식의 탄압을 지속하는 방식으로 이루어져 왔다. 그러나 세월호 참사에서 '종북 몰이'와 '폭식 투쟁'의 형태로 전개된 '전쟁 정치'는 정권이나 국가기관과 직접적으로 무관한 대중들의 일상적 상호작용 및 자발적 집단행동에 근거하고 있다는 점에서 그 양상이 전혀 다르다. 더욱이 이들의 행동에는 이데올로기적 신념만큼이나, 금기를 깨는 일탈적 행위를 통해 서로에게 인정받고 사회적으로도 주목받으려는 욕망이 강하게 내재되어 있으며, 타자에게 폭력을 가할 때 얻는 쾌락 그 자체를 즐기는 모습조차 엿보인다. 그러나 극우 커뮤니티의 집단행동을 끌고 가는 동인이 이념적 확신이든 아니면 인정 욕망이든 아니면 폭력의 쾌감이든 중요한 것은 그들의 행동이 정치적·사회적으로 어떤 결과를 야기하고 있는가이다.

온라인에서의 '종북 몰이'이건 오프라인에서의 '폭식 투쟁'이건 '세월호 사태'의 국면에서 극우 세력들이 보여 준 일련의 집단행동은 정치가 작동하고 사회가 유지될 수 있는 조건 내지는 기반 자체를 파괴한다는 점에서 매우 위험한 것이었다. 이를 정치적 차원과 사회적 차원으로 나누어 살펴보자. 먼저 그들의 행동은 어떠한 형태로도 정치화가 불가능한 매우 극단적인 폭력의 형태를 띠고 있다는 점에서 반정치적이다. 극우 세력들이 세월호 유가족이나 시위대를 향해 저지른 폭력은 "타자 전체에 대해 총체적으로 배타적이고, '우리'와 '자기' 내부의 이타성利他性의 그 모든 흔적을 제거함으로써 자기의 고유한 실현을 오만하게 명령하는"[45] 맹목적인 동일성identity 추구에서 비롯되었다. 그리하여 '종북 몰이'에서 우리는 "자기 자신 및 자신이 속한 공동체로부터 모든 차이, 모든 타자성을 정화하고 추방하려는 시도"[46]를 반복적으로 목격했다. 중요한 것은 이렇게 국가에 철저하게 순응하지 않는 이들을 어떻게든 부정하고 제거하려는 데 목적을 두고 있는 폭력, 즉 타자에 대한 증오 그 자체가 이상화理想化된 폭력은 "억압하거나 또는 추방하거나 할 수 없고, 또한 '역사를 만드는' 수단으로 정치적으로 전환할 수도 없다"는 점이다.[47] 민주주의적 정치체를 활성화시키는 동력이 갈등과 적대를 끊임없이 제도화·사회화하는 것에서 비롯됨은 주지의 사실이다. 그렇기 때문에 자신의 동일성과 갈등을 일으키는 타자의 정체성을 극단적으로 부정하고 파괴하려는 행위가 보수 정치의 이름으로 용인되는 사회에서는 민주주의 정치란 더 이상 불가능하다고 봐야 한다. 그것은 민주주의 자체에 대한 파괴이자 부정인 것이다.

한편 극우 세력들이 종북 몰이와 폭식 투쟁을 통해 보여 준 극단적 폭력은 정치가 가능한 조건 자체를 위협할 뿐만 아니라, 사회가 형성되고 유지될 수 있는 기반 자체를 파괴하는 것이기도 했다. 즉 극우 세력들의 집단행동은 반정치적일 뿐만 아니라 반사회적인 것이었다. 그들이 사회를 구체적으로 어떻게 파괴했는지를 알려면 그전에 '사회는 어떻게 가능한가?' 또는 '사회는 어떻게 사람들을 결합시키는가?'라는 질문부터 던져야 할 것이다. 다양한 방식으로 이 질문에 대한 답변이 가능하겠지만, 일단 여기서는 뒤르케임주의적인 관점에서 접근해 보려 한다. 에밀 뒤르케임은 이 질문에 대해 답하기를, 궁극적으로 사회를 만들어 내는 것은 이해

관계의 단순한 일치도 사회계약도 아니고, 대신에 계약 이전의 비합리적 연대, 줄여서 '전계약적 연대'precontractual solidarity라고 부를 수 있는 보다 심층적인 것이라고 주장했다.[48] 그에 따르면, '전계약적 연대'는 합리적 계약에 선행하는 비합리적·도덕적 연대로서, 사회를 결합시키는 사회성 sociality의 토대가 된다.

사회를 유지해 주는 심층적인 조건에 해당하는 전계약적 연대란 결국 구성원들 간의 상호 인정을 통해 형성된 공존 관계를 말한다.[49] 물론 이러한 공존 관계가 가능하기 위해서는 모든 사람이 그 자체로 '성스러운'(또는 '신성한') 존재라는 관념이 전제되어야 한다. 뒤르케임 역시 다른 무엇보다도 사회적 연대의 전계약적 토대를 잘 포착하는 범주가 '성스러움'(또는 '신성함')이라고 보았다. 그래서 뒤르케임에게 '성스러움'에 관한 분석은 언제나 거의 사회적 연대에 관한 분석이었다.[50] 요컨대 사람의 '신성함'을 인정하는 것이야말로 합리적 계약 이전에 선행하는 사회 형성의 근본적인 토대라고 할 수 있다. 김현경에 따르면 타자의 '신성함'을 인정한다는 것은 모든 사람이 이 사회 안에 자신의 고유한 자리를 갖고 있음을 인정하는 것에 다름 아니다.[51] 그렇기 때문에 그 사람이 가진 자리를 국가든 기업이든 다른 개인이든 함부로 침범할 수 없고, 또한 그 자리로부터 그 사람을 쫓아낼 수도 없는 것이다. 요컨대 사회는 사람의 성스러움에 대한 인정, 사람에 대한 신뢰, 타자성에 대한 상호 인정과 같은 도덕적 기초 위에서 만들어지고 유지되어 나갈 수 있다. 물론 이러한 '전계약적 연대'가 사회를 형성하는 유일한 조건이라고 말하는 것은 아니다. 역사의 특수한 생산물인 부르주아 사회를 하나의 '사회'society로 존재할 수 있게 만드는 메커니즘에는 구조와 이데올로기, 제도 등이 당연히 요구된다. 하지만 그러한 사회 재생산의 메커니즘이 아무리 잘 작동하고 있더라도, 사회성의 도덕적 기반이 붕괴된 사회를 더 이상 사회라고 말하긴 어려울 것이다.

'세월호 사태' 국면이 절정으로 치달을 때 나타난 극우 세력의 '종북 몰이', 특히 '폭식 투쟁'은 바로 이와 같은 전계약적 연대를 파괴하고자 하는 전쟁 정치의 실천으로 해석될 수 있다. 이러한 극단적 폭력이 보수 정치의 이름으로 지금도 여전히 용인되고 있는 한에서, 우리 사회는 더 이상 사회가 아닌 사회, 즉 상호 인정의 공존 관계가 무너지고 오직 적과 동지만 남은 전쟁 상태로 퇴행할 위험이 다분하다고 본다. 이명박 정부와 박근혜 정부는 극단적 폭력 행위를 일삼아 온 극우적 성향의 시민 단체들을 재정적으로 꾸준히 지원하는 행태를 보여 왔다.[52] 이들의 사회 파괴적 행동을 국가가 적극적으로 규제하기는커녕 이렇게 공식적으로 지원해 준 덕분에, 극우 세력들은 자신이 한국 사회의 보수 세력을 대표해 행동한다는 자부심을 갖게 되었다. 결국 정권과 보수 언론이 극우 세력들의 파괴적인 행동을 조장하고 있는 셈이다. 비록 '폭식 투쟁'과 같은 대규모 집단행동이 다시 일어나지는 않았지만, 그때 당시 광화문 단식 농성장을 습격했던 극우 커뮤니티들—어버이연합, 엄마부대봉사단, 일베, 자유대학생연합—은 단지 공격의 대상만 바뀌었을 뿐 지금도 활발하게 자신들의 '전쟁 정치'를 소수자와 좌파를 상대로 수행해 나가고 있다.

2014년 4월 16일로부터 이제 2년의 시간이 흐르는 동안 '사고'에서 '사건'으로, '사건'에서 '사태'로 세월호 참사를 바라보는 주된 해석의 프레임이 바뀌어 왔다. 그리고 마침내 '종북 몰이'와 '폭식 투쟁'으로 점철된 '사태로서의 세월호' 프레임의 이면에서, 피상적인 진영 논리를 초과하는 전쟁 정치의 논리가 작동하고 있는 상황이 드러났다. 물론 이러한 상황을 보다 정교하게 프레이밍하려면 앞으로 더 많은 연구가 필요할 것이다. 잠정적으로나마 '사고'-'사태'-'사건'으로 이어지는 프레임 전환 과정에 보조를 맞춰 본다면, 그것을 '사화'의 프레임이라 명명해 볼 수도 있을 듯싶다. '사화'社禍란 '사회'社會가 당한 '재앙'禍, 즉 사회 자체가 근본적으로 파괴되고 있는 현상societal collapse을 의미한다. 이는 세월호 이후 전쟁 정치의 논리로 수행되는 극단적 폭력으로 인해 정치의 가능성의 조건이 위협당하고 있을 뿐만 아니라, 사회를 형성하고 유지하도록 만드는 전계약적 연대가 무너지고 있는 현실을 담아내기 위한 새로운 프레임이다. 그 이름이 무엇이 되었건, 세월호 참사를 해석하는 프레임에 정치가 작동하고 사회가 유지될 수 있는 조건 내지는 기반 자체를 파괴하는 극단적 폭력의 출현까지 담아낼 수 있다면, 세월호는 과거의 참사가 아닌 현재 진행형의 참사로 지금 여기에서 보다 확실히 그 의미가 각인될 수 있을 것이다.

8장

세월호 이후의 교육

여전히 '가만히 있으라' 외치는 자, 누구인가

김환희

1. 서론

세월호 2주기를 맞아 쓰게 된 이 글은 '세월호 읽기'에 대한 메타적 독해이다. 지난 2년 동안 세월호에 대해 쓰인 여러 글들이 있었다. 그 글들을 괴롭게 살펴보며 내게 떠오른 의문은 다음의 세 가지이다. '우리는 안전 불감증에 빠져 있는가?', '왜 구하지 않았나?', '가만히 있으라'. 위 세 가지 질문을 타고, 세월호로부터 출발해 작금의 교실 공간을 관통하려 한다.

언론에서 세월호 사건의 원인 중 하나로 지목된 것은 '한국 사회에 여전히 만연해 있는 안전 불감증'이었다. 청해진해운은 화물 적재량을 늘리기 위해 배를 증축하고, 선체 복원에 필요한 평형수를 불법으로 감축하고, 최대 화물 적재량을 2배 이상 과적했다. 청해진해운 측의 이와 같은 행태

* 이 글은 동일한 제목으로 『오늘의 교육』 25호, 2015에 수록된 글을 일부 수정·보완한 것이다.

들은 세월호 사건이 '안전 불감증'에 빠진 몇몇 인간이 만들어 낸 재난처럼 보이게 한다. 그뿐만이 아니다. 2015년 3월의 캠핑장 화재 사고부터 지금은 잊혀진 씨월드, 인천 호프집, 마우나 리조트 사건까지 '안전 불감증이 일으킨 인재'라는 분석은 각종 재난 사고에 항상 붙어 다녔던 꼬리표였다. 그리고 세월호의 경우 선장 이준석과 사주 유병언이 이 재난의 배후로 지목되며 만인에게 증오의 대상이 되었다. 그들은 사전에 안전 점검을 제대로 시행하지 않았고 학생들을 먼저 탈출시키지 않았기에, 그들과 그들의 안전 불감증이야말로 사건의 주범이라는 것이다.

세월호 이후 학교에서 가장 크게 변화한 지점도 바로 이 '안전 불감증'과 관련된 조치들이었다. 안전 교과가 설치되었고, 안전 매뉴얼이 보급되었으며, 학교 시설 안전 관리가 강화되었다. 현장학습 및 수학여행 요건이 강화되었고,[1] 여론의 분위기에 압박을 느낀 많은 학교가 수학여행 자체를 취소했다. 우리 학교의 경우에도 수학여행이 전면 취소되었는데, 이는 교장 선생님의 강압에 의한 것도, 수학여행을 취소하라는 공문이 내려왔기 때문도 아니었다. 이런 시국에 학생들에게 조그마한 상처라도 났다가 학부모 민원의 표적이 되지나 않을까 우려한 6학년 선생님들이 동학년회의에서 내린 자발적인 결정이었다. 교사를 향한 주변의 정서가 '아무나 걸리기만 해봐라'라고 벼르고 있는 것처럼 느껴질 정도로 아이들 안전사고에 대한 중압감이 어느 때보다 높은 상황이었다. 그렇다고 하더라도 교육 활동 자체를 중단하기로 결정한 것은 뭔가 잘못된 선택이었다.

시골에서 서울로 파견[2] 온 후 가장 이상하게 느껴졌던 점도 바로 이러한 종류의 것이었다. 급식을 서둘러 먹고 전교생이 우르르 운동장으로 몰려가는 시골 학교와는 달리 점심 시간에 운동장에서 뛰어노는 학생들이 없었다. 동학년 회의를 하고 나서야, 나를 제외한 다른 반 선생님들은 생활 지도를 위해서 학생들이 운동장에 나가는 것을 금지하고 있음을 알았다. 수업이 끝나기 전까지는 담임에게 안전 문제를 책임져야 할 의무가 있기 때문에 운동장에서 자유롭게 노는 것을 막았던 것이다. 한창 뛰어놀아야 되는 아이들이 사고 위험이 있다는 이유만으로 하루 종일 교실에만 박혀 있어야 하다니……. 어떤 학생들에게는 하루 종일 앉아서 수업 듣는 것보다 운동장에서 잠깐 뛰는 게 훨씬 더 가치 있는 시간일 텐데 말이다. 옆 반 선생님들은 심지어 우리 반 학생들이 자유롭게 운동장에서 뛰어노는 것마저도 반대했다. 다른 반 아이들도 물든다는 것이다. 처음에는 당황스러웠고, 이내 답답했다. 그러나 그로부터 몇 달 뒤 내가 새로운 학교의 분위기에 적응할 때쯤 더 이상 옆 반 선생님들을 원망할 수 없었다. 교사들의 이러한 판단은 확고한 주관에서 비롯된다기보다, 그러한 선택이 아니면 안 되게끔 하는 특정한 구조에 있다는 것을 깨달았기 때문이다.

예를 들자면 학교에서 안전사고의 사후 처리 과정에서 가장 중요한 것은 책임 소재를 가리는 것이다. 관리자들은 이런 일을 위해서 자신의 자리가 있는 것이라고 말하면서도, 정작 사건이 터지면 뒤로 빠지기 일쑤다. 따라서 교사들은 아무리 교육적으로 의미 있는 활동이라고 해도, 그것이 조금이라도 위험해 보이면 쉽게 포기하게 된다. 학생들은 항상 담임이 관찰 가능한 곳에서, 관리 가능한 형태로 운집하고 통제되어야 한다. 그것이야말로 안전이라는 문제가 학교에서 다루어지는 방식이다. 그리고 세월호 이후 이러한 경향성이 강화되고 있다. 교육을 위한 안전(교육)이 아니라, 안전을 위해서 도리어 교육 활동이 포기되는 이러한 전도적 양상이 말이다.

교사들이 교육 자체를 포기하게 만드는 '안전 불안증'에 시달리는 것은 망상적인 증세가 아니라 경험적인 교훈에 따른 것이다. 학교에서 아이들끼리 몸싸움을 하거나 장난을 쳐서 혹여 얼굴에 상처라도 나면 담임은 다소 긴장한 말투로 학부모에게 전화를 하게 된다. 부모님에게 미리 전화로 상황 설명을 하고 이해를 구했다고 하더라도 학생이 귀가한 후에 다시 전화가 오는 경우도 있다. "직접 보니 기분이 참 상하네요. 상처가 어떻게 아물지 살펴보면서 추후 학교에 찾아가서 대응하겠습니다"라고 냉랭한 말투로 쏘아붙이기라도 하면 제발 상처가 잘 아물기를 기도하는 수밖에 없다.

한번은 현장학습 가정 통신문을 만드는데 교장 선생님에게 놀라운 이야기를 들었다. 당신이 교감을 할 때 겪은 일인데, 천식이 있는 한 아이가 현장학습을 갔다가 꽃가루 알레르기로 기침을 하다 잠시 숨이 멈췄다고 한다. 그 옆에 있던 선생님들이 식겁해서 서둘러 응급조치를 시행한 후 응급실로 보내고 학부모에게 연락했다. 다행히 빠른 응급조치로 아이는 바로 회복하고 퇴원할 수 있었다. 그런데 다음 날 놀랍게도 이 학부모가 학교를 고발하겠다고 찾아왔다. "응급조치를 시행할 때 환자의 사전 동의를 받아야 하는 원칙을 지키지 않았고, 전문가가 아닌 사람(교사)이 응급조치를 취함으로써 더 위험한 상황에 처할 수 있었다"며 문제 삼았던 것이다. 결국 며칠 동안의 소란은 학교 측이 백만여 원의 합의금을 주는 걸로 마무리되었다. 교장 선생님의 요지는 그러한 민원이 언제든 들어올 수 있으니, 현장학습 가정 통신문에 '응급 상황 시 응급조치에 대한 사전 동의' 항목을 미리 만들어서 넣으라는 것이었다.

2. 왜 구하지 않았나

학교에서 안전 문제가 불거졌을 때 사후 대책은 결국 누가 책임을 질 것인지에 관한 문제로 귀결된다. 학교폭력위원회(이하 '학폭위')가 가해자의 처벌을 위해 존재하는 것과 유사하다. 학폭위는 학교 폭력 피해자의 치유와 그런 폭력이 지속적으로 발생하는 구조적 원인을 심도 있게 살피는 데 노력을 기울이지 않는다. 학폭위는 사건을 통해 어떤 교육적 성장도 이끌어 내지 못할 뿐만 아니라, 피해자가 사건 이후에 어떤 관계망으로 들어가서 보호받을 수 있을지 고려하지 않는다. 다만 학폭위는 누가 잘못했는지 잘잘못의 경중을 따지고 처벌 수위를 결정한다. 그것이 학폭위의 존재 목적이고, 이를 완수하면 바로 해산된다. 세월호 사건에 대한 여론의 공방도 결국 누구에게 책임이 있느냐의 문제로 초점이 모였었다.

이와 관련해서 4월 16일 당일을 복기해 보면, 정부 쪽의 대처는 일관되게 어처구니가 없었다. 코미디 같은 국가의 대처는 세월호 참사를 처음 신고했던 고등학생과 119 상황실의 통화에서부터 시작된다. 독자의 이해를 돕기 위해 통화 녹취록 전문을 그대로 옮겨 보았다.[3]

전남 소방 본부 119 상황실 119 상황실입니다.

학생 살려 주세요.

상황실 여보세요.

학생 여보세요.

상황실 네, 119 상황실입니다.

학생 여기 배인데 여기 배가 침몰하는 거 같아요.

상황실 배가 침몰해요?

학생 제주도 가고 있었는데 여기 지금 배가 침몰하는 것 같아요.

상황실 자…… 잠깐만요. 자…… 지금 타고 계신 배가 침몰한다는 소리예요? 아니면 옆에 있는 다른 배가 침몰한다는 소리예요?

학생 타고 가는 배가요. 타고 가는 배가!

상황실 여보세요?

학생 네.

……

상황실 신고자 분, 지금 해양경찰 나왔습니다. 바로 지금 통화 좀 하세요.

목포 해경 여보세요. 목포 해양경찰입니다. 위치 말해 주세요.

학생 네?

목포 해경 위치. 경위(경도와 위도)도 말해 주세요.

학생 네?

상황실 경위도는 아니고요. 배 탑승하신 분. 배 탑승하신 분.

학생 핸드폰이오?

목포 해경 여보세요. 여기 목포 해경 상황실입니다. 지금 침몰 중이라는데 배 위치 말해 주세요. 배 위치 지금 배가 어디 있습니까?

학생 위치는 잘 모르겠어요. 지금 이곳…….

목포 해경 위치를 모르신다고요? 거기 GPS 경위도 안 나오나요. 경도하고 위도!

학생 여기 섬이 이렇게 보이긴 하는데.

목포 해경 네?

학생 그걸 잘 모르겠어요.

목포 해경 섬이 보이긴 하는데 잘 모르겠다고요? 어디서 출항하셨어요?

학생 어제…… 어제…….

목포 해경 어제 출항했다고요?

학생 어제 (오후) 8시 그쯤인 거 같아요.

목포 해경 어제 8시에 출항했다고요? 어디서? 어디서?

학생 인천항인가 거기서 출항했을 걸요.

목포 해경 인천항에서 출항했다고요?

학생 네.

목포 해경 배 이름이 뭡니까? 배 이름?

학생 세월호요. 세월호.

목포 해경 세월?

학생 네.

목포 해경 배 종류가 뭐에요? 배 종류……. 여객선인가요? 아니면 어선인가요?

학생 여객선일 거에요.

목포 해경 여객선이오?

학생 네.

목포 해경 여객선이고, 세월호고 지금 침몰 중이라고요? 배가?

학생 네?

목포 해경 침몰 중이라고요? 배가?

학생 네, 그런 거 같다고요. 지금 한쪽으로 기울어서.

목포 해경 한쪽으로 기울어서 침몰 중이라고요. 여보세요? 혹시 옆에 누구 있습니까?

학생 선생님 계시긴 하는데 선생님이 지금 정신이 없으셔 가지고요.

목포 해경 선생님이 정신이 없으시다고요?

학생 네, 제가 대신 전화했어요.

만약 이 대화가 정상적으로 느껴지지 않는다면 목포 해경 측의 황망한 질문들 때문일 것이다. 배가 한쪽으로 기울어져 쓰러져 가는 상황, 죽음이 목전까지 다가온 상황에서 목포 해경은 신고자에게 몇 번이고 GPS를 묻는다. 나는 이 대목에서 전혀 예상치 못한 전개에 허를 찔린 심정이었다. 배를 타고 여행하려면 손목에 GPS 표시기라도 차야 되려나 보다. 마치 길게 이어지지만 의미는 연결되지 않는 끝말잇기처럼, 소통되지 않고 길게 늘어지기만 하던 문답은 "침몰중이라고요, 배가?"라고 묻는 해경의 질문에 의해 급기야 제자리로 돌아오고 만다. 우석훈은 이와 같이 '풀 수 없는 매듭-뫼비우스의 띠'가 되어 버린 세월호의 상황을 "책임을 묻는 사람들이 뺑뺑이를 도는 상황에 처했다"고 표현한다.

[처음 침몰 상황을 신고했던 고등학생과 119 조난 센터 상담원의 통화에서] 동어반복의 말들이 끝없이 오갔을 것이며, '나는 잘 모른다, 저쪽을 만나 보시라, 일단 기다리시라' 그렇게 의미 없는 말들이 반복됐다. 이 과정에서 분명한 사실은, 스스로 살려고 했거나 그런 사람이 옆에 있는 바람에 배에서 같이 뛰어내린 사람들을 제외하면 정부의 시스템은 아무도 구해내지 못했다는 것이다. 그리고 **지금 우리는 계속 뺑뺑이를 돌고 있다.** 그 이상한 통화의 양상은 유가족들과 생존자들과, 나아가 전 사회로 확장돼 진행 중이다. 누가 책임을 져야 하는지도 모르는 상황, 그렇다고 공

손한 방식으로 이야기가 되지도 않는 상황, 그래서 결국 책임을 묻는 사람들이 뺑뺑이를 도는 상황에 처했다.[4]

그리고 이러한 부조리극은 세월호에 가장 먼저 접근하게 된 해경 123정을 통해 절정에 이른다. 해경은 선미에서 창문을 두드리며 살려 달라고 외치고 있었던 학생들을 외면하고 반대편으로 돌아가 선장과 선원 일당을 먼저 구조한다. 그러고는 놀랍게도 더 이상의 구조를 중단한다. 그리고 더 놀랍게도 주변의 어선들이 구조에 참여하려는 것을 막기까지 한다.[5] 이 지점, 세월호 사건의 최대 미스테리. 그 시각 절규했을 학생들의 모습이 떠올라 다음 질문을 자꾸 혼자 되뇌게 된다.

'도대체 왜, 왜 구하지 않았지?'

사실 규명 책임이 있는 정부가 도리어 숨기기에 급급했기에, 이에 대해 항간에는 국정원 개입설 등 각종 음모론이 쏟아졌다. 구조 방관(혹은 구조 방해)과 관련해 내가 읽어 본 다양한 추리 중 가장 그럴듯하게 들리는 해석은 우석훈의 것이었다. 우석훈은 해경 123정장의 입장에 서서 당시 상황을 재현해 본다.

사고 발생은 일단 나의 책임은 아니다. 현장 구조관이 된 것 또한 나의 책임은 아니다. 아마 경비정 정장쯤 되는 사람이라면 지금이라도 배 안에 들어가면 더 많은 사람을 구할 수 있다고 예상했을 것이다. 그렇지만 그 과정에서 누군가 추가적으로 사망하는 2차 피해가 생긴다면? 그땐 자신에게도 책임이 생긴다. 다른 선박이 접근하다가, 선박의 스크루 등으로 바다에 떠 있는 탈출자들도 위험해진다면?…… 물론 우리는 123정

> 정장의 계산에 대해서 알 수 없다. 그러나 그의 결정을 이성적으로 이해한다면, 온전히 자신의 책임이 될 수도 있는 2차 피해의 회피를 택한 것이다.[6]

놀랍게도 123정장은 구조 과정에 대한 책임을 회피하기 위해 아무도 구하지 않는 것을 '택했다'는 것이다. 그리고 구조에 뛰어들려 하는 다른 배마저도 '막았다'는 것이다. 엉뚱하게도 나는 이 대목에서 학교 운동장의 풍경이 떠올랐다. 안전사고에 대한 학급 담임으로서의 책임을 회피하기 위해 운동장을 금지하는 것을 '택하고', 우리 반 학생들이 나가는 것마저 동학년 방침으로 '막았던' 동료 선생님들이 떠올랐던 것이다. 그리고 나 또한 어느 순간부터 화상 위험이 있는 과학 실험, 칼과 불을 다루는 요리, 톱과 망치를 사용하는 목공 등의 활동을 조금씩 회피하고 있었다는 것을 깨달았다. 책임 추궁에 대한 두려움이 생명을 구하는 본연의 임무를 잊게 만들었듯이, 나 또한 안전에 대한 불안이 교육 활동 자체에 대한 포기로 이어지고 있었다.

이와 같이 현장 실무자에게 안전사고의 책임을 엄중하게 묻는 방식이 오히려 실무자의 보신주의적 역할 회피를 불러오는 이러한 가치 전도 현상을 오창룡은 신자유주의의 보편적 증상이라고 지적한다.

> 신자유주의 국가의 책임 회피와 위기 방치 메커니즘이 지속적으로 작동할 수 있는 이유는 **단순한 '책임' 문제로 환원할 수 없는 자본주의 시스템의 모순**이 지속되기 때문이다. 책임은 인격을 전제로 하지만, 자본은 인간의 얼굴을 하더라도 결국 권력관계 속에 있는 비인격적 시스템이다.

따라서 대의제 민주주의가 미덕으로 삼는 '책임'의 의미 역시 되짚어 봐야 한다. 공적 사퇴를 의미하는 책임 정치는 그 자체가 진상 규명, 책임자 처벌, 시스템 개선 요구에 대한 응답이 될 수는 없다. 자리에서 물러나지 않는 정치인을 '선거'를 통해 심판하는 경우도 마찬가지이다. 자본주의 국가는 쉽게 벗어던질 수 있고 교체해 버리면 그만인, 그러면서도 매우 야만적인 '얼굴의 정치'를 발전시키고 있다.[7]

즉 그 책임을 장관이 지든, 해경 청장이, 123정장이, 세월호 선장이 지든, 혹은 교장이 지든, 담임이 지든, 심지어 집회에서 외치듯 대통령이 물러난다고 할지라도, '시스템의 모순'을 직접적으로 건드리지 않는다면, 터무니없는 재해는 반복될 수밖에 없다는 것이다. 도리어 인간의 얼굴을 한 어떤 개인이 사건에 대한 모든 책임을 사적으로 감당함으로써 '시스템의 모순'마저도 영원히 덮어진다. 그리고 더욱 심각한 점은 이러한 꼬리 자르기 방식의 책임 추궁이 점점 더 하위 실무직으로 내려오고 있다는 점이다. 그런 면에서 세월호 선장이 비정규직이었다는 사실은 상징적이다. 꼬리 자르기마저 먹이사슬의 하부를 향해 연쇄적으로 하청이 이루어지고 있다는 건데, 사실 이러한 책임 회피와 책임 위임의 처세술은 세월호 직후 청와대가 문무백관 앞에서 몸소 시연한 것이기도 하다.

[청와대가 세월호 이후 대책으로 내놓은 부서 개편과 관련해] 지금 정부가 말하는 건 총리실 산하로 국민안전처를 따로 떼어 내겠다는 것이다. 관료들의 입장에서 보면, 국가에서 정말 큰 사건이 벌어지면 오히려 대통령은 책임지지 않겠다는 메시지를 노골적으로 보낸 것이나 마찬가

지다.……1993년 서해 페리호 침몰 사고로 292명이 사망했다. 그때 정부가 한 것은 '앞으로는 책임지는 일은 안 하겠다'고 여객선 운항 관리를 한국해운조합에 넘긴 일이다. 행정적으로만 보면 '더 이상 우리는 책임 안 져', 그게 서해 페리호 사건 이후의 대책이었다. 이번에는 해양수산부가 아닌 대통령이 직접 그 일을 했다.…… 결론부터 말하자면 서해 페리호 참사로 여객선의 운항 관리에서 정부가 손을 뗐고, 2014년 세월호 참사로 대통령이 공식적으로 배의 안전 관리에서 손을 떼겠다는 것, 이게 현재 배와 관련해서 드러난 국면이다.[8]

이러한 신자유주의적 안전 관리 시스템은 일본의 3·11과도 닮아 있다. 후쿠시마에서 붕괴된 원전을 처리하기 위해 손에 삽을 들고 방사능 덩어리 속으로 들어갔던 것은 하청에 하청을 거듭한 일용직 노동자들이었다. 재해의 진범에 가까운 두 주체인 기업과 국가는 '파국적 재난'마저도 기업의 이윤을 늘리고, 국가의 책임을 더는 계기로 사용한 것이다.[9] **사고가 날수록 점점 더 위험해지는 이 시스템은 개인들에게 안전사고의 책임(피해의 책임은 물론 가해의 책임마저도)을 일임함으로써 유지되고 있다.** 따라서 우리는 이제야 왜 국가가 세월호 선장과 유병언을 악마화하는데 온 신경을 곤두세웠는지 설명할 수 있다. 그들에게 재해에 대한 거대한 분노를 투사하고, 그들이 체포되고 합당한 처벌(백골, 사형)을 받는 장면을 스펙터클하게 연출함으로써 국민적 분노와 슬픔은 단숨에 해소되고, 구조적 병폐를 들춰 볼 동력도 함께 소멸되는 것이다. 즉 박근혜 정부가 유병언에 대한 추적에 막대한 경찰력을 동원해 스펙터클한 텔레비전 쇼를 연출했던 내막에는 다음과 같은 메커니즘이 있었다.

1) 국민들이 세월호의 실시간 침몰을 통해 느꼈던 엄청난 분노와 슬픔의 에너지가 정부의 정책에 대한 의문과 저항의 동력으로 이어지지 않게 해야 한다.
2) 실체적 진실이 종합적으로 파헤쳐지는 것을 막기 위해, 가상의 이야기를 창출하고 그 이야기를 종결시킨다('세월호의 원인은 전적으로 유병언에게 있다. → 유병언이 사망했다').
3) 범인의 권선징악적 최후를 통해 국민들의 분노와 슬픔은 카타르시스적으로 해소된다.
4) 결국 세월호는 잊히게 된다.

여기서 중요한 점은 한 사건이 이와 같이 종결됨으로써, 구조적 위험과 함께 대중의 불안감도 점점 더 심화된다는 것이다. 요컨대 신자유주의 국가는 국민에게 구조적 안전을 제공하거나 심리적 안정감을 줄 필요가 없다. 오히려 '증대되는 불안'이야말로 유용한 통치의 도구이다.

3. 우리는 안전 불감증에 빠져 있는가

내가 생각할 때 대한민국 국민들은 언론의 발표와는 정반대로 안전 불감증이 아니라 안전 불안증에 빠져 있다. 이 말은 실제로 우리가 처한 상황이 안전한데도 불구하고 과도하게 불안해하고 있다는 뜻이 아니다. 끊이지 않는 안전사고, 핵발전소 수명 연장, 싱크홀 등 한국 사회는 실로 위험하다. 내가 걷고 있는 도로가 언제 밑으로 꺼질지 모른다. 즉 한국은 울리히 벡이 말하는 '위험 사회'로 진입한 지 오래이다. 특히 세월호 참사에서 보다시피, 어린이와 청소년은 이러한 위험에 직접적으로 노출되어 있다.[10] 이런 경향, 즉 한 국가의 문명적 이기가 진보했음에도 불구하고 그 속에 속한 사람들은 더욱 위험해지는 모순은 이 사회를 운영하는 사람들이 가지고 있는 어떤 태도attitude에 의한 것이라고 의심된다. 그리고 그 태도를 우리는 '안전 불감증'이라 부른다.

이와 같이 사건 사고의 이면에 '안전 불감증'과 '안전 불안증'이 공존하는 이유는 현대 사회가 위험을 개인화시키고 있기 때문이다. 즉 "국가의 제도적 구조와 조건들이 오히려 위험을 개인들에게 전가"하고 있는 것이다. 그래서 "과거에는 제반 위험들이 제도적 완충장치를 통해 해결되었다면, 이제는 개인들이 홀로 위험을 감내"해야 하는 것이다.[11] 따라서 국가가 재난의 원인으로 '안전 불감증'을 일관되게 호명하는 것은 위험에 대한 개인화, 책임에 대한 개인화가 진행되고 있다는 사실을 역으로 증명한다.

이를 통해 결과적으로는 '아무도 남을 돌보지 마라'는 세계화 이후 시대의 지상명령이 개인들에게 심어지게 된다. 따라서 세월호 사건의 디스토피아적 결론은 이 재난이 대중을 더욱 불안하게 만들고, 그들을 더욱더 '각자도생'의 길로 인도할 것이라는 전망이다. 즉 불안이라는 정서가 사적인 감정 차원에서 정치적인 감각으로 전이되지 않는다면 파시즘 사회 내지 누구도 책임을 지지 않는 **고위험 사회**로 귀결되게 된다.

특히 한국 사회에서 학교는 이러한 '안전 불안증'을 양산해 내는 주요한 역할을 맡고 있다. 물론 앞에서 다룬 바와 같이 학부모 민원에 대한 학교 당국의 불안, 안전사고에 대한 교사들의 불안도 교육을 왜곡시키지만, 본질적인 교육 불가능성을 완성시키는 불안증이 있다. 그것은 다음과 같이 학생들의 진로와 관련되어 학생과 학부모가 가지게 되는 불안증이다.

> 현재 공교육을 받는 학생들의 일반적인 진로는 다음 세 가지 경우로 나눌 수 있다. 첫째, 자사고-특목고-상위권 대학 진학. 둘째, 특성화고-마이스터고-취업-퇴사 후 다시 대입 준비. 셋째, 일반고-널부러짐-방황. 첫번째의 경우, 이들은 오찬호가 절망적으로 바라보았던 20대를 형성한다. 즉 경쟁과 차별을 내면화한 괴물과도 같은 20대들이다.……두번째의 경우, 이들은 20세의 나이에 비정규직으로 취직해 평생을 불안 속에서 살아가든지, 정규직으로 취직해도 고졸이라는 한계를 오로지 자신의 능력으로 극복해야 하든지, 아니면 다시 대학에 입학하여 스스로를 첫째의 경우로 바꿔 내든지 하는 선택 아래 놓이게 된다.…… 세번째의 경우는 이도 저도 아닌 채 광범위하게 사회적 시선으로부터 배제되는 이들이다.……즉 그들이 '무엇을 하고 사는지' 우리는 알지 못한다.[12]

결국 이 세 가지 진로로 귀결되는 초중고 교육은 그 안에서의 시간이 길어질수록 학생들의 '불안'을 증폭시킨다. 엄청난 규모의 사교육을 먹여 살리는 이와 같은 불안증은 '아무도 남을 돌보지 않는' 이 비열한 사회에서 결국 스스로의 힘으로 살아남지 않으면 홀로 남겨져 죽으리라는 공포에서 비롯된다. 그래서 세월호 참사는 대한민국 학생들에게 '국가마저도 우리를 돌보지 않을 것이다'라는 의심을 실체화하며, 미래에 대한 '불안증'을 고양시키고, '각자도생'이라는 냉혈한들의 전략이 옳았다는 사실을 확인시켜 주는 계기에 불과한 것이다.

4. 가만히 있으라

세월호와 관련해서 세간에 회자되었던 말 중 하나가 '가만히 있으라'이다. 그리고 역설적으로 세월호 이후에 교실에서 내가 가장 많이 하게 된 말 역시 '가만히 있으라'이다. 서슬 퍼런 안전 정국하에서 안전 불안증에 걸려 자신도 모르게 수시로 아이들에게 '제발 좀 가만히 있으라'고 내뱉고 마는 것이다. 바야흐로 학생들은 체험 학습도 취소되고, 운동장에도 나가지 못하고, 각종 안전사고를 대비하기 위해 교실에서 가만히만 있게 되었다.[13]

사실 '가만히 있으라'는 말은 세월호 전이나 후나 교실 현장을 지배하는 명령어이다. 그러나 사건 이후 이 말이 가진 무게감은 결코 예전과 같지 않다. 발화자 자체부터가 이 말을 내뱉으며 스스로 흠칫흠칫 놀라게 된다. 그 이유는 '가만히 있으라'는 '말'이 가진 폭력성을 참사의 과정을 통해 우리 모두가 지켜보았기 때문이다.

많은 사람이 '가만히 있으라'에 분노했다. 어른들의 말만 믿고 기다렸던 '아이들의 믿음'에 대한 미안함과 죄책감 때문이리라. 한나 아렌트는 "모든 아이는 세상에 대한 믿음을 가지고 있다"고 단정한다. 최소한 어른의 지시에 따르는 아이의 마음속에는 그런 믿음이 있다고 한다. 배가 기울어지고 물이 들어와도 그들은 이 믿음 때문에 가만히 있었다. 그러나 이 믿음은 '살려달라는 두드림을 눈앞에서 외면하고 홀로 달아난 어른들'로 인해 산산조각 나 버렸다. 우리는 이제 우리 자식들에게 '가만히 있으라'는 어른의 명령에 어떻게 반응하라고 가르칠 것인가? '세상에 대한 믿음' 자체가 잘못되었다고 가르쳐야 하나? 이 지점에서 우리는 '가만히 있으라'가 근대 교육 시스템의 모순을 여실히 드러내는 징표라는 것을 깨달을 수 있다.

> 교사의 자격 요건은 세계에 대해 알고 그것을 타인에게 가르칠 수 있는 능력이지만, 그의 권위는 세계에 대한 책임을 떠맡는 일에 달려 있다. 아이와의 관계에서 교사의 책임은 [세계 내] 모든 성인 거주자의 대표로서 아이들에게 세계에 관한 세부 사항을 알려 주면서 '이것이 우리의 세계다'라고 말하는 것과 같다.[14]

아렌트에 따르면 교사는 '지금 이 세상'과 아이들을 연결해 주는 자이다. 즉 교사는 기성세대가 만들어 놓은 세상이 무엇인지, 지금의 방향과 속도로 움직였을 때 우리 사회는 어떤 미래로 아이들과 연결될지 설명해 주는 자이다. 그래서 교사는 자연스레 세계에 대해 중재하는 자로서의 권위를 갖게 된다. 문제는 현대 사회로 넘어오면서, 더 이상 이러한 권위가 작동하지 않게 되었다는 데 있다.

> 교사가 [학생들보다] 더 많이 알고 더 많은 일을 할 수 있는 사람으로서 갖는 권위의 가장 정당한 원천이 더 이상 효과적이지 않다. 그러므로 자신의 권위에 의지할 수 있기 때문에 모든 강제적인 방식의 동원을 원하지 않는 비권위주의적인 교사는 더 이상 존재할 수 없게 되었다.[15]

아렌트는 전통, 권위, 종교라는 요소가 삼위일체처럼 과거의 사회를 유지하는 힘이었다고 이야기한다. 근대 이전의 세상은 전통과 종교에 의

지했기 때문에 모든 것의 기원이 분명했다. 태초의 것들에는 분명한 존재 이유와 작동 원리가 있었기 때문에, 기원과 전통에 대해서 더 잘 알고 있는 어른들이 존중받았다. 즉 아우라가 살아 있는 시대에는 선생(먼저 태어난 자)先生의 가르침이 모두 그 자체로 진리에 가까운 것들이었고 배울 가치가 있었다. '먼저 태어난 자'들은 선형적인 역사의 많은 시간에 대해서 보다 넓은 접점을 가지고 있었다. 그러나 지금의 후세대들은 어른들에게 묻는 것보다 인터넷에서 검색하는 게 훨씬 더 빠르고 정확하다. 과거가 현재에 대해 우월성('우리가 기원이라는 진리에 좀더 근접해 있다')을 증명할 수 없기에, 미래 세대에 대한 선생(먼저 태어난 자)의 권위 또한 사라져 버렸다.[16]

> 근대 세계의 교육 문제는 교육이 본질적으로 권위나 전통을 무시할 수 없는 반면에 권위에 의해 구조화되지도 않고, 전통으로 함께 묶이지도 않은 세계 속에서 진행되어야 한다는 사실에 있다.[17]

이렇게 실제적인 내용으로서의 권위가 사라진 자리에는 껍데기만 남은 권위가 자리 잡게 된다. 껍데기만 남은 권위는 학생들의 존경에 의한 자발적인 수용을 이끌어 낼 수 없으므로, 실상은 '강제적인 방식의 동원'이 이루어지게 된다. 그리고 이는 '전문가'로서의 권위를 강조하는 방식으로 진행된다. 예를 들어 미네르바 사태를 다루는 정부의 태도에서 보듯이 실제 전문적인 내용과 실력은 중요하지 않다. 전문가가 결정하는 구조를 유지하는 그러한 경직된 자격화 시스템 자체가 중요하다. 즉 전문성이 있기 때문에 발언할 수 있는 게 아니라, 전문가이기 때문에 발언할 수 있는 것이다. 이와 같이 전문가가 모든 발언권을 독점하는 구조 자체가 중요하다.

이런 점에서 학교는 가장 경직된 전문가 발언 독점의 공간이다. 이견 자체가 불편해지는 공간이다. 학부모 총회에서 교장들과 교사들은 학교의 교육 방침에 대한 이견이 나오지 않기를 원한다. 이런 점에 있어서는 심지어 대안 학교도 다르지 않다. 나와 함께 비고츠키를 공부하는 세모가 ○○○○ 학교에서 이사로 일할 때의 이야기이다. 학기 초 학교 총회에서 한 학부모가 ○○○○ 교육의 해석에 대해 담임 선생님의 적용 방식과 다른 안을 제안했다고 한다. 그런데 그 학교 교사들은 총회 뒤 내부 평가 모임에서 그 학부모의 이견에 대해 토론한 게 아니라, 이견 자체에 대해 성토했다. 담임의 교육관에 이견을 제시한 학부모와는 함께할 수 없다며 그 학생을 전학 보내기로 결의한 것이다. 세모가 이사회를 통해 교사들을 침착하게 설득도 해보고 화도 내보아도 막무가내로 소용이 없었다. 정치적 색깔과 종류를 막론하고 우리 사회의 많은 공동체는 이견 자체를 굉장히 불편해한다. 이견을 제시하면 "마음에 안 들면, 니가 공동체를 나가라"라고 답하는 게 흔한 반응이다.

학교를 둘러싼 압도적인 비대칭 구조, 즉 교사가 학생들에게 '가만히 있으라', '조용히 해라', '떠들지 마라', '집중해라', '자세 바르게 해라'라고 외치게끔 하는 구조가 교육을 불가능하게 한다. 교육 현장에서 자주 통용되는 말인 '교육은 교사의 질을 넘지 못한다'는 말은 잘못되었다. 전문가주의를 표상하는 이 격언은 '교육은 관계의 질을 넘지 못한다'라는 말로 수정되어야 할 것이다. 그리고 상호 소통적인 관계는 전문가로서의 권위나 수혜적이고 일방적으로 베풀어지는 사랑[18]을 통해 가능한 게 아니다.

오히려 ○○년 차의 경력[19]임에도 지금 내 앞에 앉아 있는 이 학생을 잘 모른다고 인정하고, 나와 동등한 한 명의 타자로서 존중하며, 묘한 떨림이 있는 긴장을 형성한 상황에서야 상호적 의사소통을 이끌어 낼 수 있을 것이다. 그런 점에서 교사는 학생 앞에 설 때마다 소명 의식 내지 전문가로서의 자의식 따위를 모두 벗어던지고, 철저히 처음의 아마추어로 돌아가야 할 것이다.

사실상 '소명 의식'과 '**전문가 자의식**'은 국가에의 충성으로 귀결된다. 교직을 성직화하거나 전문가로 추인하는 주체가 바로 국가이기 때문이다. 따라서 교사가 어떤 선의를 가지고 있느냐와 상관없이 개별 교사는 국가의 자격화 체제와 국가 교육 과정의 범위 안에서 헌신과 전문성을 평가받는 것이다. '누가 전문가인가?' 혹은 '누가 전문가로서 인정될 것인가?'라는 질문을 둘러싸고, 우리는 결코 국가를 우회할 수 없기 때문에, '소명 의식을 가진 전문가'로서의 교직관을 주체적이고 진보적인 교사의 모델로 제시하는 것은 난센스이다.[20] 따라서 개별 교사들의 개인적 실천보다 더 중요한 것은 '전문가 독점 체계'를 벗어날 구조적 전환이다.[21]

5. 내 몫의 대안: 교육의 생태적 전환

앞에서 살펴본바, 세월호 참사를 이끌었던 위험의 구조, 책임 회피의 구조, 통제의 구조는 오히려 시간이 지날수록 공고해지고 있다. 위험에 대한 불안 때문에 CCTV를 도입하는 유치원 사례처럼, 구조적 개편이 아니라 책임의 개인화를 위한 장치들만 더욱더 증대되고 있다. 이런 상황에서 나는 '가만히 있으라'에 분노하면서도 '가만히 있으라'에 여전히 동참하고 있는 나 자신이 부끄러워 이 글을 썼다. 그리고 이 부끄러움은 나를 잠재적 가해자로 위치시키는 구조에 대한 분석으로 이끌었다. 이 글을 읽는 많은 독자가 구체적 대안의 제시가 없는 사회학적 분석과 비판에 지쳐 있는 것은 안다. 이 글에 대해서도 다음과 같이 독해하는 분이 있을 듯하다. '그래, 그런 것이 문제라는 것은 잘 알겠어. 그런데 그래서 우리가 지금 뭘 어떻게 해야 되는데?' 모든 것에 답할 수는 없겠지만, 지금부터 내 몫의 대안을 제시해 보려 한다. 부족한 부분이 있다면, 독자들이 각자의 영역에서 사유와 실천을 통해 메워 주시기를 희망해 본다.

이 글은 '우리는 안전 불감증에 빠져 있는가?', '왜 구하지 않았나?', '가만히 있으라'라는 질문으로 시작했다. 이 세 가지 질문은 '안전 책임의 개인화'라는 새로운 경향과 연결되었으며, 그 해결을 위해서는 '전문가 중심주의'나 '안전 제일주의'가 대안이 되지 못함을 살펴보았다. 그리고 근본적으로는 이 현상들 뒤에 '각자도생의 철학'만이 공고해지는 우리 사회와 그 구성원들의 정동이 있음을 폭로했다. 세월호 사태가 드러낸 우리의 참담한 현실은 어떻게 극복해야 할까? 한마디로, 나는 세월호 이후의 교육이 '생태적 전환'이라는 화두에 방점을 찍어야 한다고 생각한다.

먼저, **전환**이란 무엇인가?

그것은 학교의 존재 이유에 대한 의문에서 시작해서 우리의 근대적 사유와 실천에 대한 질문들을 던지는 것을 뜻한다. 그리고 이러한 질문들은 생명을 경시해 온 오늘날의 교육뿐만 아니라 우리 삶 전반을 뒤엎는 근본적인 변화로서의 '실천'(즉 '한 바퀴를 굴려轉, 위와 아래를 바꾼다換'는 의미에서의 전환)과 연결된다. 그렇다면 어떤 변화를 실천할 것인가? 그것은 삶에 대한 가치 척도를 개인이 다시 되찾는 것으로부터 시작된다. 가치 척도의 주관화, 이는 부끄러운 일도 돈이 되면 의미 있는 행위가 되고 돈이 되지 않으면 '존나 쓸데없는 일'[22]이 되고야 마는 자본주의적 가치 척도에 굴복하지 않기 위한 투쟁이다.

'교환 가치'가 블랙홀처럼 주변의 모든 것을 빨아들이는 세상에서 한국도 예외가 아니다. 만인의 가치관이 된 지 오래인 '먹고사니즘'이 그런 대중들의 상황을 말해 준다. 그리고 그것은 바로 경쟁 교육의 본질이기도 하다. 즉 자신의 생존에 관련된 기초적인 요구로부터 시작해 유희의 즐거움까지 모든 필요needs를 소비를 통해 해결하는 사회에서 사람들은 오직 돈을 많이 버는 것만을 추구할 수밖에 없다. 그리고 여기에서 사교육의 과잉과 공교육의 왜곡이 발생하는 것이다. 부모들의 각자도생에 대한 두려움과 먹고사니즘에 대한 욕망을 충족시키기 위해서 탄생한 것이 사교육이다. 즉 사교육은 남을 이길 무기를 알려 주는 맞춤형 상품이다. 그렇다면 오늘날 공교육은 사교육과 어떻게 다를까? 김영삼 정부의 5·31 교육개혁에서 시작된 공교육의 시장화(학부모·학생의 소비자화)는 결국 학교를 학원과 다를 바 없는 곳으로 만들어 버렸다. 도리어 공교육은 사교육에 비해서 게으르고 뒤처졌으며 시대착오적이라는 인식이 널리 퍼져 나갔다. 심지어 진보 교육계 내부에서도 사교육(시험에서의 높은 성취도)을 따라잡기 위해서 수업 방법, 수업 기술을 혁신해야 된다고 생각하는 사람들이 많다.

그러나 공교육과 사교육은 교육의 지평 자체가 다르다. 아니 오히려 각각의 존재 이유에 있어서 그 정반대에 가깝다. 그럼에도 공교육과 사교육이 같은 목표를 가지고 경쟁하고 있다고 말하는 위와 같은 사람들이 망가진 공교육을 더욱 망치고 있다. 이런 사람들에게 '교육이란 무엇인가'

라는 매서운 질문을 던지며, 공교육의 목표를 새롭게 설정해야 한다. 사교육이 남을 이길 생각에 몰두하게 했다면, 공교육은 남과 공존하고 연대하게끔 하는 것을 그 목표로 삼아야 한다. 공공성common wealth[23]이야말로 공교육의 전부가 되어야 한다. 공공성을 가르치지 않을 것이라면, 학교는 존재 이유가 더 이상 없다. 지식적인 학습은 사교육 그리고 인터넷과 IT 기기를 통해 완전히 대체 가능하기 때문이다.

전환 교육은 교육계 전반에 물들어 있는 '사유화'의 독성을 빼는 것을 그 첫번째 전환으로, 그 자리를 '공공성'으로 채우는 것을 두번째 전환으로 삼는 운동이다. 그러나 그것은 다시금 개천에서 용이 날 수 있는, 계급 상승의 사다리로서의 공교육을 복원하는 것과는 관련이 없다. 오히려 전환 교육은 삶의 가치에 대한 물음을 통해 '삶의 성공=소비 능력 증가'라는 소비 노예의 삶에서 탈출하라고 촉구할 것이다. 따라서 세월호 이후의 새로운 교육은, 개인적 부와 성공을 위한 도구로서의 알량한 지식에 대한 것이 아니라 무엇보다 '시시한 삶에 대한 응원'으로서의 각론이어야 할 것이다. 그것만이 세월호의 진짜 원인인 '각자도생'을 바꿀 유일한 대안이다.

다음으로, **생태적**이란 무엇인가?

여기서 말하는 '생태적'이란 것의 뉘앙스는 녹색의 이상향을 그리워하며 노스탤지어적 추억을 좇는 허망한 정동이 아니다. 오히려 이미 당도한 파국에 대처하기 위해서 찾게 된 미래적 사유 체계이다. 이는 첨단 기술과 문명에 저항하는 실천으로 단순하게 이해되는 작금의 생태주의를 넘어선다. 생태사회학자 티머시 모턴에 따르면 생태학은 그렇게 작은 개념이 아니다.

> 오늘날 도래할 생태학적 관점은 어떤 한정된 객체 또는 '제약적 경제', 하나의 닫힌 계에 대한 그림이 아니다. 그것은 특정한 중심이나 주변이 없는 상호 연결의 방대한 분산된 그물코이다.[24]

여기서 말하는 '생태'는 생명체, 비생명체, 인위적 창조물, 인간의 인지 능력, 컴퓨팅 알고리즘 등이 연결된 우주적 차원의 거대한 연결망을 뜻한다. 그리고 9·11 뉴욕, 3·11 후쿠시마, 4·16 세월호로 이어져 온 파국의 사건들, 즉 우리가 살고 있는 시스템이 끝에 달했다는 이 신호들은, 우리에게 우주적 스케일의 총체적인 사유 체계가 이 시대의 유일한 대안임을 암시하고 있다. 이제 전문가들이 중간에서 모든 것을 매개하고 인증하고 명령하는 시스템에는 한계가 있다. 거미줄처럼 이어진 수평적인 연결망(블록 체인)이 전문가 허브 체제를 대신해야 한다. 이런 점에서 '생태적 전환'이란 자크 랑시에르가 말한 '무지한 스승'과도 비슷하다. 각자가 할당받은 자신의 자리를 지키게 하는 힘(치안)을 자유롭게 넘나드는 것. 수직적 권력으로 작동하는 어떤 지적 위계도 허용하지 않으며 전문가 체제를 혁파하는 것. 진정한 의미의 정치적 권력(교육 과정 및 학교 운영 전반에 대한 직접 관여, 국회위원 선출권과 피선출권, 사회 참여권)을 학생들에게 제공하는 것. 그것이 바로 전환 교육의 방법론인 '생태적'이라는 단어의 의미이다.

지금까지 학교에서의 16년(초등~대학)은 '권력에 복종하는 규율'과 '자기 계발의 의지'[25]만을 다지는 시간이었다. 이 거짓 정신에 길들여진 학생들에게 "시시한 삶만이 행복한 삶의 대전제"[26]라는 진리를 죽비처럼 전달해야 한다. 시시한 삶이란 무엇일까? 그것은 최소한 남을 짓밟지 않는 삶이 아닐까. 갑이 되어 을들을 마음껏 착취하는 지위에 올라가는 당위(능력주의)를 만들어 주는 교육이 아니라, 도리어 서로가 서로에게 약한 점을 드러내 보여 서로를 보살피는 '약점의 연대로서의 교육'으로 나아가자. 이를테면 학교는 "잘난 사람 되지 말기, 쓸모없는 일 하기, 누구의 앞에 서지 말기, 누구의 뒤에 서지 말기, 게으르게 지내기, 경쟁하지 말기"[27]와 같은 가치들을 몸과 마음에 익히는 곳이 되어야 한다. 이것이 '세월호'가 우리에게 주는 뼈아픈 교훈이다.

9장

⋮

피해자와 사회 중심의 진상 규명과 정의 수립은 가능한가

과거사와 세월호 참사 진상 규명을 둘러싼 쟁점과 평가

강성현

1. '세월호 참사'를 구성하는 것들

선박 침몰 사고였다. 그러나 침몰의 원인과 배경을 생각하면 사고가 아닌 사건이었다. 그리고 무엇보다 "국가가 국민을 구조하지 않은 사건이었다".[1] 우리가 무기력하게 수치심을 느끼며 생중계로 지켜본, 304명을 집어삼킨 세월호 참사는 '국가란 무엇인가'에 대한 깊은 고민과 근본적인 회의를 던져 주었다.

한마디로 시큐리티security의 부재였다. 4월 16일 이후 진도 앞바다에 국가는 사실상 없었다. 국가는 구조의 손길이 필요한 진도 앞바다가 아닌 오히려 우리 앞에 존재했다. 국가가 '입'으로만 존재하는 것처럼 보였다. 최선을 다하겠다, 최대한 힘쓰겠다, 모든 걸 동원하겠다, 책임을 다하

* 이 글은 「과거사와 세월호 참사 진상 규명을 둘러싼 쟁점과 평가」, 『역사비평』 109호, 2014를 소폭 가필한 것이다.

겠다, 엄벌하겠다. 유체 이탈식 화법이 난무했다. 생환하기를, 아니 시신만이라도 온전히 돌아오기를 바라던 가족들에게 죄송하다는 말은 거의 없었다. 피해자·유족이 아닌 대통령의 심경만을 깊이 헤아리는 사람들이 실언과 막말을 해댔다. 그것도 세월호 참사 진상 규명을 위한 국정조사 자리였다.

"유가족이면 좀 가만히 있으라."

"가만 있으라"라는 안내 방송 때문에 생때같은 자식을 잃은 이들에게 고함치며 내뱉은 말이다. 6·4 지방선거 때 "머리부터 발끝까지 다 바꾸겠습니다"라고 국민들에게 읍소하며 다녔던 이의 말이었다.

박근혜 대통령은 5·19 대국민 담화에서 눈물로 사과하고 진상 규명을 위해 특별법과 특검 수사를 약속했다. 그러나 국회의 세월호 참사 진상 규명을 위한 국정조사 자리에서 청와대와 정부·여당이 보여 준 태도는 그 반대였다. 그들은 시종일관 이 사건을 '사고'로 명명했다. '교통사고'로 비유되기도 했다. 그리고 보상을 들먹인다. 이른바 '사고-보상' 프레임으로 정부 각 부처와 '댓글 부대'가 대국민 심리전을 벌이고 있다. 일부 메이저 언론 스스로도 대국민 심리전의 기관이 되어 백색 선전, 회색 선전, 흑색 선전을 수행하고 있다. 전시 수준의 민관군 합동 심리전이 전 사회적으로 수행되고 있다.

이 모든 것이 '세월호 참사'를 구성한다. 다시 말해 이 참사는 세월호 선박 침몰 사건, 정부의 구난·구조 실패뿐만 아니라 정부와 언론의 심리전으로 피해자·유족, 그리고 우리의 마음과 몸을 억압하고 고통스럽게 한 것을 포괄한다.

세월호 참사 진상 규명과 정의 수립이라는 중대한 과업이 우리 앞에 놓여 있다. 청해진해운과 유병언 일가는 침몰 사건의 책임자일 뿐이다. 국가가 국민을 구조하지 않은 사건의 책임(자)은 따로 있다. 국가와 언론이 피해자·유족과 국민을 상대로 심리전적 대응을 하며 고통스럽게 한 책임(자)은 따로 있는 것이다. 이에 대한 독립적이고 성역 없는 철저한 진상 조사가 필요하다.

진도 팽목항, 광화문 광장, 국회 본청과 청와대 앞에는 차고 넘치는 수많은 '사실'이 있다. 그럼에도 '진실'은 잘 드러나지 않은 듯하다. 이것을 어떻게 드러낼 것인가? 어떻게 대면하고 응답할 것인가? 국가가 그나마 '국가다움'stateness을 회복하려면 이 작업에 적극 나서야 한다. 그런데 국가가 스스로 그렇게 할 수 있을까?

국가라는 배의 조타를 온전히 청와대와 정부·여당, 세월호 참사의 진상을 은폐하려는 자들에게 맡기면 그 일은 난망하다. 그것이 특별법에 근거한 진상 규명 특별조사위원회라는 거버넌스형 기구에 피해자·유족과 국민이 적극 참여하고 개입해야 하는 이유이다. 진상 규명에 그치지 않고 특별검사를 통해 사법적 정의를 수립하기 위해서라도 더욱 배의 조타를 함께, 아니 더 주도적으로 해야 한다. 그 길은 전인미답의 길이다. 그럼에도 우리에게는 다행히 이와 유사한 과거의 작업 사례와 경험이 있다. 15년의 적지 않은 세월 동안 과거 청산의 실패와 부분적 성공 사례를 축적한 것이다.

이 글은 과거 진상 규명 활동의 기본 방향과 쟁점들을 분석적으로 평가하고, 이를 세월호 참사 진상 규명의 맥락에서 살펴보고자 한다. 구체적인 실무적 대안을 제시하기보다는 각 쟁점에 대한 깊이 있는 이해와 문제 해결의 기본 방향을 제시하는 것에 초점을 맞출 것이다.

첫째, 과거 국내외의 진상 규명 작업 사례와 경험 속에서 진상 규명의 기본 방향을 둘러싼 쟁점, 즉 진상 규명의 의미와 목적, 진상 규명 작업의 역사와 모델을 평가할 것이다. 그리고 세월호 참사 진상 규명의 기본 방향을 둘러싼 쟁점들을 검토하면서 앞서 과거 사례·경험 분석의 시사점을 바탕으로 평가할 것이다.

둘째, 진상 규명의 방법을 둘러싼 쟁점, 특히 위원회 구성과 위상 및 독립성, 피해자·유족의 참여와 주도 문제, 조사 권한과 수사·기소권, 조사 활동 기간을 중심으로 과거 사례·경험의 연속에서 세월호 참사 진상 규명 방법의 쟁점들을 분석하고 평가할 것이다.

2. 진상 규명의 기본 방향을 둘러싼 쟁점과 평가

진상 규명의 의미와 목적

여러 차례의 역사적 이행기 때마다 한국 사회는 한 시대를 깨끗이 정리하지 못하고 다음 시대로 넘어갔다. 그 과정에서 과거 청산의 과제는 겹겹이 쌓여 갔다.[2] 이런 과거를 뒤늦게 정리하고자 했다. 문민 정부, 국민의 정부, 참여 정부 15년의 시간은 '과거의 일'(과거사)들을 '정리', '청산'하기 위한 제도들을 만들고 실행하던 세월이었다. 이 짧지 않은 세월 동안 우리는 무엇이 그리 급했는지, 또는 무엇에 그리 떠밀렸는지 법적·행정적 프로세스로만 과거사를 대면했고, 응답했다. 정리와 청산, 심지어 '극복'의 철학을 성찰적으로 소화하지 못한 채 이루어진 것이었다. 그래서일까? '과거이지만 현재화된' 사건에 대한 우리의 대면과 응답은 불완전했고, 심지어 폭력적이라는 말까지 들어야 했다. '광주 5·18 사건', '거창 양민 학살 사건',

'제주 4·3 사건', '의문사 사건', 그리고 참여 정부에서 '포괄적 과거 청산'으로 묶인 과거사들에 대한 대면과 응답이 그러했다.

과거사의 대면과 응답에서 핵심은 진상 규명으로 보인다. 과거사 법들의 목적 조항을 보면 진상 또는 진실을 규명하거나 밝힌다고 명문화한 경우가 많다는 점에서도 확인할 수 있다. 그렇다면 이 진상 규명이란 무엇일까? 사전적으로 보면, 거짓 없이 사실을 밝혀내는 것을 의미한다. 그런데 그렇게 간단치가 않다. 진상 규명은 사실의 발견과 발굴에 바탕을 두고 있지만, 이를 어떻게 구성하는가에 따라 그 내용과 성격이 달라질 수 있다. 과거사 법과 관련해 생각해 보자면, 진상 규명은 조사한 사건들의 편린들을 배치하고 조합하는 것을 넘어 법의 제정 목적과 목표에 부합하도록 재구성하는 것이라 할 수 있다.[3] 한마디로 목적에 따라 조사된 사실에 의한 재구성이라는 것이다. 최근 "사건은 진실과 관계하는 대면과 응답의 대상"[4]이라는 말이 회자되고 있는데, 이렇게 보면 진상 규명이란 목적에 따라 조사된 사실에 의한 재구성을 통해 사건을 대면하고 이에 응답하는 것이라고 볼 수 있을 것이다.

이런 인식과 논리에서 보면 진상 규명은 그 자체로 목적과 연동된다. 즉 '무엇을 목적으로 과거사를 진상 규명하는가'라는 질문이 자연스럽게 이어진다. 우선적으로 생각해 볼 수 있는 것은 진상 규명의 목적이 처벌인 경우이다. 이때의 진상은 (형사)사법적 진실이며, 피해 사실과 함께 가해 주체(개인과 조직·집단 범죄)와 행위의 규명이 주된 내용이 될 것이다. 다시 말해 사법적 진상 규명은 처벌을 통한 사법적 정의 수립을 추구하는 것이다.

그러나 사법적 진상 규명 모델에서는 형사처분할 수 없는 '가해 구조'의 규명은 난망하다. 수사-기소-재판으로 이어지는 형사 사법은 개별 '가해 행위'의 책임을 밝혀내는 것에 한정되어 있다. 처벌되지 않는 영역, 예컨대 불법은 아니지만 고쳐야 할 관행의 문제까지 파헤쳐 가해를 근절하고 반복되지 않도록 하기 위해 반드시 규명되어야 할 구조와 역사가 있는 것이다. 즉 사법적 진실로 결코 회수되지 않는 구조적·역사적 진실이 있다. 그리고 구조적·역사적 진상 규명은 그 자체로 사회적·역사적 정의 수립을 추구한다.

한국에서의 과거 청산의 역사와 모델

한국에서는 과거사와 관련해 사법적 진상 규명을 통해 가해자/집단을 처벌하고 정의 수립을 추구한 경우가 없다. 대한민국 정부 수립 직후 친일파 청산을 위한 반민법 제정과 반민특위 활동을 미완의 시도이기는 했지만 그나마 이에 근접한 것으로 평가할 수 있을 것이다. 일각에서는 '광주 5·18 사건'을 이에 대한 사례로 평가하는 경우도 있는데, 이는 다소 과대평가이지 않을까 싶다. 분명 김영삼 정부가 여론에 떠밀려 '5·18 사건' 관련자들을 기소했지만, 소수의 신군부 세력만을 대상으로 축소시킨 것이었다. 광주 학살 사건에 대한 핵심 진상들은 규명되지 않은 채 우회되었다. 일부 인사들의 처벌, 그것도 사면을 전제로 한 처벌과 맞바꿔졌다. 그리고 원상회복rehabilitation의 차원에서 이루어진 '배상'이 아니라 '보상'이라는 형태의 금전 살포도 이루어졌다.[5]

'광주 5·18 사건'과 거의 같은 시기에 이루어진 '거창 사건' 정리와 청산은 더욱 퇴행적인 형태로 이루어졌다. 진상 규명 없이 보상으로 정리되었다. 그리고 신원면 주민의 학살만이 피해 '양민'으로 인정되었고, 명예 회복되었다. 동일한 사건으로 학살된 인근 지역의 주민들은 배제되었고, 결과적으로 '양민'이 아니게 되었다. '거창 사건'의 정리가 의도하지 않게 동일한 죽음 간의 위계를 발생시키는 효과를 산출한 것이다.

김영삼 정부 시기에 진행된 과거사 정리와 청산은 '진상 규명 없는 보상' 모델에 입각한 것이었다. 다만 '광주 5·18 사건' 청산 작업은 역사적 이행기에 진행되었기 때문에 국회 청문회를 통한 부분적인 진상 규명과 가해자 일부에 대한 꼬리 자르기식 처벌이나마 가능했다.

김대중 정부 이후 본격화된 과거사 정리와 청산 작업에서는 진상 규명을 명시적으로 추구하고자 했다. 진상 규명을 통해 피해자의 명예 회복과 배·보상, 가해자 처벌을 통한 정의 수립의 기반을 세운다는 것이었다. 테오 반 보벤Theo Van Boven 보고서에 기초한 UN의 과거 청산 5원칙이 한국에 소개되어 적극 활용되었다. 그러나 여러 차례 '이행기 정의' transitional justice 수립의 도전을 물리쳤던 한국의 기득권 세력의 저항은 만만치 않았다. 보수와의 연합이라는 김대중 정권의 제약 역시 철저한 진상 규명을 추구하는 데 방해 요소로 작용했다. 무엇보다 한국은 국가 범죄 행위에 대해서조차 소멸 시효를 인정하고 있고, 가해자들의 사생활을 법적으로 보호하고 있다. 그 결과 사법적 진상 규명을 배제한 채 역사적 진상 규명만을 추구하는 접근이 정립되었다. 처벌이 아니라 '국민 화합'이라는 목적을 위한 것이었는데, 가해자를 드러내지 않는 방식으로 진행되었기 때문에 피해자의 명예 회복과 기념만이 국민 화합의 방법으로 허용되었다. '제주 4·3 사건'의 과거사 정리와 청산이 그렇게 이루어졌다.

김대중 정부 시기에 진행된 과거사 정리와 청산은 한마디로 역사적 진상 규명(+명예 회복) 모델이라고 할 수 있다. 이 모델에서 다소 벗어난 것이 의문사 사건에 대한 진상 규명이다. 김대중 정부와 노무현 정부 시기에 걸쳐 있는 이 진상 규명의 목표는 위법한 공권력의 직간접적 행사 여부와 사인을 밝히는 것이었다. 조사 지연과 방해를 극복하고 가해자와 연루자의 이름을 확인하기도 했지만, 결국 보고서에는 무기명으로 수록하게 되었다.[6] 결과적으로 사법적 진상 규명도 아닌, 그렇다고 역사적 진상 규명도 아닌 미완의 청산 작업이 되어 버렸다.

이 역사적 진상 규명 모델은 노무현 정부의 진실·화해 모델로 수렴되었다. 과거 청산 없는 민주주의의 위기를 탄핵으로 절감한 노무현 대통령은 2004년 8·15 담화에서 '포괄적 과거 청산'의 필요성을 제기했고, 정부와 집권 여당, 시민사회가 이에 화답했다. 이에 대한 기득권 수구 세력의 저항은 이른바 '뉴라이트'의 출현으로 이어질 만큼 강력한 것이었지만, 김대중 정부 때와 비교하면 이를 충분히 상쇄하고도 남을 유리한 정치·경제·사회 환경이 조성되어 있었다. 이런 상황에서 노무현 정부와 열린우리당, 시민사회가 기득권 수구 세력의 저항을 뚫고 가까스로 지켜 낸 것이 과거사들을 한데 묶어 정리하는 진실·화해 모델이었다.

노무현 정부의 진실·화해 모델과 관련해 종종 남아프리카공화국의 진실과 화해 위원회 사례를 참조한 것처럼 언급된다. 진실 규명을 위해 가해자가 죄를 인정하면 처벌하는 대신 사면했다는 점, 다시 말해 진상 규명과 불처벌impunity 모델인데, 이러한 평가는 단선적인 비교에서 나온 오해라고 생각한다. 남아공의 진실과 화해 위원회는 조사 권한으로서 동행명령(소환권)은 물론 수사권을 가지고 있었고, 진실을 말하는 가해자들을 사면할 수 있는 권한을 가지고 있었다. 가해자와 피해자 사이의 화해는 가해자의 죄 인정과 진실 말하기라는 전제에서, 그리고 그것을 피해자들이 받아들인다는 점에서 가능한 것이었다.

그러나 노무현 정부의 진실·화해 모델에서 화해는 국민 통합이 강조되는 기조 속에서 사실상 사문화된 것이었다. '진실·화해를 위한 과거사 정리 기본법'(이하 '진실화해위법')은 진상 규명을 통해 "가해자의 참회와 피해자·유족의 용서가 이루어질 수 있도록 화해를 적극 권유"(第39조)한다는 내용을 담고 있었지만, 이를 실현시킬 장치는 형식적이어서 사실상 공백이나 다름없었다.[7] 그 결과 진상 규명을 바탕으로 수행할 목표를 사실상 잃어버렸다. 진상 규명만이 목적으로 남게 된 것이다.

애초부터 한국의 진실·화해 모델이 "진상 규명과 명예 회복은 최대로 하고 처벌은 최소화하되 보상은 신중하게"[8] 한 것이라는 주장이 있었다. 다시 말해 현실적 제약으로 정의 모델 대신 진실 모델을 선택했다는 것이다. 법적·정치적 처벌보다 진상 규명을 통한 사회적 처벌의 길을 찾고자 했으며, 진상 규명이 이루어지면 후일 처벌에 대한 사회적 공론도 기대할 수 있다는 것이었다.[9]

그렇다면 진실·화해 모델에서 추구했던 이른바 최대치의 진상 규명은 어떤 수준이었을까? 진실화해위법은 신청된 개별 피해자의 '희생 진실'을 규명하는 것을 규정하고 있다. 그러나 진실화해위(집단희생조사국)는 피해자 확인 진상 규명을 넘어서 학살 사건에 대한 역사적·구조적 진상 규명을 보고서에 담아내고자 했다. 더 나아가 가해 주체와 지휘 명령 계통을 통해 국가의 법적 책임성을 확인하는 사법적 진상 규명도 시도했다. 이와 관련해 책임자였던 상임위원 김동춘은 이 세 가지 진실 간에는 긴장이 있지만 종합적으로 조사해 보고서에 반영될 수 있도록 노력했다고 말한다.[10]

사법적 진상 규명(개별 피해 사실 확인과 가해 책임 진실)과 역사적·구조적 진상 규명은 성격이 다르기 때문에 하나의 보고서에 이를 종합하기는 매우 어렵다. 조사의 대상, 방법, 기간, 조사에 필요한 전문성이 제각각 다를 수밖에 없기 때문이다. 그럼에도 두 가지 다른 차원의 진상 규명을 위한 조사 전체를 개별 조사관이 담당해 지역의 군 단위 보고서에 종합하는 방식을 취하도록 했다. 그 결과 두 차원의 진상 규명 간의 긴장과 갈등만 표출된 것이 아니라 개별 조사관의 역량에 따라 규명된 진실들의 편차가 지역에 따라 크게 발생했고, 일부 진상 규명의 부실도 나타났다.[11]

정호기는 진상 규명 결정 이후 사법적 책임과 배·보상 등의 목표를 수행할 것이라면, 책임 구조와 가해자가 명확하게 드러나고 사건의 정황 등이 보다 구체적이고 치밀하게 작성되어야 한다고 논의한다.[12] 진상 규명 결정을 통해 무엇을 할 것인가가 분명하지 않은 모델의 한계가 종합적인 진상 규명의 실패로 귀결되었다는 지적이다. 우리는 이러한 지적에 성찰적으로 대면하고 응답해야 한다. 과거사 정리와 청산은 완료된 것이 아니라 이제 새로운 라운드로 접어들었기 때문이다.[13]

세월호 참사 진상 규명의 기본 방향을 둘러싸고

'4·16 세월호 참사' 진상 규명의 기본 방향도 이런 맥락에서 풍부하게 논의될 필요가 있다. 세월호 참사의 진상 규명을 위해 여당 안(새누리당 김학용 의원 안),[14] 야당 안(새정치민주연합 전해철 의원 안),[15] 피해자·유족 안[16]이 국회에 제출되어 있으며,[17] '10·31 최종 합의안'과 '4·16 세월호 참사 진상 규명 및 안전 사회 건설 등을 위한 특별법안'이 뜨끈한 채로 우리 앞에 놓여 있다.

여당 안은 세월호 참사에 대한 정부 여당의 '사고-보상' 프레임에서 잘 나타난다. 세월호 침몰은 '사고'이며, 이에 대해 피해자·유족에게 피해 '보상'을 한다는 것이다. 여당 안에서 진상 규명은 사고에 대한 조사 처리에 불과하며, 사고 '희생자'들을 국가가 금전과 명예 회복으로 구제하겠다는 의도를 표명하고 있다. 검찰과 감사원이 수사·기소와 감사를 통해 이미 악덕 기업가인 유병원 일가를 처벌하고 재산을 환수하는 한편 일부 하위직 공무원에게 형사적·행정적 책임 소재를 묻는 방식으로 정리하고 있기 때문에 그것이면 충분하다는 것이다. 이런 상황에서 여당 안의 진상 규명은 침몰 사건과 정부의 구조 실패 사건의 주요 책임자와 조직에 대해 면죄부를 부여하고 구조적 원인과 그 책임 소재에 대해서는 아예 눈감고 있는 것이다. 결국 이 진상 규명 없는 보상 모델은 이전의 국가 재난 백서처럼 국가 재난 관리 체계 개선 등을 잔뜩 나열한 '페이퍼 대책'으로 기능할 것이다.

이에 반해 야당 안과 피해자·유족 안의 진상 규명 기본 방향은 공통적으로 진상 규명을 통한 정의 수립이다. 물론 두 안 사이에도 큰 차이가 있다.

야당 안은 세월호 참사의 사실 관계와 책임 소재에 대해서만 조사해 진상 규명하는 안이다. 진상 규명의 목적은 한편으로 수사·기소와 감사를 의뢰하는 것이며, 다른 한편으로 피해를 배·보상하는 것이다. 즉 진상 규명과 보상 모델에 입각해 있다. 그런데 이 안은 상설특검법[18]상의 특검을 전제로 하고 있다. 다시 말해 이 안은 강력한 조사 권한(진상규명위원회에 사법 경찰관 권한 부여)으로 규명된 사건의 구조적 진상과 책임 소재를 특검 수사와 기소의 재료로 활용될 수 있도록 한 것이다. 투 트랙으로 진행되는 진상규명위원회와 특검의 활동은 궁극적으로 진상 규명을 통한 법적 정의 수립 모델을 추구하는 것이라고 볼 수 있다.

피해자·유족 안은 야당 안보다 더 강력하게 폭과 깊이를 더한 진상 규명을 추구하고, 이를 통해 법적·사회적 정의를 수립하고자 한다. 그리고 세월호 참사에 국한하지 않고 안전 사회 건설과 확립이라는 목적도 내세우고 있다. 이를 위해 야당 안과 달리 특검을 진상규명위원회 안으로 총괄시켜 특검의 수사·기소권을 진상규명위원회의 조사권 강화로 활용하고자 한다. 주지하듯이 특검은 계좌 추적, 압수 수색, 강제 구인 등의 조사와 수사에서 강제력을 발휘하는 데 용이하지만, 형사처벌이 목적이기 때문에 범죄 성립 여부를 고려해 수사·기소 대상을 제한하는 단점이 있다. 그리고 일반적인 진상 조사를 위한 (국가)위원회는 범죄로 볼 수 없는 상황이더라도 참사의 배경이 되거나 관련 있는 사안에 대해서 포괄적으로 조사할 수 있는 반면, 조사 권한을 아무리 강력하게 부여하더라도 특검의 강제수사권과 기소권보다는 효율적이지 못하다.[19] 피해자·유족과 그들의 법적 대리인들(대한변협, 민변)은 가해자·책임자 '개인'에 대한 집중된 강한 법적 처벌 못지않게 '조직'과 '구조'에 대한 넓은 범위의 사회적 처벌을 집행할 수 있어야 정의를 회복하고 안전 사회를 확립할 수 있다고 보았고, 그래서 위원회와 특검의 장점, 구조적 진상 규명과 사법적 진상 규명을 종합하고자 시도한 것이다. 특기할 것은 배·보상 문제가 피해자·유족의 요청에 따라 사실상 공백 상태로 남게 되었다는 것이다. 정부 여당의 '사고-보상' 프레임에 맞서 '사건-진상 규명·처벌' 프레임으로 싸우다 보니 피해자·유족이 스스로 배·보상 문제를 뒤로 미룬 것이다.[20] 국가적·사회적 재난의 재발 방지를 위한 조사·연구와 정책·대안의 마련, 그리고 사회적 치유 및 기억을 진상 규명 안에 총괄한 점도 주목된다. 이렇게 보면 피해자·유족 안은 구조적·사법적·사회적 진상 규명을 종합적으로 추구하는 진실-정의-안전 모델을 한국 사회에 새롭게 제시하고 있다.

세월호 참사 200일을 하루 앞두고 여당과 야당이 '10·31 최종 합의안'을 도출했다. 그리고 11월 7일 세월호 특별법이 국회에서 통과되었다.[21] 결과적으로는 원래의 야당 안에서도 후퇴한, 진상 규명과 정의, 안전 사회를 추구하기에는 매우 미흡한 안이 나왔다. 피해자·유족대책위원회가 지적했듯이, 진상 규명과 특검에서 가장 중요한 것은 "권력으로부터의 독립성, 조사 및 수사 대상으로부터의 독립성, 보다 구체적으로는 청와대와 정부·여당의 영향력 행사로부터의 독립성"[22] 확보임에도 불구하고 이를 보장하고자 하는 의지가 상당히 약한 합의안이기 때문이다.

최종 합의 및 특별법의 핵심적 내용과 특징은 진상 규명과 특검을 분리하고 있으며, 국회의 일원임을 자각하지 못하고 당리당략적으로 세월호 참사에 책임을 져야 하는 정부를 대변하는 여당이 특별조사위원회의 구성 및 활동과 특검 후보의 추천에 상당한 영향력을 행사할 수 있게 한 것이다. 구체적으로 들여다보면, 특별조사위원회 위원장은 피해자·유족이 추천하기로 했지만, 부위원장 겸 사무처장은 여당이 추천하기로 했다.[23] 특별조사위원회의 예산과 인력 관리를 실무적으로 담당하는 사무처장을 통해 정부·여당이 개입할 수 있는 여지가 커진 것이다. 이명박 정부 시기 진실화해위의 파행 경험과 여당이 세월호 참사 국정조사에서 보여준 행태를 비춰 보면, 이 우려는 지극히 현실적이다. 수사·기소권은커녕 기대에 훨씬 못 미치는 조사 권한과 짧은 활동 기간도 사실상 진상 규명의 부실로 이어질 가능성이 크다. 특검과 관련해서도 피해자·유족의 참여가 상당히 제약받게 되었다. 여야의 '9·30 3차 합의안'의 특검 후보 추천에서의 피해자·유족 배제 기조가 그대로 이어졌다. 다만 여당과 야당은 자신들의 특검 후보 추천을 피해자·유족에게 사전 동의받을 것을 약속했을 뿐이다. 구두가 아닌 협약 체결로 약속을 보장받은 것은 그나마 다행이기는 하지만, 애초부터 피해자·유족이 특검 후보를 독자적으로 추천하지 못하는 것은 피해자 중심의 진상 규명과 정의 수립이라는 국제 규범에 한참 미달하는 것이다.

피해자·유족은 이처럼 불충분하고 미흡한 여야의 최종 합의안과 특별법에 대해 비판적인 입장을 밝히고 그럼에도 불구하고 "지난한 합의 과정을 존중하여" 보완점을 건설적으로 제시했다. 최종 합의안을 수용한 것이 아니라 반대해도 아무것도 바뀌지 않는 현실을 비판적으로 수용한 결과였다. 특별법은 합의되었지만, 시행령 및 여러 세부 규정과 특별조사위원회 구성 및 활동 과정에서도 세월호 참사 진상 규명의 기본 방향을 둘러싼 싸움은 계속될 것으로 보인다. "각계 전문가들과 함께 민간 조사 기구를 구성하여……향후 진상 조사 과정에서 검토, 감시, 제안 등의 활동을 적극적으로 펼"치고 문제가 있을 경우 "국민들과 함께 특별법 개정 운동 등의 강력한 대응에 나설 것"이라는 피해자·유족의 선언은 이를 단적으로 드러낸다.[24]

3. 진상 규명의 방법을 둘러싼 쟁점과 평가

위원회의 구성과 위상, 독립성

과거사 진상 규명의 대상은 국가가 과거에 저질렀거나 큰 책임이 있는 조직적인 범죄이다. 과거사에서 국가 범죄는 거의 대부분 국가기관인 군, 경찰, 정보 기관 등이 최상층의 명령에 의해서 집단적으로 자국민, 특히 비무장 민간인을 학살하거나 심각하게 인권을 침해한 사건이다. 오랜 세월 동안 이 같은 국가 범죄에 대해서 국내적으로는 법적 책임을 제기하는 것이 거의 불가능했다. 한국에는 전시—그것이 실제적이든 픽션적이든—에 국가가 조직적으로 자국민을 집단 학살한 것에 대해 죄의 책임을 묻는 법이 없기 때문이다.[25]

이렇게 볼 때 국가 범죄를 단죄할 특별법을 제정하는 것은 가장 필수적인 작업이며 첫 수순에 해당하는 것이었다. 그다음 수순은 이 법에 근거해 국가 범죄에 책임을 묻는 국가기구의 설립이었다. 다만 국가가 저지른 범죄를 스스로 해결할 수 없기 때문에 시민사회(와 피해자·유족)와의 거버넌스형 조직 구성을 통해 기존의 국가기구를 압박, 진상 조사하는 국가위원회가 필요했다.

그런데 이 위원회를 구성하는 과정은 순탄치 않은 과정이었다. 노무현 정부 시기 정부와 집권 여당은 완전한 진상 규명을 통한 정의 수립을 추구하는 시민사회의 요구를 제어하고 국민 통합을 위해 부분적인 진상 규명과 형식적인 화해로 과거 청산의 문제를 적당히 봉합하고자 했다. 그러나 이러한 타협적 구상마저도 수용할 수 없는 야당과 기득권 수구 세력의 강한 저항에 부딪혔다. 이 갈등이 위원회의 구성에 고스란히 반영되었던 것이다. 그 결과 위원회 활동의 핵심인 위원의 추천이 과거 청산을 좌절시키려는 세력에게도 상당한 몫으로 배분되었다.[26] 이런 상황에서 위원의 직무상 독립과 신분 보장 규정은 형식적인 장치로 전락했다.

위원회는 여타 독임제 조직과 달리 합의의 정신에 따라 운영되는 조직이라는 말들을 여럿 한다. 무조건 다수결로 밀어붙이기보다는 모든 위원의 의견을 충실히 반영하는 방향으로 타협해 결정을 한다는 것이다.[27] 위원장도, 상임위원과 비상임위원 모두 1표로 행사된다. 이 논의를 전제하면, '나눠 먹기'식 위원회 구성에서는 소위원회를 통해 올라온 진상 조사의 결과들이 전원 위원회에서 진상 규명 결정으로 확인되기가 무척이나 어렵다는 것을 의미한다. 진상 조사된 결과들이 '규명'이라는 형식으로 결정되기까지 오랜 시간이 걸렸고, 그 과정에서 '진상'이 누더기가 되는 경험을 우리는 진실화해위를 통해 목도한 바 있다.

더 근본적으로는 위원회가 강한 행정 집행권도 갖지 못하며, 위원회 결정이나 권고도 재판과 같은 구속력을 갖지 못한, 행정부도 아니고 사법부도 아닌 한시적 활동 기구라는 한계를 절실히 깨달았다.[28]

행정부도 사법부도 아닌 위원회의 애매모호한 위상은 예산 편성과 인력 충원 문제에서도 불거졌다. 법 운용의 현실에서 "위원회는 그 권한에 속하는 업무를 독립하여 수행한다"는 규정('진실화해위법' 제3조)이 무색한 상황이 벌어졌다. 위원장의 예산 편성 권한(제7조)과 사무처 설치 권한(제14조)이 독립성 규정을 뒷받침해 주지 못했다. 예산 관련 조항에서 위원회는 '독립 기관'이 아닌 '중앙 관서'였고, 정부 예산 부처의 승인 없이는 독자적인 예산안을 편성·보장받을 수 없었다. 또한 사무처 설치 조항에서 인력의 정원을 구체적으로 규정하지 못했기 때문에 위원회가 인력 충원이 필요하다고 판단하더라도 행정자치부의 인력 조정 계획에 의해 제한을 받았다. 그 결과 위원장이 진상 조사를 뒷받침하는 핵심적인 사무 조직을 지휘·운영하는 데 독립성을 보장받지 못하는 상황이 발생했던 것이다. 위원회는 독립성을 표방했지만, 실제 활동에 있어서는 여타 정부

부처의 지원과 협조 없이는 굴러갈 수 없는 상황이었던 것이다.

'4·16 세월호 참사'를 진상 규명할 특별조사위원회의 구성과 위상, 독립성 보장 논의도 이런 맥락에서 논의될 필요가 있다. 7월 7일 청원된 피해자·유족 안은 과거의 진실화해위·의문사위 등의 경험과 그 한계를 비판적으로 검토하고 보완한 것이었다.

특별조사위원회 구성에서 핵심 사항인 위원의 추천과 관련해서는 여당과 야당이 각각 4명씩 위원을 추천하고, 피해자·유족이 8명을 추천하며, 위원장은 피해자·유족이 추천하는 위원 중에서 임명하도록 했다. 그리고 진실 규명, 안전 사회, 치유·기억 등 3개의 소위원회로 업무를 분장해 전문성을 강화했다. 특별조사위원회의 진상 규명 결정의 독립성, 민주성, 대표성을 확보하기 위한 장치를 마련한 것이다.

또한 행정부도 사법부도 아닌 한시적 활동 기구임에는 변함이 없지만, 예산 관련 규정을 통해 특별조사위원회를 국회, 대법원, 헌법재판소, 중앙선거관리위원회에 준하는 '독립 기관'으로 자리매김했다. 사무처 설치 규정에서도 조사관 정원을 100명(+행정·회계직 20명, 총 120명)을 구체적으로 명시함으로써 최소한도의 조사 인력을 보장받도록 했다. 특별법에 근거한 특별조사위원회의 구체적 위상을 자리매김하고, 조사 및 진상 규명 활동에 필요한 예산과 조사 인력을 확보할 수 있는 최소한의 장치를 마련한 것이다.

그러나 '10·31 최종 합의안'과 특별법은 진상 규명에 필요한 이러한 기본적 요구를 다시 누더기로 만들었다. 위원 추천은 여당과 야당이 각각 5명, 대법원장이 2명, 대한변호사협회장이 2명, 피해자·유족이 3명을 추천하도록 했다. 피해자·유족의 추천 몫이 진상 규명의 책임으로부터 자유롭지 못한 여당 몫보다도 적은 것이다. 피해자·유족 중심의 진상 규명이라는 국제 규범이 무색해지는 추천 비율이다. 이러한 '나눠 먹기'식 특별조사위원회 구성으로는 얼마나 진상 규명 의지를 가지고 독립적으로 활동할 수 있을지 회의적이다.

위원장은 피해자·유족이 추천하도록 했지만, 부위원장 겸 사무처장을 여당이 추천하도록 합의한 것도 심각한 문제이다. 사무처는 예산과 인력으로 진상 규명을 뒷받침하는 핵심적인 조직으로, 과거 사례에 비추어 보더라도 위원장이 지휘하는 것이 마땅하다. 그런데 부위원장을 신설해 사무처장을 겸하게 하는 것은 피해자·유족이 추천하는 위원장의 권한을 약화시키겠다는 것이나 다름없다. 이것은 특별조사위원회의 예산과 인력에 정부·여당의 개입 여지를 남겨 둔다는 점에서, 다시 말해 "독립성을 훼손하고 성역 없는 조사 활동에도 큰 장애가 될 우려가"[29] 있다는 점에서 문제가 있다.

이것으로도 부족했던지 예산 관련 규정에서 특별조사위원회를 '중앙관서'로 위치시켰고(특별법, 제8조 4항), 예산 권한의 측면에서 보면 특별법이 선언했던 독립성을 유지할 수 없게 되었다. 조사 인력의 정원 역시 총 120명만 규정(제15조 1항)하고 조사관 정원은 구체적으로 명시하지 않은 채 시행령으로 미루어 놓았다.

피해자·유족의 참여와 주도 문제

한국의 과거 청산에서 피해자·유족은 어떤 존재였을까? 과거 청산 운동에서는, 예컨대 이를 위한 입법 운동에서는 핵심적인 '주체' 가운데 하나였다. 그러나 과거 청산이 법적·행정적인 제도적 절차로 접어드는 순간부터 피해자·유족은 민원(신청)인으로 '대상'화되었다.

진실화해위는 대외 협력 차원에서 유족·단체들에게 업무 브리핑을 실시했다. 법에 저촉되지 않는 범위에서 위원회 일반의 현황과 계획, 조사 진행 상황과 난점 등을 수시로 알렸고, 적극적인 의사소통을 시도했다. 국가 위원회인 진실화해위가 한 맺힌 이들에게 평생 처음으로 응답을 주고 책임지는 모습을 보여 주기 위해 이루어진 것이었다. 그러나 차츰 진실화해위는 유족을 너무 당당한 민원인으로 보기 시작했고, 유족회의 이익 단체화와 보상에 대한 요구에 관료적으로 대응하기 시작했다. 유족·단체를 어떻게 위원회 운영의 감시자이자 참여의 주체로 만들 것이냐에 대한 고민이 종국에는 이들의 개인적 민원을 어떻게 처리할 것인가로 귀결되었다는 김동춘의 성찰적인 고백이 이를 잘 보여 준다.[30] 그만큼 한국에서는 제도화된 과거 청산 과정에서 피해자·유족의 역할, 참여와 주도의 문제에 대한 진지한 고민이 폭넓게 공유되지 못했던 것으로 보인다.

이에 대한 국제 규범이 없었던 것은 아니다. 박용현에 따르면 UN은 1985년에 이미 '범죄 및 권력 남용 피해자를 위한 정의의 기본 원칙'을 선언해 "형사 절차의 여러 단계에서 피해자의 시각과 관심사가 표명되고 감안되어야 한다"(제6조)고 천명했다. 피해자가 사법 체계에서 '잊혀진 사람'이란 말이 나올 정도로 도외시되는 현상을 타개하려는 노력이었다.[31]

'분쟁 후post-conflict 정의에 관한 시카고 원칙'도 분쟁 후 정의(또는 이행기 정의)를 수립하는 과정에서 더 적극적인 피해자 중심의 접근을 강조한다. 진실위원회 구성에서 피해자·유족의 의견을 적극적으로 반영하도록 하고 있다(원칙 2). 또한 정의에 대한 접근권, 특히 민형사상 법적 절차에 직접적인 원고나 당사자로서 참여 기회를 제공하도록 하고 있다(원

칙 3). 진실과 정의의 성공적 실현에 피해자·가족의 참여가 중요하게 작용한다는 것을 천명했다.[32]

선진국의 여러 사법 제도 역시 이러한 문제의식을 반영하고 있는 추세다. 국가의 형벌권 독점이나 국가소추주의,[33] 재판의 공정성 같은 사법체계의 원칙을 해치지 않는 범위 내에서 피해자들이 능동적으로 형사 사법 절차에 참여할 수 있도록 보장하고 있다.[34]

이렇게 볼 때 지금까지 '세월호 정국'에서 보여 준 피해자·유족의 적극적 참여와 주도는 놀랍기만 하다. 생때같은 자식들이 구조되지 않은 채 추운 바다에 수장되는 것을 무기력하게 지켜볼 수밖에 없었던 피해자·유족들은 자식들이 두 번 죽지 않도록 보상보다 진상 규명을 절실히 요구해 왔다. 이를 위해 광화문 광장, 국회 본청과 청와대 앞에서 긴 농성과 단식 투쟁을 이어 왔다. 그 과정에서 피해자·유족들은 철저한 진상 규명을 위해 특별조사위원회에 수사권과 기소권을 달라고 정치권에 적극적으로 주문했다.

이들을 향해 정부 여당은 그동안 무시와 냉소를 보냈다. 5월 16일 세월호 유가족과의 면담에서 언제든 찾아오라고 했던 박근혜 대통령은 5개월 동안 피해자·유족을 만나 주지 않았다. '유민 아빠' 김영오 씨의 최장기간 단식 앞에서도, 프란치스코 교종이 "고통 앞에 중립은 없다"고 피해자·유족을 위로했을 때도 만나 주지 않았다. 10월 29일 국회 시정 연설을 위해 박 대통령이 방문한 국회 본청 앞에서 만나 주길 기다리고 있던 피해자·유족을 강제 격리시킨 채 그냥 지나간 것은 말 그대로 무시였다. 법 좀 안다는 여당 의원들도 피해자는 '가만 있으라', '빠져 있어라'라는 눈초리로 피해자·유족을 냉대했다.

현재 피해자·유족은 기존 입장에서 물러나 청와대, 정부, 여당으로부터 독립적인 진상 규명을 위한 특별조사위원회 구성과 조사 권한, 그리고 특검 후보 추천 과정에 참여하게 해달라는 최소한의 요구를 하고 있다.

지금까지 피해자·유족이 보여 준 모습은 진실과 정의를 추구하는 운동의 핵심 주체의 모습이었다. 진상 규명이 위원회 구성과 조사 개시라는 법적·행정적인 제도적 절차로 접어든다고 하더라도 과거처럼 민원인으로 대상화되지 않을 것이다. 국가에 의한 제도화된 진상 규명의 바깥에서 각계 전문가들과 함께 민간 조사 기구를 구성해 '사회 중심의 진상 규명'을 적극 펼쳐 나가겠다는 의지의 표명이 있었다. 가해자가 방해하는 진상 규명을 피해자 중심의 진상 규명으로, 국가 중심의 진상 규명의 한계를 사회 중심의 진상 규명으로 병행·보완하겠다고 말이다.

이 진상 규명의 목적은 정의 수립과 안전 사회 건설이라는 길에 닿아 있다. 청해진해운에 국한하지 않고 청와대, 정부, 유착 기업(언딘 등)을 상대로 성역 없는, 독립적인 특검 수사와 기소를 보장받기 위해 피해자·유족이 전면에서 싸우고 있다. 그 과정에서 이것이 사법 체계를 흔드는 것이 아니라 국제 규범과 선진국의 추세에 발맞추어 가는 것임을 한국 사회에, 그리고 우리에게 주지시켜 나가고 있다. 법률적 조력과 시민사회 단체, 여타 전문가들의 보조 활동이 있어 가능한 것이었지만, 피해자·유족의 주체적 운동은 국가 범죄에 대한 피해자 중심의 접근을 성공적으로 안착시킬 것으로 보인다.[35]

조사 권한과 수사·기소권

과거 국가 범죄와 공권력의 인권 침해에 대한 진상 규명을 위해서는 정부

부처 및 관계 기구의 협조가 매우 중요하다. 피해자의 증언(피해 사실 신청)을 뒷받침하거나 입증할 수 있는 자료와 가해자(증언)가 그곳에 있기 때문이다. 그래서 특별법은 조사 방법과 권한 등에 협조·협력 의무를 명시하고 있다.

그럼에도 의문사위와 진실화해위의 활동 경험 속에서 이 모든 협조 의무가 사실상 단지 자료 제출과 출석을 요구하는 도덕적 강제력에 불과했고, 실제 이를 거부할 경우 강제할 방법이 없다는 것이 판명되었다. 과태료 처분 방식의 벌칙 조항은 있으나 마나 한 것이었다. 노무현 정부 때는 청와대와 정부 부처 장관의 의지가 어느 정도 있었음에도 부처, 기관 안으로 들어가면 조직적 차원의 저항이 강하게 존재했다. 국정원, 국방부, 기무사, 경찰청, 검찰청 등 일사불란하게 움직일 것 같은 조직들도 정권이 바뀔 경우 닥쳐올지도 모르는 불이익을 피하기 위해 상부의 지시가 있더라도 하급에서 차일피일 자료 제공을 미루는 경우가 많았는데, 위원회는 이에 대응할 마땅한 방법(권한)을 갖고 있지 못했다.[36]

사실상 가해자이거나 또는 직간접적으로 책임이 있는 조사 대상자나 관계 기관의 협조는 자발적으로 나오는 것이 아니다. 막강한 조사 권한으로 강제적으로 이끌어 내야 한다. 이런 의미에서 조사 권한은 과거 청산 작업에서 진상 규명의 성공 여부를 가늠할 수 있는 가장 중요한 척도라 할 수 있다. 이런 의미에서 볼 때 의문사위와 진실화해위의 조사권은 늘어놓으면 많아 보이지만, 현실에서는 상당히 무기력했다.

피해자·유족이 '4·16 세월호 참사' 특별조사위원회의 조사 권한으로 요구한 수사·기소권 논의는 이런 상황을 배경으로 논의되어야 한다. 즉 피해자·유족 안은 의문사위와 진실화해위의 한계를 거울 삼아 조사 권한

<table>
<tr><th>의문사위</th><th>진실화해위</th></tr>
<tr><td colspan="2">조사 대상자, 참고인에 대한 진술서 제출 요구,
출석 요구와 진술 청취</td></tr>
<tr><td colspan="2">조사 대상자, 참고인, 관계 기관·시설·단체에 대한
자료 또는 물건의 제출 요구</td></tr>
<tr><td colspan="2">감정인의 지정 및 감정 의뢰</td></tr>
<tr><td colspan="2">필요한 장소에서 관련 자료나 물건 또는
기관·시설·단체에 대한 실지 조사</td></tr>
<tr><td colspan="2">동행 명령</td></tr>
<tr><td>통신 사실에 관한
확인 자료 제출 요청</td><td>사실 또는 정보 조회</td></tr>
<tr><td>고발 및 수사 의뢰</td><td></td></tr>
<tr><td>공소 시효 정지</td><td></td></tr>
</table>

〈표 1〉 의문사위와 진실화해위의 조사 권한

의 미흡으로 인한 자료의 미비, 관련자들의 증언 거부 등의 다양한 한계 상황을 타개하고자 한 것이었다.

이 수사·기소권의 의미는 크게 두 가지로 생각해 볼 수 있다. 하나는 철저한 진상 규명을 위한 조사 권한 강화의 도구적 수단으로서, 다른 하나는 진상 규명 후 (형사)사법적 정의를 실현하기 위한 수단으로서 수사·기소권이다. 피해자·유족 안은 특별조사위원회가 수사·기소권을 행사하는 방법도 구체적으로 제시했다. 진상 규명 소위원회 상임위원에게 독립적인 검사의 지위와 권한을, 조사관에게 특별 사법 경찰 관리의 지위와 권한을 부여하는 것이다. 그래서 사건의 조사 과정에서 조사 대상자나 중요 참고인에게 긴급을 요하는 경우 압수 수색, 검증, 증거 보전 조치를 할 수 있는 권한을 보장하려는 것이다. 의문사위와 진실화해위 실지 조사 과정에서 중요 참고인들이 갖고 있는 핵심 자료들을 보고도 눈앞에서 소실되는 상황이 여러 차례 있었다는 것을 감안할 때 이 권한은 성역 없는 조사를 위해 반드시 필요한 것이다.[37]

이와 별도로 특별조사위원회가 청문회를 개최할 수 있도록 요구하는 것도 주목된다. 청문회는 증인, 참고인, 감정인 등의 출석을 강제하고 신뢰성 있는 증언 및 진술 청취를 증거로 채택할 수 있는 방법이다. 청문회 진행의 방해에 대한 벌칙 조항이 강력하다는 점도 특별조사위원회의 조사 권한의 실효성을 확보해 준다.

이에 대해 청와대, 정부, 그리고 법을 좀 안다는 여당 지도부와 법조계 원로라는 인사들은 사법 체계를 흔드는 발상이라고 훈계하며 강하게 반대했다. 황교안 법무부 장관은 "수사기관이 아닌 곳에서 수사권을 가진 적이 없다"[38]라고 반발했으며, 여당 지도부도 앞서거니 뒤서거니 하며 검사의 권한인 수사·기소권을 민간인에게 준 전례가 없다고 표명했다. 그리고 피해자·유족에게 수사·기소권을 주는 것은 현행 법 체계에서 금지된 '자력 구제'[39]에 해당한다는 논리마저 설파되었다.

이 반대의 논리가 대국민 사기극에 가까운 것임은 여러 곳에서 논파되었다. 대한변협 소속 변호사 1,043명의 선언과 법학자 230명의 성명, 그 밖에 헤아릴 수 없는 지면에서 충분히 반박되었다. 이를 정리하면, 특별조사위원회는 민간 기구가 아니라 독립적인 국가기구이고, 특별 사법 경찰관리의 수사권을 조사관에게 부여하는 것은 이미 경찰, 검찰 근무 수사 공무원 외에도 다양한 영역의 공무원들에게 부여되고 있으며, 마찬가지로 이미 시행되고 있는 특검처럼 현직 검사는 아니지만 검사의 자격과 능력을 지닌 민간 변호사에게 검사의 지위와 권한을 부여하는 것은 현행 사법

체계에서도 전혀 문제가 되지 않는다는 것이다.[40]

자력 구제의 논리도 의도된 왜곡이었다. 경찰 핵심 요직을 거친 이완구 새누리당 원내 대표가 자력 구제의 의미를 정말 모르고 왜곡했다고 생각하지 않는다. 그 발언은 결과적으로 피해자·유족의 수사·기소권 요구를 사적인 복수를 원하는 것처럼 몰아가는 효과가 있었다. 이 논리에 동조하는 일부는 사인 소추(기소)의 차원에서 이해하기도 했다.[41] 국가가 기소를 독점하고 있는 대한민국의 사법 체계에서 피해자나 제3자가 증거를 수집해 가해자를 직접 기소하는 것은 분명 생경하다. 그러나 피해자·유족이 직접 기소권을 갖겠다고 한 것은 아니지 않은가? 피해자·유족의 요구는 특별법에 근거해 구성된 특별조사위원회라는 독립적 국가기구에 기소권을 부여하자는 것이었으니 이 논리도 왜곡된 것이다.

그럼에도 박근혜 대통령은 이 논란에 종지부라도 찍겠다는 듯이, 9월 16일 국무회의에서 "삼권분립과 사법 체계의 근간을 흔드는 일로, 대통령으로서 할 수 없고 결단을 내릴 사안이 아닌 것"이라고 못 박았다. 그러면서 "세월호 특별법도 순수한 유가족들의 마음을 담아야 하고, 희생자들의 뜻이 헛되지 않도록 외부 세력이 정치적으로 이용하는 일이 없도록 해야 할 것"[42]이라 말했다. 여당에게 제시한 확고한 가이드라인이자 피해자·유족과 국민에게 경거망동해 불순 세력으로 오해받지 말라고 보낸 최후 통첩이었다.

조사 대상 또는 참고인 대상인 청와대와 정부·여당이 이처럼 강력하게 반대하자 야당 지도부도 타협하려고 움직였다. 전해철 의원이 발의한 야당 안에도 조사 권한 강화 방편으로 수사권이 포함되었을 뿐 특검을 전제한 듯 기소권을 포괄하는 것을 상정하지 않고 있었다. 박영선 새정치민주연합 원내 대표 역시 7월 중순부터 수사·기소권은 포기하는 대신 특별조사위원회의 조사 권한은 그 어느 때보다도 강력하게 설계하겠다는 의중을 내비쳤다. 이에 피해자·유족은 제약된 현실의 수용 차원에서 특별조사위원회에 수사·기소권 부여를 포기하고 권력으로부터 독립적인 특검 추천을 마지노선으로 수용했다.[43] 그러나 그 결과는 피해자·유족의 양보안이 사실상 배제된 여야 간 '9·30 3차 합의'였다.

철저한 진상 규명과 사법적 정의 수립을 위한 수사·기소권 논의는 특별조사위원회의 조사 권한과 특검으로 분리된 채 갈수록 형해화해 가고 있다. 최근 '10·31 최종 합의안'과 특별법상의 조사 권한은 강력하게 설계하겠다는 말이 무색할 정도로 미흡한 실정이다. 과거와 비교할 때 청문회 개최 권한을 탑재한 정도가 진일보한 정도로 꼽을 수 있다. 나머지는 현상 답보 내지 후퇴한 것도 있다. 조사 대상자, 참고인, 관계 기관·시설·단체에 요구한 자료 제출이 거부되었을 때, 그 자료에 대한 열람권 규정이 사라진 것이다. 또한 실지 조사에 대한 규정도 모호해졌다. 실지 조사의 대상과 관련해 기관과 단체 용어를 뺀 채 장소와 시설로 한정했다. 이것은 실지 조사의 대상을 둘러싸고 해석 논쟁의 불씨를 의도적으로 남겨 둔 것이라고 볼 수밖에 없다. 조사 권한의 강제성을 부과할 벌칙 조항은 과거의 수준에 불과해 과거에 그랬듯이 여전히 있으나 마나 한 것이 되었다.

조사 활동 기간

국가 범죄와 공권력의 인권 침해를 진상 규명하는 위원회를 설립하는 것은 전인미답의 길이나 다름없었다. 여타의 국가 기구와 비교할 때 설립 목적과 위원회 조직의 특성, 운영 방법 등을 원점에서 시작해야 했다. 예산과 인력 충원 계획, 위원회 조직 및 운영에 필요한 각종 규칙, 조사 활동을 위한 각종 내규, 각종 매뉴얼, 양식 마련, 위원회 회의 개시, 조사관 선발과 교육, 조사 업무 개시 등 본격적 조사 활동을 위한 준비에 많은 시간이 투여되었다. 파견 공무원과 별정직 공무원 간의 여러 차이와 갈등을 적절히 제어하며 이끌고 가는 것도 상당한 노력과 시간이 소요되는 일이었다.[44] 진실화해위도 초기 1년 동안은 이러한 준비 업무가 상당했던 것으로 알고 있다.

본격적인 조사 활동은 숨기려는 자와 찾으려는 자 간의 길고 긴 숨바꼭질이다. 그렇게 힘들게 찾아낸 것도 역사적·사법적으로 입증해 내야 했다. 입증의 과정은 조사의 차원에서도 지난한 것이었지만, 규명 결정을 내리는 위원회 차원에서도 위원의 복잡한 구성상 힘들고 오래 걸리는 일이었다. 입증을 위해 구성된 사실들이 각하, 결정, 수정을 둘러싸고 사라지거나 갈기갈기 찢겨 나갔다. 그렇게 그 내용들은 보고서에 담겼다. 진실화해위가 활동한 5년이라는 시간은 최소한의 진상 규명을 성취하기에도 짧은 기간이었다.

애초 세월호 참사의 진상 규명을 위해 여당과 야당이 상정한 활동 기간은 각각 6개월(+3개월)과 1년(+6개월씩 2회 연장)이었다. 둘 다 국가를 상대로 성역 없는 조사 활동을 통해 진상 규명을 하기에는 턱없이 짧은 기간이었다. 초강력 조사 권한을 갖고 있더라도 세월호 참사의 구조적·사법적 진상 규명을 철저히 완수하기에도 부족해 보이는 시간이다.

이에 대해 피해자·유족 안이 제시한 기간은 2년(+1년)이다. 수사·기소권이라는 강력한 조사 권한을 갖고 있다는 것을 전제로 한 시간이었다. 사실 철저한 진상 규명과 대책 수립을 업무로 포괄함으써 비단 세월호 참사만이 아니라 그간 반복되어 온 시큐리티의 부재를 다소나마 해결하려는 목적이 있다는 것을 고려한다면 이 시간도 부족해 보인다.

그럼에도 '10·31 최종 합의안'과 특별법은 조사 기간을 1년(+6개월+3개월)으로 한정했다. 이 기간 동안 특별법 제5조가 규정하는 위원회의 업무를 수행하는 것은 목적하는 바와 달리 부실한 진상 규명으로 귀결될 수밖에 없어 보인다. 세월호 참사는 이전의 의문사위나 진실화해위와는 또 다른 성격의 진상 규명이며, 따라서 그 준비도 또 다른 전인미답의 길일 수밖에 없다. 준비 기간만 해도 상당한 시일이 소요될 것이다. 본격적인 조사 활동으로 들어가더라도 미흡한 조사 권한으로 짧은 기간에 소기의 성과를 거두기는 어려울 것으로 보인다.

4. 피해자·사회 중심 진상 규명의 가능성

이 글은 과거사와 세월호 참사의 진상 규명을 둘러싼 쟁점들을 분석하고 평가해 각 쟁점에 대한 깊이 있는 이해를 제공하고, 궁극적으로 세월호 참사 진상 규명의 기본 방향과 방법에 대한 문제 해결의 실마리를 제시하고자 했다.

한국에서의 과거 청산의 역사는 크게 '진상 규명 없는 보상 모델'(거창 사건)에서 '역사적 진상 규명 모델'(제주 4·3 사건)을 거쳐 '진실·화해 모델'로 발전하는 길을 밟아 왔다. 기득권 수구 세력은 여러 차례 이행기 정의 수립의 도전을 물리쳐 왔다. 그러나 정권 교체로 기득권 세력이 조금 약화되면서 보상 모델에서 진실 모델로, 퇴행적 청산에서 개혁적 청산으로 이행할 수 있었다. 과거 청산 없는 민주주의의 위기를 탄핵으로 절감한 노무현 정부의 의지가 작용했던 것이다.

진실·화해 모델은 사법적·정치적 처벌을 통한 정의 수립을 포기하고 궁극에는 진상 규명을 선택했다. 그런 진상 규명조차 부분적인 성공에 그쳤다는 평가를 받는다. 진실화해위의 '나눠 먹기'식 위원 구성, 행정부도 사법부도 아닌 애매모호한 위상, 독립적이지 않은 예산·인력 관련 규정의 여러 한계로 비롯된 것이었다. 수사권, 기소권, 사면권은커녕 자료 제출 등을 강제할 수 있는 조사 권한조차 미흡했다. 이런 상황에서 활동 기간마저 짧았다. 진상 규명에 부분적인 성공을 거두었다는 것이 믿겨지지 않을 정도다. 과거 청산의 제도화 과정에서 피해자·유족이 주체가 아닌 민원인으로 대상화된 것도 문제였다. 피해자 중심의 진상 규명이 아닌 가해자가 방해하는 진상 규명, 사회 중심의 진상 규명이 병행되지 못한 국가 중심의 진상 규명의 한계를 보여 주었던 것이다.

이제 세월호 참사의 진상 규명과 정의 수립이라는 중대한 과업이 우리 앞에 놓여 있다. 7월 7일 국회에 청원한 피해자·유족 안의 진상 규명 기본 방향은 진상 규명을 통한 정의 수립, 이른바 진실 정의 모델을 추구했고, 더 나아가 거기에 시큐리티를 더했다. 이를 명실상부하게 하기 위해 위원회의 구성을 피해자 중심의 진상 규명이 가능하도록 했고, 위원회의 위상도 국가의 독립 기관으로 자리매김할 수 있도록 했으며, 예산·인력 관련 규정도 그에 준하게 했다. 조사 권한 역시 매우 강력했고, 사법적 정의를 세울 수 있도록 수사·기소권을 부여했으며, 활동 기간도 충분치는 않지만 목적을 달성할 수 있도록 최소한의 기간을 설정했다. 무엇보다 이 국가 중심의 진상 규명은 피해자·유족이 주도하는 사회 중심의 진상 규명이 병행될 수 있는 가능성이 상당했다.

그러나 '10·31 최종 합의안'과 이에 기반한 세월호 특별법은 이 가능성을 원점으로 되돌려 버렸다. 앞서 언급한 진실·화해 모델 수준 정도로 되돌려졌다. 부분적으로 청문회 개최 등 진일보한 것도 있지만, 조사 권한의 경우 일부 후퇴했다.

무엇보다 진실·화해의 대상인 과거사가 수십 년 전의 것으로 공감의 폭이 다소 제한적이었던 데 반해, 세월호 참사는 여전히 전 국민이 촉각을 기울이며 관심을 가지고 있는 생생한 현재사이다. 이를 감안할 때 세월호 참사의 기본 방향이 진실-정의-안전 모델에서 진실 모델 수준으로 후퇴한 것은 명백한 퇴행이다.

사실들은 차고 넘치지만, 진실의 전모는 단번에 드러나지 않는 법이다. 과거에도 그랬듯, 지금도 진실이 드러나는 것에 저항하는 자들이 있다. 그들이 지금까지 국가라는 배의 조타를 잡고 있는 기득권 세력이기에 그 저항은 더욱 강력하다. 이 저항을 물리치고 이 국가가 언제, 어떻게 '국가다움'을 회복할 수 있을까?

또 다른 과제도 있다. 국가와 법 중심의 진상 규명과 정의 수립을 넘어서는 상상력은 불가능할까?

세월호 참사에서는 피해자와 유족만이 당사자가 아니다. 참사를 지켜보면서 수치심을 느끼며 무력감에 치를 떨었던 수많은 우리도 당사자였다. 모 언론사의 '잊지 않겠습니다' 코너는 생환하지 못한 아이들의 사연을 우리 아이들의 모습으로 들어오게 했다. 그래서 더욱 고통스럽고 아팠다.

라이브로 함께 목도했던 세월호 참사의 충격, 분노, 수치심은 한편으로 국가와 법 중심의 진상 규명을 추동하는 힘으로 작용했지만, 다른 한편으로 기층에서 피해자·유족-우리와 사회 중심의 진상 규명의 가능성을 위한 에너지를 조금씩 축적해 주고 있다. 세월호 참사에 대한 기록·기억, 보편적인 공감, 전 사회적인 치유 운동이 안산을 중심으로 전개되고 있다. 안산의 '세월호기억저장소'와 '치유공간이웃'과 같은 공간이 속속 생겨나고, 세월호를 기록하는 시민 네트워크 운동이 확산되고 있다. 그 과정에서 참사 이후 붕괴된 언어와 문법을 되살려 가면서 다양한 형태로 말을 토해내는 것이 가능해지고 있다. 지금까지 공식 입장으로 표명된 '세월호 참사 희생자·실종자·생존자 가족대책위원회'의 말들은 국가의 '입'에서 나온 그것보다 이성적이면서도 감성적으로 큰 울림을 주었고, 차분하면서도 세련된 것이었다. 옆에 있는 우리를 사려 깊게 배려하고, 심지어 자신들에게 끊임없이 상처 주었던 국가마저 격려하는 인내심 있는 말들을 들려주었다.

현재 참사에 대한 우리의 언어는 피해자·유족의 말에 대면하고 응답하는 과정에서 가능한 것이었다. 문인들은 『눈먼 자들의 국가』로 응답했다. 젊은 연구자와 운동가들은 안산과 여러 지역에서 강연, 상담 등의 다양한 형태로 서로 대화하고 의미를 찾고, 응답하고 있다. 그들은 우리에게 세월호 참사가 무엇이었고, 무엇이고, 무엇일지에 대해서 해석하고자 애쓰고 있다.

이런 작은 시도와 노력들이 피해자와 사회 중심의 진상 규명이라는 가능성을 현실화하지 않을까? 국가와 법 중심의 진상 규명이 결코 회수할 수 없는 사회적 영역의 과제와 전망, 이것을 더욱 본격적으로 논의하고 실천하기 위한 '만민공동회'가 절실한 시점이다.

5. 에필로그: 세월호 참사 1차 청문회에 대한 평가

1년이 지났다. 2015년 12월 14일부터 3일 동안 4·16 세월호 참사 1차 청문회가 개최되었다. 세월호 참사 초기 구조·구난과 관련해 정부 대응의 적정성, 해양 사고 대응 매뉴얼의 적정성, 참사 현장에서의 피해자 지원 조치의 문제점을 확인하는 자리였다. 이 자리에 주로 해경의 구조 관련 지휘선상 책임자 및 실무자들이 증인으로 출석했다.

"기억나지 않습니다", "잘 모르겠습니다", "당시 몰랐다 최근에야 알았습니다".

증인들은 책임과 죄를 고백해야 하는 자리에서 하나같이 불성실하게 답변했다. 책임을 서로에게 떠넘기거나 회피했으며, 위증을 눈 하나 깜짝 안 하고 쏟아냈다. 한 증인은 "애들이 어려서 철이 없었는지"라고 말하는 등 망언을 했다. 이에 대해서는 이후 사과했지만, 시종일관 기억나지 않고 모른다는 불성실한 태도는 바뀌지 않았다. 피해자·유족을 비롯해 방청객들은 답답해 복장이 터질 지경이었고, 피눈물이 쏟아질 듯했다.

한계가 크고 명백했다. 세월호 특조위는 "기록 속에 묻혀 있어 참사 초기 거의 무정부 상태였던 정부의 민낯을 드러내는 기회가 되었으며 국민적 관심을 촉발하는 계기를 마련했다"[45]고 자평했지만, 책임을 회피·부인하면서도 '큰집'만은 보호하려는 증인들의 태도를 대책 없이 지켜봐야 했으며, 청문회가 메이저 언론의 철저한 무관심 속에 진행되었던 것도 틀림없는 사실이다.

첫 청문회에서 증인들의 증언 내용과 태도를 통해 그나마 참사 초기 정부 대응의 심각한 문제를 드러낼 수 있었던 것은 몸통을 보호하기 위한 꼬리 용도의 해경이었기 때문에 가능한 것이 아니었을까? 이것은 특조위 설립 이전에 이미 감사원과 검찰 조사, 그리고 국회 국정조사에서도 확인한 것이었다. 다음 청문회가 정부와 청와대를 본격적으로 겨냥하게 되면 어떤 상황이 벌어지게 될까? 과연 이번처럼 증인들이 책임과 죄를 인정하는 모습을 끌어낼 수는 없더라도 책임 회피, 부인, 위증하는 모습을 전 국민에게 생방송으로 보여 줄 수 있게 될까?

십중팔구 그리 쉽게 되지 않을 것이다. 지금까지 있었던 방해보다 더욱 강력한 특조위의 무력화, 더 나아가 특조위를 장악하고 와해시키려는 시도가 있을 수도 있음을 감히 예상해 본다. 사실 지금까지 시도되었던 특조위 내외의 무력화 공작도 특조위 준비와 출범 무렵에는 상상할 수 없었던 일이었다. '이젠 바닥이겠지'라고 생각할 때 또다시 떨어지는 경험을 수번이나 반복했다.

애초 세월호 특별법의 한계였던 '나눠 먹기'식 위원회 구성은 특조위 활동에서 사사건건 여당 추천 위원의 방해로 나타나리라 예상했다. 그런데 그 예상을 뛰어넘었다. 5명의 여당 추천 특조위 위원은 정부와 여당의 밀정 짓을 하며 특조위 무력화를 위한 활동을 본업으로 삼았다. 조대환 특조위 부위원장 겸 사무처장은 설립 준비 시기에 특조위 내부 문건을 빼돌려 여당 실세의 한 국회의원에게 전달했다. 2015년 1월 16일 "특조위는 세금 도둑"이라는 김재원 여당 원내 부대표의 허위 모략은 그렇게 탄생한 것이었다.

어디 그뿐이었는가? 조대환 부위원장은 7월 13일, 직을 사임하면서 온갖 방해 활동을 했고, 나머지 고영주, 차기환, 황전원, 석동현 위원도 서로 경쟁하듯 이와 함께했다. 지난 대선에서 야당 후보에 투표했던 절반의 국민에게 공산주의자를 찍은 부역자로 주홍 글씨를 새긴 고영주 아니었던가? 고영주는 SNS를 통해 소위 '일베' 게시물을 수시로 게시했던 차기환과 함께 피해자·유족의 진상 규명 활동을 왜곡하고 폄하하는 발언을 했던 자였다. 황전원과 석동현은 현재 특조위 위원을 사퇴하고 새누리당 예비 후보로 등록해 본격적으로 총선을 준비하고 있다. 이런 그들을 보고 있노라면 특조위 방해 활동이 어떤 수준이었는지 짐작이 간다.

해양수산부가 제출한 세월호 특별법의 시행령은 어떠했는가? 정부의 시행령은 여야 합의를 위해 누더기가 된 채 국회에서 통과된 세월호 특별법의 목적과 이에 입각한 법의 실현조차도 방해하는 법이었다. 특조위의 조직과 조사 인력을 축소시키고 조사 대상 범위와 활동 및 예산 편성 권한을 제한했다. 한마디로 시행령은 특별법이 명시한 특조위 기능과 권한을 무력화시키는 시도였다. 이에 대한 국회, 특조위, 국민 여론의 반발에도 불구하고 정부는 특조위 예산 삭감으로 이 시도를 노골적으로 강행했다.[46] '법치'를 '시행령의 통치', 대통령의 말의 통치로 이해하는 정부의 작태가 드러나는 순간이었다.

지난 1년 동안의 목격과 경험은 대한민국 정부 수립 전후 과거 친일파들의 반민특위(반민족행위특별조사위원회) 전복과 친일 청산 작업을 좌절시켰던 역사를 떠올리게 했다. 친일파의 반민특위 무력화 작전은 반민특위를 잉태한 국회를 무력화시키는 작전과 병행되었다. 반공-친일 장외 집회를 통해 친일 청산을 주장하는 국회의원 개개인에게 심리적 압박을 가했고 의정 활동을 방해했다. 더 나아가 공식적으로 헌병대, 경찰, 검찰을 동원해 반민특위를 지원했던 국회의원들을 '빨갱이', '프락치'로 몰았고, 비공식적으로 암살을 시도했다. 이후 친일파가 주도한 시위대가 반민특위 본부를 포위했고, 반민특위의 강제력인 특경대를 제거하기 위해 친일 경찰은 반민특위를 습격했다. 친일파의 파상 공세였다. 대미를 장식한 것은 최종적이고 불가역적인 확인 사살이었다. 친일파들은 반민법 개정을 통해 공소시효를 대폭 줄였고, 반민특위 위원을 친일파로 채워 반민특위의 안방을 차지한 후 적당한 잔무 처리 끝에 활동을 종료시켰다. "개인과 가문의 목숨을 건 친일파들의 사투 앞에서 '점잖은' 반민특위는 결국 무릎을 꿇고 말았"던 것이다.[47]

세월호 특조위 활동과 이에 대한 방해 활동을 '민족 대 반민족'의 프레임의 문제로 환원시켜 생각하자는 것이 아니다. 내가 반민특위 좌절 사례의 환기를 통해 강조하고 싶은 것은 진상 규명을 추동하는 힘에 반격을 가하고 억압하는 데 성공했던 힘(권력)이 체득하고 있는 역사이다.

세월호 특조위가 가게 될 길은 어떤 길일까? 특조위는 진실을 가리려는 힘에 맞서 어떻게 험로를 헤쳐 나가야 할까?

나는 피해자·유족과 이에 연대하는 시민사회 단체의 활동에 일말의 기대를 품어 본다. 일찍부터 국가와 법 중심의 진상 규명과 정의 수립을 넘어서 피해자와 사회 중심의 진상 규명과 정의 수립의 가능성에 대해 생각해 왔다. 국가 대 시민사회라는 고색창연한 프레임에서 나온 생각이 아니다. 국가라는 배의 조타를 잡고 있는 기득권 세력이 득실한 채 진실의 전모가 드러나는 것에 강력히 저항하고 있는 상황에서 특조위가 고꾸라지지 않게 뒤에서, 아래에서 떠받들고 있는 것은 피해자·유족의 활동이라고 생각한다. 가만히 있지 않고 적극 활동해 온 피해자·유족이 보여 준 독립성과 전문성은 특조위의 구성적 제약으로 인한 한계를 메웠고, 앞으로도 그럴 것으로 보인다. 그런 피해자 가족의 모습을 보며 내가, 우리가 정동적으로 위안받고 있다. 공은 넘어왔다. 라이브로 목도한 세월호 참사의 충격, 분노, 수치심을 우리는 어떻게 스스로 극복할 것인가? 그리고 다시 이성을 붙들고 꿋꿋하게 버티고 있는 피해자·유족에게 어떻게 진실된 위로를 던질 것인가? 우리와 미래 세대를 위한 현재의 핵심 순간들을, 정부의 무력화 시도들을 그냥 무기력하게 흘려보내지 않기 위해 생각하고, 성찰하고, 행동할 때이다.

3부

세월호 이후의 치유

10장

'세월호 트라우마' 치유를 위한 사회학적 탐색과 전망

연대, 참여, 시민운동

김왕배

1. 트라우마란 무엇인가

트라우마는 개인이 저항하거나 극복하기 힘들 정도의 외부 충격에 따른 정신적 상흔傷痕을 말한다. 성폭력, 전쟁, 사고, 사건, 범죄, 재난, 재해 등으로 인한 외적 충격의 여파로 인해 좀처럼 치유되기 힘든 특징을 안고 있는 트라우마는 다양한 병리적 증상으로 나타나기도 한다. 정상 생활을 할 수 없을 정도의 병리 현상에 주목한 일부 정신의학자는 그러한 증상을 '외상 후 스트레스 장애'Post Traumatic Stress Disorder(이하 'PTSD')라 이름 짓고 이를 치유하기 위해 심리 치료나 '안구 운동 민감 소실 및 재처리 요법'Eye Movement Desensitization and Reprocessing(이하 'EMDR'), 약물 투여 등의 수단을 동원하고 있다. 심리 치료, EMDR, 약물 치유 등을 동원하는

* 이 글은 「'트라우마'의 치유 과정에 대한 사회학적 탐색과 전망」, 『보건과 사회과학』 37집, 2014를 수정·보완한 것이다.

정신의학적 접근은 트라우마 배후에 있는 심층적 사회구조나 집단 간 갈등 등에 주목하기보다는, 트라우마를 '주어진 것'pre-given으로 전제한 후 개인의 발현적 증상을 진단의 출발점으로 삼아 이 증상 치유에 집중한다. 간단히 말해 정신의학 및 심리 치료적 접근은 '미시적 개인 차원의 증상 중심주의적 접근'이라 요약할 수 있다.[1]

이에 반해 사회학적 접근은 트라우마의 발생 기제와 전이 과정, 그리고 치유 과정을 거시적인 사회적 맥락에서 찾고, 그 사회적 맥락을 개인 혹은 집단 증상과 연계 지어 설명하고자 한다. 이 접근은 사회구조적 상황 속에서 트라우마가 형성되고 전개되는 과정에 주목하며, 아울러 치유 방법 또한 사회구조나 환경 등 거시적인 맥락에서 찾으려 한다. 유대인 대학살의 트라우마에 관한 제프리 알렉산더의 작업은 트라우마가 어떻게 사회문화적으로 구성되고 전개되는지를 잘 보여 주는 좋은 사례이다. 그는 유대인 학살의 트라우마가 세대로 전승되는 것에 주목하면서, 대학살이 미디어와 정치 집단에 의해 '역사적인 트라우마'로 구성되는 과정을 추적한다. 다양한 사회적 행위자들의 상호작용에 의해 트라우마가 형성된다는 점에서 그러한 입장을 '구성주의적 접근'이라고 이름 붙일 수 있을 것이다.[2]

한국의 인문사회과학자들이 트라우마 연구에 대한 방법론을 체계화했다고 보기는 어렵고, 대체로 알렉산더의 구성주의 입장에 많은 영향을 받고 있는 듯 보인다. 그들은 식민지 시대의 위안부, 분단과 한국전쟁으로 인한 학살 피해자, 5·18 광주 민주 항쟁기 군사 정변의 희생자, 권위주의 정권의 고문 피해자, 경제 위기 시 정리 해고 노동자의 트라우마에 주목하고 있다. 오랜 기간 동안 정치적·사회적 탄압과 배제 속에서 담론 자체가

금기시되어 왔기 때문에 '응어리진 상처'로 남아 있는 트라우마에 뒤늦게나마 관심을 쏟고 있는 것이다.[3]

물론 이러한 연구들이 아직 트라우마에 대한 사회학적 방법론을 정치하게 구성하거나 적용한 것은 아니다. 그러나 최근 일련의 작업이 트라우마에 대한 정신의학과 심리 치료의 미시적 연구 영역을 사회적인 거시적 연구로 확장시키는 데 기여한 것은 사실이다. 트라우마에 대한 인문사회과학적 연구의 의의와 기여는 거시적인 트라우마의 역사적 배경을 개개의 트라우마 경험자와 연계시키고, 그 치유 역시 정치적·경제적·문화적 거시 구조 차원에서 풀어 보려고 한다는 것이다. 즉 증상이나 상처를 안고 있는 대상은 개개인 또는 일부 집단·세대이지만 그 트라우마의 배후에는 사회구조적인 모순적 환경과 폭력 구조가 도사리고 있다는 점을 부각시킨다는 점이다.

이와 같이 트라우마에 대한 사회학적 접근의 방법론은 질병을 단순히 개인적 차원이 아니라 질병 보유자의 사회적 관계성, 직업, 계층 등의 측면에서 바라보고, 그 질병의 치유 역시 사회적 환경을 개선하는 것이어야 한다고 주장하는 기존 보건사회학 분야의 사회 역학疫學적 접근과도 유사하다고 볼 수 있다.[4] 하지만 사회학적 접근은 기존 의료사회학의 사회역학적 접근보다 거시적인 영역을 더 고려하고, 시민사회 운동과 구조 변환이라는 실천의 측면을 강조한다는 점에서 보다 확장된 영역이라 할 수 있다. 트라우마로 인한 '부정적' 삶의 느낌, 분노, 무력감, 좌절, 우울 등의 감정과 태도 및 집단 갈등에 대한 진단과 치유는 거시적 사회구조의 차원에서 접근할 필요가 있다. 그러나 트라우마에 대한 사회과학자들의 인식과 접근은 여전히 만족할 만한 수준에 도달하지 못하고 있다. 사회구조적 배경과 트라우마를 구체적으로 어떻게 연계할 것인가? 트라우마의 발생 및 전개 과정에 개입하는 다양한 변수(집단, 계층, 성, 지역 국가 등)를 어떻게 체계적으로 조명할 것인가? 구조와 행위자(트라우마 희생자 포함)의 관계는 어떻게 연계할 것인가? 어떻게 이를 연대와 참여를 통해 공론화하고 시민사회 운동 차원으로 확장할 것인가? 아울러 기존의 정신의학이나 심리 치료적 접근과는 어떤 상보적 관계를 맺을 것인가?

이 글은 트라우마에 대한 사회학적 접근의 모델을 탐색해 보고, 최근 한국 사회에 엄청난 충격을 주었던 '세월호 참사'의 사례를 개괄적으로 적용해 보고자 한다. 크게 두 부분으로 나누어, 첫 부분에서는 트라우마에 대한 사회학적 접근의 모델을 정립해 보고자 한다. 트라우마의 사회적 조건, 전개 과정(기억과 의례, 망각 또는 트라우마의 강화), 그리고 치유 과정(진실 규명 및 책임 귀속, 참여, 사회운동과 구조 개선) 등 일련의 '사회적 과정'이 그 모델 안에 포함될 것이다. 이어 두번째 부분에서는 이 모델에 입각해 세월호 참사의 트라우마에 접근해 보고자 한다. 세월호 참사의 경우 현재 진행형이라는 점에서 모델의 적용이 섣부를 수 있음에도 불구하고, 향후 예측과 실천 과제 등 몇 가지 시사점을 끌어내 볼 것이다.

2. 트라우마 치유의 사회적 전개 과정

1) 사회적 인식의 공유

트라우마는 온전하게 사라지거나 망각되기보다는 잠재화되어 있으며, 특정한 계기를 통해 강화되기도 하고 시공간을 초월해 전이轉移; transferring 되기도 하기 때문에 트라우마를 근본적으로 치유하기란 결코 쉽지 않다.

시급하게 이루어져야 할 임시방편적 치유 방법은 기존 정신의학이 동원하는 상담, 관찰, 약물 투여 같은 것들이지만, 사회적인 트라우마의 치유는 더욱 복잡하다. 트라우마를 발생시킨 구조적 배경과 전이 과정을 분석하고 이를 대치할 수 있는 다양한 정책과 제도, 문화를 구축하는 사회적 과정을 밟아야 하기 때문이다. 이 '사회적 과정'은 여러 사회 집단이나 계급·세대·성·지역 등에 따른 이해관계들과 편견, 권력이 서로 부딪히기 때문에 매우 지난하고 중층적일 수밖에 없다. 트라우마가 사회적으로 전개되는 공간은 국가, 시민사회, 집단, 계급, 성, 세대 등이 벌이는 권력의 각축장과 다름없는 것이다.

일반적으로 트라우마 치유 과정은 신뢰를 통한 안정감 회복, 기억과 애도, 사회관계의 복원이라는 단계를 거친다고 알려져 있다. 트라우마의 희생자들이 상처와 증상을 토로할 준비를 하고, 사건·사고를 고통스럽게 기억해 내며, 그 아픔을 치유 동반자와 함께 공감하고 애도한 후 트라우마의 희생자가 마침내 이웃이나 직장, 사회 등과 관계 맺음을 할 수 있도록 유도하는 것이다.[5]

사회적인 트라우마 치유 역시 기본적으로 이 과정을 겪는다고 볼 수 있지만 보다 공개적이며, 다양한 집단이 사회적으로 협의하고 합의해야 한다는 점에서 더욱 거시적이고 복합적이다. 치유의 첫 단계는 광범위한 사회 구성원이 특정한 사건이나 사고를 트라우마로 인지해야 하고, 트라우마 희생자의 치유에 대한 공감대를 형성해야 한다는 점이다. 단순히 특정 집단이나 세대에게 발생한 역사적 사건·사고가 아니라 사회 구성원 전체 혹은 특정 집단에게 깊은 상처를 준 사건이며 따라서 '그들 혹은 우리는 희생자'이고, 피해 구제를 통해 상처를 치유해야 한다는 인식이 선행되어야 하는 것이다. 더 나아가 그 트라우마의 치유가 공동체의 역사적 발전으로 승화될 수 있다는 윤리적 판단이 전제되어야 한다. 예를 들어 오랫동안 망각이 강요되어 왔던 분단기의 제주 4·3 사건, 한국전쟁기의 부역자 처벌이나 5·18 민주화 항쟁, 독재 정권기의 고문이나 간첩 누명 사건 피해자의 상처를 오늘날 한국 사회의 광범위한 구성원이 사회적 트라우마로 인정함과 동시에 치유를 통해 한국 사회의 제도적이고 윤리적인 역량을 한 단계 높일 수 있다는 인식을 어느 정도 공유해야 한다는 것이다.[6]

이 과정에서 핵심적인 것은 사회적 신뢰이다. 여기서 상세히 논의할 수는 없지만 신뢰는 단순히 공동체의 약속 이행에 대한 주관적인 심리적 기대일 뿐 아니라 실제로 생존과 삶의 질을 위한 자원의 제도적 분배와 안전망 등을 포함하는 '실체real object로서의 사회적 가치'이다. 따라서 신뢰 사회란 권력·명예·부·평등·참여·자유 등 사회적 가치가 제대로 분배될 뿐 아니라 일상생활에서의 규범에 대한 상호 주관적 기대와 믿음이 풍부한 사회를 말한다.[7] 사회적 트라우마의 치유는 이러한 신뢰를 바탕으로 개방적 상호 대화와 이해의 노력을 통해 사건·사고의 진실을 규명하고, 진실 규명과 함께 피해 보상을 한 후 문화적이고 사회제도적인 장치를 마련할 수 있다는 기대로부터 시작된다.

2) 기억과 집단 의례

두번째 단계는 집단적인 기억과 애도의 과정이다. 이 기억은 망각되었거나 혹은 망각되기를 강요당했던 사건의 전말을 가장 강한 외부 충격에 노출되었던 일차적 희생자 집단의 경험을 통해 현재화하는 과정이다. 사회적 트라우마는 개인적인 사건으로 환원될 수 없기 때문에 기억 과정에서 집단 간 갈등과 긴장, 대립이 발생할 수밖에 없다. 또한 대개 시간이 지난 후에야 경험을 재구성하고 다양하게 의미 부여를 할 수 있기 때문에 희생자의 기억이 정확하다고 볼 수도 없다. 누가 기억하느냐에 따라 기억이 과장, 축소, 부정확, 왜곡될 소지가 있으며 다양한 맥락에 따라 다른 기억들이 충돌할 수도 있고, 기억하는 자들 사이의 이념적 대립과 긴장이 발생할 수 있는 것이다.

한편 기억으로 끝나는 것이 아니라 그 기억의 고통을 타자들이 공유하고 공감하면서 의례儀禮화하는 작업이 필요하다. 의례는 트라우마의 고통을 사회적으로 공식화해 타자의 인정을 획득하는 절차이며, 피해자의 고통뿐 아니라 역사적 사건을 잊지 않겠다는 타자들의 약속 행위이다. 또한 트라우마 피해자의 누명을 공식적으로 벗기는 행위이며 가해자 사과를 얻어 내는 과정이기도 하다. 이런 의례 과정을 통해 사회 구성원들은 트라우마의 역사적·사회적 의미를 도출해 내고, 이후 그 역사적 의미를 전승시킬 수 있게 된다.

3) 진실 규명과 책임 귀속 및 피해 보상

기억과 애도의 과정에는 진실 규명 및 책임 귀속의 과정이 포함된다. 이 과정이야말로 트라우마의 치유 과정에서 '핵심 기제' 혹은 블랙박스로 비유될 만하다. 이 단계에서 제기되는 질문은 다음과 같다. 사회적인 트라우마가 누구에 의해 왜 그리고 어떻게 발생했고, 그 책임은 누가 어떤 식으로 져야 하는가? 특히 책임 귀속의 문제는 진실 규명을 바탕으로 이루어지는 것으로, 반드시 법적·도덕적·정치적 처벌이 뒤따라야 한다. 아울러 피해자 집단(개인)은 적절한 보상과 배상을 받아야 하는데, 이에는 명예 회복은 물론이고 물질적인 보상도 포함된다. 명예 회복은 사건에 대한 법적·도덕적·정치적인 재평가와 의례를 통해 공식적으로 사회적 인정을 얻는 절차로 이루어진다.

많은 경우 사회적 트라우마를 치유하는 과정에서는 국가가 직간접으로 진실 규명 및 배상의 주체가 될 수밖에 없다. 예를 들어 부역자 학살이나 5·18 민주화 항쟁기 살상, 고문과 간첩죄 등 '국가 범죄'로 지칭할 정도의 사건에 대해서는 국가가 책임 귀속의 종착지이다. 아울러 국가는 인권의 예방 및 보호 의무가 있고, 제3자의 인권 침해에 대해 처벌해야 할 책무를 지니고 있기 때문에 트라우마의 치유 과정에서 국가의 개입은 필연적일 수밖에 없다.[8]

그러나 진실 규명과 책임 귀속 및 피해 보상 과정은 미완성으로 끝날 가능성도 높다. 책임 귀속에 관해 다양한 이해관계에 놓인 집단들의 상이한 가치판단이 진실 규명 과정에 개입될 수밖에 없다. 더군다나 가해자와 피해자가 중첩되어 있거나 그 판단을 내리기 어려운 경우도 있고, 누가 어느 정도의 권한을 가지고 규명할 것인지에 대해서도 한계가 있다.[9]

한편 이 단계에서는 화해의 과정이 요청되기도 한다. 그러나 화해의 과정 역시 '관용과 용서'라는 높은 도덕적 태도가 요청되기 때문에 쉬운 일이 아니다. 특히 분노·우울·좌절과 같은 부정적인 감정에 휩싸여 있는 피해자들이 가해자들의 행위를 받아들이기란 매우 어렵다. 책임 소재가 불투명하거나, 분명하다 하더라도 시효 소멸이 되어 있거나, 가해자가 도덕적 책임마저 회피하려 할 때 가해자를 관용하고 용서하기는 쉽지 않다. 또한 트라우마의 치유 과정에는 국가와 시민사회, 집단, 세대 간의 권력이 서로 부딪치기 때문에 타협을 거쳐 불완전한 결말에 도달하거나 책임 귀속의 주체가 명료하지 않은 경우도 많다. 즉 피해자가 분명히 존재하며, 그리고 일정 정도 명예 회복이나 물질적 보상이 주어지기는 했으나 책임 귀속의 당사자가 사건의 시야에서 사라져 버린 경우이다.

4) 사회 연대와 시민운동

트라우마 치유의 마지막 단계는 피해 집단 구성원이 사회관계를 회복하도록 하는 한편 트라우마 발생을 방지하기 위한 문화나 제도적 장치를 구축해 보다 성숙한 사회로 나아가는 것이다. 이 과정에서 가장 중요한 것은 피해자 집단의 적극적인 사회 참여이다. 직접 사회운동이나 시민 단체 활동에 참여함으로써 트라우마 희생자는 수동적 피해자 혹은 피被치유자의 지위에서 벗어나 주체적으로 상처와 증상을 극복해 내는 치유 동반자의 지위에 올라설 수 있다. 트라우마 피해자의 사회 참여는 사회관계의 회복을 더욱 신속하고 두텁게 만든다. 예컨대 성폭력 피해자는 가부장적 남성 문화의 개선을 위한 사회운동에 참여함으로써 성폭력 행위에 경종을 울리거나 법적 제도를 정비하는 계기를 형성할 것이다. 고문 피해자는 인권운동을 통해 고문의 반인륜적 행태를 사회에 알리고 반고문법 제정에 기여할 수 있다. 대형 사고로 인한 희생자 역시 안전 문화 확립과 안전법 제정을 위한 사회운동에 참여함으로써 사회관계를 회복함과 동시에 치유의 의미를 주체적으로 획득할 수 있다.

물론 트라우마의 피해자뿐 아니라 일반 시민의 사회 연대에 기초한 운동도 필요하다. 동정적·시혜적인 방법으로 피해자 집단을 배려하는 것이 아니라, '그들과 함께'하는 사회 연대 차원의 참여와 사회운동이 요청된다. 사회 연대를 통한 참여와 사회운동은 트라우마의 의미를 기억하게 하고, 문화나 제도를 구축하는 힘을 행사하게 한다. 또한 사회 연대는 트라우마 집단에 대한 '사회적 지지support'를 부여함으로써 실질적으로 심리적 안정감과 사회적 관계 회복의 의지를 북돋는 기능도 수행한다.

사회 연대에 기초한 참여와 시민사회 운동은 마지막 단계에 국한되는 것이 아니다. 시민사회 운동은 첫번째 트라우마 치유 단계에서 필요한 사회적 인식의 공유를 촉구하고 유발시키기도 하며, 기억과 애도를 지속가능하게 하기도 한다. 또한 사회운동은 진실 규명 및 책임 귀속, 그리고 적절한 피해 보상이 이루어지도록 압력을 행사할 수 있으며, 문화 구축과 제도 개선을 추진하는 힘이 되기도 한다. 즉 사회 연대에 기초한 시민운동은 트라우마의 사회적 치유 과정에 전방위에 걸쳐 작용하는 것이다.

또 트라우마 유발을 방지하는 사회·문화 제도 개선은 시민불복종 운동이나 기타 시민사회 운동, 청원권 운동 등을 통한 법적인 변환으로써 이루어지기도 하고, 문화 정착을 위한 시민운동으로써 이루어지기도 한다.

이상 트라우마의 사회적 전개 과정을 그림으로 나타내면 〈그림 1〉과 같다.

3. '세월호 참사' 트라우마에 대한 적용

'세월호 참사'는 한국 사회가 안고 있는 총체적인 모순과 갈등을 적나라하게 드러낸 사건이다.[10] 한국인의 가치관과 세계관, 문화, 제도, 국가 시스템, 리더십, 언론, 시민사회 수준과 역량 등 모든 것을 가감 없이 보여 준 사건이다. 물질 만능주의에 따른 생명철학과 직업윤리의 부재, 신뢰의 상실과 소통의 침몰, 국가 운영 체제의 허술함, 부패와 부정 관행, 일상에서

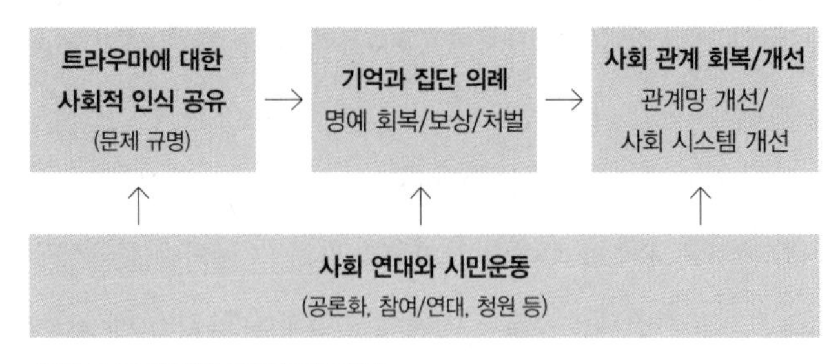

〈그림 1〉 트라우마의 사회적 전개 과정

의 안전 불감증 등 두텁게 쌓인 구조적 장애물들을 그대로 보여 주었다. 세월호 참사는 생존자와 유가족에게 씻을 수 없는 상처를 남겼고, 시민들은 사고의 원인과 정부, 정당, 언론, 시민 단체 등 다양한 집단의 대응 행태를 바라보면서 절망과 분노, 회환, 슬픔의 감정에 북받치기도 했다. 가족을 잃었거나 생존한 일차 피해자들뿐 아니라 한국 사회의 전 구성원이 '트라우마'를 안고 있다고 해도 과언이 아니다.

세월호 참사의 사회적 트라우마를 어떻게 치유해 나갈 것인가? 먼저 앞의 도식에 따르면 트라우마의 일차적 피해자(생존자, 유가족)와 이차적 피해자(세월호 참사로 인해 상처를 받은 일반 시민)에 대한 사회적 치유 과정에는 매우 복합적인 절차가 적용된다. 일차 피해자들에게는 국가, 시민 단체, 의료 기관 등의 관심과 배려에 의한 치유 과정이 필요할 것이고, 트라우마를 치유하는 입장인 동시에 치유받는 입장인 일반 시민들은 사회 구조에 대한 성찰과 반성, 문화 및 제도 개혁 등의 '사회적 과정'을 밟아 나가야 할 과제를 안고 있다.

위에서 언급한 대로 트라우마에 대한 사회학적 접근은 사태에 대한 구조적 분석, 기억과 의례, 진실 규명과 책임 귀속, 가해자 처벌과 피해자

배보상, 문화 및 제도 개혁 등 총체적인 연관성을 살피고, 참여와 연대, 시민운동의 차원에서 실천적 대안을 제시해야 한다. 세월호 트라우마의 사회적 과정은 진행 중이기 때문에 지금 판단·평가하는 것은 시기상조일 수 있지만, 현재까지의 상황으로 보면 이 과정은 순탄하게 진행되고 있지 않다. 앞에서 제시한 트라우마 전개와 치유 과정에 대한 모델을 적용해 보면, 세월호 참사를 사회적 트라우마로 인식하고 일차 피해자에 대한 배려, 진실 규명 및 책임자 처벌, 향후 제도적·문화적 개선의 필요성에 대해서는 광범위한 공감과 인식이 형성되어 있다고 진단할 수 있다. 그러나 그 이후 과정은 매우 더디게 진행되고 있다. 특히 세월호 특별법 제정을 둘러싸고 각자의 이념과 이해관계를 달리하는 여야 정당 및 정부, 보수·진보의 시민 단체들의 대립과 갈등이 첨예화되면서 오히려 본질 은폐, 관심 전환, 분열 등 망각의 과정이 급속히 진행되고 있다. 더구나 일상에서의 안전 문화나 생명, 인권 의식의 함양을 위한 분위기 조성, 즉 문화 구축과 제도 개선은 요원하기만 한 상태이다.

트라우마를 발생시킨 사회구조적 요인들을 분석해 그 요인들을 개선하고 변형시켜는 것이 치유 과정의 종착점이라고 한다면, 트라우마의 원인 요인들과 향후 실천 과제는 하나의 축으로 이어져 있다고 할 것이다. 세월호 참사의 거시적인 구조적 원인과 실천 과제는 크게 다섯 가지로 구분할 수 있을 것이다.

1) 생명의 존엄, 인권 의식과 직업윤리 문제: 세월호 참사는 어린 학생들의 죽음을 통해 생명의 고귀함과 존엄성을 성찰하게 한 사건이다. 생명철학의 부재는 위험에 직면한 현대인을 '죽음과 죽임'의 세계로 몰아넣는다. 생명에 대한 존엄 의식은 나 자신뿐 아니라 가족을 비롯한 타자의

건강과 안녕에 대한 걱정과 배려를 포함한다. 한편 세월호 참사는 물질 만능주의에 사로잡혀 있는 한국 사회의 단면을 그대로 보여 주고 있다. 특히 우리 사회가 급속한 산업화 기간 동안 양적 성장에 급급한 나머지 공정한 절차와 규범, 나눔과 연대의 정신을 상실하고, 생명을 화폐로 치환하는 시장주의에 물들어 있음을 적나라하게 드러내고 있다.

세월호 참사가 보여 준 한국 사회의 부끄러운 민낯 중 하나는 직업윤리의 부재이다. 어린 학생들이 죽음의 공포 속에서도 서로를 격려하고 안녕을 걱정하는 동안 선장과 선원들은 자기 목숨을 건지기에 바빴고, 해경 역시 안이한 대처와 자기들의 안전에만 몰두했다. 이는 임무를 수행하던 중 수백 명의 소방관이 사망한 9·11 사건과 극명하게 대비된다.

2) 국가 시스템과 거버넌스·리더십 문제: 국민국가의 역할은 국민의 재산과 건강, 생명의 안전을 보장하는 것이고 이는 헌법 제34조에도 분명하게 명시되어 있다. 세월호 사건은 국가의 의무와 국민의 권리에 대한 헌법적 가치를 다시 한 번 성찰하게 한 사건이다. 세월호 사건이 발생했을 때 국가의 재난 시스템은 거의 불능에 가까웠다고 해도 과언이 아니다. 컨트롤 타워는 정보 부재와 기능의 분산 탓에 제구실을 하지 못했고, 구조망의 혼선으로 우왕좌왕하는 모습을 보였다. 전체 시스템은 하부 기능 영역들 간의 네트워크가 원활하게 작동할 때 평형을 유지할 수 있다. 세월호 참사는 우리의 행정 체계가 얼마나 주먹구구식의 전시 행정에 몰두해 있는지 보여 주었다.

세월호 참사가 발생하자 공감과 포용, 관용 그리고 희망의 메시지를 전하는 리더십이 요구되었다. 하지만 행정부의 수반은 정치적 손익을 고려, 책임에 거리 두기를 함으로써 많은 국민에게 공분을 샀다. 통치자는 마치 국가와 법을 초월한 권리 행사자인 것처럼 행동하려는 전근대적인 관료적 권위주의의 모습을 보였고, 이 모습에 유가족뿐 아니라 전 국민이 절망과 분노를 느꼈다.

세월호의 가장 큰 적폐積幣로 지목된 것은 관권과 기업체의 결탁이었다. '관피아', '해피아' 등의 용어가 대변하듯 정관계의 인사들과 공무원 그리고 기업체의 소유주와 관리자 간의 '부패 관행'이 만성적으로 뒤얽혀 감시와 견제, 통제와 규제 등의 기능이 전혀 작동하지 않았다. 오히려 이들의 만성적 부패 고리가 사고를 조장하는 결과들을 낳았다.[11] 또한 세월호 사건은 관료 충원 과정에서 아직도 고시考試에 의존하는 병폐가 그대로 존재하고 있음을 보여 주고 있다. 현대의 복합 사회에서는 전문 지식과 풍부한 경험을 쌓은 관료들이 필요함에도 불구하고, 논공행상에 따른 낙하산 인사로 관료가 배치되고, 자신의 출세 가도의 계산에 따라 재난과 안전 분야를 한직閑職으로 치부해 적극적 임무 수행을 소홀히 하는 후진적 행정 문화가 온존하고 있는 것이다.

3) 소통, 시민사회: 세월호 사건의 주요 책임자는 물론 정부와 국가기관, 관료, 기업, 선장, 선원들이다. 하지만 이번 세월호 사건은 국가와 정부에만 책임을 물을 일이 아니다. 생명 의식과 직업윤리의 부재, 신뢰의 와해, 물질 만능주의, 국가 정책에 대한 무기력과 침묵 등 시민사회의 책임도 크다. 안전과 재난 시스템, 관료 충원 제도에 시민사회 집단(언론, 시민단체, 학교, 종교계 등)이 적극 개입하고, 입법을 위한 청원권 등을 행사하며, 변화를 위한 사회운동을 적극적으로 전개할 필요가 있다. 그리고 참사 보도 과정이나 정부와 시민 단체의 대응 과정에서 미디어의 보도 역할 등에 대해 종사자들은 물론 전 사회 구성원의 자기 성찰이 필요하다.[12]

4) 안전 공학과 문화의 정착: 한국 사회의 정부, 기업, 그리고 일반 시민들은 안전 예방과 그에 대한 교육을 비용cost으로 의식하고 적극적 참여와 투자를 회피하고 있다. 자신의 건강과 안녕에는 과중할 만큼 관심을 두면서도 정작 자신과 타자의 건강과 안녕에 직결된 안전의 문제에는 무감각하다. 안전 문제는 공학적 접근만으로 해소될 수 없다. 안전 문화 의식이 희박한 상황에서는 안전에 대한 제도가 제대로 운용될 수 없고, 법규나 절차는 유명무실할 뿐이다. 따라서 안전 문제에는 공학뿐 아니라 인문사회과학까지 포함하는 총체적 접근이 필요하다.

5) 일상에서의 위험 인식과 실천·교육: 일상에서의 작은 실천들이 필요하다. 이러한 작은 실천 없이는 거시 구조의 위험과 대참사를 막을 수 없다. 예를 들어 아이들의 안전모 착용, 사각지대에서의 주차 금지, 단지 내 차량 서행 및 캠퍼스 내 오토바이 금지, 놀이터 위험 시설 방지 등 일상생활에서의 안전에 대한 의식이 절실히 요구된다. 위험 인지와 타자 성찰을 통한 시민 의식 고양은 유치원 때부터 교육을 통해 사회화되어야 한다. 안전 교육은 생명과 건강, 타자에 대한 성찰을 의미한다. 안전을 지키고 지켜 줄 때 생활 정치를 통한 실질 민주주의, 타자 성찰과 시민 사회의 소통에 대한 인식으로 발전할 수 있다.

이상의 논의를 종합하면 세월호 참사 트라우마의 치유 과정을 〈그림 2〉와 같이 나타낼 수 있다.

세월호 참사는 고도 성장의 산업화 그늘 속에 묻혀 있던 위험과 안전의 문제를 되돌아보게 하는 성찰과 반성의 계기가 되고 있다. 일부 서구 학자들은 현대 사회의 특징을 '위험 사회'risk society로 규정한 바 있다. 이들이 지적한 위험과 불안은 산업화가 무르익은 서구 사회의 탈근대적

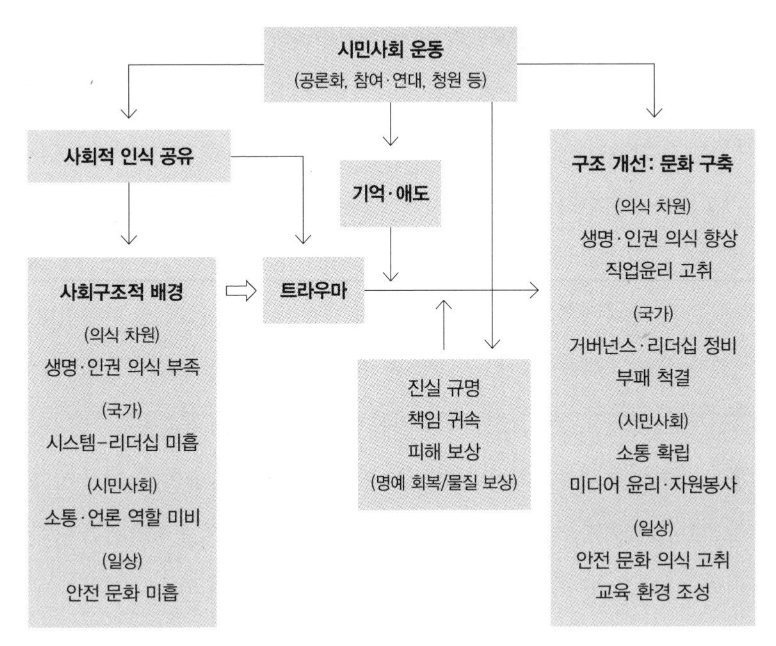

〈그림 2〉 세월호 참사 트라우마 치유의 사회적 과정

post-modern 맥락에서 논의된 것이었다. 이들은 과학기술의 발달이 야기한 위험과 다양한 제도적 변화로부터 발생하는 존재론적 불안을 성찰했다.[13] 그러나 한국 사회의 위험은 보다 다층적이고 복합적이며 동시적이다. 전근대적 위험이라 할 수 있는 산업재해, 교통사고, 시설물 붕괴 등 안전 의식에 대한 불감증으로부터 발생하는 위험들과, 노동시장의 유연화와 불안정, 가족 해체에 따른 사회적 안전망의 미흡 등 사회적 위험이 그 어느 사회보다 빠른 속도로 증대하고 있다.[14] 이런 상황에서 세월호 참사는 한국 사회에 확산되어 있는 위험을 전방위적으로 성찰하게 만든다.

한편 세월호 참사는 한국 사회의 신뢰의 침몰이라는 현실과 신뢰의 구축이라는 과제를 상징적으로 남겨 주고 있다. 신뢰는 개인과 사회, 국가를 이어 주는 가장 핵심적인 사회적 가치로서 단순히 상대를 믿는 심리적 태도만을 의미하는 것이 아니라 사회적 가치의 분배와 안전망을 담보하는 제도도 포함한다. 세월호 참사의 트라우마는 궁극적으로 한국 사회의 신뢰를 의문시하게 한다. 과연 한국 사회에 신뢰가 존재하는가? 세월호 참사는 결국 국가와 사회에 대한 신뢰가 한꺼번에 무너졌음을 의미한다. 신뢰란 타자에 대한 주관적 믿음일 뿐 아니라, 타자 인정을 가능하게 하는 객관적인 제도적 실체로서 '사회 자본'의 기능도 담당했음은 잘 알려져 있다. 신뢰는 트라우마의 사회적 치유 과정 전반을 관통해야 할 핵심 시약과도 같은 것이다. 공동체의 약속으로 이루어지는 신뢰는 광범위한 사회 구성원들이 트라우마의 희생자를 치유하겠다는 공감과 의지의 기반이 되며, 기억과 애도, 의례와 진실 규명, 책임 귀속, 나아가 사회운동을 통해 구조 변환을 추진하는 사회적 '힘'으로 작용한다. 트라우마는 신뢰의 상실로부터 발생하고 신뢰 붕괴의 결과를 가져온다. 따라서 트라우마의 치유는 결국 신뢰의 복원 과정이라 해도 과언이 아닐 것이다. 생명의 존엄과 인간의 권리가 보장되고, 이웃과 사회의 배려·연대를 가능하게 하는 신뢰가 작동할 때, 트라우마의 터널로부터 벗어날 수 있다.

4. 현실과 전망

1) 시민사회 운동과 현재 진행형인 사회적 치유

세월호 참사 이후 한국 사회의 시민사회 운동은 누구에 의해 어떻게 전개되고 있는가? 시민운동을 통해 세월호 참사 기억의 확장이 일어나고 있으며, 집단 트라우마는 과연 사회적 치유에 의해 개선되고 있는가? 시민사회 운동의 청원과 압력으로 정확한 진상 조사와 책임 규명, 처벌, 배상, 보상이 합당하게 진행되고 있는가? 나아가 '문제를 발생시킨' 구조적 심연들의 변화가 발생하고 있는가? 아직 모든 것이 현재 진행형인 만큼 섣불리 답을 내리기는 어렵다. 사회적 참여와 연대, 시민사회 운동을 통한 개인과 집단 트라우마 치유의 결과를 평가하기에는 시기상조라는 것이다. 하지만 이 과정은 그렇게 순탄하지 않아 보인다. 망각의 반동 기제들이 곳곳에서 일어나고 있기 때문이다.

세월호 참사 이후 시민사회 운동이 어떻게 전개되고 있는지를 개괄해 보자. 세월호 참사는 한국 현대사에 지울 수 없는 충격파를 남긴 사건으로, 초기에는 이념과 세대, 지역 모두를 초월해 참사에 통한의 애도를 표명하고, 책임 소재 규명과 처벌에 대해 함께 목소리를 높였다.[15] 추모와 애도의 물결이 이는 가운데 시민들과 시민 단체들의 즉각적이고도 활발한 참여와 개입이 다양하게 전개되었다. 팽목항과 진도, 안산 등지에서의 자원봉사 활동은 물론이고 각계에서 도움의 손길과 함께 진상을 규명하고 향후 구조 개혁을 촉구하는 움직임들이 여기저기에서 나타났다. 이어 소규모 활동들이 집단화되면서 보다 체계적인 활동 조직들이 탄생했고, 이들의 사회 연대 운동을 통해 세월호 참사가 전 사회적 트라우마의 어젠다agenda로 인지되었으며, 진상 규명과 사회 개혁이라는, 앞에서 논의한 트라우마의 '사회적 과정'이 진행되는 분위기가 형성되었다.

그 중에서도 종교계는 매우 발빠른 움직임을 보였다. 세월호 참사 이후 종교 단체 대표자들(기독교, 천주교, 원불교, 천도교 등)은 긴급 모임을 갖고 정부의 책임 있는 태도와 특별법 제정을 요청하는 시민 회의를 주최

했다. 프란치스코 성당에서 개최된 공청회에는 빈 자리가 없을 정도로 많은 청중이 참석했고, 안전 관련 전문가, 유가족 대표, 그리고 여당과 야당의 의원 대표들이 참석해, 특별법 제정에 대한 범사회적 의견의 수렴 가능성을 논의했다.[16] 이후 공청회는 더 이상 개최되지 않았고, 정부 여당과 야당, 시민사회는 서로 상반된 견해 속에 대립을 거듭했다. 일부 친親정부적인 기독교 단체는 보수 단체와 연합해 오히려 정부의 입장을 옹호하기도 했다. 그러나 종교계의 사회운동은 더 이상 가시화되거나 세력화되지 않았다. 다만 개별 교회나 사찰 등에서 희생자와 유가족을 위로하는 기도회나 집회 등이 산발적으로 개최되었고, 일부 조직이 세월호 국민대책회의에 단체 회원 자격으로 참여했다.

한편 세월호 참사 이후 학계에서는 다양한 성명서가 발표되었다. 연세대학교를 선두로 경희대학교, 성균관대학교, 서울대학교 등의 교수들이 주도한 성명서가 연이어 발표되었는데, 어린 학생들을 사지死地로 보낸 참회, 진상 규명과 책임자 처벌, 그리고 다양한 영역의 사회 개혁에 대한 요구를 담고 있었다.[17] 이 성명서들은 특히 시장 만능주의와 경쟁주의에 함몰된 오늘날 대학의 자화상을 뉘우치고 비판하는 내용도 담고 있었다. 그러나 종교계와 마찬가지로 이후 학계 움직임도 두드러지지 않았다. 다만 한국사회학회는 세월호 사건과 연계해 위험 사회를 주제로 학회를 주최했고, 심리학자들은 세월호 참사에 대한 반성과 치유를 위한 수사권·기소권 등이 포함된 특별법 제정을 촉구하는 성명서를 발표했다.[18] 또한 문학인을 포함한 지식인 집단이 세월호와 관련된 시와 그림, 노래, 관련 논문과 책, 기록물을 발표했다.[19] 이 밖에도 해외의 지식인들이 세월호에 대한 성명서를 발표하기도 했다.[20]

이와 함께 다양한 자발적 소규모 활동이 산재하고 있다. 영화감독 등 예술가들이 세월호 특별법 제정을 위한 단식에 동참하기도 하고,[21] 대중 음악가들이 집회 공연에 나서는가 하면,[22] 시사 만화가들이 그림 헌증을 하고,[23] 광화문에서는 평범한 시민들의 일인 시위가 벌어지기도 했다. 그리고 한 고등학교 교사는 자비로 학생들과 안전 연구 모임을 조직해 학교생활과 안전에 대한 소책자를 발간하기도 했다.[24] 한 대학에서는 소규모 연구진과 학생들이 정례적 모임과 발표를 진행하기도 하고, 독립 예술가들이 정기적으로 세월호 유가족을 초빙해 작은 음악회를 여는 등 지속적으로 '기억 의례'를 행하고 있다.

세월호 참사 이후 전국 각지에서 모여든 자원봉사 활동 역시 사회적 치유 과정의 중요 자양분이 되었다. 자원봉사 활동은 팽목항과 진도, 안산, 서울 등 광범위한 지역에서 이루어졌으며, 유가족 돌봄은 물론이고 장례, 추모 등 다양한 행사에 수많은 자원봉사자의 발길이 이어졌다. 안산 지역 택시 조합의 기사들은 진도에서 서울·안산 등지의 장례식장까지 무료로 피해자 가족을 이송해 주는 등 '헌신적 노력'을 아끼지 않았고,[25] 공공 단체(대한적십자사)와 자원봉사 단체의 회원 및 직원들은 조직적인 네트워크와 자원 동원을 통해 체계적으로 봉사 활동을 전개했다.[26] 한편 안산 현장에서는 시민들의 참여로 유가족의 심리 치유와 돌봄이 이루어지고 있는데, 아름다운재단의 지원으로 안산에 만들어진 '치유공간이웃'의 활동이 대표적이다.[27]

또한 시민들의 자발적인 기록 보관 활동 역시 빼놓을 수 없다. 이들은 정부의 공식적인 기록 행위와 별개로 보다 공정하고 객관적이며 풍부한 자료를 얻기 위한 활동을 전개했고, 마침내 2015년 4월 안산 지역에 아카이브를 설립하기에 이른다.[28] 다음 기사는 이들의 활동을 잘 기술하고 있다. "한국기록학회, 한국국가기록연구원, 정보공개센터, 인간과 기억 아카이브, 명지대·한국외대·한남대·한신대 기록학과 등이 구성한 '세월호 사고 추모 기록 보존 자원봉사단'은 지난 13일부터 진도 사고 현장에서 세월호 참사와 관련한 기록을 수집하고 있다. 봉사단은 진도 팽목항과 합동 분향소 등에서 관련 자료, 사진, 동영상을 기증받고 자원봉사자와 경찰들을 상대로 구술 인터뷰를 진행하고 있다."[29]

얼마 전에는 4·16연대 산하 인권실태조사단의 「4·16 인권 실태조사 보고서」가 발간되었다. 인권실태조사단은 세월호 참사를 인권의 침몰 사건으로 규정하고, 4·16 생명의 존엄의 권리(구조, 시신 수습, 안전한 노동 등), 진실을 알 권리(정보 접근, 참여, 집회 및 시위 등), 치유와 회복의 권리(원상회복, 재활, 애도와 기억) 등을 경험적 자료와 함께 제시하고, 국가와 기업, 언론, 시민의 책임을 촉구하고 있다.[30] 한편 민주 사회를 위한 변호사 모임(민변)에서는 기록물 발간과 함께 정부에서 추진하고 있는 세월호 특별법의 위헌 가능성과 시행령 폐기, 진상 규명과 수습을 위한 대통령의 약속 이행을 촉구하는 성명을 발표하기도 했다.[31]

위에서 소개한 운동들이 개인이나 특정 집단에 국한되어 있다면 몇몇 사회운동 단체는 전 사회 차원에서 시민들을 조직하고 지속적으로 어젠다를 이슈화함으로써 광범위하고 조직적인 영향력을 행사하고 있다. 피해자 유가족을 중심으로 2015년 1월에 '사단법인 4·16 세월호 참사 진상 규명 및 안전 사회 건설을 위한 피해자 가족 협의회'가 조직되었고, 국내외 130여 개 단체가 지지를 발표했다. 이 협의회는 피해자 가족들을 분열시키려는 외부의 개입이나 시도에 대한 반대, 세월호 선체의 인양과 실종자 완전 수습, 4·16 참사 진상 규명과 특별조사위원회 구성, 그리고 이에 반대하는 세력에 대한 저항, 책임자 처벌 등을 설립 목적으로 밝히고 있다. 또 2014년 5월 22일에는 성역 없는 진상 조사와 책임자 처벌, 존엄과 안전이 보장된 사회 구축을 목적으로 전국 800여 개 시민 단체를 아우른 '세월호 참사 국민대책회의'가 공식 발족했다. 국민대책회의는 인권운동사랑방, 다산인권센터와 같은 인권 운동 조직, 녹색연합이나 참여연대 같은 시민 단체, 한국노총, 민주노총, 전교조와 같은 노동조합, 여성, 농민, 청년, 종교 등 다양한 부문의 단체들을 망라하고 있다.[32] 국민대책회의는 긴급 행동 유인물 등의 유포를 통해 세월호 특별법의 문제점을 시민들에게 홍보하고, 시민들의 관심을 촉구하는 등의 조직 활동을 비롯해 범국민 추모 행동, 농성, 촛불 회의, 긴급 토론 등을 지속적으로 전개하고 있다.

'4·16연대'(4월 16일의 약속 국민 연대)는 단체들 간의 임시 연대 기구인 국민대책회의와 달리 시민 회원 가입을 기반으로 설립되어 지역 풀뿌리 간의 수평적 교류와 네트워크를 지향하고 있다. 4·16연대는 '기억'을 화두로 진실 규명과 안전 교육 및 광화문 광장 집회를 주도하고 있고, 운영위원회를 중심으로 세월호 인양, 진실 규명, 안전 사회, 4·16 인권 선언, 광화문 광장 집회 회원 사업, 온라인 위원회 등 다양한 영역의 하위 조직을 두어 운영하고 있다. 또 4·16연대는 '우리는 안전한 사회로 가고 있는가'라는 제목의 안전 사회 토론회(2015년 4월 22일)를 개최해 세월호 참사 이후 한국 사회의 생명 안전과 관련된 사안들을 점검하고 비판적으로 짚어 보는 자리를 마련하면서 국가와 시민사회의 관심을 촉구하고 있다. 또한 세월호 집회 이후 공권력의 반응에 대한 비판적 토론회를 개최하기도 했다.[33]

2) 망각 기제의 동원과 다소 어두운 전망

이처럼 세월호 참사 이후 사회의 곳곳에서 전방위적으로 자발적인 운동 차원의 '트라우마' 치유 노력이 진행되어 왔고 또 진행 중이다. 시민들의 자발적인 참여와 연대, 사회운동 그리고 시청 앞 대규모 추모 집회 등은 세월호 참사의 '기억'을 재생하고 확산시키면서, 안전한 생명 사회 건설이라는 가치를 추동하는 에너지가 되고 있다. 세월호 참사 이후 초기의 시민사회 운동과 참여는 세월호 트라우마의 사회적 인식, 진상 규명, 책임자 처벌 그리고 사회 구조와 문화의 개선과 구축이라는 '사회적 치유의 수순'을 밟아 가고 있었다. 특히 일차 피해자인 유가족들이 스스로 단체를 조직하고 사회운동에 참여함으로써 치유의 수동적 대상이 아니라 능동적 주체로 자리매김하는 과정도 밟고 있었다. 국정 최고 책임자인 대통령은 다소 군국주의적인 기운이 서려 있긴 했지만 적폐積幣와 국가 개조란 용어를 내걸고 진상 규명과 책임 소재, 그리고 사회 개혁을 약속하기도 했다.[34] 그리고 많은 우여곡절과 진통 끝에 세월호 특별법이 통과되고, 특별조사위원회가 가동하기에 이르렀다.

그러나 전반적인 전망은 그리 밝아 보이지 않는다. 세월호 참사의 사회적 치유와 기억의 과정에 대립하는 망각 기제의 반동이 매우 광범위하고 드세게 진행되고 있다. 세월호 특별법 제정과 정부 책임을 둘러싸고 집단 분파들의 이해관계가 충돌하면서 치유와 기억 운동의 지평은 급속히 약화되었고, 그 중심에는 예의 천민적 정치 권력의 이해관계가 놓여 있었다.[35] 세월호 시민사회 운동은 곧 반정부 운동, 나아가 반국가 음모로까지 규정되기 시작했고, 보수 진영은 침묵을 지켰다. 특히 어린 학생들의 생명과 안전 교육에 가장 힘을 쏟아야 하며 세월호 참사에 가장 민감한 반응을 보여야 할 교육 관계자들—교육학자, 교장, 교감 등의 집단—은 더 이상 아무런 반응도 보이지 않았다. 대학 입시를 위해 사설 학원으로 변질되었다고 해도 과언이 아닐 공교육 현장은 아무것도 변하지 않았다.

4·16 이후 치러진 보궐선거를 통해 정치적 셈을 마친 정치권, 우익 관변 단체와 보수 기독교 세력, 보수 언론은 다시 그들의 굳건한 연합을 통해 다양한 망각 기제를 발동시키기 시작했다. 지면상 자세하게 논의할 수는 없지만 몇 가지만 개괄해 보기로 하자. 첫째는 사실의 왜곡, 축소, 은폐, 부인 과정인데, 사건의 본말을 조작하거나, 허위 사실을 공포하거나, 의도적으로 사건을 축소하거나, 정보를 독점하거나 하는 등의 경우가 이에 속한다. 대표적으로 세월호 참사를 사건이 아닌 단순 교통사고 정도로 왜곡, 축소하거나, 진상 규명을 위해 필요한 정보를 공개하지 않으려 하거나, 책임 소재를 회피하려 드는 사례가 있다.[36]

둘째는 위협, 긴장, 관심 전환 등의 작용인데, 사건이 주는 부정적 영향을 부각시키거나(예컨대 세월호로 인해 경제가 악화되고 있다는 주장),[37] 사건의 본질보다는 곁가지 등에 보도를 확장해 희화화시키는(예를 들어 청해진해운의 소유주 유병언 일가와 그가 속한 구원파 침례교회에만 세월호 참사의 발생 책임을 돌리거나, 호위 무사 등의 선정적 언어를 동원해 수배자들에게 과잉 집중하는) 등의 경우가 있다.[38]

셋째는 낙인과 비하, 모멸 전략이다. 집회 및 저항 집단을 위험 집단으로 묘사하거나 개인 정보 등의 공개적 유출을 자행하는 것인데, 예를 들어 모 새누리당 의원은 세월호 집회에 반체제 인사가 개입하고 있다고 발언했고 보수 언론들은 집회에 소위 불순 세력이 개입되어 있다는 식의 보도를 노골화하기 시작했다.[39] 또한 보수 언론은 단식 농성을 벌이던 세월호 유가족에 대한 반인권적 신상 털이식 보도도 서슴지 않았다.[40] 그런가 하면 단식 농성 앞에서 보란 듯이 소위 '폭식 농성'이 벌어지기고 하고, 우익 청년 단체인 일간베스트의 일부 회원은 유가족을 비하하는 비어와 속어를 유포하기도 했다.[41]

넷째는 분열(분리·격리) 전략으로서 사건과 관련된 다양한 개인이나 집단을 이간시키는 것이다. 학생 유가족과 일반 유가족이 서로 다른 입장을 보이고 있다는 식의 보도가 대표적인데, 이 분열에는 유가족 내부 집단뿐 아니라 유가족과 일반 시민 및 세월호 사회운동 단체, 야당의 관계를 분열시키려는 전략이 포함된다.[42] 세월호 사건에 이른바 불순 외부 세력이 개입하고 있으며 야당이 이를 부추기고 있다는 식으로 보도하거나 사건 수습 과정에서 지불되는 보상 금액 등을 크게 보도함으로써 일반 시민들이 거리를 두게 만든다.[43] 아울러 유가족 대표들의 '대리 기사 폭행 사건'을 연일 보도해[44] 이들을 부도덕한 집단으로 매도하기도 했다.

이 밖에도 이미 사건이 처리된 것처럼 종결을 선언해 버리기도 하고, 보상 등을 통해 회유하기도 하는 등 다양한 망각 기제들이 동원되고 있다. 최근 일부 보수 언론은 세월호 특별조사위원회의 구성과 예산, 조사 내용을 고의적으로 비난하기도 했다.[45] 한편 사회운동 조직에 대한 국가기관의 직접적 탄압도 수행되고 있는데, 불법 시위를 주도한 혐의로 4·16연대의 대표가 구속되고, 그 조직은 압수 수색을 당했다.[46]

이처럼 망각의 기제는 다양한 연합 세력에 의해 여러 방식으로 작동하고 있다. 망각의 기제는 시민들에게 다시 '가만히 있을 것'을 종용하고, 시민사회 운동의 발목을 잡으려 하고 있으며, 세월호 참사가 남겨 준 메시지와 과제는 일상의 무관심 속에 묻히려 하고 있다. 그러나 여기저기 곳곳에 산재해 있는 참여와 관심, 시민사회의 움직임과 그 연대의 편린들은 쉽게 사라지지 않고 있다. 인간의 가장 근본적인 가치인 '생명'에 대한 메시지, 즉 '음습한 적폐'로 인해 우리의 생명이 위협받고 있다는 자각은 결코 사라지지 않고 있다. 트라우마는 쉽게 아물지 않기 때문이다.

11장

재난 시대의 혐오

큰 슬픔에 대한 사회적 지지와 인지적 오류

김서경

2015년 4월 16일은 세월호가 침몰한 지 1주기가 되는 날이었다. 희생자들을 추모하기 위해 광화문 광장으로 나온 유가족과 시민에게 정부는 버스로 벽을 둘러치고 캡사이신과 최루액을 섞은 물대포를 쏘는 것으로 대응했으며 여러 외신이 이 비극을 다루었다. 당시 『뉴욕 타임스』*The New York Times*의 4월 25일 기사 「수천 명이 거리로 나와 한국 정부에 저항하다」Thousands March in South Korea Anti-Government Protest[1]는 당일 집회 현장의 풍경을 전달하며 전해의 세월호 참사를 다시 한 번 상기시켰다.

또한 『뉴욕 타임스』의 4월 15일 기사 「세월호 참사 1주기, 도시의 평화는 요원하다」A Year after Sewol Ferry Tragedy, Peace Is Elusive for South Korean City[2]는 지난해의 식단표가 그대로 붙어 있는 텅 빈 교실과 아직까지도 수학여행을 보내지 못하는 인근의 학교들에 관해 묘사했다. 기사에서 제종길 안산시장은 "우리에게 회복은 아직 먼 일"이라고 언급했다.

* 이 글은 동일한 제목으로 『진보평론』 66호, 2015에 실렸던 글을 소폭 수정한 것이다.

『월스트리트 저널』 한국어판 기사 「세월호 참사 1년, '신뢰' 부족 대한민국」[3]에서 알래스테어 게일은 광화문 광장에 세워진 세월호 천막을 지날 때마다 슬픔과 좌절감을 느낀다고 하며, 정부 기관이 시민들의 신뢰를 얻지 못하고 있는 현실을 지적했다.

참사 후 2년 가까운 시간이 흘렀음에도 불구하고 세월호 유가족이 느끼는 고통은 줄어들기는커녕 도리어 가중되고 있다. 부실한 수습 과정, 제대로 된 지원 및 해명의 부재, 언론에서의 부정적인 보도 및 익명을 통한 악의적 조롱과 비난 등, 세월호의 생존자 및 유가족은 가까운 이를 상실하는 슬픔에 더해 사회의 싸늘한 반응을 감내해야 했다. 정부의 해명과 사과를 요구하는 세월호 피해자들의 움직임은 이기적인 태도로 치부되어 오히려 더 큰 비판의 대상이 되었다. 이러한 현상의 원인을 우리 사회 내 공동체 의식의 결여라 단정 짓는 데 그치는 것은 지나치게 단순한 해석일 것이며, 세월호 피해자들이 안정을 찾고 일상으로 복귀하게끔 이끌어 내는 데도 실질적인 기여를 하지 못하리라 생각한다.

이 글의 목적은 세월호를 둘러싼 여러 부정적 반응의 근본적 원인이 무엇인지 과학적인 증거를 토대로 설명하며, 어떻게 그러한 부정적 반응을 완화하고 공동체 차원에서의 공감을 유도할 것인지 논의하는 데 있다. 먼저 세월호 피해자들이 필요로 하는 사회적 지지의 종류와 그러한 사회적 지지가 지니는 중요성을 설명하고, 사회적 지지를 이끌어 내기 위한 선결 조건으로서 재해의 성격을 파악해야 할 필요성을 제기할 것이다.

이후 재해의 성격을 이해하는 과정에서 개입하는 정서 작용의 신경과학적 기반에 대해 언급하며, 편향된 의사 결정을 불러오는 정서 및 인지적 오류가 어떤 방식으로 세월호 피해자를 겨냥한 혐오 감정을 증폭시키는지 구체적으로 명시할 것이다. 마지막으로 정서 및 인지적 오류가 발생할 가능성을 낮추고 타자에 대한 공감을 유도하는 인지-정서 간 상호작용 기제, 즉 정서의 자각 및 자기 성찰 과정에 대한 과학적인 근거를 예시로 들며, 이러한 자기 성찰 과정이 공동체 의식의 회복 및 사회적 공감의 확장에 기여할 가능성을 제시할 것이다.

1. 사회적 지지의 중요성

사회적 지지social support는 재난 사고의 피해자들이 겪는 트라우마를 경감시킬뿐더러 그들이 일상생활로 복귀하는 데도 큰 도움이 된다. 『외상 스트레스 저널』에 실린 한 연구는 2004년 인도양에서 일어난 쓰나미의 피해자 4,600명을 대상으로 사건이 발생한 지 14개월 후 사회적 지지가 얼마나 보호적인 역할을 했는지에 대해 설문 조사를 실시했다.[4] 설문 결과, 사회적 지지는 해당 사건과 관련한 직접적인 스트레스와 일반적인 스트레스를 경감시키는 데 긍정적인 영향을 미친 것으로 드러났다.

특히 세월호 참사에서 살아남은 생존자 및 유가족은 자녀와 형제자매, 친구 등 생활을 공유하던 가까운 이들의 돌연한 사망을 목도함으로써 극심한 트라우마 증상을 겪고 있는 것이 현실이다. 가까운 이의 사망 후 경험하는 정상적인 애도 과정조차도 1년여의 시간이 걸림을 감안할 때, 세월호의 피해자들이 정신적인 고통에서 해방되기까지는 보다 오랜 시간이 걸릴 것이라 예상된다. 이들이 경험하는 트라우마 증상을 완화하고 참사 이전의 일상생활로 자연스럽게 복귀할 수 있도록 돕기 위해서는 개개인을 대상으로 한 의학적 및 심리적 치료뿐 아니라 공동체로부터 주어지는 사회적 지지가 절실히 필요하다.

한편, 사회적 지지는 그 성격에 따라 다양한 갈래로 나뉜다. 흔히 꼽는 사회적 지지로는 정서적 지지emotional support, 실질적 지지tangible support, 정보적 지지informational support, 사회 교류적 지지companionship support 등이 있다.[5] 정서적 지지는 공감이나 애정, 친밀감을 표현하는 지지이며, 실질적 지지는 금전이나 물질적 지원을 포함하는 지지이다. 정보적 지지는 관련된 상황이나 사건을 보다 잘 이해할 수 있도록 정보를 제공하는 지지이며, 사회 교류적 지지는 공동체 차원에서 재난의 피해자가 소속감을 잃지 않도록 돕는 지지이다. 흔히 사회적 지지라 할 때 정서적 지지나 실질적 지지를 먼저 떠올리기 쉬우나, 정보적 지지나 사회 교류적 지지 역시 그에 버금가는 중요한 역할을 한다. 특히 재해의 영향력이 장기적이고 점진적인 경우에는 다른 사회적 지지에 못지않게 정보적 지지의 중요도가 높아진다.

그 한 예로, 미국 몬태나 주의 리비Libby에서 일어난 석면 재해 사례를 중점적으로 다룬 연구는 정보적 지지의 중요성을 강조한다.[6] 리비의 광산에서는 1919년부터 질석vermiculite 채취가 이루어져 왔으며, 이 질석에는 폐 질환을 유발하는 석면이 다량 함유되어 있었다. 유해 물질의 악영향에 오랫동안 노출된 피해자들의 경우 피해를 입은 정도에 따라 필요로 하는 사회적 지지의 종류는 각기 달랐음에도, 응답자의 거의 대부분은 공통적으로 질병에 대한 이해 및 대처법을 설명하는 것과 같은 정보적 지지를 절실히 필요로 하고 있었다. 즉 피해를 일으킨 원인이 난해하거나 불분명할 때, 그에 관련된 정확한 정보를 제공함으로써 심리적 안정을 유노하는 것 역시 사회적 지지의 한 형태라 할 수 있는 것이다.

뿐만 아니라 정서적 지지의 갈래에는 지각된 지지perceived support와 수용된 지지received support가 있다.[7] 지각된 지지란 사회적 지지의 대상이 되는 피해자 입장에서, 필요로 하는 바로 그 시점에 사회적 지지가 주어졌다는 느낌 혹은 주어질 것이라는 믿음을 가리킨다. 한편 수용된 지지는 피해자에게 실질적으로 주어진 사회적 지지를 가리킨다. 이러한 분류를 통해 볼 때, 주어지는 사회적 지지의 실질적인 형태 못지않게 피해자가 얼마나 사회적인 지지를 얻고 있다고 느끼는지 여부 역시 사회적 지지가 갖는 영향력을 판단하는 데 중요한 척도가 됨을 알 수 있다.

이처럼 재해의 성격에 따라 피해자들이 원하는 사회적 지지의 종류는 달라질 수 있다. 때문에 세월호 참사의 주요 피해자인 생존자 및 유가족이 바라는 사회적 지지의 종류가 물질적인 보상이 전부라고 단정 짓는 것은 어폐가 있다. 뿐만 아니라 사회적 지지의 수용자인 생존자 및 유가족 못지않게 사회적 지지의 잠재적 제공자 역할을 할 불특정 다수의 사회 구성원의 입장을 파악하는 것 역시 중요하다.

만일 사회 구성원들이 세월호 참사의 희생자 및 피해자를 바라보는 시각이 부정적이라면, 그러한 부정적 시각이 어떤 과정을 통해 형성되었는지를 이해할 필요가 있다. 따라서 재해가 지니는 성격을 정확히 규명하고 그에 따라 다르게 나타나는 사람들의 반응 및 반응이 수반하는 정서 및 인지적 과정을 이해하는 것은 참사의 피해자에게 적절한 사회적 지지를 제공하기 위한 선결 조건이라 할 수 있다.

재해의 원인을 규정하는 것은 재해로 인한 결과를 해석하는 방식 및 그에 대한 견해를 형성하는 데도 영향을 미친다. 세월호 참사의 경우 불가항력으로 인한 자연재해라기보다는 인재人災가 부른 비극이며, 한성호 침몰 사고 이후 44년만에 일어난 최악의 해난 사고라 불릴 정도로 그 규모가 크다. 거대한 배가 침몰하는 사태는 예측이 불가능할 뿐 아니라 높은 강도의 심리적 스트레스를 불러일으킨다는 점에서는 자연재해와 일부 비슷한 성격을 띠지만, 본질적 원인이 불가항력적인 자연의 힘이 아닌 사람의 실책에 따른 것이라면 재난의 결과에 대한 인식 및 반응에도 차이가 따르게 된다.

그 한 예로 마이클 지크리스트와 베르나데트 쉬테를린의 2014년 연구는 사람들이 자연재해와 사람으로 인한 재해를 대할 때, 그 순간에 느끼는 정서에 따라 어떻게 재해의 결과를 달리 이해하고 받아들이는지를 잘 설명해 준다.[8] 가령 기름이 유출되어 새떼가 집단 폐사한 사례를 제시하고 평가하게 했을 때, 그 원인이 자연이 아닌 사람에 의한 것이라면 참여자들의 평가는 더 부정적이었다. 즉 재해를 일으킨 원인에 개인이나 조직이 관련되어 있는 경우 그렇지 않은 재해에 비해 보다 부정적인 정서를 불러일으켰던 것이다. 이처럼 특정한 사안에 대한 판단 및 평가와 같은 인지적 과정은 정서 작용을 수반하며, 이러한 정서 작용은 판단 및 평가의 결과를 긍정적 혹은 부정적으로 받아들이는 데 중요한 역할을 한다.

2. 정서 작용의 신경과학적 기반

심리학 및 신경과학 분야에서는 정서 작용이 인지적 기제와 맺는 관계에 대해 지속적으로 연구해 왔다. 정서emotion는 특별한 이유 없이 일어나고 지속되는 기분feeling과는 달리, 특정한 상황에 대한 즉각적 반응에 가깝다. 가령 눈앞에 뱀이 나타나서 공포를 느끼는 상황처럼 정서를 불러일으키는 명확한 원인이 존재하는 것이다. 신체적 반응(심장박동이 빨라지고 등줄기에 땀이 흐르는 것) 못지않게 어떤 감정을 느끼는지 파악하고('공포를 느끼는 것은 뱀 때문') 도망치거나 맞서는 등 그에 걸맞은 행동을 취하는 것 역시 정서의 작용이다.

1969년에 폴 에크먼은 동료인 월러스 V. 프리센과 함께 브라질, 아르헨티나, 일본, 미국 등지에서 대학 교육을 받은 참여자들에게 다양한 표정을 띠는 얼굴 사진을 보여 준 뒤, 얼굴에 드러난 정서와 그 정서를 가장 잘 표현하는 낱말을 짝짓도록 했다.[9] 그 결과 문화권에 상관없이 참여자들이 보편적으로 인식한 정서는 기쁨, 슬픔, 분노, 공포, 놀람, 경멸이었다.

한편 텔레비전이나 기타 매체에 노출되지 않은 뉴기니 원주민을 대상으로 정서적인 이야기를 들려주고 그에 걸맞은 표정이 담긴 얼굴 사진을 고르게 한 결과, 그들이 지각하는 정서의 종류 역시 대도시에 거주하며 대학 교육을 받은 참여자들과 크게 다르지 않았다. 이러한 심리학적 연구는 인류가 보편적으로 느끼는 정서에 대해 신뢰할 만한 증거를 제시한다.

'자기 공명 영상 장치'MRI의 등장으로 신경 및 뇌 인지과학 분야의 연구가 활발해지면서 심리학자들은 인간의 인지와 정서 간 상호작용에 새롭게 주목하기 시작했다. 1999년 신경과학자인 안투안 베차라와 안토니오/해나 다마지오 부부는 즉각적이고 강렬한 정서를 다스리는 변연계의 한 부위인 편도체amygdala가 이성적인 의사 결정에 어떤 영향을 주는지 파악하기 위해 MRI 안에 누운 참여자들에게 '도박 과제'gambling task를 수행하도록 했다.[10]

도박 과제가 실행되면 화면에는 네 무더기의 카드가 등장하는데, 카드를 뒤집을 때마다 참여자는 일정한 액수의 금액을 따거나 잃게 된다. 그

중 두 무더기는 보상은 적지만 손실도 적은 카드로, 다른 두 무더기는 보상이 크지만 그만큼 큰 손실을 일으키는 카드로 구성되어 있다. 몇 차례의 시도를 거친 후 큰 손실을 경험하고 나면 위험 부담이 큰 무더기를 피해 '안전한' 무더기의 카드를 선택하는 것이 일반적인 참여자가 보여 주는 자연스런 반응이다. 그러나 편도체가 손상된 환자의 경우 오히려 위험 부담이 큰 카드 무더기를 더 자주 선택하는 경향을 보였다.

즉 편도체가 정상적으로 작동하는 경우, 손실을 경험할 때 발생하는 불쾌한 감정이 의사 결정의 한 준거로서 작용해 한 회에 획득할 수 있는 보상의 양은 비록 적더라도 장기적인 관점에서 보다 큰 수익을 올릴 수 있는 방향으로 판단을 내리도록 이끈 것이다. 이와 같은 결과는 정서가 상황과 관련된 의사 결정을 내리는 데 긴요한 역할을 한다는 경험적 증거를 제공한다.

또한 정서는 우리의 인지 기능, 특히 장기 및 단기 기억과 밀접하게 상호작용한다. 어배너-샘페인의 일리노이 대학에서 정서와 인지 간 상호작용을 연구하는 플로린 돌코스는 동료들과 함께 정서가 기억에 미치는 영향에 대해 연구했다.[11] 참여자들은 MRI 내부에서 강렬한 정서를 불러일으키는 사진(피, 총기, 다툼 등)과 그렇지 않은 사진(집, 풍경, 자연 등)을 본 후, 1년 후 다시 실험에 참여해 MRI 내부에서 당시 본 사진을 그렇지 않은 사진에서 가려내는 과제를 수행했다.

그 결과 오랜 시간이 흐른 후에도 참여자들은 강렬한 정서를 불러일으키는 사진을 그렇지 않았던 사진에 비해 훨씬 더 잘 기억하는 경향을 보였다. MRI 영상을 분석한 결과, 정서를 다스리는 편도체와 장기 기억을 담당하는 중측두엽Medial Temporal Lobe이 특히 활발하게 활성화된 것을 확인할 수 있었다.

이러한 결과는 강렬한 기쁨이나 슬픔, 혹은 분노를 경험했던 사건과 관련된 정보가 그렇지 않았던 사건과 관련된 정보에 비해 더 쉽게 인출된다는 가설을 뒷받침한다. 이처럼 정서가 기억에 미치는 강력한 영향을 감안할 때, 재해를 겪거나 접하는 당시에 지각된 정서가 추후 재해와 관련된 기억을 인출 및 해석하는 과정에서 주요한 역할을 하리라 예상할 수 있다.

이러한 예상을 뒷받침하는 한 근거로, 미시간 대학의 심리학자 노버트 슈워츠와 제럴드 L. 클로어는 1983년 논문에서 정서의 정보 가설Affect-as-Information Hypothesis을 주장한 바 있다.[12] 이에 따르면 사람은 특정한 상황이나 대상에 대해 판단을 내릴 때 정서를 일종의 정보처럼 활용한다. 이러한 가설을 증명하기 위해 슈워츠와 클로어는 실험 참여자들이 독특하게 생긴 방음실에서 피아노 소리를 평가하도록 하는 실험을 고안했다. 피아노 소리를 평가하는 과정 자체는 정서의 변화를 측정하려는 실험의 진짜 목적과 관계없는 것으로, 참여자의 주의를 다른 곳으로 돌림으로써 각 개인이 의식적으로 정서 과정에 개입하거나 편향된 보고를 할 위험을 방지하기 위함이었다.[13]

참여자들은 총 세 집단으로 나뉘었는데, 실험을 시작하기 전 첫번째 집단은 이전 참여자들이 방을 '불쾌하게 여겼다'는 정보를, 두번째 집단은 이전 참여자들이 방을 '쾌적하게 여겼다'는 정보를 각각 접했다. 한편 세번째 집단은 방에 관한 사전 정보 없이 실험을 실시했다. 실험 후 모든 참여자는 약 이십여 분에 걸쳐 삶에서 즐거웠던 혹은 괴로웠던 기억을 자세히 보고했다.

결과에 따르면, 실험실에 관한 부정적 정보를 접했던 참여자들은 삶에서 괴로웠던 기억 및 그러한 기억이 초래한 불쾌감에 더 집중하는 경향을 보였으며, 그에 비해 긍정적 정보를 접했던 참여자들은 괴로웠던 기억을 보다 낮게 평가하는 경향을 보였다. 또한 맑은 날 긍정적인 기분일 때 보고한 삶의 만족도는 비 오는 날 부정적인 기분일 때 보고한 삶의 만족도보다 훨씬 높았다. 즉 과거의 기억을 해석하는 과정에서 지금 순간 지각하는 정서를 일종의 잣대로 사용한 것이다. 이는 대니얼 카네만과 아모스 트버스키가 1973년 『사이언스』*Science*에서 소개한 휴리스틱heuristic 중 하나인 닻내림 효과anchoring effect와 유사하나,[14] 이 경우는 판단에 작용한 편향의 근거가 정서적 차원에서 이루어진다는 점에서 다소 다른 성격을 지닌다.

이와 같이 정보를 처리하는 순간에 지각되는 정서를 바탕으로 신속한 의사 결정을 내리는 행위를 일컬어 정서적 휴리스틱affect heuristic이라 한다. 정서적 휴리스틱은 주어진 정보가 제한적인 상황에서 빠른 상황 판단을 가능하게 해준다는 장점이 있으나, 촉발된 정서가 지닌 방향성이나 강도에 따라 자칫 왜곡된 판단 결과를 이끌어 낸다는 단점 역시 간과하기 어렵다. 특히 잠재적 정서 반응subliminal affective response과 지속 효과lasting effect가 그러한데, 이러한 정서적 휴리스틱의 영향으로 스스로도 미처 자각하지 못하는 상태에서 특정한 사안에 대해 긍정적 혹은 부정적으로 편향된 결론을 내리게 될 수 있다.

잠재적 정서 반응이란 의식적으로 처리하기 어려울 정도로 짧은 순간에 지각된 정서를, 그 이후의 정서적 판단의 실마리로 삼는 현상이다. 가령 참여자에게 웃는 얼굴, 찡그린 얼굴, 혹은 특정한 형태의 도형을 1/250초간 보여 준 직후 화면에 나타나는 한자의 생김새에 대한 호오를 평가하게 했을 때, 웃는 얼굴을 보았던 참여자들은 그 직후 제시되는 한자에 더 높은 수준의 호감을 보였다.[15] 그러나 찡그린 얼굴 혹은 도형을 보았던 참여자들은 그 직후 제시되는 한자에 훨씬 낮은 수준의 호감을 보였다. 심지어 후속 실험에서 각 한자와 관련된 표정을 바꾸었음에도, 처음에 내렸던 정서적 판단에 큰 영향을 미치지 못했다. 이는 잠재적 정서 반응이 일단 형성되면 쉽게 수정하거나 제거하기 어렵다는 한 방증이다.

이를 뒷받침하는 맥락으로, 지속 효과는 강렬한 정서에 바탕한 첫인상이 의사 결정을 좌우하며, 추후 이러한 의사 결정에 반하는 인지적 증거가 충분히 제시되더라도 정서적인 반응의 영향이 사라지지 않고 지속되는 현상을 가리킨다. 그 한 예로 특정한 외국어 어휘를 긍정적인 혹은 부정적인 의미를 지닌 모국어 어휘와 짝짓게 했을 때, 사람들은 긍정적인 의미를 지녔다고 여겨지는 외국어 어휘를 더 선호했다. 이후 실험자들이 해당 외국어 어휘의 의미가 실제로는 중립적이라는 사실을 밝혔음에도, 참여자들은 처음에 긍정적으로 지각된 어휘를 지속적으로 선호하는 경향을 보였다.[16]

이처럼 정서는 인지적 기제 못지않게 인간 본성의 일부로서 강력한 영향을 지니며, 정서를 토대로 주어진 상황에 대해 판단을 내리는 기제를 정서적 휴리스틱이라 한다. 정서적 휴리스틱은 짧은 시간 내에 의사 결정 및 판단을 가능케 하며, 판단의 준거가 된 정서가 강렬할수록 이미 내려진 판단은 간단히 번복되기 어렵다. 이러한 신경과학적 근거를 세월호 참사에 비추어 생각한다면, 참사를 일으킨 주요 원인 중 하나인 개인 및 조직의 실책을 인식하는 과정에서 증폭되는 부정적인 정서로 인해, 지각하는 당사자도 채 의식하지 못하는 사이 세월호 및 그와 관련된 여러 사회적

이슈에 대해 한층 부정적인 견해가 형성될 가능성이 있는 것이다.

특히 세월호 참사는 인명 피해의 규모가 큰 탓에 높은 강도의 부정적인 정서를 초래하는 사건이다. 총 탑승 인원의 60퍼센트가 사망했으며 사망자의 다수가 고등학생이었다. 사건을 접한 대다수의 사람은 슬픔과 분노를 감추지 못했으며, 강렬한 슬픔과 분노는 자연히 세월호 참사와 관련된 다양한 정보를 훨씬 더 부정적인 시각으로 받아들이게 만든다. 따라서 생존자 및 유가족이 보이는 행보 및 그에 관한 언론 보도 역시 세월호 참사가 불러일으킨 부정적인 정서로 인해 훨씬 더 부정적인 방향으로 편향될 가능성이 높다. 또한 참사를 접하는 초기에 형성된 강렬한 정서는 이후 참사와 관련된 기억을 되새길 때도 부정적인 기억들을 더 빨리 떠올리게끔 한다. 이러한 정서적 편향에 더해 정보를 처리하는 인지적 과정에서 발생하는 여러 오류는 세월호 피해자에 대한 시각을 왜곡할뿐더러, 그들이 원하는 사회적 지지를 제공하는 데 관해서도 부정적으로 대응하게끔 하는 심리적 요인이다.

3. 혐오 감정을 증폭시키는 인지적 오류들

재난으로 인해 발생한 결과는 유사하더라도 그 원인에 따라 부정적으로 평가하는 정도가 달라지며, 이는 사람들이 정서를 준거로 사용해 상황을 어림할 때 편향적인 결정을 내리는 한 요인이 된다. 비단 정서적인 차원에서뿐 아니라 인지적 차원에서 발생하는 휴리스틱 역시, 특정한 사건을 해석하는 과정에서 편향적인 견해를 형성하는 데 영향을 미친다. 본질적으로 휴리스틱은 제한된 상황에서 빠른 상황 판단을 가능하게 해주는 기제이나, 올바른 실마리가 제공되지 않는 등 적절하지 않은 상황에 사용되면 잘못된 판단을 도출하기 쉽다. 이처럼 잘못된 판단 결과를 낳는 인지적 휴리스틱을 일컬어 인지적 오류cognitive bias라 칭한다.

한 예로 재난의 원인이 개인 혹은 조직으로 인한 것일 때 그와 관련된 상황을 접하게 되는 사람은 '감춰진 동기'를 추측하는 데 더 빠르고 민감하게 반응하게 된다. 사회인지심리학자 수전 피스크는 대니얼 에임스와 함께 상대방의 의도를 지각하는 것이 피해 상황을 인식하는 데 어떤 영향을 끼치는지 연구한 결과를 2015년 『국립 과학아카데미 회보』*Proceedings of the National Academy of Sciences*에 발표했다.[17] 실험 결과에 따르면 참여자들이 의도적으로 피해를 입힌 사례를 접했을 때 그 피해에 뒤따르는 손실을 실제보다 더 크게 지각하는 경향을 보였다. 또한 의도적으로 입힌 피해의 경우, 참여자들은 그렇지 않은 경우에 비해 더 큰 비난과 처벌을 가하려 했다. 실제로도 가해자에게 '명확한 동기가 있느냐 없느냐' 여부는 판결을 내릴 때 중요한 근거로 작용한다.

사후 편향 오류hindsight bias 또한 가해자-피해자 관계를 해석하는 과정에서 편향을 일으키는 인지적 오류 중 하나이다.[18] 성폭행 피해자를 대상으로 한 로니 재노프-불만과 크리스틴 팀코의 연구에서는 피해자를 비난하는 인지적 기제의 하나로서 사후 편향 오류를 지적했다.[19] 즉 피해자로서는 전혀 예측할 수 없는 사건이었음에도 불구하고 실제로 도출된 결과를 기준 삼아 해석하는 과정에서 '피해를 당한 데는 그럴 만한 이유가 있었을 것이다', '그렇게 될 줄 알았다'라는 식으로 판단하게 되는 것이다. 유가족들이 '보상금을 타 내기 위한 목적으로 거리에 나선다'라든가 '자식을 희생시켜 일확천금을 노렸다'는 식의 비아냥이 인터넷 공간에 빈

번하게 등장한 바 있다. 이처럼 이미 일어난 비극적인 결과를 판단의 축으로 삼아, 그와 관련된 부정적 견해 및 정서를 세월호 참사의 피해 당사자들을 향해 표출하는 것은 이러한 인지적 오류의 한 영향으로 볼 수 있을 것이다.

인재를 훨씬 더 부정적으로 평가하고, 인재와 관련한 책임자의 행동이 어떤 의도로 이뤄졌는지 파악하려 하는 일은 자연스럽게 발생하는 인지적 반응이다. 특히 사태와 관련된 조직 및 개개인의 '숨은 동기'를 찾아내는 데 민감해진 상태에서 사후 편향 오류가 가세한다면 유가족의 행보에 대해서도 잘못된 판단을 내리게 될 위험이 있다. 정작 유가족이 실제로 바라는 사회적 지지는 물질적 지지나 금전적 보상이 아님에도 불구하고, '어차피 일어날 수밖에 없었던 사고에 대해 목소리를 높이는 것은 보상금을 타 내기 위한 의도가 있는 것이다' 혹은 '돈을 얼마나 더 받아 내려고 하느냐' 등으로 대응하게 되는 것이다. 인지적 휴리스틱으로 인해 발생하는 잘못된 판단은 세월호 유가족에 대한 태도에도 부정적인 영향을 미쳐, 그들이 필요로 하는 사회적 지지의 종류를 이해하고 도움의 손길을 건네기 어렵게 만든다.

피해자가 한두 명에 가까운 적은 수일 경우, 피해자 효과identifiable victim effect에 의해 상대적으로 큰 주목을 받게 되고 더 많은 사회적 지지를 얻을 가능성이 높다. 피해자 효과란 상대적으로 쉽게 식별 가능한 소수의 피해자에게 관심 및 사회적 지지가 몰리는 현상으로, 피를 흘리거나 육체적인 고통을 당하는 경우 그 효과가 배가 된다. 그러나 이번 세월호 참사에서는 피해자 수가 무려 몇백 명에 이르기 때문에 하나의 '집단'으로 인식되기 쉬우며, 관심의 초점이 분산됨에 따라 피해자 효과 역시 감소하게 된다. 세월호 참사의 유가족을 대상으로 한 사회적 지지 및 공감이 미온적인 차원에 머물렀던 원인을, 이처럼 줄어든 피해자 효과를 근거로 들어 일부 설명할 수 있을 것이다.

세월호 참사로 피해를 입은 유가족 집단을 나와 관련이 없는 '다른 집단'으로 인식하는 것은 또한 외집단 혐오out-group hate를 불러일으키는 한 요인으로 작용할 수 있다. 외집단 혐오란 내집단 선호in-group favoritism와 한 쌍을 이루는 개념이다.[20] 나와 동일한 집단으로 묶이는 대상에 대해 더 큰 선호를 보이는 내집단 선호와는 반대로, 나와 다른 그룹으로 묶이는 대상이 부정적인 감정을 불러일으키는 행동을 할 경우 한층 높은 수준의 부정적인 평가를 내리는 것이 외집단 혐오이다. 숨겨진 의도를 탐색하려는 경향에 사후 편향 오류의 영향이 더해짐으로써 생존자 및 유가족을 향한 부정적 태도 및 혐오 감정이 강화된 상태에서, 참사와 관련된 피해자들을 하나의 집단으로 뭉뚱그려 지각하게 될 경우 추가로 외집단 혐오가 발생할 가능성이 높아진다.

『문화 상호 관계 국제 저널』*International Journal of Intercultural Relation*에 실린 한 연구에서는 외집단에 대한 혐오를 악화시키는 요인이 무엇인지 탐구했다.[21] 연구의 참여자들은 내집단에 속하는 개인의 부정적 행동과 외집단에 속하는 개인의 긍정적 행동을 각기 시청한 이후 두 집단의 행동을 평가했다. 이때 참여자가 기존에 지닌 인지적 폐쇄cognitive closure, 즉 문제를 대할 때 근거가 비합리적이더라도 어떻게든 분명한 결론을 내리고자 하는 욕구 및 편견이 강할수록, 자아 존중감을 위협하는 상황을 겪는 과정에서 외집단에 대한 혐오가 더욱 강화되는 경향을 보였다. 이러한 현상은, 긍정적인 자아상을 유지하기 어려운 상황에 처했을 때 타 집단의 부정적 측면을 증폭시켜 받아들임으로써 스스로에게 지워지는 심리적 부담을 해소하려는 인지적 과정의 일부로 여겨진다.

특히 세월호 참사의 경우, 재난이 일어난 상황을 이해하는 데 필요한 정보가 충분히 제공되지 않아 인지적 폐쇄가 발생하기 쉬운 상황이었다. 참사 직후 사태를 수습하는 과정에서 선장과 항해사의 부정확한 판단, 승무원들의 부적절한 대응, 잘못된 안내 방송, 전달 체계상의 실수 등 여러 혼선이 빚어졌으며, 이러한 혼선이 벌어진 탓에 구조가 지연되어 인명 피해가 지나치게 커졌음에도 구조 과정을 둘러싸고 제기된 다양한 의문을 해소하고 비판을 수용하려는 노력은 거의 이루어지지 않았던 것이 사실이다.

또한 국내 및 국외의 불안정한 경제적 상황, 취약한 사회 안전망, 줄어드는 복지 등 개개인의 사회경제적 상황을 위협할 만한 요인을 함께 고려할 때, 가상의 외집단을 상정하고 배타적인 태도를 취함으로써 불안감을 해소하려는 인지적 편향이 강화될 수 있다. 즉 세월호 유가족을 '나'와 동일한 집단이자 포용해야 할 내집단의 일원으로 느끼는 대신에 '외집단'으로 잘못 인식하고, 세월호 참사가 불러일으키는 부정적인 감정을 '외집단'인 유가족에게 투사해 그들이 보이는 행보를 훨씬 더 부정적으로 평가하게 될 가능성을 지적할 수 있다.

사회적인 낙인을 가하려는 행위 역시 세월호 참사의 피해자들을 부정적으로 평가하게 만드는 요인 중 하나이다. 정규재 논설의원은 『한국경제』 칼럼(「이제는 슬픔과 분노를 누그러뜨릴 때」, 2014년 4월 22일)에서 세월호 희생자 가족들을 겨냥하며 '감정 조절 장애에 함몰되어 있는 건 아닌지 의심된다'는 발언을 했고 그에 따른 논란이 이어진 바 있다. 일찍이

미셸 푸코는 '지식 권력'power knowledge이라는 개념을 들어 지식을 통제하는 권한은 곧 타자에게 가하는 권력일 수 있다는 점을 지적한 바 있다.[22] 즉 누군가를 '정상' 혹은 '비정상'으로 지칭하는 일은 상대의 사회적 지위를 지정하는 '권력'의 행사나 다름없다.

게르트 기거렌처는 그의 저서 『숫자에 속아 위험한 선택을 하는 사람들』*Calculated Risk*에서, 위양성false-positive 판정, 즉 실제로는 질병이 없는데도 질병이 있다고 판정을 내리는 행위가 초래하는 심리적 비용에 대해 경고했다.[23] 유방암, 에이즈, 자폐증과 같은 육체적 및 정신적 질병은 사회적 낙인을 불러일으키며 그에 따른 심리적 고통도 함께 초래하기 때문이다. 이 때문에 특정한 대상을 가리켜 '비정상' 혹은 '장애'라 판단 내리는 일은 쉬운 일이 아닐뿐더러 쉬워서는 안 된다.

'아픈' 사람, 즉 '정신 장애'를 지닌 사람에 대한 통념을 잘 드러내는 한 사례로 '사이코패스'라는 정신 질환을 들 수 있다. '사이코패스이기 때문에 범죄를 저지른다' 혹은 '범죄자이기 때문에 사이코패스다'라는 식의 논리 역시 흔히 접할 수 있다. 만일 그러한 논리가 사실이라면 조직적이고 전문적으로 범죄를 자행하는 집단의 구성원 대다수는 사이코패스로 분류되어야 한다.

그러나 마피아의 주요 거점지 중 하나인 이탈리아 시칠리 지방에서 수감 중인 마피아 단원과 일반 범죄자를 비교한 결과,[24] 마피아 단원 중 단 한 명도 사이코패스로 분류되는 준거에 해당하지 않았다. 그들은 지극히 정상이었을 뿐 아니라 정동 장애와 관련한 수치 역시 일반 수감자에 비해 훨씬 정상 범주에 근접했다. 이와 같은 연구 결과는 정신 장애와 관련된 사회적 낙인이 지닌 통념을 정면으로 반박하는 사례이다.

인간이 지닌 인지적 기제 중 하나인 휴리스틱은 주어지는 정보의 양에 제약이 있는 상황에서 신속하게 작동한다는 장점 못지않게 상황에 따라 왜곡된 관점을 불러일으키기 쉽다는 단점이 있다. 참사가 불러일으키는 강렬한 부정적 정서가 사후 편향 오류, 외집단 혐오, 인지적 폐쇄 등 다양한 형태의 인지적 오류와 결합하게 될 경우, 세월호 참사의 피해자들에게 필요한 사회적 지지를 제공하기는커녕 그들이 보이는 여러 사회적 행보, 즉 국가를 상대로 한 소송이나 광화문 광장에서의 시위를 비난하거나 심지어 모욕하고 조롱하는 행태로 이어지기도 한다.

정서적 편향은 쉽게 제거하기 어려울뿐더러, 인지적 오류는 빠르게 발생하는 휴리스틱에 기반을 두고 있기 때문에 세월호 참사를 접하는 이들 중 유가족에게 부정적인 견해를 지닌 이들은 자신이 지닌 부정적 관점이 어떠한 과정을 거쳐 형성되었는지 정확히 인지하고 있지 못할 확률이 높다. 미처 인식하지 못하는 사이 우연한 불행에 직면한 공동체의 일원에게 깊은 상처를 주게 되는 것이다.

4. 왜곡된 정서 및 인지 반응에 대한 재평가 과정 및 성찰의 필요성

지금까지 정서 및 인지적 휴리스틱이 세월호 참사에 대한 부정적인 인식 및 반응에 어떤 방식으로 관여하는지를 알아보았다. 정서는 본능적이고 즉각적이지만 그러한 정서를 파악하고 다스릴 수 있는 인지 기제 역시 존재한다. 2005년 케빈 N. 오흐스너와 제임스 그로스가 『인지과학의 트렌드』*Trends in Cognitive Science*에 발표한 연구에 따르면, 개개인은 다양한 방식으로 정서를 조절할 수 있다.[25] 불쾌한 사건으로 인한 정서적인 반응을 무시하고 참는 억압suppression, 다른 사건으로 주의를 전환하는 주의 조절attentional deployment, 불쾌한 정서를 불러일으키는 요인을 탐구해서 인지적인 해석 방식에 변화를 주는 인지적 변화cognitive change 등이 그것이다.

위에 나열한 정서를 조절하는 인지 기제 중에서도 가장 효과적인 것은 인지적 변화이다. 인지적 변화에는 거리 두기distancing, 유머humor, 재평가reappraisal 등이 있다.[26] 거리 두기는 이미 일어난 정서를 평가할 때 제3자의 태도를 취하는 것이다. 유머는 긍정적인 정서를 불러일으킴으로써 기존의 부정적 정서를 완화하는 효과를 지닌다.

그 중에서도 가장 효과가 있는 방법은 재평가이다. 즉 특정한 정서가 일어났던 상황을 다시 해석함으로써, 해당 정서의 영향에서 벗어나 이미 내린 판단을 수정하는 인지적 과정이다. 이러한 인지적 재평가 과정은 크게 두 단계로 나뉜다. 먼저 스스로가 느끼는 부정적인 정서를 정확히 직시하고, 여러 다른 관점을 바탕으로 상황을 재구성함으로써 정서가 초래하는 부정적 반응을 줄이거나 부정적인 태도를 보다 긍정적인 태도로 전환하는 것이다.

일반적인 경우 정서를 조절하는 인지 과정은 개인에게 어려움이 닥쳤을 때 그것을 극복coping하는 수단으로 활용되지만, 특정한 사건이나 사안에 대한 평가가 강한 부정적인 정서로 인해 왜곡되는 경우에도 충분히 적용이 가능하다. 신경과학적 맥락에서 접근한다면, 이러한 인지 과정은 외부적 자극에 대해 빠르게 반응하는 변연계 및 편도체와, 이미 입력된 자극을 바탕으로 시간을 두고 활성화되는 대뇌피질 및 전전두엽 간의 상호작용이라 할 수 있다. 특정한 사안을 받아들일 때 정서적 편향 및 인지적 오류가 발생하는 것은 무의식중에 일어나는 자연스런 현상이며, 휴리스틱이 초래하는 왜곡된 해석이나 부정확한 결과를 재구성하고 조율하는 과정 역시 그에 못지않게 일상적으로 일어나는 활동이다.

이러한 과학적 근거를 세월호 참사의 경우에 비추어 본다면, 참사 및 관련 언론 보도를 떠올릴 때 반사적으로 촉발되는 부정적인 정서를 잠시 멈추어 돌이켜 보고 어떠한 부분이 부정적이라 느꼈는지 반추함으로써, 피해자들을 향해 불쾌한 감정이나 비난을 표현하기 전 그 이유를 고찰해 볼 여지를 가질 수 있다. 또한 스스로 느끼는 부정적인 감정이 정말로 피해자를 향한 것인지, 정부의 부실한 대응이나 미흡한 수습을 지켜보며 느낀 분노와 실망감이 저도 모르는 사이 엉뚱한 대상에게 전이되거나 투사되지는 않았는지 한 번 더 생각해 볼 수 있다. 이와 같은 심리적 차원에서의 설득이 공적인 매체를 통해 이루어진다면, 즉 이와 같은 사고방식을 토대로 사건을 반추하는 과정을 제시한다면 그 자체로 개개인의 성찰을 이끌어 낼 수 있는 한 방안이 되리라 생각한다.

개개인의 성찰을 전제한 상태에서, 광화문 광장에서 호소하거나 시위에 나서는 등 생존자 및 유가족이 보여 주는 여러 사회적 행보가 '개인의 이득을 최대화하려는 이기적 행태'가 아니라는 관점을 수용하도록 유도해, 그들이 실제로 요구하는 바가 물질적 지지라기보다는 오히려 정보적 지지나 사회 교류적 지지에 가깝다는 사실을 가능한 한 많은 사람이 인식할 때 비로소 공동체 차원에서의 사회적 지지를 이끌어 낼 공통의 기반을 마련할 수 있을 것이다.

여기서 한 발 더 나아가 세월호 피해자들이 느끼는 크나큰 슬픔과 분노를 이해하려는 태도를 보이고, 세월호 참사와 관련해 아직 해결되지 않은 의혹 및 문제점에 의문을 제기하려는 노력을 보이는 것만으로도 충분히 참사의 피해 당사자들에게 '지각된 사회적 지지', 즉 공동체로부터 수용되고 관심과 공감을 얻고 있다는 느낌을 제공할 수 있으리라 예상한다. 물론 이와 같은 작업이 의미를 지니기 위해서는 개인적 차원을 넘어서서 정부 및 참사에 책임이 있는 기관이 함께 노력을 기울일 필요가 있을 것이다.

특정한 현상의 결과에 대해 비난을 가하는 것만으로는 공동체 의식을 회복하는 데 아무런 도움이 되지 않는다. 객관적인 증거를 통해서 현상이 발생하는 근본적 원인을 이해한 후, 현상이 초래하는 문제를 완화시킬 방안을 탐구하는 작업은 세월호 참사의 피해자들을 향한 사회적 공감을 확장하고 공동체 의식을 회복하는 과정에 실질적으로 기여하는 한 방법이다.

5. 맺음말

매 순간 타인에게 깊이 공감하기란 쉬운 일이 아니다. 시간을 할애해 타자의 상황을 이해하고자 하는 과정에는 분명 노력이 필요하며 그러한 노력을 강제하기란 어려운 일이다. 그럼에도 이 글이 세월호 참사에서 가족을 잃은 이들의 마음을, 그리고 이들을 지켜보는 입장에 선 우리 자신의 마음을 조금이나 헤아릴 수 있는 계기가 되길 바란다. 세월호 유가족은 나의 일상과는 관계없는 '남의 집단'이 아니라 우연한 계기로 불행을 겪게 된 우리 사회의 구성원이기 때문이다.

신영복 선생의 말처럼 "큰 슬픔이 인내되고 극복되기 위해서 반드시 동일한 크기의 커다란 기쁨이 필요한 것은 아닐" 것이다. 자녀와 형제자매, 친구를 잃은 생존자 및 유가족에게 진정 필요한 사회적 지지는 왜 그들이 그렇게 죽어야 했는지를 정당한 절차를 통해 '납득'할 수 있게 하는 것이며, 그러한 과정에서 '사회적으로 혼자가 아니라는 느낌'sence of belonging을 가질 수 있도록 돕는 일일지 모른다. 객관적이고 과학적인 근거를 토대로 우리 사회의 또 다른 구성원들이 보여 주는 태도 및 행동을 이해하고 설득할 방법을 궁구하는 것이야말로, 세월호 참사 피해자들에게 필요한 사회적 지지를 이끌어 내기 위한 선결 조건일 것이다.

12장

⋮

「4·16 인권 선언」, 사건화와 주체화의 장치

정정훈

우리는 상실과 애통, 그리고 들끓는 분노로 존엄과 안전에 관한 권리를 선언한다. 우리는 약속한다. 세월호 참사를 기억하고 진실을 밝히고 정의를 세우기 위한 실천을 포기하지 않을 것임을. 또한 우리는 다짐한다. 이 세계에서 벌어지는 각종 재난과 참사, 그리고 비참에 관심을 기울이고 연대할 것임을. 우리는 존엄과 안전을 해치는 구조와 권력에 맞서 가려진 것을 들추어내고 목소리를 내는 데 주저하지 않겠다. 이 선언은 선언문으로 완결되는 것이 아니라 수많은 우리가 다시 말하고 외치고 행동하는 과정 속에서 완성되어 갈 것이다. 함께 손을 잡자. 함께 행동하자. (「존엄과 안전에 관한 4·16 인권 선언」 중)

* 이 글은 「4·16 인권 선언: 세월호라는 '사건을 다시 사건으로 만드는 권리'」, 『진보평론』 66호, 2015를 소폭 수정한 것이다.

1. 세월호 참사와 「4·16 인권 선언」

지난 2015년 12월 10일 세계 인권 선언 기념일에 대한민국 서울 광화문에서 또 하나의 인권 선언이 발표되었다. 「존엄과 안전에 관한 4·16 인권 선언」(이하 '「4·16 인권 선언」')이다. 그 제목에서도 알 수 있듯이 이 선언은 2014년 진도 앞바다에서 너무나도 참담하게 가라앉은 세월호 사건과 밀접하게 연관된 인권 선언이다. 세월호 사건이 발생하게 된 경과에서도, 구조 과정에서도, 그 이후 진상 규명과 책임자 처벌, 배상 절차에서도 우리는 대한민국이 결코 안전한 삶과 존엄한 인간성을 보장하지 않는 국가임을 확인했다. 인간의 권리보다 돈벌이와 권력의 유지가 먼저인 나라임을 분명하게 목도했다.

그렇기 때문에 세월호 진상 규명을 요구하는 운동은 단순히 세월호 사건에 국한된 것이 아니라, 그와 같은 참사를 반복하게 만드는 우리 사회의 구조적 부정의와 반인권적 시스템을 근본적으로 바꾸어 인간의 존엄성이 안전하게 보장되는 사회를 만들자는 운동으로 변모할 수밖에 없었다. 「4·16 인권 선언」은 바로 그 운동이 담고 있는 정신을 인권의 언어로 표현한 선언문이다.

그러나 선언문이 지향하는 가치와 선언문에 담긴 권리들을 선언문의 문장이 자동적으로 보장할 수는 없다. 선언문의 문장들이 듣기 좋은 말들, 그러나 아무런 현실적 파급력과 영향력이 없는 공空문구가 되지 않기 위해서는 선언문의 말들을 현실의 힘으로 만들어 내기 위한 실천이 필요하다. 선언은 선언의 주체와 결코 분리될 수 없다.

앞에서 인용한 선언문의 마지막 부분이 보여 주는 것이 바로 그 점이다. 선언을 통해 세월호 사건의 의미를 분명히 천명하고, 세월호 사건이 우리 사회에 요구하는 것에 응답하고, 세월호 사건의 의미를 따라 인간의 존엄한 삶이 안전하게 지켜지는 새로운 체제를 구성하려는 자들과 「4·16 인권 선언」은 구별 불가능한 관계를 갖고 있다. 「4·16 인권 선언」은 권리를 선언함과 동시에 그 권리의 실현을 위해 응답하고 책임지는 주체들을 함께 구성해 가는 장치인 것이다.

2. 세월호 사건을 둘러싼 정치: 계열화의 두 양상

세월호 사건과 관련된 가장 분명한 날짜는 2014년 4월 16일이다. 그러나 세월호 사건이 4·16이라는 숫자로 표기되면서, 4·16은 세월호가 침몰한 날짜에만 국한되지 않는 하나의 시계열을 의미하게 되었다. 4·19가 단지 1960년 4월 19일 하루만을 뜻하지 않으며, 5·18이 그저 1980년 5월 18일 한 날만을 의미할 수 없는 것처럼 말이다. 4·19와 5·18처럼 4·16도 해당 날짜에 시작되어 상당 기간 지속되는 어떤 시간적 계열을 의미한다. 그러나 4·16은 4·19와 5·18처럼 그 의미가 대체적으로 규명되어 종결된 시계열이 아니다. 4·16의 의미는 아직 규정되지 않았으며 이 시계열의 작동은 아직 종결되지 않았다.

4·16이라는 숫자가 가리키는 사건의 의미는 미정의 상태이다. 그것이 미정인 이유는 이 사건의 의미를 규정하려는 힘들이 서로 갈등하고 길항하고 있기 때문이다. 4·16으로 표시되는 시계열은 그런 의미에서 투쟁의 장이다. 우리가 이미 목도하고 경험했듯이, 세월호 사건을 그저 교통사고나 부주의에 의한 재해로 규정하려는 세력과, 그 사건을 반인권적이

고 반민주적인 사회 시스템이 일으킨 참사이자 그 참사를 일으킨 시스템을 근본적으로 변혁하는 출발점으로 규정하려는 세력 사이에서 충돌이 발생하는 장인 것이다. 이 투쟁, 이 충돌은 세월호 사건의 의미sens를 어떻게 매김할 것인가를 둘러싼 투쟁이며, 4·16이라는 시계열의 방향sens을 어떻게 설정할 것인가를 둘러싼 싸움이다.[1] 우리는 이렇게 사건과 의미의 관계라는 어떤 문제계 안으로 진입한다.

한 사건의 의미는 어떻게 결정되는 것일까? 사건이란 우선 상태가 아니다. 어떤 것이 자기 동일성을 유지하고 있는 상태를 우리는 사건이라고 하지 않는다. 사건은 상태의 변화와 관련되는 개념이다. 사건이 일어나면 동일성의 질서는 변화된다. 그리고 이는 역사적 차원, 혹은 경제 질서나 정치 질서의 지평에서 발생하는 파급력과 영향력이 큰 사건에서부터 무표정한 얼굴에 웃음이 번지는 아주 일상적이고 미세한 사건까지 일관된 성격이다. 사건은 무엇보다 변화이다. 그러나 그 '변화로서 사건'이란 무엇인가?

질 들뢰즈에 의하면 사건이란 물질적 세계에서 일어나는 변화와 관련되어 있다. 가령 여기 내 앞에 있는 유리컵이 '깨진다'고 생각해 보자. 깨진다는 어떤 변화가 발생하면 그 이전과 이후의 컵의 상태는 전혀 다른 것이 된다. 컵은 깨짐으로 인해 유리 조각들로 변화되었다. 하나의 물질적 상태에서 다른 물질적 상태로의 이행이 일어난 것이다. 컵이 깨지기 이전에 그것은 자기 동일성을 유지하는 하나의 상태로 실존했다. 그리고 깨진 이후에도 유리 조각들이라는 또 다른 자기 동일성을 유지하는 하나의 물질적 상태로 그것은 실존한다. 그런데 도대체 깨진다는 사태 그 자체는 무엇인가? 어떤 유리컵에 가해진 충격으로 인해 더 이상 그 컵의 형태를 구성하는 질서가 유지될 수 없게 되어 컵의 형태가 와해되는 어떤 순간인 '깨진다'는 사태 자체 역시 하나의 물질적 상태인가? '깨진다'는 것은 '컵'과 '유리 조각'이라는 상태와는 구별되는 사태가 아닌가?

들뢰즈는 바로 이 깨진다는 사태 그 자체를 '사건'이라고 부른다. 그에 의하면 사건이란 물체 그 자체는 아니지만 물체들을 원인으로 해서 발생하는 '비물체적인 어떤 것'이다.[2] 깨진다는 사건 자체는 결코 온전한 컵이라는 물체의 상태에도(온전한 컵의 상태 어디에도 깨진다는 사건이 포함되어 있지 않다), 조각난 유리들이라는 또 다른 물체의 상태에도(조각난 유리들이라는 상태 어디에도 깨진다는 사건은 역시 포함되어 있지 않다) 귀속되지 않는다. 사건은 이렇게 하나의 물질적 상태와 다른 물질적 상태의 사이에서 발생했다가 사라진다. 그러한 한에서 깨진다는 사건은 온전한 컵이라는 물체적 상태의 경계면과 깨어진 유리 조각들이라는 물체적 상태의 경계면 사이에서 일어난 어떤 것이다. 들뢰즈는 이 경계면을 '표면'이라고 부른다. "사건들은 표면에서 발생하며 안개보다도 더 일시적인 것이다."[3]

> 우리가 '커지다', '작아지다', '붉어지다', '푸르러지다', '나뉘다', '자르다' 등등으로 의미하는 것……이들은 사물들의 상태가 아니며 심층에서의 혼합물도 아니다. 이들은 이 혼합물들로부터 유래하는, [물체의] 표면에서의 비물체적 사건들이다. 나무는 푸르러지고…….[4]

그래서 들뢰즈는 사건을 표면 효과라고 부르는 것이다. '커지다'는 어떤 물체의 '작음'이라는 상태와 그 물체의 '큼'이라는 상태 사이에서, 경계면에서, 즉 표면에서 발생한다. 물체의 표면 위에서 안개처럼 찰나적으로. 눈의 깜빡임과 같이 순간적으로 명멸하는 것이 바로 표면 효과로서 사건이다.

그러나 사회 안에는 오직 물체의 차원에서 발생하는 사건이란 존재하지 않는다. 사회 속에서 발생하는 사건은 언제나 의미와 결부된다. 컵이 깨지는 사건은 사람이 컵을 만들어 물을 마시는 세계 속에서 발생한다. 깨지기 이전의 컵은 어쩌면 사랑하는 사람이 준 선물일 수 있다. 그런데 그 사람이 더 이상 나를 사랑하지 않는다며 떠났다. 나는 그 사람이 미웠다. 이제는 그가 선물로 준 컵을 보는 것마저 싫다. 이러한 항들의 연결, 다시 말해 계열화 속에서 그 컵에 깨진다는 사건이 발생했다면 그 사건의 의미 역시 규정된다. 즉 사건이 의미의 세계 속에서 발생하는 것이라면 사건은 항상 특정한 의미를 가진 사건일 수밖에 없다.

그런데 방금 보았던 것처럼 사건의 의미는 그 사건 자체에 본질적으로 귀속되어 있지 않다. 사건은 이미 의미가 규정된 다른 사태들(항들)과 계열을 이루게 될 때 의미를 획득하게 된다. "계열들 안에서 각각의 항은 오직 다른 항들과의 상대적 위치에 의해서만 의미를 갖는다."[5] 그러므로 어떤 항이 관계를 맺고 있는 항이 달라지면 그 항의 의미 역시 달라진다. 사건은 어떻게 계열화되느냐에 따라 그 의미를 달리하게 되는 것이다. 컵이 깨진다는 사건은 물체의 상태와 상태의 표면에서 일어나는 일임과 동시에 또한 물체의 세계와 이미 만들어져 있는 의미의 세계 사이의 경계면, 즉 표면에서 발생하는 일이기도 하다. 컵은 그저 물체로서만 깨지지 않는다. 그것이 깨지면서 의미 역시 만들어진다.

> 의미는 결코 원리나 시원이 아니다. 그것은 생산된다. 그것은 발견되거나 복구되거나 재사용될 수 있는 것이 아니라 **새로운 장치를 통해 생산될 수 있는 것**이다. 그것은 단지 고유한 차원으로서의 표면으로부터 분리될 수 없는 표면 효과일 뿐이다.[6]

세월호라는 사건의 의미 규정 역시 이 같은 사건의 메커니즘, 의미화 메커니즘을 벗어나지 않는다. 세월호 사건의 의미를 둘러싼 싸움은 정확히 그 사건을 무엇과 연결할 것인가, 다시 말해 어떻게 계열화할 것인가의 싸움이다. 세월호 사건을 해경으로 대표되는 정부의 무능력과 무성의, 사람의 생명과 안전보다는 돈을 더 중시해 온 자본의 행태, 박근혜 대통령의 종적이 묘연한 7시간, 한국 사회의 반민주적 제도와 반인권적 질서, 정부와 기업을 비롯한 책임 당사자들의 작위와 부작위에 의해 발생했던 또 다른 재난들과 계열화하는가, 아니면 매일 벌어지는 교통사고나 간혹 벌어지는 인간의 힘으로 어찌할 수 없는 재해와 계열화하는가에 따라 세월호라는 사건의 의미는 달라진다.

세월호를 둘러싼 투쟁은 바로 이 두 계열 사이에서 발생한다. 편의상 그 두 계열을 각각 참사의 계열과 사고의 계열이라고 부르자. 참사의 계열은 세월호를 한국 사회에서 벌어졌던 반민주적인 사건들, 한국 사회를 관통하고 있는 반인권적 제도 및 관행과 계열화함으로써, 세월호 사건을 민주화와 인권을 요구하는 사건, 한국 사회의 체제와 질서를 그 근저에서 변혁할 것을 요구하는 사건으로 의미화하고자 한다. 사고의 계열은 세월호 사건을 그저 한국 사회에서 아쉽지만 언제든지 일어날 수 있고 이미 일어나고 있는 사고들과 계열화함으로써 그 사건을 그 어떤 변화의 요청과도 무관한 일로 의미화하려 한다. 세월호를 둘러싼 투쟁은 이렇게 이 사건의 계열화 방식, 이 사건의 의미화를 두고 작동하고 있다.

3. 통념의 지배와 역설의 정치

이 두 계열 간의 투쟁은 처음에는 세월호의 침몰 원인과 피해자의 구조 과정에서 벌어진 문제들을 중심으로 전개되었다. 한편에는 규제 완화, 관리 감독의 소홀, 승무원의 비정규직화, 해경의 직무 유기, 정부 대응의 총체적 부실 등의 항들과 세월호의 침몰 및 구조 실패를 묶는 계열. 다른 한편에는 선장을 비롯한 승무원 개인들의 무책임, 해경 조직의 무능, 맹골수도의 급격한 조류, 세월호를 운행한 기업의 파렴치함 등의 항들과 세월호 사건을 엮어 내는 계열. 이 두 계열이 초기 세월호 사건의 의미화를 둘러싸고 충돌한 것이다.

하지만 세월호의 침몰과 구조 실패의 원인에 대한 진상 규명이 이루어지지 않으면서 세월호 국면은 희생자들에 대한 애도와 진상 규명 요구로 넘어가게 되고 장기화된다. 그리고 애도와 진상 규명의 요구는 현 정권의 책임을 추궁하는 보다 직접적으로 정치적인 성격과, 한국 사회 체제를 문제 삼는 보다 급진적인 정치적 성격을 가지게 된다. 이에 대항하는 세력들—정권, 보수 언론, 우익 대중 등—의 투쟁 역시 보다 공세적이 된다. 세월호 희생자 아버지의 부모 자격을 문제 삼고, 유가족의 요구를 자식의 죽음을 대가로 보상금을 더 받으려는 작태로 몰아붙이고, 진상 규명을 요구하는 시위를 종북 좌파와 결부시키고, 애도의 행위를 국론 분열 및 경기 침체와 연결시키는 반동적 정치를 강화한다.

이러한 정치적 충돌의 과정에서 세월호 사건의 의미는 침몰 및 구조 실패의 차원을 넘어 정권의 정당성과 한국 사회의 민주주의 문제로까지 확장되고 있다. 이제 참사의 계열은 세월호 사건을 배의 침몰과 구조 실패의 문제만이 아니라 현 정권의 반민주성과 돈벌이를 위해 인간의 존엄성과 민주적 가치를 손쉽게 무시하고 훼손하는 현 지배 질서의 문제로 의미화한다. 반면 사고의 계열은 세월호 사건을 예기치 않은 사고에 불과한 것으로, 그것을 부정하는 이들은 종북 좌파, 폭력 세력, 경제 성장의 장애물, 자식의 죽음으로 돈을 벌려는 파렴치한 자들, 국가를 부정하는 불순분자로 의미화하려 한다.

이미 언급했던 바와 같이 사건은 물체들의 표면에서 발생하는 것이지만, 그것은 또한 기존의 의미 세계, 즉 사회 속에서 발생한다. 그렇기 때문에 사건이 일어난다는 것은 의미가 생성된다는 뜻이기도 하다. 그러나 사건이 의미를 획득하게 되는 사회라는 기존의 의미 세계는 지배적 질서에 의해 일정하게 구조화되어 있는 세계이다. 즉 어떤 사건이 일어나면 그 사건이 계열화되는 지배적 방식이 이미 존재하는 세계, 사건의 의미가 만들어지는 양상이 미리 규정된 세계라는 것이다. 들뢰즈는 사건의 통상적인 계열화 방식, 지배적 의미화의 방식을 통념doxa이라고 말한다.

통념은 양식bon sens과 공통 감각sens commun으로 이루어져 있다. 양식이란 좋은 의미bon sens이자 일방향bon sens을 뜻한다. 즉 "그것은 한쪽으로만 나 있는 방향이며, 하나의 방향을 선택해 그에 만족하도록 하는 질서의 요구를 표현한다".[7] 양식이란 지배 질서의 입장에서 사건이 계열화되어야 하는 유일한 방향, 그것이 의미화되어야 하는 좋은 방향을 말한다. 그로부터 어긋나는 것은 나쁜 것이다. 그래서 "양식/일방향은 유일한 의미/방향을 규정하는 데 그치지 않는다. 그것은 유일한 방향 일반의 원리를 규정한다. 이 원리는 주어지면 우리로 하여금 다른 방향보다는 그 방향을 선택하게 만든다는 점을 드러내는 한이 있어도". 기존의 의미 세계란 바로 양식에 의해 사건이 계열화되어야 하는 좋은 방향이 단 하나뿐인 세계, 그러한 일방향의 계열화에 의해 사건의 '좋은' 의미가 만들어지도록 하는 세계이다.

반면 공통 감각은 주체의 동일성을 구성하는 감각이다. 개체의 다양한 부분적 감각들을 자아라는 어떤 중심 안에서 통일해 내는 것이 바로 공통 감각이다. 또한 주체가 감각하는 대상의 부분들을 통일해 내는 것 역시 공통 감각이다. 공통 감각을 통해 주체는 자아의 동일성과 대상의 동일성을 확보할 수 있다. 즉 "주체의 측면에서, 공통 감각은 영혼의 다양한 능력들을, 또는 신체의 분화된 기관을 포함하며, 그들을 자아라고 말할 수 있는 하나의 통일성에 관련짓는다". 또한 "대상의 측면에서, 공통 감각은 주어진 다양성을 통일시키며 그것을 대상의 특수한 형성이나 세계의 개별화된 형상의 통일성에 관련시킨다".[8]

통념은 바로 양식과 공통 감각의 상호 보완적 힘 속에서 사건의 의미를 객관화함과 동시에 주관화하는 작용을 뜻한다. 어떤 사건의 의미가 특정한 방향에 따라 사회적으로 결정되어 지속되려면 그 의미는 사회 구성원들의 주관에 의해 받아들여져야 한다. 즉 내면화되어야 한다.

한 사회의 통념은 그러므로 권력과 무관한 것이 아니다. 사건을 계열화하는 유일한 방향을 설정하고 사건의 의미를 그러한 방향에 입각해서 일관되게 파악하는 감각을 주체가 내면화하도록 하는 작업이야말로 권력의 일인 것이다. 세월호 사건의 의미화를 둘러싸고 벌어지는 싸움에서 국가의 공권력, 거대 미디어, 막대한 자금 등의 권력 수단을 갖춘 세력이 우세할 수밖에 없는 것은 이들이 사건을 의미화하는 양식을 결정하고 공통 감각을 주조하고 있기 때문이다. 박근혜 정권과 보수 언론, 그리고 대자본 등이 이 사회에서 사건의 의미를 생산하는 지배적 계열화 방식, 즉 통념을 장악하고 있기 때문이다.

그러나 통념이 사건을 계열화하는 일반 원리를 장악하고 그것을 사회 구성원에게 감각적 수준에서 내면화하는 작용을 한다고 하더라도, 사건의 다른 계열화 자체가 불가능한 것은 아니다. 아무리 미시적인 수준에서 발생한 사건일지라도 그것이 사건인 이상 항상 변화의 문제이다. 하물며 전 사회적으로 영향을 미친 사건은 더 큰 변화의 문제일 수밖에 없다. 물론 사건 자체가 기존 의미 세계의 질서 그 자체를 곧장 변화시키는 것은 아니다. 하지만 무수히 많은 이에게 무엇인가 변화했음을 감각하게 하는, 영향력이 큰 사건은 통념을 위태롭게 할 수밖에 없다. 들뢰즈식으로 말하자면 통념이 아무리 강력하다고 하더라도 하나의 사건이 다른 방향에 따라 계열화될 수 있는 잠재성을 모두 원천 봉쇄할 수 있는 것은 아니다. 사건의 잠재적 층위에서는 언제나 지배적 계열화의 방향인 통념과 다른 방향의 계열화를 가능하게 하는 또 다른 방향, 현실적으로 지배적인 방향에 대해 잠재적으로 평행한 방향, 즉 역설para-doxa이 존재한다. "역설은 바로 이 양식과 공통 감각을 동시에 전복시키는 존재이다."[9] 그런 의미에서 역설은 통념의 지배에 저항하는 전복적 행위이며, 권력이 통제하는 의미의 질서를 변혁하려는 정치적 활동과 결부된다.

세월호 사건을 참사의 계열 속에서 의미화하려는 많은 투쟁은 바로 이 역설을, 또 다른 계열화를 현실화하는 정치이다. 팽목항에서, 안산에서, 광화문에서, 대한민국 곳곳에서 세월호 희생자들의 참담한 죽음을 애도하고 세월호의 침몰과 구조 실패의 진상 규명을 요구하고, 돈보다 인간의 생명과 존엄이 우선시되는 질서와 체제를 요구하는 다양한 투쟁들—이 투쟁들을 총칭해 4·16 운동이라고 부르자—, 즉 4·16 운동은 세월호 사건을 사고로 의미화하려는 권력의 통념doxa에 맞서 세월호 사건의 다른 의미를 창출해 가는 역설의 정치인 것이다.

4. 영원한 현재인가, 사건과 더불어 닥쳐오는 장래인가

「4·16 인권 선언」 역시 바로 통념에 입각한 세월호 사건의 계열화에 대항하는 정치, 양식과 공통 감각이 만들어 내는 세월호의 의미와는 다른 세월호의 의미를 생산하려는 정치의 맥락에 자리 잡고 있다. 그러나 왜 인권 선언인가? 세월호 인양, 특별조사위원회 정상화, 단원고 희생자 교실 존치 등 당면한 투쟁들과 시급한 싸움들이 산적해 있는데 '인권 선언'이나 하는 것은 너무나 한가롭지 않은가? 세월호의 의미화를 둘러싼 투쟁의 맥락에서 '인권 선언'은 어떤 의미를 갖는 것일까?

우리는 이 질문에 답하기 위해 세월호라는 사건의 위상에 대해 먼저 살펴볼 필요가 있다. 들뢰즈가 사건의 개념을 명확하게 규정하기 위해 끌어들이는 개념 가운데 하나가 특이성singularité이다. 사건이란 특이성에 의해 비로소 정의된다. 특이성은 기존의 상태를 규정하는 질서가 종결되고 다른 질서와 상태로 변화되는 점이다. 가령 세 꼭지점으로 이루어진 삼각형의 각 꼭지점, 어떤 곡선의 변곡점이 특이성이며, 물이 얼음으로 넘어가는 온도상의 점 0°C나 물이 기체로 변화하는 온도상의 점 100°C가 특이성이다. 뿐만 아니라 우리의 심리 상태가 기쁨에서 슬픔으로 변화하거나, 신체가 병든 상태에서 건강한 상태로 넘어가는 임계점이 바로 특이성이다. 시간의 차원에서 보자면 '이전'과 '이후'를 나누는 매우 특별한 시점이다. 그 시점은 '이전'의 시간성을 규정하는 질서에 의해서도, '이후'의 시간성을 규정하는 질서에 의해서도 규정될 수 없다. 사건이란 특이성이다.

우리의 일상은 이러한 특이성으로서의 사건들로 가득 차 있다. 수축과 이완을 오가는 내 심장의 박동, 얼굴에 나타났다 사라지는 갖가지 표정들, 이전까지 직진하다 좌회전을 하는 방향의 전환 등등……. 우리가 살아가는 세계는 명멸하는 사건들의 세계이다. 들뢰즈에게는 이렇게 작고 미세한 사건들도 하나의 상태와 다른 상태를 분기해 내는 특이성이지만 카이사르가 기어이 무장한 채 루비콘강을 건넜던 순간, 1789년 7월 파리 인민이 바스티유 감옥의 문을 부숴 버린 순간, 제1차 세계대전을 일으킨 사라예보의 총성이 울린 순간 등과 같이 세계사의 경로를 바꾼 역사적 사건 또한 똑같이 하나의 상태와 다른 상태를 분기해 내는 특이성이다. 사건의 비존재론[10]이라는 관점에서 보자면 얼굴에 나타났다 사라진 표정이나 바스티유 감옥의 문이 열린 순간은 모두 특이성으로서의 사건이다.

그러나 우리의 일상적 어법의 견지에서 보자면 심장 박동이나 얼굴의 표정을 사건이라고 하지는 않는다. 물론 그 개념에 엄밀하게 입각해 파악하자면 그러한 변화의 점들을 모두 사건이라 해야겠지만, 사건이라는 말은 우리에게는 그보다 더 강렬한 의미를 지닌 어떤 것을 뜻한다. 그것은 아마도 각 사건-특이성이 갖는 역사적 혹은 사회적 위상의 차이 때문일 것이다. 사건의 비존재론이라는 관점에서 모든 사건-특이성은 하나의 평면 위에 존재하지만, 사건의 사회적·역사적 성격이라는 관점에서 보자면 사건-특이성의 위상은 다를 수밖에 없다. 그런 맥락에서 들뢰즈의 사건론에 대한 이진경의 다음과 같은 문제 제기는 설득력이 있다.

> 들뢰즈가 사건이란 개념을 정의할 때, 거기에는 상반되는 두 가지 상이한 위상이 겹치면서 만들어지는, 서로 상충되는 듯이 보이는 어떤 모호성이 있는 것처럼 보인다. 하나는 수많은 사실들 가운데서 '사건'이라고 부를 만한, 눈에 확연하게 들어오는 어떤 특이성을 염두에 두고 있는 것 같다. 그렇지만 동시에 '커지다', '붉어지다' 등과 같은 일반적인 의미 전반과 관련된 일반적 개념으로서, 생성의 차원에서 의미의 논리를 보여주는 일반적인 개념으로서 사건을 정의하고자 하기도 한다. 이때 어떤 사건이 갖는 유별난 점, 특이한 점은 매우 약화되고 마는 것 같다.[11]

'커지다', '붉어지다'와 같은 일상적 사건과 카이사르의 루비콘 도하나 파리 인민의 바스티유 감옥 습격이 같은 수준의 사건일 수 없는 것은 그 사건이 가지는 영향력과 파급력, 즉 기존 질서를 흔드는 힘의 차이에서 온다. 퇴근길에 졸던 운전자가 앞 차를 들이받은 사건과 세월호의 침몰을 같은 차원의 사건이고 동급의 특이성이라고 할 수는 없는 것이다.

그러나 사건의 사회적·역사적 영향력과 파급력의 정도는 결정되어 있는 것이라 할 수 없다. 어떤 사건은 많은 사람에게 커다란 영향력을 미치고 기존의 사회 질서를 위기에 처하게 만들기도 하지만 기성 질서를 전복해 내지는 못한다. 반면 어떤 사건은 기존 질서를 전복하는 힘을 발휘하기도 한다. 동일한 사건이라고 할지라도 그 파급력이나 영향력은 조건에 따라 다르게 나타날 수 있다. 왜냐하면 기성 체제의 지배 권력은 기성 체제를 위협할 수 있는 사건의 영향력이나 파급력을 그저 방관하지 않기 때문이다. 지배 권력은 체제를 위협하는 사건의 파급력을 차단하고 영향력을 봉쇄하기 위해 권력을 사용한다.

세월호 사건의 의미를 몇몇 개인과 기관의 실수나 무책임의 문제로 통념화하려는 세력들은 세월호의 사건적 힘을 최소화하려 한다. 세월호 사건의 영향력을 봉쇄하기 위해 이들은 유가족을 자식의 죽음을 빌미로 한몫 챙기려는 패륜적 부모로 몰고 가고, 서민의 경제 활동을 어렵게 만드는 이기주의자로 매도한다. 세월호라는 특이성의 파급력을 차단하기 위해 그들은 진실을 요구하는 시위대를 차벽으로 막아서고, 민주주의를 요구하는 시민들에게 최루액과 물대포를 난사한다. 세월호 사건-특이성에 잠재된 전복적 힘을 체제 내에 가두기 위해 지배 권력은 동원할 수 있는 모든 수단을 사용하고 있는 것이다. 그리하여 세월호 사건이 대한민국의 지배 질서의 변화가 일어나는 역사적 분기점이 되지 못하도록, 그 사건의 힘을 무화하려 드는 것이다.

현재를 지배하는 권력은 그렇게 사건의 힘을 기성 체제 안에 가두려고 한다. 현재를 지배하는 틀, 통념의 한계 안에서 사건의 의미를 규정하려 한다. 그렇게 의미화된 사건은 현재의 질서가 제대로 작동하지 못했음을 보여 주는 사건일 수는 있어도 현재의 질서 자체가 잘못된 것임을 보여 주는 사건은 아니게 된다. 권력은 이렇게 사건의 전복적 힘을 차단함으로써, 기존의 질서와는 다른 질서란 불가능하다고 공포한다. 변화는 없으며 지금을 지배하는 질서만이 영원한 것이라고 주장한다. 기존의 질서가 지배하는 현재는 영원할 것이고, 기성의 체제 아래 유지되는 현재만 지속될 것이다. 그 질서와 체제가 끝나는 미래는 도래하지 않을 것이다. 낡은 질서가 와해되고 새로운 질서가 시작되는 변화로서 역사는 끝났다고 이들은 선포한다. 모든 사건은 통념을 벗어나지 않는다고 선언한다.

그렇기 때문에 4·16 운동은 역사와 결부된 정치이다. 세월호 사건을 역사적 사건이 되도록 하기 위한 정치이다. 다시 말해 세월호 사건을 현재의 영원한 지배를 끝내고 새로운 질서를 도래하게 하기 위한 정치, 세월호의 역사적 사건화를 위한 정치라는 말이다. 현재를 지배하는 질서가 단순히 시간적으로 확장될 때, 오늘과 똑같은 내일만이 무수히 반복될 때 역사는 존재하지 않는다. 통념으로부터 이탈하는 역설이 현행화될 때 역사 역시 존재한다. 역사는 오늘과는 질적으로 다른 내일이 올 때, 지금은 없는 것이 도래할 때 시작된다. 자크 데리다의 개념을 차용해 말하자면 역사는 현재의 시간적 확장으로서 미래futur가 아니라 현재의 질서 안에 부재하는 것이 닥쳐오는 장래avenir와 더불어 가능해진다. 그리고 장래는 다시 사건의 문제이다.[12]

역사의 종말, 변화 불가능한 세계에 대한 선포에 맞서 데리다는 메시아적 시간을 대립시킨다. 메시아가 도래하는 시간이란 사건의 다른 이름이다. 메시아에 대한 데리다의 사유는 '메시아주의 없는 메시아적인 것(메시아성)'이라는 테제에 집약되어 있다. 현재를 지배하는 질서에 의해 규정된 시간성과는 전적으로 이질적인 시간성의 경험을 가능하게 하는 어떤 조건, 혹은 타자의 도래 가능성을 개방하는 어떤 시간성의 구조가 그가 말하는 메시아성이다.

그는 이 메시아적 시간성의 구조를 세익스피어의 희곡 『햄릿』에 등장하는 "시간이 이음매에서 어긋나 있다"The time is out of joint라는 문장에서 발견한다. 그것은 "이접되고 어그러져 있는, '이음매가 어긋난' 지금,

확실하게 연결된 어떤 맥락, 여전히 규정 가능한 경계들을 지닌 어떤 맥락 속에서 더 이상 함께 유지될 수 없을지도 모르는, 이음매가 떨어져 나간 지금"[13]이다. 동일성이 지배하는 연속적 시간 흐름의 탈구, 공백이 없이 이어지는 폐쇄적 시간성의 완결성을 불가능하게 만드는 균열의 필연적 도래 가능성이 바로 '이음매에서 어긋난 시간'으로서 메시아적 시간성이다. 그러므로 메시아적 시간성이란 현존하는 지배적 시간성과는 전혀 이질적인 시간성의 열림이다.

그래서 데리다는 또한 이러한 이질적 시간성의 열림으로서 메시아성에 '해방의 약속', '유령', '도래할 민주주의' 등의 다른 이름을 부여한다.

> 결코 충만한 현재의 형태로 자신을 현존화하지 않을 바로 그것을 도래하게 만들라고 명령하는 서약된 명령의 사건으로서 도래할 민주주의의 '이념'은 무한한 약속(항상 지켜질 수 없는 약속. 왜냐하면 적어도 이 약속은 익명적인 독특성들 사이에 존재하는, 셈할 수 있고 계산할 수 있는 주체적인 평등만이 아니라 타자의 독특성과 무한한 타자성에 대한 무한한 존중을 요구하기 때문이다)과 이러한 약속에 따라 자신을 측정해야 하는 것이 지니는 규정된 형태, 필연적이지만 필연적으로 부적합한 그 형태 사이의 간격의 열림이다. 이런 한에서 공산주의적 약속의 현실성과 마찬가지로 민주주의적 약속의 현실성은 항상 자신 안에 절대적으로 비규정적인 이러한 메시아적 희망을, 사건과 독특성, 예견 불가능한 타자성의 도래와 맺고 있는 이러한 종말론적 관계를 유지하고 있으며, 또 유지해야만 한다.[14]

그러나 그에게 메시아성이란 단지 정상적인 시간 경로에서 일순간 이탈하는 것이나 현존 질서를 의지적으로 부정하는 것만을 의미하지 않는다. 오히려 메시아성이란 해방적 경험의 "보편적이고 유사 초월론적인 구조"[15]를 뜻한다. 그리고 이러한 구조란 근본적으로 사건의 도래, 타자성의 도래를 가능하게 하는 구조이다. "메시아성은 모든 지금-여기에서 가장 구체적이고 가장 현실적인 사건의 도래, 곧 가장 환원 불가능하게 이질적인 타자성을 지시"[16]하는 것이다. 이 사건, 타자성의 도래야말로 동일한 것의 연속성에 의해 규정된 시간, 질적 차원의 변화란 존재하지 않는 시간(역사의 종말!)에 종말을 가져오며 '장래'avenir를 열 수 있다.

이런 의미에서 4·16 운동은 세월호 사건이 현재를 지배하는 질서의 영속성을 탈구시키는 정치, 그러한 탈구를 통해 지금의 질서와 다른 질서를 도래하게 하는 정치이다. 이 정치는 세월호 사건을 영원한 현재의 지배 안에 가두고, 그 전복적 가능성을 차폐시키고자 하는 통념의 지배에 맞서 장래를 시작하려는 정치이다. 사건과 함께 시작되는 역사를 위한 정치이자 세월호 사건을 역사적으로 사건화하려는 정치인 것이다.

5. 선언과 주체화

2016년 4월 16일이면 세월호가 침몰한 지 2주기가 된다. 사건이 발발한 초기에는 대통령도 유가족을 만나 눈물을 흘리며 최선을 다하겠다고 약속했고, 새누리당의 현 대표인 김무성 의원도 한국 사회는 세월호 이전과 이후로 나뉠 것이라 말하면서 근본적 변화를 다짐했다. 그러나 그런 약속과 다짐이 부질없었다는 것을 지난 2년의 세월이 증명했다. 박근혜 정부는 그야말로 총력을 동원해 세월호 사건의 의미를 현재의 질서 안에 가두고, 그 의미를 축소하며 변화를 거부했다. 세월호 사건을 계열화하는 방식을 둘러싸고 벌어지는 싸움에서 우위를 점하고 있는 세력은 여전히 박근혜 정권과 그들이 대표하는 현 질서의 기득권이다.

그렇기 때문에 세월호의 진실을 규명하고, 책임자를 정의롭게 처벌하며, 피해자에게 공정한 보상을 하고, 세월호 참사가 일어나도록 만든 이 사회의 체제와 관행을 변혁하려는 투쟁이 빠른 시일 내에 승리할 수 있으리라는 전망을 가지기는 힘들다. 현재를 지배하는 이 땅의 기득권들은 정부의 공권력, 거대 미디어, 공식적·비공식적 권력 기관의 비호를 받는 우익 대중 조직들을 동원해 세월호 사건을 단지 사고에 불과한 것으로 축소하는 데 성공하고 있으며, 이에 저항하는 이들을 철저하게 탄압하는 것이 엄연한 현실이다. 세월호는 참사가 아니라 그저 사고였을 뿐이며, 더 이상 세월호 사건의 진상 규명을 요구하고 애도를 지속하는 행동은 국가를 부정하는 불순 세력의 책동에 불과하다는 의미화가 더 많은 세를 얻고 있는 것이 냉혹한 현실이다.

그러므로 세월호 사건을 통념과 다른 방식으로 계열화하고, 권력이 그 사건에 부여하는 의미와는 다른 의미를 세월호 사건에 부여하려는 정치는 지난한 고투의 시간을 통과해 가야 할 것 같다. '세월호'는 현재의 지배 질서에게 '지금과는 다르게'를 요구하지만 이 질서는 '세월호'에게 '지금과 똑같이'를 요구하고 있다. 작금의 지배 질서를 영구화하려는 세력에 맞서 세월호 사건을 장래를 가능하게 하는 사건으로 의미화하려는 투쟁은 장기화될 수밖에 없을 것이다. 이 지난하고 장기적인 투쟁을 누가 수행할 것인가? 세월호 사건을 기존의 의미 세계를 지배하는 통념을 전복하는 사건, 장래가 시작되는 사건으로 만들기 위해서는 적지 않을 고투의 시간을 견디며 투쟁을 포기하지 않을 자들이 필요하다. 세월호 사건을 역사적 사건으로 만들어 가는 '주체'들이 필요한 것이다.

앞에서도 언급했듯이 데리다에게 장래란 지금 존재하지 않는 것, 혹은 현재적 질서에 의해 규정되고 있는 것에는 낯선 어떤 것, 그것과는 다른 것, 즉 타자의 도래를 뜻한다. 이 다른 것, 타자를 데리다는 '유령'이라고도 말한다. 유령은 존재하는 것도 아니며 부재하는 것도 아니다. 죽었으나 완전히 사라지지 않은 것, 존재와 부재 사이의 경계면에서 출몰하는 비존재, 삶과 죽음의 경계에서 명멸을 반복하는 비존재이다. 현재를 지배하는 권력의 시각에서 그것은 존재하지 않는 것이지만 그 지배 질서가 결코 완전히 억압할 수 없는 것, 부재하는 것으로 만들 수 없는 어떤 가능성의 이름이 바로 유령이다. 다시 말해 "유령은 근본적으로 장래이며, 항상 도래할 것으로 남아 있고, 도래하거나 다시 도래할 것으로서만 자신을 제시할 뿐"[17]이다.

그런데 데리다에게 유령은 명령하는 자이며, 약속을 요구하는 자이다. 자기 동생에게 암살당한 햄릿의 아버지가 유령이 되어 나타나 햄릿에게 복수와 정의를 요구하는 것에서 드러나듯, 데리다에게 유령의 명령이라는 것은 현재의 질서에 의해 존재하지 않는 것이 도래하도록 하라는 것, 장래의 시작을 위해 책임을 다하라는 강렬한 요구이다. 타자의 도래, 정의의 도래, 민주주의의 도래를 위한 책임을 짊어질 것, 현재와는 다른 장래의 시작을 위한 책임을 다할 것에 대한 서약을 유령은 요구하며 명령한다.

비록 도래할 것으로 남아 있는 것에 대한 것이기는 하지만, 서약이 존재한다(약속, 참여의 서약, 명령, 명령에 대한 응답 등). 서약은 지금 여기에 주어지며, 아마도 어떤 결정이 이를 확증하기 이전에 주어진다. 그리하여 이는 기다리지 않고 정의의 요구에 응답한다. 정의의 요구는 정의상定義上 참을성 없고 비타협적이며 무조건적이다.[18]

즉 유령은 타자의 도래, 정의의 도래, 민주주의의 도래를 책임질 주체, 그 책임을 비타협적으로 끝까지 수행하겠다는 서약을 하는 주체를 요구한다. 이 유령이 타자이고 타자의 도래가 사건과 다른 것이 아니라면 유령의 요구는 곧 사건의 요구이다. 사건은 책임의 주체를 부른다.

「4·16 인권 '선언'」은 바로 사건의 요구에 응답하겠다는 약속의 천명이며 공표의 행위이다. 선언은 현재만이 영원하다고 선포하는 저 오만한 권력이 지배하는 시간에 종말을 고하고야 말겠다는 서약의 행위이다. 선언에 참여하는 것은 바로 사건의 명령을 수행하겠다는, 장래의 도래를 위해서 책임을 다하는 주체가 되겠다는 결의이다. 현재를 지배하는 질서가 만들어 놓은 통념이 세월호에 부여하는 의미를 결코 받아들이지 않겠다는 약속이며, 그러한 통념을 뚫고 세월호 사건을 새로운 역사가 시작되는 분기점으로 만들겠다는 약속이다. 그 길고 힘겨운 싸움을 포기하지 않겠다는, 끝까지 책임을 지겠다는 주체의 서약이 바로 「4·16 인권 선언」이다. 그러므로 사건의 명령에 응답하는 주체, 사건의 요구에 책임을 다하는 주체는 선언과 함께 만들어진다. 선언은 우리를 사건의 주체로 만든다.

데리다는 「미국 독립선언문」을 분석하는 글인 「독립선언들」에서 선언의 핵심에는 서명의 문제가 있다고 말했다. 그 선언문은 미연방공화국 인민의 이름으로 발표된다. 이 선언문의 공적 성격과 권위는 그것이 미국 인민의 이름으로 발표되는 것이라는 사실에 있다. 물론 그 문서가 공적 성격과 권위를 가진 문서임은 선언문을 작성한 자들, 채택한 자들, 즉 대표들이 서명함으로써 확인되지만, 그 대표들은 개인으로서 서명한 것이 아니다. 그들은 인민의 이름으로 서명한다.

> 따라서 서명하는 데에만, 자기 자신의 선언을 서명하는 데에만 스스로 참여하는 '선량한 인민'이 바로 여기에 있다. 「선언」의 '우리'는 '인민의 이름으로' 말한다.
>
> 그런데 이 인민은 실존하지 않는다. 인민은 이 선언에 **앞서 그 자체로**는 실존하지 않는다. 만약 인민이 자유롭고 독립적인 주체로서, 가능한 서명자로서 스스로를 탄생시킨다면, 이는 이 서명 행위에 의해서만 이행될 수 있다. 서명은 서명자를 발명한다. 서명자는, 이렇게 말할 수 있다면, 일단 자신의 서명을 모두 마친 뒤에 일종의 허구적인 소급 작용에 의해서만 스스로 서명을 할 수 있도록 권한을 부여할 수 있다.[19]

「4·16 인권 선언」 역시 '우리'의 권리를 선언하며 그 권리를 위한 '우리'의 행동을 결의한다. 그리고 '우리'의 권리가 보편적 권리임을 천명한다. 그러나 그 '우리'는 이 선언 이전에는 존재하지 않는다. 이 선언에 참여함으로써 우리는 보편적 권리의 '주체'로서 '우리'가 된다. 이 선언을 통해 존엄과 안전에 기초한 사회를 만들기 위해 책임을 다하는 '우리, 인민'이 만들어지게 되는 것이다. 서명의 행위를 통해 '세월호'의 요구에 응답하는 '주체'가 될 것이다.

그러므로 「4·16 인권 선언」은 사건의 정치를 수행하는 주체를 만들어 내고 확인하는 주체화의 장치이다. 「4·16 인권 선언」은 세월호 사건이 한국 사회를 지배하는 자들에 의해 만들어진 구조적 적폐로 인해 발생한 사건이며, 그와 같은 구조적 적폐를 혁파하고 인간의 권리, 즉 평등과 자유, 연대와 협력에 기초한 정의로운 체제를 구축하기 위한 출발점으로 의미화하기 위해 실천하는 주체들을 구성하는 장치이다. 그 선언은 세월호 사건을 한국 사회의 역사적 사건으로 만드는 장치, 역사적 사건화의 장치이다. 「존엄과 안전에 관한 4·16 인권 선언」은 세월호 사건을 역사적 사건으로 만들어 가는 자들이 수행하는 주체화의 선언인 것이다.

13장

인권의 시각에서 본 세월호 사건

이재승

1. 참사 이후의 정치

세월호 참사에 대한 공직자의 형사 책임을 살피자면, 구난·구조 업무의 지휘 계통에 있던 해경 수뇌부는 기소조차 되지 않은 가운데 목포 해경 소속 123경비정의 김경일 정장만 유죄 판결을 받았다. 배상 책임과 관련해 정부는 유족에게 배상금을 제공하는 동시에 청해진해운 측에 구상권을 행사하겠다고 밝혔다. 배상금 지급에 유족이 동의하면 '4·16 세월호 참사 피해 구제 및 지원 등을 위한 특별법'에 따라 재판상 화해가 성립한 것으로 간주된다(제16조). 그런데 승객에게 하선 명령을 지시하거나 구조를 적극적으로 펼치지 않은 해경의 법적 책임이 존재한다는 점, 더구나 선체 인양 작업도 아직 완료되지 않았다는 점, 나아가 사고 원인을 최종적으로 확정하지 못했다는 점 등을 감안할 때 구상권 행사 방침은 세월호 국

* 이 글은 「세월호 참사와 피해자의 인권」, 『민주법학』 60호, 2016을 소폭 수정한 것이다.

면에서 벗어나려는 성급한 전략으로 보인다.[1]

해방 직후 경상남도 진영에는 한국의 페스탈로치로 존경받는 강성갑 선생이 사셨다. 그는 경북 의령 출신의 감리교 목사로서 진영에서 한얼중학교(원래의 교사는 현재 진영여중으로 사용되고 있다)를 설립해 교육에 전념하다가 한국전쟁 중 우익에 의해 살해당했다. 목사의 피살 사건에 대해 미국의 선교 단체와 언론이 문제를 제기하자 미국 정부는 이승만 대통령에게 진상 조사를 요구했고, 조사 결과 지역의 유지들이 타지 출신을 고깝게 본 나머지 제거했다는 진실이 드러났다. 음모 가담자였던 진영지서장이 사형에 처해졌으므로 이 사건은 한국전쟁 중에 자행된 학살 가운데 진실이 규명된 희귀한 사례이다. 사람들은 1954년에 선생을 기리며 흉상 조형물을 세웠는데 여기에 대뜸 "동족의 흉탄에 넘어진 한 알의 밀알"이라고 기록했다.[2] 이 문구는 동족이라는 말로 범죄자를 얼버무리고 학살의 책임을 인민군이나 좌익에게 전가하려는 듯하다.

이와 같은 책임 회피와 '희생자 두 번 죽이기'는 국가 범죄 이후 어김없이 등장하는 나쁜 국가의 전형적인 행동 패턴이다. 이러한 현상을 세월호 참사 이후에도 쉽게 목격할 수 있다. 선장 빼돌려 법적 책임의 수위를 조절하기, 탈출 못한 승객 비난하기, 유씨 일가와 구원파 사냥하기, 수색 인력 부풀리기, 배상 프레임으로 유족 어르기, 항의하는 유족을 폭도나 종북으로 매도하기, 4·16 세월호 참사 특별조사위원회(이하 '세월호 특조위')를 세금 도둑으로 비방하기, 조직 안팎으로 특조위 업무를 방해하기, 세월호 피로감 조장하기 등과 같은 '참사 이후 정치'는 세월호 참사를 능가하는 '참사 후 국가 범죄'after-the-fact state crime에 해당한다.

정치경제학이나 정치사회학의 시선에서 국가 범죄는 국가·기업 범죄이면서 국가·사회 범죄이다. 정치적·경제적·사회적 권력의 발현으로서 국가 범죄는 상이한 층위와 국면에서 동일한 얼굴을 가진다. 나는 이 글에서 세월호 참사를 다양한 측면에서 국가 범죄로 접근해 보려 한다. 이어서 세월호 참사에서의 피해자나 유족이 보장받아야 할 권리를 논의해 보겠다. 세월호 참사 이후 시민사회는 '4월 16일의 약속 국민 연대'(이하 '4·16연대')를 발족시켜 안전 사회를 향한 피해자의 인권 선언을 준비하면서 물망勿忘의 정치를 만들어 가고 있다. 나는 4·16연대의 구상 및 각국의 '피해자 권리법'이나 'UN 인권 피해자 권리 장전'(이하 '피해자 권리 장전')에 비추어 '4·16 세월호 참사 진상 규명 및 안전 사회 건설 등을 위한 특별법'(제12843호, 이하 '세월호 진상 규명법')과 '4·16 세월호 참사 피해 구제 및 지원 등을 위한 특별법'(제13115호, 이하 '세월호 피해 구제법')을 평가해 보고 바람직한 권리 틀을 논의해 볼 것이다.

2. 국가 범죄로서 세월호 참사

1) 조직화된 부작위로서 세월호 참사

국가 범죄 개념은 시민의 생명과 안전의 수호자여야 할 이상적인 국가상을 여지없이 흔들어 놓는다. 이 우상파괴적 개념은 1980년대 영미 비판 범죄학critical criminology[3]에서 학술적 용어로 정착되었으며, 2000년대 이후로 같은 제목의 단행본들이 줄지어 출판되고 있다.[4] 한국에서 국가 범죄학은 독재 정권 아래서 자행된 집단 살해와 실종, 고문, 정치 재판을 청산하려는 사회 운동과 학술 작업 속에서 탄생했다. 조성봉 감독이 제주 4·3 학살을 다룬 다큐 영화 「레드 헌트 2」(1999)의 부제로 국가 범죄를 사용하면서 이 개념은 널리 대중화되었다.[5] 권력 범죄, 국가 폭력, 국가 폭력 범죄, 통제 범죄, 정부 범죄와 같은 개념이 국가 범죄를 대신하기도 한다.

단도직입적으로 세월호 참사를 국가 범죄로 규정할 수 있는가? 예컨대 새누리당 의원 주호영은 세월호 참사가 기본적으로 교통사고에 불과하다고 주장함으로써 국가 책임을 축소하려는 태도를 보였다.[6] 이에 대해 김종서는 '사고'나 '참사'의 소극성과 우연성을 거부하고 이 사안을 국가와 자본의 의도가 개입된 '사건'으로 규정했으며,[7] 김한균은 국가 범죄 피해자학의 관점에서 이를 국가 범죄로 규정했다.[8] 세월호 참사를 국가 범죄 또는 사건으로 인정하는지 교통사고로 규정하는지가 지난 2년 동안 한국 사회에서 정치적 좌우를 구분하는 기준이 되었다. 세월호 참사의 법적 책임을 논하기 위해서 국가 범죄의 개념적 윤곽을 먼저 그려 보는 것이 필요하다.

우선 국가 범죄는 공권력의 행사나 불행사, 정부 정책의 시행으로 인해 발생한 사회적 해악을 총칭하는 개념이다. 이는 엄밀하게 말해서 형법전을 전제로 한 개념은 아니다. 국가 범죄는 국제법의 영역에서는 '국제법상 범죄'crimes under international law 및 '국제 범죄'international crimes[9]와 나란히 쓰이기도 한다. 국제군사재판소나 국제형사재판소가 관할하는 국제 범죄, 예컨대 침략 범죄, 제노사이드, 전쟁 범죄, 인도에 반한 죄는 모두 국가 범죄에 해당하며, 가장 극단적인 형태의 국가 범죄로 규정할 수 있다. 이 경우 국가 범죄는 최소한 '국제 형사법'international criminal law이나 '국제 인도법'international humanitarian law 체제를 전제로 한다.

앞서 거론한 국제 범죄 중에서 인도에 반한 죄는 세월호 사건의 본질을 규명하는 데 연관된 중요한 개념이라고 생각한다. 인도에 반한 죄를 통상적인 국가 정책과 권력 행사의 과정에서 발생한 사회적 해악으로 이해한다면 본질적으로 세월호 참사는 인도에 반한 죄에 해당하기 때문이다. 세월호 참사를 전쟁 범죄나 제노사이드처럼 특정 집단에 대한 체계적 공격으로 볼 수는 없겠지만 '국제 인도법' 및 '국제 인권법'international human rights law상의 보호 책임responsibility to protect의 적절한 이행 여부를 기준으로 판단하면 줄라 페리호 참사[10]나 사이클론 나르기스 참사[11]와 더불어 인도에 반한 죄로 규정될 소지가 크다.

국가 범죄학은 특정한 공적 주체의 개별적인 행동과 조치뿐만 아니라 이를 가능하게 한 권한 배정 및 조직 에토스와 같은 구조적인 차원을 주목한다. 동시에 국가 범죄학은 적극적으로든 암묵적으로든 사회적 해악을 유발하는 행위와 조치들을 범죄 구성 요건의 차원에서 통제할 이론적 무기를 제공한다. 특히 국가 범죄학은 책임을 조직의 말단에 전가하고 꼬리를 자르려는 기득권자들을 비판하며 관료 조직 상층부의 책임을 겨냥한다. 그러나 자칫 음모 이론처럼 국가의 의인화 작용을 낳거나 국가 범죄에 대한 의도주의적인 접근을 강화하는 방식으로 국가 범죄 개념을 이해하는 경우도 발생한다. 국가 범죄에 대한 이러한 이해 방식은 때로는 국가 범죄의 발견적 가치를 훼손하고 물신성과 주술성을 조장할 우려도 있다. 제노사이드나 침략 전쟁은, 그 정책을 결정한 지휘부가 명백히 존재하기 때문에 전범 재판소에서 보듯이 그 지휘부를 국가 범죄자로서 단호하게 처벌할 수 있지만, 재난이나 대형 참사 앞에서는 제노사이드의 결정 구조와 같은 의사 결정의 공동 주체인 정치적 지휘부를 용이하게 상정할 수 없다. 물론 세월호 참사 이후 유포된 음모 이론(잠수함 충돌설, 잠수함 충돌 회피설, 고의 좌초설)은 다양한 방식으로 진위를 밝혀야 하겠지만, 세월호 선체 인양을 통해서 이를 검증할 수 있을지는 여전히 의문이다.

국가 범죄에 대한 구조적 접근법은 국가 범죄를 야기한 구조를 파악하고 이를 변혁하려는 목표를 가진다. 이러한 목표는 대체로 형법상의 구성 요건의 해석 작업을 능가하는 과업이다. 예컨대 영리의 과잉 추구를 객관적으로 밑받침해 주는 국가 정책에 주목함으로써 자본주의 사회에 만연한 정책 범죄로서 국가 범죄를 재검토하도록 촉구한다. 현재로서는 세월호 참사를 군대와 경찰, 보안 부대에 의해 직접적으로 자행되는 제노사이드와 같은 조직적 작위organized commission의 국가 폭력[12]으로 규정하기는 어렵다. 그러나 사고 원인을 과적이나 운항 미숙에서 찾는다고 하더라도 생명과 안전에 관한 감독·감시·관리 책임과 관련된 국가·기업·사회의 전 영역에서 총체적인 '조직적 부작위'organized omission의 국가 범죄가 자행되었다고 규정할 수 있다. 또한 사고의 원인과 책임을 해운 회사로 전적으로 전가하는 행태도 여전히 생성·발전 중인 국가 범죄라고 할 수 있다.

침략 전쟁과 집단 살해의 상황에서 야만적인 정책을 시행하는 국가의 정치적 수준과 사회적 차원에서 보통 사람들의 의식과 행태의 수준은 데칼코마니처럼 대칭을 이룬다.[13] 사회적 수준에서의 조응이 없다면 정치적 수준에서의 국가 범죄는 원래 발생하지도 않는다. 홀로코스트와 관련해 칼 야스퍼스가 좁은 의미의 국가 범죄에 대해 보통 사람들의 '도덕적 죄', '정치적 죄', '형이상학적 죄'[14]를 부각시킨 것이나, 김동춘이 국가 폭력에 대해 '사회 폭력'[15]을 강조한 것이나 모두 이러한 맥락에서 중요하다. 세월호 참사에서도 그 원인과 경로가 정치와 행정의 영역뿐만 아니라 경제와 사회의 영역에도 있으며, 거울처럼 서로를 비추며 반영하고 있다. 국가 영역에서의 책임 공동화, 관료적인 무책임화, 조직화된 부작위 구조에 기업 및 사회 영역에서의 무책임과 조직화된 부작위 구조가 대응하고 있다. 전자만을 국가 범죄로 국한시켜 고찰할 것이 아니라 후자까지 포함해 '국가·기업 범죄' 또는 '국가·사회 범죄'라고 불러야 한다. 이로부터 국가 범죄나 기업의 조직 범죄를 막기 위해서는 정부의 새로운 통제뿐만이 아니라 노동조합과 시민사회의 역량을 다각도로 활성화해야만 한다는 통찰을 얻을 수 있다. 세월호 사건에서와 같은 감시와 통제의 총체적 기능 부전을 막기 위해서는 국가·기업·사회의 전 부문에 조직화된 능동성이 필수적이다.

국가 범죄의 피해자는 "법이나 일반적으로 정의된 인권을 침해하는 명시적 또는 묵시적 국가 행동과 정책들로 인한 경제적·문화적·물리적 해악, 고통, 배제 또는 착취를 겪는 개인들이나 개인들의 집단들"이다.[16] 간단히 말해서 명시적·묵시적 국가 행위와 정책을 통해 온갖 고초를 겪는 보통 사람들이 국가 범죄의 피해자이다. 오늘날 기업은 대중에게 많은 편익을 제공하지만 동시에 불법적으로든 합법적으로든 다양한 해악과 불행을 그들에게 전가한다. 정치적인 권력과 경제적인 권력의 결합 속에서 국가 범죄가 본격적으로 발현된다. 2009년 용산 참사를 낳은 구조적 원인, 즉 경제 질서의 말단에서 악전고투하는 서민들의 경제적 이익(권리금)을 보상 없이 수탈하는 재개발 정책이 바로 국가 범죄이다. 권리금이란 특정한 장소에서 영업 활동을 지속함으로써 창출된 부가가치의 누적분인데, 개발 사업자는 바로 영세 상인들이 역사적으로 창출하고 지불한 부가가치를 무상으로 수탈하는 자이기 때문이다. 정부 권력과 산업계의 공동 이익에 기초한 국가-기업 범죄state-corporate crime가 자본주의 국가 범죄의 정치경제적 종합이다.[17] 신자유주의적 규제 완화 정책을 통한 자본 이익의 극대화와 공적 책임의 경량화 또는 공동화 전략이 국가 범죄의 바탕을 이룬다. 그런데 이러한 국가 범죄는 국가의 법과 정책에 의해 정당화되고 추진되기 때문에 형법 적용의 대상으로 상상조차 되지 않는다. 이러한 범죄적인 정책이 형법 규정을 위반하지 않더라도 실질적인 사회적 해악을 초래한다면 정책 방향을 근본적으로 시정해야 한다는 것이 국가 범죄학의 결론이다.

2) 세월호 참사의 세 가지 국면

세월호 참사를 사고 예방, 사고 대응, 후속 조치 세 가지 국면으로 나누어 국가 범죄성을 논의해 보겠다.

첫째, 세월호 참사의 구조적인 원인들에 국가 범죄의 시각에서 접근할 수 있다. 세월호 참사는 선박의 감항堪航 능력[18]과 안전 운항에 대한 규제 완화 정책의 총결산이기 때문이다. 개별 공직자들의 부패를 참사의 원인으로 규정하며 사태에 접근할 수 있지만, 감독 과업의 해체를 국가와 산업계의 공동 이익의 전형적인 실현 과정으로서 주목하는 것이 필요하다. '대형 선박 참사의 20년 주기설'에 따르면 사고 후 안전에 대한 고양된 경각심이 점차 해이해지면서 선박의 안전 운항과 관리에 대한 감독 권한은 약화되거나 국가에서 민간으로 이양된다.[19] 1993년 서해 페리호 사건 이후부터 세월호 참사에 이르는 기간 동안에 안전 운항에 관한 국가의 권한과 책임은 외주화 또는 공동화空洞化됨으로써 세월호 참사의 시점에 '조직적인 부작위'의 구조가 정점에 이르렀다. 생명 및 안전에 대한 국가 감독 과업의 이양과 해체가 바로 세월호 참사의 국가 범죄적 측면이다. 낡은 선박의 무리한 증축으로 인한 복원력 상실을 세월호 참사의 구조적 원인으로, 과적·과승을 포함한 안전 운항 규칙 위반을 촉발 요인으로 파악하더라도 이 참사에는 다양한 공적 주체가 연루되어 있다. 그러나 안전을 경시하는 정책을 수립하고 이를 제도화한 것과 관련해 정부 관료 조직에 대해 법적 책임을 명료하게 추궁한 사례는 찾아보기 어렵다. 이어 운항 허가를 내준 한국선급의 담당자는 선박의 증축에 따른 복원성 악화를 우려하면서 운항 조건을 추가했다는 점을 들어 인명 사고와 관련해서 기소조차 되지 않았다.

해운 회사 대표 및 임직원들은 무리한 증축으로 인한 복원력 악화, 부실 고박(화물이나 컨테이너를 선박에 고정시키는 것) 등을 이유로 각각 업무상 과실치사, 업무상 과실 선박 매몰, '선박 안전법' 위반으로 처벌되었다.[20] 그러나 사고 원인은 복합적이므로 운항 관리 업무와 관련한 총체적 부패상을 주목해야 한다.[21] 특히 참사 이후 운항 관리자들에 대한 처벌 및 징계 조치는 국가적인 감독 업무의 구성 방식에서 심각한 결함만 노정했다. 해운 회사들甲이 출자한 해운조합乙의 소속 직원이었던 운항 관리자들은 해운 회사들을 실질적으로 단속할 수 없었을 뿐만 아니라 규칙을 위반한 선박에 대해 법적인 통제 권한(운항 정지, 면허 정지, 형사 고발 등)을 갖지 못했기 때문에 선박의 안전 운항에 대한 감독 업무는 완전히 유명무실할 수밖에 없었다.[22] 참사 이후에 정부는 종래에 있던 선박안전기술공단 이외에도 운항 관리 업무를 담당하게 하고 운항 관리자를 지도·감독하기 위해 '해사 안전 감독관 제도'를 도입했다. 이러한 시스템을 '옥상옥'屋上屋이라고 비판하는 목소리도 있지만 '스위스 치즈 모델'[23]에 따른 다층적인 예방책으로도 이해할 수 있다. 참사의 구조적이고 복합적인 원인들을

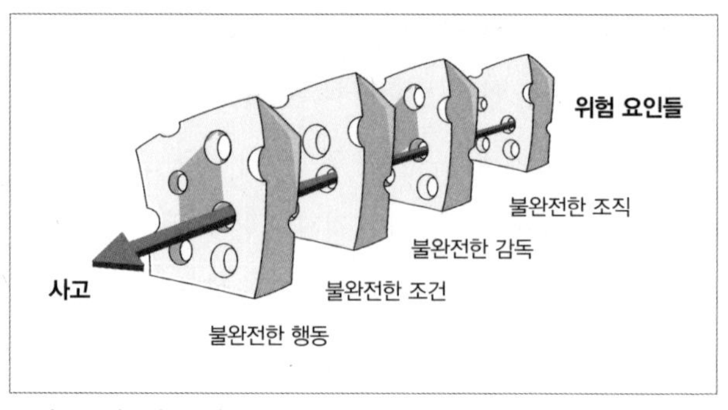

〈그림 1〉 스위스 치즈 모델

밝히고 안전과 생명을 존중하는 방향으로 제도를 재설계하는 것이 중요하다. 그런 점에서 보면 미국이 1911년 트라이앵글 의류 공장 화재 사고로 146명의 노동자가 사망한 사건을 기점으로 근로 환경을 혁신한 것이나[24] 2005년 허리케인 카트리나 재난 이후에 '포스트 카트리나 재난 관리 개혁법'(2006)을 도입해 재난 방지 체제를 근본적으로 수술한 것은 재난 이후 정치의 좋은 예이다.[25]

둘째, 세월호 좌초에 대한 대응 과정에서의 구조 실패도 국가 범죄로 구성할 수 있다. 특히 구조할 역량도 없으면서 주변의 선박들에게 구조 및 지원을 요청하지 않거나 그들의 지원을 거절한 행동은 대표적인 범죄적 대응이다. 그러나 실제 재판 과정에서의 초점은 선장과 해운 회사 임직원의 죄가 살인죄인가 과실치사죄인가에 맞추어졌을 뿐이다. 2015년 11월 12일 대법원은 "승객들을 퇴선시키지 않고 먼저 퇴선한 이준석 세월호 선장의 행위는 승객들이 스스로의 힘으로 탈출하는 것을 불가능하게 하는 결과를 초래했다. 이는 승객들을 적극적으로 물에 빠뜨려 익사시키는 것과 다를 바 없다"고 판단했다.[26] 법원은 이로써 선장에게 살인의 미필적 고의를 인정하고, 드물게 '부작위에 의한 살인죄'를 인정했다. 세월호 참사 이후 시민사회는 민간 기업의 경영진에게 형사 책임을 묻는 영국의 '기업 살인법'[27]을 활발하게 논의했다. 이 법은 기업 조직의 하위 행위자가 자행한 범법 행위에 대해 기업 대표에게 무과실 책임을 지우는 엄격한 책임법이다. 실제로 세월호 사건에서 선사의 임직원들은 '기업 살인법'과 같은 무과실 책임이 아니라 과실범으로서 형사 책임을 졌다. 법원은 선박의 무리한 증축으로 인한 복원력 악화, 부실 고박 등에서 해운 회사 대표 및 임직원들의 업무상 과실이 인정되고 이러한 과실들로 인해 침몰 및 사상의 결과가 발생한 이상, 세월호 선장과 승무원들의 적절한 구호 조치 불이행이 결합해 사고가 발생했다고 하더라도 피고인들의 행위와 사상의 결과 발생 사이에 인과관계를 인정할 수 있다고 판시했다.[28]

선사의 대표와 임직원이 과실범의 공동정범共同正犯 이론[29]으로 처벌되는 상황을 감안할 때 해경 지휘부도 123정장과 다르지 않은 형사 책임을 져야 하지 않을까 생각된다. 원심인 광주고법은 123경비정 김경일 정장에게 징역 3년을 선고하며 "적정한 인명 구조 활동을 펼쳤다면 303명(123정이 사고 현장에 도착하기 전 바다에 빠져 사망한 1명 제외)은 모두 생존할 수 있었다"고 밝혔다.[30] 적정한 구조 활동이란 세월호 선원과 교신하거나 123정 방송 장비를 이용하거나 해경 대원들을 세월호에 투입해 승객들의 퇴선을 유도하는 것을 의미한다. 해경 지휘 책임자가 퇴선 명령만 적시에 내렸다면 대다수의 승객을 구조하거나 희생을 최소화할 수 있었으므로 세월호 사고 현장에 없었다고 하더라도 사태를 보고받고 적절하게 지휘하지 못한 해경 지휘부는 과실치사죄의 공동정범으로 보아야 할 것이다.[31] 홀로 기소당한 김 정장은 「항소 이유서」에서 "해양경찰청, 목포 해양경찰서 등 상부 기관도 보고를 받고 지휘를 했는데 그들과 달리 나에게만 죄를 묻는 것은 상식에 반한다"고 토로했다.

해경 지휘부들은 수사 과정에서 『국제 항공 및 해상 수색 구조 편람』에 따라 선박 사고에 있어서 현장 지휘관On-Scene-Commander; OSC이 지정되면 그가 현장에서 절대적인 지휘권을 행사하므로 현장 지휘관이 알아서 잘하는 것이고 자신들은 기껏해야 도의적 책임을 질 뿐이라고 주장했다. 현장 지휘관이 이 편람에 따라 모든 조치를 다했다면 현장 지휘관은 이를 근거로 형사 책임을 면할 수 있겠지만, 이 편람이 해경 지휘부의 지휘권 행사의 적정성 여부를 판단하는 기준이라고 볼 수는 없다. 더구나 김경일 정장은 재판 과정에서 자신이 그러한 책무를 지닌 현장 지휘관이라는 사실조차도 알지 못했다고 진술했다. 따라서 해경 수뇌부의 지휘 책임이 그들이 생각한 것처럼 편람에 의해 간단히 소멸하지는 않을 것 같다.

123경비정의 구조 장비 및 구조 인력 규모를 포함한 구조 역량과 정장의 개인적 경험치, 세월호 승선 인원, 사고 진행 상황을 종합해 더욱 강력하고 정확한 지시를 내릴 의무가 해경 지휘부에 존재했다. 누군가를 현장 지휘관으로 임명해 놓은 것만으로 지휘부가 법적 책임을 면할 수 있다고 한다면 해양경찰청장이나 해양수산부 장관이 세상에서 가장 안전한 직책이 아닌가! 지휘부는 지휘 책임을 방기하고 매뉴얼을 도피처로 삼을 수 없으며, 조직적 부작위에 의한 살인죄의 공동정범이나 최소한 업무상 과실치사죄의 공동정범으로 처벌받아야 한다. 광주고법은 어렴풋한 인식 아래 해경 지휘부의 공동 책임을 언급하는 선에서 그치고 말았다. 2015년 12월 16일 세월호 청문회에서 이주영 전 해양수산부 장관은 세월호 사고에 대해 지휘 책임자로서 법적 책임에 관한 의식을 전혀 보여 주지 못하고, 정치적 수사로써 자신의 잘못을 자책했을 뿐이다.

현재로서도 세월호 승객의 인명 참사는 선박을 좌초시킨 해운 회사 측의 과오와 구난·구조 업무 책임자의 구조 실패(거의 시도하지 않았기 때문에 실패라는 단어는 어울리지 않는다), 주변 선박의 지원 거부, 부작위가 경합해 발생했기 때문에 해운 회사와 국가의 공동 범죄이자 공동 불법 행위이다. 공동 범죄와 공동 불법 행위는 배상 책임의 측면에서 피해자들에 대한 국가와 해운 회사의 '부진정 연대 채무'[32]를 발생시키고 이는 서로 책임 정도를 계산해야 하는 문제를 남겨 두었다. 진실 규명의 결과 참사 원인이 다른 곳에 있다면 해운 회사가 오히려 수수방관한 국가에게 구상권을 행사할 소지도 있겠다.

셋째, 참사 이후 피해자 두 번 죽이기 현상을 쉽게 확인할 수 있다.[33] 이른바 자연재해나 대형 참사에서 드러난 국가의 무능력, 실패, 부패를 감추기 위해 조작과 선동은 조직적으로 수행된다.[34] 세월호 참사 이후에도 참사에 신속하고 효과적인 대응을 하지 못한 정부가 자신의 무능력과 혼란, 또는 부재를 은폐하고자 진영 논리를 악용해 사건을 정치적으로 분탕질하는 후속 과정을 경험했다. 친위 세력이나 매체도 거짓말과 낚시질을 통해 피해자와 유족에게 상처를 주고, 사자의 명예를 훼손하고, 피해자를 공공의 적으로 만들었다. 세월호 특조위의 발족 과정에서 정부의 비협조나 특조위 활동 과정에서의 위원들의 태업과 업무 방해도 2010년 진실화해위원회의 막바지 추한 국면을 떠올리게 한다. 최근 특조위에 근무하는 해양수산부 공직자가 보수적인 시민 단체를 틀어쥐고 정치적 작전을 사주했다는 점을 단체 대표가 폭로하기도 했다. 사태의 정치적 파장을 제거하기 위해 세월호 참사의 원인 규명 과정에서 책임의 부인, 축소, 희석,

전가가 지속된다. 유대인 집단 살해를 부인하는 네오 나치를 처벌하는 법(아우슈비츠 거짓말 조항)[35]과 같은 '국가 폭력 피해자 두 번 죽이기 방지법'을 도입해 피해자와 유족의 인권을 보호해야 할 필요성이 심각하게 대두되었다. '세월호 진상 규명법'은 흥미롭게도 이와 같은 두 번 죽이기 행태, 즉 2차적인 국가 범죄를 세월호 특조위의 조사 대상으로 규정하고 있다(제5조 4호, 제47조 3항). 세월호 특조위가 공직자들과 보수 언론들이 어떤 구실로 자신의 책임을 희석시키고, 어떻게 일반 시민과 피해자 사이에 위화감을 조성하고, 어떻게 피해자들 사이에도 분열을 획책하는지를 규명한다면, 한국 사회의 대중은 국가-사회 범죄state-society crime[36]로서 세월호 사건의 실상뿐만 아니라 국가 범죄의 사후 작동 기제에도 완전히 정통하게 될 것이다.

3. 피해자 인권과 세월호 특별법

1) 사건에 대한 권리

고대 유대 사회에서는 성읍의 장로들이 살인의 유죄를 확정한 후에 살인자를 피살자의 가족에게 넘겨주어 죽이도록 했다(「신명기」, 19장 12절). 로마 최고의 성문법인 12표법에 따르면 로마인들은 채권자와 화해하지 못하고 유책 판결을 받은 채무자의 운명을 채권자(들)에게 맡겨 그 신체를 분할하게 하거나 노예로 매각할 수 있게 했다(제3표). 이와 같이 가해자나 채무자를 처분할 피해자의 권리는 상고기上古期적인 의미에서 복수 내지 평균적 정의 관념을 반영한다. 그러나 중앙집권적인 국가는 형벌권을 독점하고 사적인 복수를 불법화함으로써 배분적 정의의 실현자로서 스스로를 표상했다. 나아가 근대국가는 범죄자의 인권도 중시해야 한다는 계몽주의적 사상을 수용한 까닭에 피해자들의 영향력을 더욱 감소시켰다. 형사법의 이러한 합리화 과정이 범죄 피해자들에게는 오히려 무력감과 소외감을 조장하게 된 것이다. 이청준의 「벌레 이야기」는 피해자의 관여 없이 이루어지는 정의와 용서에 대한 허망한 분노를 다루고 있다.[37] 작가는 신의 용서—실제로는 살인자의 자기 사면—를 질타하지만 피해자를 배제시키는 제도의 역리를 고발한다는 점에서 「재산으로서 갈등」[38]이라는 글에서 피해자의 권리를 강조한 닐스 크리스티와 맥락을 공유한다. 크리스티는 사건 해결 과정에 피해자가 참여해야 한다는 점을 강조하기 위해서 사건 자체를 피해자의 권리나 재산으로 표현한 것이다. 그는 회복적 정의restorative justice의 관념 아래서 형사 재판에서 피해자의 참여권을 중시했다. 회복적 정의는 범죄자의 처벌에 주안점을 두는 응보적 정의와는 대조적인 관념으로서 가해자, 피해자, 공동체 간의 관계 회복을 중시한다.[39] 회복적 정의는 원래 비행 청소년의 문제에 대한 해법으로 사용되다가 형사 범죄 일반에 확대되었으며, 특히 남아공 진실화해위원회를 통해 화해의 사상으로 널리 각인되었다. 크리스티가 말한 '재산으로서 갈등'은 피해자들에게 범죄 사건 자체에 대한 참여와 발언의 기회를 보장함으로써 가족의 상실로 인한 피해자의 고통을 경감시키고 사법 절차의 국가 독점을 개선하며 피해자의 소외와 무력증을 극복하려는 또 다른 시각이다. 이는 근대 서구적인 소송 절차의 폐해를 시정하기 위해 인디언이나 제3세계의 원주민 재판의 전통적인 지혜를 수용한 것으로 평가받는다.

오늘날 범죄 피해자의 지위 강화 구상은 새로운 경향으로 이미 확고하게 정착했다.[40] 나는 크리스티와 이청준의 관념을 참조해 '피해자 권리법'과 'UN 인권 피해자 권리 장전'이 예시하는 피해자의 다양한 권리들의 상위 개념으로서 '사건에 대한 권리'the right to case를 제안해 보았다. 이 개념을 통해 유족이 자신의 사건을 개인 재산처럼 입맛대로 처분할 수 있다는 사사로운 권능을 밑받침하려는 것은 아니다.[41] 오히려 이 개념은 피해자가 사건 해결의 전 과정(사건의 정명定名, 진실 규명, 재판 과정, 피해 회복, 후속 조치)에 주체로서 참여해 사태에 입장을 표명하고, 해법을 제안하며, 그 이행을 감시하고 비판하는 공적인 지위를 의미한다.[42] 4·16연대의 인권 선언 초안이나 UN 인권 피해자 권리 장전이 밝힌 피해자의 '존엄'과 '인정'도 피해자를 국가가 제시한 처방전의 수동적인 수취인이 아니라 능동적 행위 주체로 표상하는 것이 요구된다. 사건에 대한 권리는 피해자가 보유한 개별적인 권리들의 일부나 집합이 아니라 민주 사회에서 국민주권에 버금하는 사유로서, 국가 폭력과 대형 참사에서 피해자의 주권을 의미하며, 피해자가 직면하는 각 상황에서 피해자를 주체화하기 위한 전략적 개념이다. 사사로운 범죄라면 공정한 해결자로서 중립적인 공권력을 상정할 수 있기 때문에 피해자에게 사건에 대한 권리는 그다지 중요성을 갖지 않을 수 있지만, 공적인 권력이 연루된 범죄라면 사건에 대한 권리는 권력에 대항하는 논리로서 정치적으로 민감한 관념이 될 것이다. 대형 참사나 국가 범죄의 경우 사건에 대한 권리는 실제로 저항권과 주권 사이를 오갈 수밖에 없다.

미국, 유럽의 법제나 국제형사재판소도 피해자의 지위를 강화하고 다양한 권리를 구체화하고 있다.[43] 미국에서는 1982년 이래 33개 주가 피해자의 권리를 헌법에 반영했고, 모든 주에서 피해자 권리 법률을 제정했으며, 연방 차원에서도 '범죄 피해자 및 증인 보호법'Victim and Witness

Protection Act을 제정했다. 나아가 미연방은 1984년에는 '범죄 피해자법'Victims of Crime Act을, 1994년에는 '여성 폭력 규제법'Violence Against Women Act을, 2004년에는 '범죄 피해자 권리법'Crime Victims' Rights Act을 제정했다. 이 '범죄 피해자 권리법'은 피고인으로부터 보호받을 권리, 사건에 대해 고지받을 권리, 소송 절차에서 배제되지 않을 권리, 기소 검사와 협의할 권리, 원상 회복에 대한 권리, 불합리한 지체 없이 재판을 받을 권리, 피해자의 존엄과 사생활을 존중받고 공정하게 처우받을 권리, 사전 형량 협상이나 기소 유예 합의에 대해 적시에 고지받을 권리,[44] 법률상 권리와 지원 수단에 대해 고지받을 권리 등 피해자 인권의 이정표를 세워 놓았다.[45]

'EU 형사 피해자 지위에 관한 기본 결정'도 형사 절차의 모든 단계에서 존중과 인정을 받을 권리(제2조), 사건의 진행 상황에 대해 고지받을 권리(제4조), 범죄자에 관한 결정을 담당하는 공직자에게 정보를 제공할 권리(제3조), 피해자의 재산 상황과 무관하게 법적 조언을 받을 권리(제6조), 피해자의 사생활과 신체적 안전을 보호받을 권리(제8조), 피해자로서 지원을 받을 권리(제13조), 범죄에 대한 형사 소송에서 정부가 적절하다고 간주하는 중재를 촉진할 정부의 의무(제10조), 형사 소송에서 피해자의 보호를 더욱 효과적으로 실행하기 위해 초국경적인 범죄 피해의 경우 외국과의 협력을 강화하고 발전시키고 촉진할 정부의 의무(제13조) 등을 피해자의 기본적 권리로 정했다.[46] 독일의 '형사 소송법'도 제5편 '피해자의 소송 참가'(41개 조문으로 구성됨)에서 피해자의 권리를 구체화했다.[47] 일본에서도 2004년 '범죄 피해자 등 기본법'을 제정했고,[48] 한국에서는 1987년 헌법에 형사 피해자의 법정 진술권을 규정한 이래 2005년에 '범죄 피해자 보호법'(법률 제7731호)을 제정했다.

'세월호 피해 구제법'은 피해자의 참여 보장(제21조)뿐만 아니라, 치유·심리 상담·치유 휴직·안산 트라우마센터·공동체 회복 프로그램을 규정함으로써 피해자 권리와 배상의 여러 차원을 반영했지만 진실 규명 활동에서부터 궁극적 해결에 이르기까지 피해자를 주체화하는 데 내실을 다지지 못했다. 주체로서 유족들의 지위를 강화하는 것이 가장 훌륭한 사회적 치유인 점을 감안하면 세월호 특별법의 수준은 미흡하다. '세월호 진상 규명법'은 희생자가족대표회의(제50조)를 두고 있는데 이 규정도 가족 내에서 배상금의 확정과 분배 문제에 한정되는 사적인 기능을 수행하게 될 뿐이다. 오히려 사건에 대한 권리의 맥락에서 보자면 사사로운 가족대표회의가 아니라 '4·16 세월호 유족회'[49]와 같은 단체를 공식적인 행위 주체로 인정하고 이러한 단체에게 진상 규명 과정과 해법 수립 과정에서 의견을 표명하게 하거나, 청문 절차에서 발언권을 부여하거나 다양한 증언의 진위를 검증하는 역할을 주는 것이 필요하다. 2015년 12월 16일 세월호 특조위 청문회에서 증인으로 나선 한 유족은 참사 초기에 진도에는 정부 측 안내 창구가 전혀 존재하지 않았다고 진술했는데, 현재도 법적·정보적 조력자로서 공식적 협력 창구가 정부 안에 설치되어 있는지 의문이다. 또한 방청석에서 청문회를 지켜본 유족들은 해경 책임자들의 명백한 거짓말조차 특조위원들이 제대로 반박하지 못했다고 성토했다. 피해자나 유족은 해당 사안에 대해 가장 훌륭한 정보 집적자이므로 유족의 참여는 진실을 발견하는 데도 유용하다. 12월 16일 청문회 현장에서 특조위 위원장이 방청석의 유족에게 청문회 진행 상황에 대해 이견을 제시할 기회를 부여한 조치는 신선한 시도였다.[50] 이와 같이 세월호 특조위뿐만 아니라

'배상 및 보상 심의 위원회'(이하 '배상 심의 위원회')[51]도 개별적인 과업에서 피해자의 권리를 구체화시킬 수 있다. 피해자와 유족이 주체로서 사건 해결의 전 과정에 참여하게 하는 것은 그들의 존엄성을 인정하는 최상책으로서 본질적으로 가치가 있다. 또한 사건의 해법이 완전한 수준에 이르지 못했다고 하더라도 유족의 참여 속에서 이루어진 해법은 그 자체로 높은 정치적 수용성을 가질 것이다. 이러한 '사건에 대한 권리' 관념 아래 피해자 인권의 세 기둥으로서 진실에 대한 권리, 정의에 대한 권리, 배상에 대한 권리들이 정립鼎立한다.

2) 진실에 대한 권리

세월호 참사는 국가 범죄이므로 범죄 피해자 권리 법제의 일반적인 요구 사항을 넘어서 국가 범죄 피해자의 지위를 각별히 주목하는 인권 프레임을 검토해야 한다.[52] UN은 '권력 범죄와 권력 남용의 피해자를 위한 정의의 기본 원칙'(1985)[53]과 '국제 인권법의 중대한 위반 행위와 국제 인도법의 심각한 위반 행위의 피해자의 구제와 배상에 대한 권리에 관한 기본 원칙과 가이드라인'(2006)[54]을 제시함으로써 국가 범죄 피해자학의 권리 담론을 점화했다. 전자가 국내적인 범죄에 초점을 맞추고 있다면, 후자는 국제 인도법과 국제 인권법의 심각한 위반에 주목하고 있다. 후자는 오늘날 '(인권) 피해자 권리 장전'이나 '반 보벤-바시오우니 원칙'van Boven-Bassiouni principles으로도 불리며,[55] 국가 범죄에 대한 처방으로 널리 원용되고 있다.[56] '피해자 권리 장전'은 피해자의 권리를 정의에 대한 권리, 배상에 대한 권리, 진실에 대한 권리로 대분류하고, 각 권리 아래 상세한 목록을 제시하고 있다. 2005년 UN 인권이사회Commission on Human Rights

는 '불처벌에 대한 투쟁 원칙'(이하 '투쟁 원칙')[57]을 통해서 진실에 대한 권리를 피해자의 권리로 부각시켰다. UN 인권고등판무관실의 진실에 대한 연구[58]와 파블로 드 그레이프 UN 특별보고관의 보고서[59] 등도 최근에 나온 피해자의 권리에 관한 문서로서 중요하다.

무엇보다 '투쟁 원칙'은 '진실에 대한 권리'the right to truth를 다양한 층위에서 선언하고 있다. 진실의 권리를 국민, 국가, 피해자 가족의 순서로 전개하고 있다. 모든 국민은 끔찍한 범죄의 발생에 대해, 그러한 범죄의 발생에 이르게 되었던 상황과 이유에 관한 진실에 대해 불가양의 알 권리를 가진다(제2원칙). 온갖 법적 절차에 상관없이 피해자와 그 가족은 인권 침해가 발생했던 상황, 그리고 피해자가 사망하거나 실종된 경우에는 그 피해자의 운명에 관한 진실을 알 권리를 가진다(제4원칙). '투쟁 원칙'이 진실에 대한 피해자의 권리보다 진실에 대한 국민의 권리와 의무를 먼저 규정한 점은 이채롭다. 나아가 국가는 사법부의 독립적이고 효과적인 작동을 확보하고 알 권리를 실효적으로 보장하기 위해 적절한 조치를 취해야 한다. 진실을 알 권리를 보장하는 적절한 조치로서 비사법적인 과정이 포함될 수 있다. 인권 침해를 둘러싼 사실을 확정해 진실을 발견하기 위해 사회는 특별히 진실 위원회나 여타 조사 위원회를 활용하고, 인권 침해에 관한 문서고들을 보존하고 그에 대한 접근을 확보해야 한다(제5원칙). 국가는 인권법과 인도법의 침해와 관련해 문서고와 여타 증거를 보존할 국가의 의무, 그리고 이러한 침해에 관한 지식을 접근하기 용이하게 할 국가의 의무를 이행하는 데 적절한 조치들을 취해야 한다. 그러한 조치들은 집단적 기억이 멸실되지 않도록 해야 하며, 이는 특히 수정주의나 부인주의 주장에 맞서서 이루어져야 한다(제3원칙). 알 권리는 문서고의 보존 의무를 포함하며, 특히 인권법과 인도법의 위반 행위자들이 처벌받는 것을 피하기 위해 문서고를 제거, 파괴, 은닉, 훼손하는 것을 방지해야 한다(제14원칙). 피해자와 관련자가 자신들의 권리를 주장하고 방어할 수 있도록 문서고에 접근할 수 있어야 한다(제15원칙).

국제법상 진실에 대한 권리는 '제네바 협약' 제1추가 의정서(1977) 제32조에 처음으로 등장했다.[60] 'UN 강제 실종 협약'(2006)의 전문도 "강제 실종의 상황과 실종자의 운명에 관한 진실을 알 피해자의 권리"를 거론한다. 진실에 대한 권리는 유럽 인권 법원이나 미주 인권 위원회, 미주 인권 법원의 결정을 통해 피해자의 인권으로 발전했다.[61] 유럽 및 미주의 인권 위원회나 인권 법원은 진실에 대한 권리의 근거로 '유럽 인권 협약' 이나 '미주 인권 협약'상의 비인도적 처우 금지와 재판받을 권리를 제시했다. 진실에 대한 권리는 초기에는 실종자의 가족의 권리로 인정되었으나,[62] 점차 사회적이고 집단적인 차원이 강조되어 2000년 미주 인권 위원회는 전체로서 사회도 진실에 대한 권리를 보유한다고 천명했다.[63] 2009년 미주 인권 법원도 민주적인 사회에서 국가는 중대한 인권 침해 사건에서 조사 의무를 이행하고 형사 재판을 통해서 진실에 대한 권리를 반드시 보장해야 한다고 판단했다.[64] '투쟁 원칙'의 선언과 같이 진실에 대한 권리는 진실을 알고 기억할 국민의 의무로서 민주 사회의 객관적 요구 사항으로 발전했다.

우리 정부가 가입한 '시민적 및 정치적 권리에 관한 국제 규약'(통상 '자유권 규약'이라고도 부른다)도 '미주 인권 협약'이나 '유럽 인권 협약'과 마찬가지로 재판 청구권이나 비인도적 처우 금지를 규정하고 있으므로 자유권 규약이나 한국 헌법에서도 진실에 대한 권리를 도출할 수 있겠다. 이 진실에 대한 권리는 시효에 걸리지도 않는다. 발생사적 맥락에서 볼 때 진실에 대한 권리는 국가의 강제 구금 상태를 전제한 실종 사건들과 관련되지만 공권력 행사와 관련한 사망 사건 및 여타 심각한 인권 침해 사건에 대해 이 권리를 원용할 수 있다. 보도연맹원 학살, 삼청교육대 살상 사건, 형제복지원 사건과 마찬가지로 세월호 사건도 공권력의 행사와 연관된 중대한 인권 침해이므로 진실에 대한 권리는 피해자들에게 관건적 의미를 가진다. '투쟁 원칙'은 중대한 인권 침해 사건에 대해 독립적인 권한을 가진 조사 위원회의 설치를 가장 근본적인 요구 사항으로 규정한다(제6~13원칙). 세월호 특조위도 바로 이러한 진실에 대한 권리의 방편이다. 그러나 '세월호 진상 규명법'에서 정하고 있는 특조위의 조사 대상이나 종합 보고서의 야심 찬 구상에 비추어 보면 조사위 활동 기간이나 권한이 과도하게 제약되어 있어 국민과 유족의 진실에 대한 권리를 제대로 보장한다고 보기 어렵다. 자칫 특조위가 진실에 대해 태업을 일삼는 국가 공권력을 위한 알리바이 기구로 전락하지는 않을까 우려된다.

3) 정의에 대한 권리

'투쟁 원칙'(제19~30원칙)은 '정의에 대한 권리'the right to justice를 규정한다. 이는 재판에 대한 권리나 재판 청구권으로 부를 수 있다. 중대한 인권 침해 사건의 피해자는 국제법상의 구제뿐만 아니라 국내법상의 권리 구제 절차를 이용할 수 있어야 한다. '피해자 권리 장전'도 국가로 하여금 공적·사적인 장치를 통해 심각한 인권 침해에 대한 이용 가능한 모든 구제 조치에 관한 정보를 피해자에게 전달하고, 재판을 활용하려는 피해자에게 적절한 지원을 제공하고, 피해자가 인권 침해의 구제 조치에 대한 권리를 행사하는 데 필요한 모든 법적·외교적·영사적 수단을 제공하도록 규정함으로써 재판에 대한 권리를 강화시킨다(제12조). 나아가 국가에게 피해자의 이익에 영향을 미치는 사법적·행정적 여타 절차의 개시 전, 진행 중, 종료 후에도 피해자와 그 대표자들의 불편을 최소화하고, 사생활에 대한 불법적인 간섭에서 그들을 적절히 보호하며, 복수와 위협으로부터 그들의 안전을 확보하고, 피해자의 가족과 증인의 안전도 확보하는 조치를 취하도록 규정함으로써 피해 구제 과정에서 피해자의 보호를 강조한다(제12조). 이와 같이 피해자 권리 장전은 피해자의 절차에 대한 권리와 국가의 조력 의무를 상세히 규정함으로써 국가와 피해자 간에 존재하는 불균형을 시정한다. 국가는 피해자들이 개별적으로 재판을 진행하는 것 이외에도 집단적으로 배상을 청구하고 배상을 받을 수 있는 절차를 개발할 의무를 진다(제13조).

유족에 대한 배상금이나 지원금이 일종의 가假지급금의 의미를 가지는 경우라면 모르되, 진실 규명 작업이 끝나지 않은 시점에 유족에게 사실상 배상 신청을 강요하는 '세월호 피해 구제법'은 유족과 피해자의 정의에 대한 권리를 본질적으로 훼손한다. 특히 국가의 일방적인 구상권 행사 방침은 구조 실패에 대한 국가의 법적 책임을 부인하고 국가에게 도의적 책임을 인정하는 전제 위에서나 가능한 것이다. 아울러 123정장 한 사람을 희생양으로 삼아 구난·구조 업무의 지휘부나 정부의 컨트롤 타워에 사실상 면죄부를 주는 방식은 피해자와 시민사회가 갖는 정의에 대한 권리를 침해하는 것이다. 정의에 대한 권리는 배상금을 청구할 수 있는 권리에 그치지 않고 사고 원인 조성자 및 피해 확산 기여자의 민형사 책임과 행정적·정치적 책임을 추궁할 권리까지 포함하기 때문이다. '피해자 권리 장전'도 책임자의 형사 처벌과 제재를 배상(만족)의 요소로 규정한다(제22조 f항).

4) 배상에 대한 권리

'투쟁 원칙'은 배상에 대한 피해자의 권리를 규정하고 있다(제31~34원칙). '피해자 권리 장전'도 심각한 인권 침해에 대해 적절하고 효과적이며 즉각적인 배상이 정의를 촉진한다는 점을 지적하고, 배상에 대한 권리the right to reparation를 규정한다. 국가는 법을 위반한 작위 또는 부작위로 인한 손해를 피해자에게 배상한다. 국가 이외의 개인이나 기타 단체가 피해자에게 배상할 책임이 있는 경우에는 그 책임자가 피해자에게 배상하고, 또는 국가가 이미 피해자에게 배상했다면 책임자가 국가에 변상한다(제15조). 배상은 원상 회복(제19조), 금전 배상(제20조), 재활(제21조), 만족(제22조) 또는 재발 방지의 보증(제23조)을 포함한다. '피해자 권리 장전'은 신체적 또는 정신적 장애, 고용·교육 및 사회적 편익 등 기회의 상실, 물질적인 손해와 잠재적 소득의 상실을 포함한 소득의 상실, 정신적 고통, 법적·의료적·심리적·사회적 서비스에 소요된 비용을 배상해야 할 손해 요소로 열거하고(제20조), 재활 조치로서 의료적·심리학적 보살핌뿐만 아니라 법률적·사회적 서비스를 예시한다(제21조).

'세월호 피해 구제법'은 배상과 관련해서 신청인의 진술권(제11조)을 두고 있어서 유족의 다양한 손해 요소를 반영시킬 여지가 있다. 세월호 배상심의위원회가 획일성을 피하고 유족의 발언을 적극적으로 청취하는 것도 필요하다. 금전적 배상은 피해자 개인들의 피해와 상실을 만회하는 것이므로 사회적·집단적 배상만을 강조하는 것은 피해자 소외를 유발한다.

피해자에 대한 개인적 배상은 책임 인정, 진실 규명, 정의 실현, 재발 방지의 보증과 함께 이루어져야 한다. 불처벌에 대한 입막음용으로 제공된 배상금의 부작용은 국민과 유족을 이간질하고, 진실·정의·책임에 대한 유족의 요구(특조위 내의 수사권 부여 및 특별검사제 도입)를 무력화시키고, 사회적으로 고립시킨다.[65] 진실을 완전히 규명하지 않은 시점에서 배상금 지급 정책 자체는 진실을 거래하려는 의도만 노정한다. 이와 같은 배상(보상) 프레임을 극복하는 것이 국가 폭력이나 인권 침해 사건에서 유족들과 시민사회가 극복해야 할 난제이다.

때로는 피해자의 권리 회복 과정에서 공공적 관심과 유족의 절박한 요구가 상충하는 지점이 나타나기도 한다. 예컨대 (진실에 대한 유족의 피로증은 상상하기 어렵지만) 유족들이 배상금에 만족하고 세월호 사건을 잊자고 하더라도 생명과 안전의 관점에서 국가를 재구성하려는 공적인 목표는 완화될 수 없다. 따라서 개인적 배상과 사회적 배상은 대체 수단이 아니라 동차적으로 이행해야 할 과업이다.[66] '피해자 권리 장전'상의 원상회복, 금전 배상, 재활 치료 등이 개인적 배상이라면, 실종자 수색과 유해 발굴, 공식적 사과, 책임자 처벌, 제도 개혁, 시민과 군경 그리고 언론인에 대한 인권 교육, 기념 사업, 재발 방지 노력 등은 사회적 배상이다. '피해자 권리 장전'상의 만족(제22조)과 재발 방지의 보증(제23조)은 바로 심각한 인권 침해를 낳은 사회구조의 총체적 개혁까지 포함하고 있으며, '투쟁 원칙'(제35~38원칙)도 이를 주요 원칙에 반영하고 있다. 이제 배상은 개인의 금전적 배상에 국한되지 않고 진실에 대한 권리 및 정의에 대한 권리와도 내적으로 연결되어 있다.

'세월호 피해 구제법'이 치유, 치료와 공동체 회복이라는 내용을 배상으로 도입한 점은 다른 과거사 관련법과 비교할 때 전향적인 시도로 평가할 만하다. 그러나 세월호 참사를 야기한 이유 추구, 책임 구조, 관료제, 안전 의식에서 전반적 변화를 달성하지 못한다면 만족이나 재발 방지의 보증과 같은 사회적 배상은 요원할 것이다. 이에 대한 평가는 국가, 세월호 특조위, 시민사회가 얼마나 사건의 진실에 접근하는가, 특조위가 안전 사회의 비전을 제대로 권고하는가, 우리 사회가 그 비전을 지속적으로 실천하는가에 달려 있다('세월호 진상 규명법' 제5조 6호, 제47조).

4. 애도의 정치

우리는 매일 죽음을 경험한다. 사사로운 죽음 앞에서도 죽은 자와의 친소에 따라 상이한 강도의 슬픔을 느낀다. 사사로운 죽음이란 냉정하게 표현하면 인간은 누구나 언젠가 죽게 마련이라는 인간학적 진실만 가르쳐 주는 죽음을 의미한다. 우리는 시간의 전제專制에 굴복함으로써 이와 같은 사사로운 죽음으로 인한 슬픔에 무뎌질 뿐이다. 사사로운 죽음에 대해 공개적인 애도를 표하더라도 정치적인 의미는 없다. 예컨대 대중적인 인기를 누려 왔던 가수가 병사해 거국적인 장례식이 거행되더라도 마찬가지이다. 그런데 사사로운 죽음을 넘어서는 사회적 죽음과 정치적 죽음은 이와 같은 공개적이고 성대한 애도 의례 이상을 요구한다. 정치적인 애도 혹은 애도의 정치가 펼쳐져야 한다. 그것은 죽은 자와의 연대를 회복하고 새로운 삶의 질서를 수립하려는 능동적인 개입을 요구한다. 애도의 정치는 정치적 변화를 만드는 작업이다.[67] 뉴욕에서 1911년에 발생한 트라이앵글 의류 공장 참사의 기념식이 사고 발생 100년이 되는 2011년에 대대적으로 거행되었다.[68] 우리는 100년 후에도 기념할 정도로 세월호 참사를 안전 사회의 이정표로 만들어 가고 있는가?

많은 사람이 세월호를 잊지 않기로 맹세하고, 여전히 노란 상장喪章을 달고 다닌다. 이들은 사람이라면 세월호 참사의 희생자에게 애도를 보여야 할 의무가 있다고 말한다. 그러한 참사를 예비한 사회에서 태연자약 살아 왔다는 것에 죄책감이나 수치심을 느껴야 한다고 말한다. 그런데 같은 사회 안에서도 어떤 사람은 처음부터 사건의 사회적·정치적 파장을 축소하기 위해 애도를 거부하거나 심지어 파괴하려 든다. 어떤 이는 참사 후 슬픔을 개인적 애착 속에서 사사로이 소비한 후 짐짓 잊은 듯이 일상으로 돌아간다. 또 어떤 사람은 배지를 달고 슬픔을 보이지만 정치적 애도 작업에 대해서는 정치적이라는 이유로 거부한다. 이들은 여전히 세월호 참사를 본질적으로 사사로운 죽음으로 이해하기 때문이다.

세월호 참사는 전쟁 범죄나 집단 살해로 규정할 수는 없지만 생명과 안전에 대한 국가의 책무를 끝없이 방기하고 완화시키고 구난·구조 업무조차 민영화해 버린 국가의 정책 범죄로서 인도에 반한 죄로 구성할 여지가 크다. 우리 사회 구성원들이 세월호 참사에서 드러난 사회의 근본적 부패상에 수치심을 느낀다면, 그 수치심을 집단적으로 표출하고 성찰할 때만 극복할 수 있다.[69] 세월호 참사에서 비롯된 슬픔과 우울증은 개인적인 차원에서 사사로이 치유될 수 있는 것이 아니다. 정치적·사회적 폭력에서 기원한 슬픔은 감정의 연금술이나 의료적 비방으로는 극복할 수 없기 때문이다. 단도직입적으로 말하면, 정치적으로 아무리 올바른 해법을 확립하고 실천하고 완수하더라도 상실로 인한 슬픔은 결코 지워지지 않을 것이다.[70]

세상의 국가철학을 한마디로 요약하면, 국가는 시민들에게 안전하고 행복한 삶을 약속하고 그 보장의 조건 위에서 모든 권력을 사용할 자격을 보유한다. 실제로 그러한 자격을 가진 국가 아래서라면 세월호 참사와 같은 사고가 발생하지도 않았을 것이며, 설혹 그러한 사고가 발생하더라도 사고를 최소화하기 위해 국가는 가능한 모든 방책을 강구함으로써 그 존재 이유를 능히 증명했을 것이다. 그러나 애석하게도 '생중계'를 통해서 보았듯이 국가는 뭔가를 시도하다 실패한 것이 아니라 기대되는 바를 완전히 방기했다. 그리하여 정부의 나팔수들의 말마따나 경미한 교통사고로 끝날 수도 있었던 일을 대형 참사로 바꿔 놓았다. 우연을 기필코 운명으로 전환시킨 이 국가를 재구성하자는 것이 애도의 정치다. '세월호 특별법'들은 그 미진함에도 불구하고 유족의 끈질긴 투쟁을 통해 애도의 정치로 가는 길을 열었다.

2000년 의문사진상규명위원회를 탄생시켰던 유가족의 장기 투쟁 이후 국가가 사라진 곳에서 또다시 피해자들의 당사자 정치를 목격했다. 그러나 당사자 정치를 더 이상 부정적인 용어로 탓할 필요는 없겠다. 우선은 정부와 사회를 향한 피해자의 외침은 당연히 권리의 주장이기 때문이고, 다음으로 참사 이후의 정치가 지향해야 할 바도 이 사태에서 그들을 주체로 만드는 것이기 때문이다. 이제 관건은 세월호 특조위나 시민사회가 형사 법정이 밝히지 못한 참사의 원인을 속속들이 파헤치고 진실을 규명해 안전한 삶에 대한 비전을 제시하는 것이다. 국민은 진실에 대한 권리와 의무를 통해 책임을 추궁하고 비전의 정치를 만들고 실천해야 한다. 그렇기에 우리의 애도는 정치적으로 불온하지 않을 수 없다.

14장

⋮

'세월호 정치'의 표층과 심부

인간적 마음 형태, 사회적 갈등 구조, 제도적 해소 경로

박명림

1. 문제 제기

비극은 인간 공동체의 본질을 드러나게 한다. 특히 갑자기 다가온 비극은 당대 국가의 존재 양태와 능력 수준을 있는 그대로 보여 준다. 예외처럼 다가온 개별 사건은 사실 일반 구조의 표출일 뿐이다. 2014년 4월 16일 304명이 순식간에 수장된 이후 한국에서의 상황은, 갑작스런 집단 충격에 대한 인간들의 집합적 심성 구조와 마음 흐름, 한 국가의 대응 양태와 능력에 대한 하나의 표징적 사례가 되기에 충분하다.

일상의 삶을 영위하던 사람들에게 급작스레 다가온 타인들의 비극은, 우리 각자의 내면과, 그 우리로 이루어진 인간관계와 공동체에 각각 어떤 영향을 끼치는가? 사태의 장기적 유산은 종종 충격에 대한 단기적

* 이 글은 동일한 제목으로 『역사비평』 110호, 2015에 실린 글을 약간의 수정을 거쳐 전재한 것이다.

반응과 유리된다. 반대로 즉각적 대응이 거시적 영향과 개혁 방향을 정초하기도 한다.

길게 운위되어 왔듯 현명한 사람들과 공동체는 타인들의 앞선 비극으로부터 깊이 배워 자신과 공동체를 개선하고 개혁하지만, 거의 모든 일반적 인간들과 공동체는 슬픔을 초래한 기존 관성을 지속하거나, 곧바로 무관심해진 채 일상으로 복귀한다. 물론 어떤 소수의 인간들과 공동체는 타인들의 아픔을 활용해 집합 심성과 사회 양태를 더욱 악화시키는 모습을 보여 주기도 한다.

우리를 더욱 곤혹스럽게 만드는 것은 이념적·정치적·계층적 입장과 위치에 따라 하나의 비극을 서로 다르게, 때로는 반대로 이해하는 것이다. 같은 시점에 대면한 공통의 사태에 대한 우리의 인식이 크게 다를 때, 때로는 정반대일 때, 공통의 보편적 교훈을 추출하고 개혁과 개선 방안을 도출하는 것은 거의 불가능하다. 아니 외려 사태로 인해 갈등이 더 심화되며, 각자의 견해와 행동이 더욱 극단화된다. 사태를 계기로 더 탄탄한 자기 정당화의 논리를 갖추고 타자에 대한 증오와 공격을 크게 증폭시키기 때문이다. 그럴 때 예외성은 일반성으로 전변되지 못한다.

세월호 사태 이후의 상황 전개를 보면서 우리는 한국 사회에 뿌리 깊이 만연된 대응 양태를 거듭 확인하며 크게 놀란다. 또 어떤 면은 더욱 나빠졌음을 목도한다. 공적 의사 형성과 담론 영역은 이제 통제되지 않는 사적인 마음의 즉자적이고 직접적인 표출 공간으로 전변되고, 여러 제도의 공적 조절과 책임 기능은 집단적 이익 구조와 이해관계의 쟁투 수준을 넘지 못하고 있다. 한 사회의 속살과 민낯을 가감 없이 드러낸 사태 앞에서 우리는 이제 좀더 깊고도 총체적인 차원에서 세월호 침몰이 초래한 문제

구조의 안팎, 갈등 표출의 양태, 해소 노력의 전개를, 가능한 한 객관적이며 중립적으로 점검할 필요를 느낀다.

2. 세월호 사태는 무엇인가

1) 사건과 구조

객관적 이해를 위해 먼저 할 일은 하나로 얽혀 있는 큰 문제를 작은 단위로 분류하는 것이다. 그럴 때 세월호 사태는 사건과 구조 두 가지로 다가온다. 먼저 사건으로서의 세월호 사태다. 사건으로서 그것은 2014년 4월 16일의 선박 침몰과 구조 실패를 말한다. 선박 침몰과 구조 실패는 하나인 동시에 분리된 두 개의 문제 차원이었다. 극히 짧은 시간 동안 실황 중계되듯 전개된 충격적인 사태 진행은 시시각각 우리 개개인과 공동체 전체를 사로잡고 뒤흔들고 경악시켰다.

나아가 세월호 사태는 다른 일반적인 순간적 사건들과 다르게, 현재 한국 사회의 경제, 사회, 정치, 국가 공동체, 관료 기구의 능력과 행태, 가치와 윤리가 집약적으로 표출된 압축 구조이기도 했다. 즉 구조로서의 세월호 사태를 말한다. 사건과 구조, 이 두 측면이 짧은 시간의 한 사태 내에 공존했다는 데 세월호 사태의 본질이 숨어 있다. 그러나 사건은 비록 구조의 표출이지만, 구조 자체는 아니다.

한 사람의 삶은 행위를 통해 나타나고, 한 사회의 본질은 사건을 통해 드러난다. 즉 삶은 행위의 펼침이며 체제는 사건의 누적이다. 물론 역사는 행위와 사건의 교직이다. 따라서 때때로 한 행위는 한 인간의 압축이며, 한 사건은 한 체제의 소우주다. 사건은 '밖으로'라는 말과 '나오다'는 말의 합성어로서 본질과 구조가 겉으로 표출되어 나오는 것을 말한다.

사실 사건과 구조의 접합으로서 세월호 사태는, 산업화·민주화·정보화의 성공에 대한 기성 세대의 신화적 오만의 뒤늦은 표출이었다. 그런 점에서 산업화 세대와 민주화 세대는 함께 세월호 사태를 야기한 '세월호 세대'라고 할 수 있다. 인간이 배제된 근대화, 생산력 제일주의, 물질 유일주의적 문명화의 이면은 반인간화와 비인간화, 탈생명화와 반생명화였다. 이것은 '시민화'를 말하는 문명화의 본래 뜻에 정면으로 반한다. 문명화civilization는 본래 성 밖의 야만(인)을 성 안의 시민으로 만든다는 뜻에서 나왔다. 즉 시민화를 통한 안전화·자유화·평등화가 문명화의 핵심 요체였다. 요컨대, 문명화는 인간화를 말한다.

그러나 한국에서 산업화와 민주화와 정보화로 대표되는 문명화는 기계·물질·생산·관료·조직·제도는 증대하고 발전했지만 자유·평등·생명·도덕·윤리·인간은 위축되고 퇴락한 상호 모순되는 이중 현상이었다. 한 역사 과정으로서 근대화가 갖는 빛과 그림자, 밝음과 어둠, 긍정과 부정이 이토록 극단적으로 대비되면서도 함께 맞물린 사례는 많지 않다. 한 과정, 한 현상, 한 실체의 빛과 그림자가 분리 불가능한 접착 쌍생아conjoined twins[1]처럼 붙어 있음에도 우리는 오직 빛 또는 그림자 하나만 보아 왔기 때문에 전체 모습을 파악하고 문제를 해결하는 데 실패했던 것이다. 문명의 어둠은 그 빛의 쌍생아이다.

빛과 어둠의 교차점에서 우리는 '생명 구조 실패'라는, 최첨단 정보화 수준을 자랑하는 거대 국가 권력의 벌거벗은 무능과 임무 방기를 목도했다. 가장 빠른 속도를 자랑하는, 세계 전자 정부 지수E-Government Index 1위라는 상찬에 비하면 국가의 총체적 무능과 작동 불능은 선박 침몰보다 더 큰 비극이었다. 진영 논리에 따라 국가의 무능과 책임을 호도·회피·면책하려는 이념적 시도들은 세번째 비극이었다. 그리고 이 세번째 비극이야말로 세월호 이후를 더 어둡게 바라보게 만든 중심 요인이었다.

한국은 구조의 표출이었던 외환 위기 사태에 제대로 대처하지 못해 비정규직과 취업난과 불평등이 만연한 국가 상태를 만들고 말았다. 인간을 위한 국가 개혁의 기회를 실기한 결과가 오늘의 고통스런 인간 현실인 것이다. 물질주의, 시장주의, 기업주의 제일 담론으로 초래된 '단기적' 외환 위기로부터 아무런 구조도 개혁해 내지 못한 '장기적' 후과가 오늘날 한국 사회의 모습이다. 세월호 사태는 예외도 특수도 아니다. 그것이 누구나 당할 수 있는 사건이었다는 구조 판독의 마음과 능력을 가질 수 있을 때 비로소 나와 내 자녀의 삶과 한국 사회는 희망을 가질 수 있다.

2) 단계와 국면

전체로서의 세월호 사태는 아래와 같은 뚜렷한 세 단계로 구분할 수 있다. 그리고 이 구분은 곧 사태의 표출 양태인 동시에 한 사회의 대응 양식을 의미한다.

첫째는 침몰의 요인과 과정이다. 이 단계에서는 사태 발생 시점 한국 사회의 사회경제적 모순 구조, 특히 돈과 물질이 지배하는 신자유주의 요소가 가장 크게 작용했다. 돈과 물질을 향해 달려 나가는 사회에서 학생들의 수학여행, 즉 교육 과정조차 이윤과 효율성 중심으로 접근되는 가운데 본질과 목적에 대한 고려는 배제된다. 특히 강고한 낙하산 인사 관행, 부패 구조, 유착 비리는 위험의 어떤 단계에서도 체계적인 점검과 교정을 불가능하게 했다. 공공과 사사는 분리되지 않았다.

특별히 선박 운항이라는 안전제일의 위험 업무를 비용 절감을 위해 비정규직에게 맡기는 현실은, 효율성 제일주의와 위험 관리 실패, 유착의 공고성과 안전 불감증 사이의 높은 상관관계를 읽게 한다. 구조로서의 침몰 요인은 침몰 과정이라는 현상에 그대로 투영되었다. 세월호 침몰은 전형적인 구조의 표출이었다. 여기에 제도 요인과 인간 요인이 존재한다. 침몰이라는 최후 순간에 도달할 때까지 어느 한 단계, 어느 한 절차에서도 철저한 안전 점검은 이루어지지 않았고, 직위가 내포하는 책임 의식은 발현되지 않았다.

둘째는 구조 실패다. 자연 재난을 포함해 인간 사회에 위험은 상존한다. 그러나 재난이 재앙으로 변전되느냐 마느냐의 갈림길은 국가의 대응에 달려 있다. 세월호 사태에서 우리와 세계를 가장 놀라게 한 절정은 생명의 수장 과정 전 순간을 실시간 생중계로 지켜보았다는 점이다. 선박 침몰 과정은 생명 구조 실패와 동의어였다. 즉 국민 생명 보호를 존재의 제일 목적으로 삼는 국가 실패와 국가 실종이야말로 세월호 사태 전 과정의 요체였다. 침몰 요인 및 과정에 대한 개혁과 해결책, 구조 실패에 대한 책임 추궁과 해법이 분리되어야 하는 까닭도 여기에 있다.

짧은 시간에 닥쳐온 위기에 대한 대응 능력은 국가의 거의 모든 것을 드러내 주었다. 국가 최고 리더십의 사태 인식과 판단, 국가 기강, 관료 사회의 책임 윤리, 국가 전체 조직 편제의 성격과 방향, 제도적 준비, 순간 대처 능력, 명령 집행, 매뉴얼 작동……. 불행하게도 가장 형편없었던 부문은 국가의 대처 능력이었다. 그런 점에서 세월호 침몰은 사건과 구조 두 측면 모두에서 대표적인 국가 증발 사태였다. 침몰 과정에서는 시장 만능주의와 부패 고리를 연유로, 구조 실패에서는 무능과 무작동을 이유로 두 차원 모두에서 국가는 완전히 실종되고 말았다.

특히 세월호 사태를 통해 한국에서 국가는 기구·조직·제도는 거대하고 막강하지만 정신·능력·역할은 형편없다는 점이 드러났다. 국가의 두 핵심 요소, 즉 외면과 내면 중 전자는 막강하나 후자는 결여되었음을 폭로한 결정적 계기가 세월호 사태였던 것이다. 국가 실종과 국가 실패는 세월호 사태를 초래한 제일 요인이었다.

셋째는 사후 대처 국면이다. 첫째가 구조 영역이고 둘째가 국가 영역이라면, 셋째는 공동체 전체의 사회적 심성 구조, 정치의 역할, 마음의 생태계를 말한다. 이 국면에서 한국 사회는 짧은 시간 동안 거의 모든 민낯과 속살을 시시각각 드러냈다. 그리고 세월호 사태의 거시적 극복에 대한 전망을 짙은 어둠으로 바라보게 된 것도, 사회의 여러 부문과 정치 세력과 개별 국민들의 마음이 겉으로 드러난 이 단계에서였다.

최초 침몰 단계에서 모든 사람은 눈앞에서 실시간으로 생수장生水葬되고 있는 젊은 생명들의 죽음에 충격과 경악을 금치 못했다. 모두가 처음 보는 실황 장면이었다. 평시에 생명의 집단 망실을 생생히 지켜보는 충격은 놀라움과 안타까움 자체였다.

둘째 단계는 추모와 공감이었다. 모든 개인에게 슬픔이 내면화되면서 애도가 온 사회에 미만했다. 모두 침몰 학생들의 가족과 같은 마음이었다. 애도는 비극의 첫 파고인 충격 이후 다가오는 인간 감정의 일반적 표출이었다. 관료 사회의 무능에 대한 분노, 한국 사회의 심부 병폐에 대한 자성, 안전 불감증과 관행들에 대한 준열한 비판이 잇따랐다. 대통령을 포함한 정부, 정당, 언론, 시민 단체의 개혁 다짐과 촉구도 줄을 이었다.

다음은 혼란과 분기였다. 충격과 슬픔, 분노와 추모의 마음이 한동안 지속되자 대중의 마음속에 다시 살아난 것은 본래의 이기심과 정치 성향과 이해관계였다. 문제에 대한 공감 단계를 지나 진상 규명, 책임자 처벌, 배상·보상 논의 단계로 넘어가자, 마음 형태들은 급변했다. 재빠른 분기 속에 국가의 책임과 특별법의 구체적 내용을 논의하게 되면서 명확하게 대오가 정렬되었다.

넷째는 혐오와 배제의 국면이었다. 사태 해결의 장기화와 함께, 특히 유공자 지정 요구, 대학 특례 입학과 같은 유족들이 주장하지 않은 내용들이 왜곡 전파되면서 그들에 대한 혐오와 공격 심리가 증폭되었다. 이는 전도된 현실이었다. 사태를 초래한 것도, 인명 구조에 실패한 것도, 진상규명과 책임자 체포와 처벌에 실패한 것도 전부 국가 때문이었지, 가족들은 책임이 없었다. 그럼에도 어느새 '국가 가해-가족 피해' 구도에서 피해자인 가족들이 공격받는 상황으로 전도된 것이다. 특히 유족 비하와 조롱의 대열에 대한 청년들의 합류는, 국가의 무능 못지않게 충격적인 현상이었다. 이 공동체의 젊은이들이 이념적 보수화를 넘어 타인의 고통과 비극을 공개적으로 조롱하고 짓뭉개는 모질고 공격적인 인간형으로 자라났음을 보여 주는 일이었기 때문이다.

국민 일반의 의사를 표현한 두 번의 선거—6·4 지방 선거와 7·30 재보선—는 사태의 진영화와 가족의 고립화 국면에서 치러졌다. 사태 초기 정부와 대통령과 지배당에 대한 국민적 분노와 비판을 고려할 때 두 선거에서 지배당의 승리는 극히 역설적이었다. 유족을 대변하고 정부를 비판한 반대당은 패배했다. 다수 유권자에게 세월호 사태는 후보와 정당 선택의 주요 요인이 아니었던 것이다. 그리고 선거 승리를 계기로 진상 규명, 책임자 처벌, 특별법 내용에 대한 정부 여당의 입장은 더욱 비타협적으로 바뀌었다. 이를 통해 우리는 인권, 복지, 자유, 평등 같은 보편적 가치의 실현뿐 아니라 생명 구출, 특정 사건의 진상 규명, 법률 제정과 같은 미시적 사안까지도, 사실은 어떤 체제를 갖느냐는 민주주의의 문제라는 점을 깨닫게 된다. 민주주의는 곧 일상의 삶과 인간 가치의 문제인 것이다.

3) 사태 대응의 차원과 영역

세월호 사태 이후 의식과 대응의 측면에서 우리를 움직여 온 것은 다음의 네 차원이었다.

첫째로 국가 영역이다. 근대 민주국가는 입법 행위를 통해 문제를 해결한다. 즉 민주적 법치를 말한다. 이 영역에서 초점은 대통령 문제로 집중되었다. 진상 규명을 위한 관건도 그랬다. 대통령에게 모든 권력이 집중된 정부 구조에서 대통령의 초동 인식과 대처는 생명 구출을 위해 너무도 중요했다. 때문에 구조 실패 이후 대통령과 청와대를 철저히 조사할 수 있을 것인가는 국가의 최초 상황 판단, 결단과 결정, 명령, 결행과 대처의 모든 단계에서 필수적이었다. 더 큰 국가 위기에 대한 대비를 위해서도 그러했다. 그러나 입법 과정에서 대립의 핵심은 결국 친박근혜냐 반박근혜냐로 분획되어, 세월호 사태 자체에서 이탈되고 말았다. 세월호 정치가 드러낸 파행은 대통령 요인 때문이었다. 만약 대통령이 사태 해결의 당사자로서 훗날의 긴급 위기에 대비한 국가와 대통령의 행동 준칙을 마련하기 위해서라도 '나도 철저히 조사하라'고 나섰다면, 진상 규명과 국가 개혁은 훨씬 용이했을 것이다. 그러나 대통령은 사태 책임으로부터의 이탈을 선택했다.

둘째는 대표 체제, 즉 의회와 정당 영역이다. 이 영역은 대통령과 반대당의 직접 대면이나 마찬가지였다. 지배당이 자율성을 상실한 채 대통령의 의사와 보호에 집중했기 때문이다. 대통령에게 권력이 집중된 제왕적 대통령제 아래서 입법 협상의 귀결은 정해진 것이나 마찬가지였다. 입법부의 독립성 및 지배당의 자율성은 존재하지 않았다.

셋째는 공공 영역과 공론장이다. 국민 여론, 언론과 방송, 지식과 종교계, 인터넷 공간에서 나타난 주목할 만한 현상은 '균형의 상실'이었다. 가족들은 정치적으로 고립되기 이전에 공론 영역에서 먼저 위축되고 비판받았다. 언론에 의해 주도되는 공론장의 역할 때문이었다. 이때 방송은 정부에 의해, 주요 신문은 기업에 의해 장악된 압도적인 보수성과 편향성을 드러냈다.

'전원 구출'이라는 정부와 언론의 초기 왜곡에 비하면 국가를 비판하는 유언비어들은 오히려 사소한 문제들이었다. 소통이 차단되고 진실이 알려지지 않을 때 인간들은 유언과 풍문에 의존한다. 인터넷과 IT가 가장 발달한 국가에서 사태 현장이 실시간으로 생중계되는 상황에서도 숱한 유언비어가 난무했다는 것은 상식적으로 이해될 수 없는 부분이다. 이는 국가와 공론장의 역할 상실과 소통 부재를 상징하는 현상이었다.

경제 침체의 요인을 국가의 구조 실패와 진상 규명 거부가 아니라 가족과 시민사회의 진상 규명 노력 탓으로 몰아가는 편파성은 균형 상실의 대표적인 사례였다. 폭력의 문제 역시 현저하게 중립과 형평에서 이탈했다. 국가가 세월호 유족에게 가한 '생명 박탈'이라는 폭력을 비판하지 않은 담론들은, 한 시민에 대한 세월호 유족의 폭행을 두고 준엄한 도덕적 잣대를 들이댔다. 택시 기사에 대한 유족들의 폭력은 정당화될 수 없었다. 그러나 그들이 세월호 침몰 이후 어떤 폭력 행사도 없이 생업을 중단한 채 평화적 농성과 인내, 호소와 입법 촉구만을 자신들 주장의 주요 통로로 삼아 왔음을 고려할 때, 그들에 대한 도덕적 매도는 균형을 상실한 것이었다. 공론장에서 그들은 자식을 잃고도 성인군자처럼 처신하지 않으면 안 되었던 것이다.

넷째는 개인 및 사적 영역이다. 이 지점에서 국민 개개인은 자신의 이해관계와 정치적·이념적 성향에 따라 날카롭게 분화되었다. 특히 유족들이 요구하지 않는 국가 유공자 지정, 특례 입학 논란이 왜곡 전파되면서 이념 성향과 개인 이해관계에 따른 성향이 여과 없이 표출되었다. 개인 이해관계와 성향이 중심 판단 요인으로 자리하면서, 피해 유족들이 일반 국민을 대신해 국가의 잘못을 바로잡으려 한다는 의식은 타인들에게 틈입하기 어려웠다. 그들의 희생을 통해 안전 국가가 가능할 수 있겠다는 보편적 연대 의식은 작동하지 않았다.

3. 세월호 정치: 국가의 실패와 정치의 실종

1) 폭력 상태와 국가 상태

인간은 언제나 재난의 위험 앞에 놓여 있다. 그러나 재난은 편재하지만 재앙은 특수하다. 재난이 재앙으로 변전되는 이유는 국가의 능력과 성격과 책임 때문이다. 재난은 종종 인간 능력을 초월하며 때로는 불가피하다. 그러나 재앙은 인간적 요인으로 인해 발생한다. 세월호 사태에서 생명 망실이라는 재앙은 국가의 무능과 물질 만능주의와 책임 회피 때문이었다.

인간들은 위험을 회피하고 안전을 강구하기 위해 국가를 구성한다. 안전이라는 말이 이미 '위험의 단절', '위험으로부터의 자유'를 뜻한다. 정부와 통치라는 말이 본래 '항해하다'gubernare/kybernan라는 단어에서 유래했다는 점은 시사적이다. 즉 공포와 위험이 가득한 바다를 항해하는 행위와, 폭력과 투쟁이 난무하는 인간 사회를 통치하는 정치는 같은 것이다. 위험 제거와 인간 안전 확보로서의 국가의 본질에 비추어, 바다에 빠진 항해 실패로 인한 생명 망실의 세월호 사태는 대한민국의 현실을 상징하는 범례가 아닐 수 없다. 요컨대 세월호 사태에서 가장 두드러지게 일관된 현상은 국가의 실종과 실패였다. 국가의 '체계적인 무능'이라는 형용모순이 세월호 사태가 내장한 한국 국가의 거의 모든 것을 설명해 준다.

세월호 사태에서 국가와 정치의 본질을 떠올리는 것은 제도와 인간 요인에 대한 동시 성찰 때문이다. 요체는 바다에 떠 있는, 죽음의 위협에 노출된 배 밖의 공공 영역=국가 영역=정치 영역의 어디에도 공적 영웅이 없었다는 점이다. 국가의 정점에서건 중간 단계에서건 지휘 현장에서건, 한 사람도 공적 책임 의식을 갖고 즉각적 생명 구조를 판단·결단·결행하지 않는 국가 실종 상태는, 국가기구 내의 탈인간화된 감정 정지 상태, 기계적 관료 장치, 판단 마비 상황을 전면적으로 폭로했다. 인간이 만든 국가에서 인간이 체계적으로 배제된 두려운 현실이었다. 그리고 그 판단 마비 상태는 정부 밖 공동체 전체의 생명 가치 붕괴와 생명 민감성 실종 상태의 연장이었다.

사회의 집단적 마음 상태와 구조가 물질과 시장, 돈 만능주의, 반생명주의에 매몰되지 않고 생명 존중과 생명 민감성이 살아 있었다면, 경각에 직면한 집단 죽음의 위협 앞에 국가 권력의 최정점인 대통령부터 최말단 현장까지 일사불란한 판단 정지와 무능, 체계적인 오작동을 노정할 수는 없었다. 생명 안보의 무능은 곧 국가 안보와 인간 안보 무능의 결과인 것이다. 이미 이 사회는 개인들이 자영하고 자생할 수 없다면 생존이 불가능한 자영 상태=자연 상태=국가 실종 상태에 돌입해 있는 실정이다.

우리는 세월호 사태로부터 거대한 국가 관료 기구와 조직은 존재하되 그 안의 인간들은 하나의 부품으로 전락해 판단과 대처 능력을 상실한, 즉 관료화·기계화·부품화가 초래한 인간들의 판단 능력과 책임 의식의 심각한 증발을 목도한다. 생명 민감성의 부재에 더해 무책임과 책임 윤리 박탈이 미만해 있는 죽은 국가를 목도하는 것이다. 대통령은 물론 국가의 누구도 책임을 지지 않는다. 관료 기구나 국가 체제에 책임을 물을 때의 문제점은 사람의 증발로부터 발생한다.

생명과 안전에 대한 상시적인 위험으로부터 인간의 생명과 안전을 보장하고자 등장한 것이 정치이고 국가였다. 인간을 폭력 상태=위험 상태=자연 상태로부터 정치 상태=안전 상태=문명 상태로 안내하려고 건설한 것이 국가인 것이다. 국가를 매개로 폭력 상태에서 정치 상태로, 위험 상태에서 안전 상태로, 자연 상태에서 문명 상태로 전환되는 것이다. 국가 안에서 인간은 안전하다. 아니 안전해야 한다. 따라서 국가가 안전을 보장하지 못한다는 의미는 가장 근본적인 존재 이유와 역할을 방기했다는 것과 같다. 국가 상태와 통치 상태를 벗어나는 순간, 마치 배가 전복되었을 때 승객들이 바다라는 폭력 상태에 빠져 생명을 잃듯, 인간들은 자연 상태=야만 상태=자영 상태에 빠져 불안과 각자도생과 죽음으로 향한다.

세월호 사태를 폭력 상태와 국가 상태, 자연 상태와 정치 상태를 비교하는 관점에서 봐야 할 또 다른 연유는 이 비극이 한국 현대사에서 갖는 거시적 의미 때문이다. 세월호 사태는 삼풍백화점 붕괴와 함께 짧게는 민주화 이후, 길게는 1980년 광주 민주화 운동 이후 벌어진 최대의 민간인 집단 희생 사건이었다. 민주화 이전 우리는 제주 4·3 항쟁, 여수·순천 사건, 한국전쟁 시 민간인 학살, 거창 학살, 4월 혁명, 부마 항쟁, 광주 민주화 운동 등 많은 민간인 집단 희생 사건의 역사를 갖고 있다. 민주화 이전의 집단 희생이 주로 국가의 적극적 행위에 의한 것이었다면, 민주화 이후는 국가의 소극적 무능 때문이었다는 점에서는 크게 다르다.

그러나 세월호 사태는 산업화와 민주화, 정보화의 동시적인 성취를 자만하는 시점에 생중계를 통해 온 사회가 생명이 수장되는 과정을 직접 목도했다는 점에서, 우리에게 '민주주의 속의 비인간화', '문명 속의 야만', '인간 없는 문명화'가 직면한 현실을 정면으로 폭로했다.[2] 그동안 민간인 희생 사건의 진상을 규명하고 재발 방지 장치를 마련하자는 주장에 대해 우리 사회는 익숙한 변명을 반복해 왔다. '그때는 가난했다', '그때는 전쟁 중이었다', '그때는 독재 시대였다', '그때는 구조 기술이 부족했다'. 하지만 이런 변명은 경제성장과 민주주의와 첨단 문명 속의 야만을 맞아 더 이상 통하지 않게 되었다. 세월호가 진정 문제가 된다면, 그것은 확실히 민주화와 기술화, 첨단화와 정보화를 자랑하는 문명 속의 반인간화와 무능과 야만이었기 때문이다.

따라서 세월호 사태가 보여 주듯 국가와 정치의 공적 역할이 배제되고 시장과 기업의 사적 이익만 강조되는 경제 제일주의는 과거의 좌우 전체주의만큼이나 위험하다. 오늘날 시장 유일주의로 전이하고 있는 신자유주의는 과거의 좌파 독재와 우파 독재만큼이나 민주주의와 정치와 국가를 위축시키고 있다. 그 결과는 심각한 인간 불평등을 넘어 시민 생존과 안전, 인간 실존과 생명 자체에 대한 위협이다. 국가 후퇴와 정치 실종의 대가는 인간 생명과 생존의 위협인 것이다. 즉 세월호 사태를 포함해 빈발하는 안전 문제는 효율성 만능주의에 따른 정치의 시장 견제 포기와 국가의 기업 규제 완화의 직접적 산물이다.

국가의 기본 역할과 책임을 해체해 시장과 기업의 손에 모든 것을 맡기려 할 때 정치는 소멸된다. 국가는 공공성의 표상이다. 공공성은 정치의 영역에서, 특히 시민 참여와 대의의 기제를 통해 표출되고 결집되며 대표된다. 시민은 국가를 통해서 공공성을 추구하고 실현한다. 시민들이 대표를 통해 스스로 구성하는 민주국가야말로 정치의 주체이기 때문이다. 전체주의에서 정치는 소멸된다. 시민은 동원의 대상으로 전락할 뿐이다. 시장 만능주의에서는 정치 역시 소멸된다. 모든 개인은 사적 경제 주체로 전락하며 공적 정치 주체는 실종된다.

경제 제일주의로 인해 생명 경시와 국가 실종 사태를 초래했음에도 불구하고 기업과 언론을 중심으로 세월호 추모 국면으로 인해 경기가 침체되고 있다는 담론이 제기되었다. 명백한 사태 왜곡이다. 그것은 경제적 이윤 논리를 따라 추모의 정서를 방해하는 차원을 넘어, 사태를 초래한 지배적 요인을 마치 아무 일도 없었다는 듯이 다시 불러내 사태 자체를 무화시키려는 담론이었다. 기업 논리에 묻힌 생명 논리로 인해 초래된 사태에도 불구하고 다시 기업 논리로 돌아가려는 사태 인식 앞에서, 우리는 이 비극에도 불구하고 한국 사회가 당분간 구조적으로는 변화될 희망이 없다는 점을 시사받게 된다.

2) 진영 논리, 예외 상황의 극복, 그리고 구체적 보편화와 일반화

한나 아렌트가 통찰했듯, 특별한 상황은 특별한 해법을 필요로 한다.[3] 모든 특별 상황에 일반 법칙이 해당하는 것은 아니다. 이 말은 구체적 상황은 구체적으로 해결해야 한다는 말과 같다. 구체성 없는 일반성은 없다. 인식과 해법의 구체성은 사태의 진실에서 찾아진다. 베르톨트 브레히트가 말하듯 "진실은 구체적이다".[4] 말을 바꾸면 진실은 구체적이어야 한다. 때문에 구체적이지 않으면 진실이 아니다. 진실이 없다면, 해법은 찾아지지 않는다.

구체성은 평등하고 독립적인 모든 개인에게 해당된다. 따라서 특별법은 일반법이 되어야 한다. 이 말은 특별법이 필요한 예외 상황은 모두에게 다가올 수 있다는 말과 같다. 특별 상황은 곧 누구에게나 해당될 수 있는 일반 상황일 수 있는 것이다. 따라서 예외 상황의 진상 규명, 책임자 처벌, 보상·배상과 같은 내용은 국민 안전에 관한 일반법과 제도로 승화되어야 한다. 말을 바꾸면, 세월호 특별법은 장차 국민 안전에 관한 (일반)법률로 바뀌어, 특정 사안에 따른 논란을 넘는 일반 안전 규범의 토대가 되어야 한다.

실제로 인간 생명이 위협받는 조건에서 예외 상태는 언제나 상시 상황이 된다. 발터 벤야민이 비상사태의 일상 법칙화[5]를 말한 이래, 이 주목할 만한 통찰은 현대 사회의 본질에 대한 가장 날카로운 정면 육박의 하나로 받아들여졌다. 전체주의에 대한 벤야민의 통찰은 오늘날 신자유주의의 '문명 속의 야만'에 대한 사유로 연결되어야 한다.

나를 포함한 누구나 언제든 특별 상황, 예외 상태에 놓일 수 있다. 특히 위험과 안전은 차별적이지 않다. 그런 구체적 보편성에 대한 눈 뜸이 근대국가 건설과 민주 정치의 기저 원리였다. 나 역시 언제든 지금 특별한 상황에 빠진 사람처럼 될 개연성이 있기에, 그 특별성과 예외성을 일반화해 합의를 통한 법과 제도를 만들어 놓자는 구체적 보편주의가 근대성의 중심 원리였던 것이다. 구체성은 일반성인 것이다. '지금의 나'를 '모든 나'로, '개별적 나'를 '보편적 나들'로 확장해 접근하는 것이 바로 타협과 합의를 통해 일반 규범과 법률과 제도를 도출한 근본 가치였던 것이다.

그러나 우리는 지금 위험에 처한 자들과 달리 나는 언제든 그러한 예외 상황에서 벗어나 있을 것이라고 착각한다. 즉 결코 타인의 예외 상황을 누구나 당할 수 있는 보편적인 예외 상태로 인식하지 않는다. 세월호 사태를 그 가족들만의 특별한 비극이라고 여길 때, 그들에 대한 배려와 예우가 나의 이익과 가치를 침해한다고 오인할 때, 거기에서 공격, 배타, 혐오의 마음이 자라나고 강화된다. 공감과 타협의 정치 역시 실종된다. 그리고 그 배타와 공격은 곧 자기의 안전을 위한 일반화의 거부, 즉 자기 공격과 같은 것이다. 세월호 가족의 희생이라는 특별 상황, 개별 상황의 방지를 법률화·제도화·일반화해 나를 포함한 국민 일반이 받게 될 안전과 생명 보호의 보편성을 인지하지 못하고 있는 것이다. 그럴 때 타인의 비극은 언젠가는 자기의 비극이 되고 만다.

안전 국가를 건설하기 위한 유족의 투쟁은 외려 감사한 것이었다. 그것은 나날의 생업에 빠져 전체와 공공을 외면한 우리를 위한 대리 행위이기도 했다. 그들은 국가 무능과 국가 실패의 피해자일지언정 국가에게 피해를 끼치지 않았다. 그러나 다시 진영 논리로 재편되자 사람들은 경악과 분노, 추모와 공감을 잊고, 사태 이전의 진영과 이념으로 재빨리 돌아갔다. 그러고는 서로 혐오와 배제, 증오와 공격의 심성을 드러내기 시작했다. 국가의 무능과 실패에 대해 대통령 자신이 사과하고 국가 개조를 약속했음에도 불구하고, 보수 이념과 진영은 정권을 옹호하고 지지해 국가비판과 국가 혁신의 기회를 차단했다.

침몰과 구출 과정에서 실종되었던 국가는 진실 규명과 책임 논란 국면에서 진영 구도와 담론에 힘입어 다시 등장했다. 국가의 일반적·포괄적 책임 담론을 넘어 논의 구조가 '진보냐 보수냐', '보수 정부 박근혜 정부가 위기다', '대통령이 비판받는다'라고 전변되자, 초기 국가 실패 국면은 곧바로 보수 결집-박근혜 지지-정부 보호-국가 부활과 진보 공격-유족 공격 구도로 전변되었다. 진실 규명을 차단하고 국가 책임을 면탈해 줄 담론 전환의 고리는 분명했다. 진영 구도였다.

특히 진영 계선界線을 따라 마음 형태와 담론 구도가 재편되는 와중에서 사회 통합 역할을 수행해야 할 공공 영역과 공적 담론 구조는 너무나 취약했다. 진실 파악과 보도에는 허약한 공적 언론 영역은 진보와 보수의 이념적·진영적 대결 구도를 선도했다. 가족 위로, 진실 규명, 사회 통합의 관점에서 볼 때 언론의 역할은 특히 부정적이었다. 세월호 사태가 분명히 드러낸 바는, 한국 사회의 언론이 무능하고 공격적이며 특정 이념과 가치에 과도하게 경도되어 있다는 점이다.

이념과 진영 이익의 계선을 따라 정권을 옹호하면 할수록 근본적인 국가 개혁은 불가능했다. 보편성의 실종이었다. 외려 반성 없이 과거의 무능과 관성을 더 공고히 할 뿐이었다. 이념과 진영 구도가 국가 혁신과 개혁에 치명적인 해악을 끼치는 이유다. 세월호가 낱낱이 드러낸 한국 사회의 고질적 적폐들, 이를테면 신자유주의, 낙하산, 관경 유착, 국가 무능, 진영 논리를 극복할 단서를 찾았다면 이 비극의 의미는 결코 작은 것이 아니었다. 그러나 한국 사회는 그렇게 하지 않았다. '세월호 이후'가 더욱 두려운 이유다. 재빠른 진영 담론과 진영 이익의 호출은 거의 모든 것을 원래 상태로 되돌리고 말았다.

구조 실패라는 국가의 역할 실패에도 불구하고 이념적·진영적 논리와 구도에 의해 국가가 보호받고 지지받는다면 예외 상황의 구체적 일반화와 제도화를 위한 국가 개혁은 요원하다. 국가의 책임 윤리 제고도 불가능하다. 국민 생명 망실과 국가 실패에도 불구하고 불변의 기득 이익과 보호 논리와 지지 세력이 존재한다면, 국가는 도대체 국민에게 책임 윤리를 느껴야 할 필요도, 국민을 위해 유능해야 할 이유도 없는 것이다. 그런 점에서 오늘의 한국 정치와 사회 균열 구조에 자리 잡은 진영 논리는 사회 개혁과 국가 발전의 치명적인 해악이라는 점을 깨닫게 된다. 세월호 사태의 전개 과정과 특별법 제정 국면을 돌아보며 우리가 갖게 되는 심부의 마음 구조는 한국 사회의 보편적 발전 가능성에 대한 깊은 회의다. 모든 사안을 인간 가치의 실현에 두지 않고 자기 진영의 논리를 강화하려 할 때, 공동체의 문제들은 단지 진영 구도에 따라 접근될 뿐이다.

우리가 세월호 아빠와 엄마들의 행동에 각별히 주목해야 하는 이유가 있다. 그들은 적지 않은 경우 생업조차 내려놓은 채 특별법 제정과 진실 규명을 위해 노숙하고 행진하고 농성했다. 감당하기 어려운 비난과 조롱, 근거 없는 왜곡과 폄하에도 불구하고 그들이 중단하지 않은 이유는 특별법 제정을 통한 사태 극복 장치의 일반화와 상시화 염원 때문이었다. 그것은 다른 부모에게는 자식 잃는 비극을 맞지 않게 하려는 자기 초극의 비상한 노력이었다. 안전 사회 건설을 위한 그들의 투쟁은 자신의 절대 슬픔을 타인들은 반복하지 않게 하려는 전체성과 시민성의 발로였다.

그것은 참척의 슬픔을 당한 부모의 자녀 사랑을 일반성으로 승화하려는 시도였다. 이는 사회적 거듭남을 뜻한다. 오랫동안 사적 삶의 울타리를 벗어난 적 없는 선량한 사인으로서 당한 비극 앞에서, 사적 생활인으로서의 이익과 행복도 국민과 시민으로서의 안전과 가치를 보장받지 못하면 불가능하다는 점을 깨달았기 때문이다. 물론 그들에게 개별 배상과 보상 문제도 중요했으나, 비극을 계기로 비로소 전체적 실존에 눈을 떴던 것이다. 모든 사람이 공적 시민으로서 존재하고 행동한다면 사적 자신과 균형을 맞출 수 있을 테지만, 인간들은 모두 턱없이 부족해, 타인의 비극이 내게는 다가오지 않을 것이라고 생각한다. 그 착각이 우리를 완고한 이기심과 오만한 타인 공격으로 안내한다. 우리 마음 구조는 세월호 비극으로부터 배우지 못한 것이었다.

4. 한국 사회는 세월호 사태를 넘어설 수 있을 것인가

우리는 아마도 사건으로서의 세월호는 어느 정도 넘을 수 있을 것이다. 그러나 사건으로서의 세월호를 넘는 것이 단지 즉응적 미봉과 표면적 봉합, 그리고 자연적 망각이라면 구조로서의 세월호는 더욱 악화되고 내장될 것이다. 즉 사건을 넘으려다가 구조는 더 나빠질 수 있는 것이다. 전술했듯 사건이 본질의 드러남을 뜻한다고 할 때, 사건의 해결은 구조를 개혁하는 데로 나아가지 않으면 안 된다.

사건에 대한 즉응적 미봉에 머물 경우, 사건을 잉태한 구조는 지속된다. 아니 외려 강화될 수도 있다. 이때 강화는 악화를 말한다. 우리가 가장 경각심을 갖고 대처해야 할 부분이 아닐 수 없다. 인간 중심 국가의 건설이라는 궁극적 목표는 어렵더라도, 최소한 제대로 된 정신과 역할과 능력을 갖는 국가는 만들어야 할 것이다. 치유, 제도, 권리, 이 세 가지를 요체로 생각해 본다.

1) 치유란 무엇인가: 개인과 전체

세월호 사태를 계기로 한국 사회의 여러 곳에서 치유를 말해 왔다. 그러나 우리 사회가 치유의 본질에 대해 깨닫고 있는지는 의문이다. 본래적 의미에 비추어 치유란 일대일 상담이나 상처 부위의 부분적 회복만을 뜻하지 않는다. 물론 그것도 치유의 중요한 요소지만, 궁극적으로 치유는 전체의 회복, 즉 온전성의 복원을 말한다. 상담을 통한 개인 심리 치료를 받는다 해도, 죽음을 초래한 전체 질서와 구조가 온존된다면 치유는 불가능하다.

치유는 몸과 마음, 공동체와 사회의 아프고 상처 난 곳을 가능한 한 원래 상태로 회복시키는 것을 말한다. 그리하여 몸과 공동체 전체를 건강한 상태로 복원하는 것이다. 말의 출발부터 치유healing가 전체whole 및 건강health과 같은 뜻을 갖는 이유다. 개별 상담을 통한 심리 회복과 치료는 매우 중요하다. 그리고 필수적이다. 그러나 그런 개별적 접근은 치유의 궁극적 목적을 달성할 수 없다. 희생자와 유족 전체를 공동체로 다시 묶어낼 수도 없다. 트라우마를 넘는 희망의 마음 상태를 가질 수도 없다. 다시는 내 아이와 같은 비극이 없는 안전 사회, 안전 국가를 만들 수 있다는 전체에 대한 확실한 소망이 보이지 않는 한 치유는 불가능하다. 개인의 경우 몸과 마음 전 존재의 건강 회복이 곧 치유이며, 사회의 경우 사태를 초래한 요인의 제거를 통해 전체적 복리와 안전성을 복원하는 것을 말한다.

그럴 때 세월호 사태에 대한 최소한의 해법은 아래의 여섯 가지로 모인다. 하나의 비극적 사태를 우리가 특정 시점의 일회성 사건으로 지나치지 않고, 그 하나를 통해 유사 사태의 재발을 막기 위해서는 적어도 아래의 조치들이 필수적이다. 물론 이는 사태 자체의 해결을 위해서도 필수적이다.

첫째는 진상 규명이다. 모든 사태 해결의 최소 기본 출발 요건이다.

둘째는 책임자 처벌이다. 집단 생명 망실에는 반드시 책임이 수반되어야 한다.

셋째는 명예 회복이다. 희생자 및 유족에 대한 모든 낙인과 오해는 가장 엄정하고도 객관적으로 교정되어야 한다.

넷째는 보상과 배상이다. 국가에 의한 희생은 국가 공동체에 의해 배상·보상되지 않으면 안 된다.

다섯째는 기념과 추모다. 과거 사태에 대한 정확한 자료 수집과 공간 설치, 기억의 지속은 재발 방지를 위한 현재의 다짐이자 미래의 약속이다.

여섯째는 치유와 회복이다. 가장 오래 걸릴 희생자들과 유족들의 자기 복구와 복원을 위한 개인적 차원의 치유와 회복은 물론, 전체 차원의 개혁과 장치 마련이 동시에 진행되어야 한다.

내 아이의 희생이 사람들의 마음과 전체 사회를 변화시켰다는 인식으로부터 아이에 대한 죄책감이 조금이라도 덜어질 수 있다. 그리고 그러한 전체적·보편적 승화를 통해 개인의 희생은 전체 역사(의 일부)가 되고, 부모와 당대의 상처는 치유의 궤도에 들어선다. 치유가 반드시 전체의 회복이어야 하는 이유이다.

그런 점에서 치유는 일상적인 삶과 평시 마음의 참된 거처를 다시 마련하는 문제와 관련된다. 가정, 조합, 직장, 종교, 국가, 또는 가족, 동료, 교인, 시민 중 어디의 누구에게 내 마음의 정처定處를 잡을 것이냐는 문제를 해결할 수 있다면, 상처는 치유되고 회복된다. 현대인 모두는 늘 상처받는 불안한 존재이기 때문에, 지속 가능한 마음 거처를 마련할 수 있다면 일회성의 삶은 안정과 행복의 단초를 찾은 것과 다름없다.

세월호 치유 조치와 사망자 성격 규정을 둘러싼 논란을 계기로, 차제에 이 공동체를 향해 말하기 어려운 문제를 하나 함께 고민해 보자. 지금은 분명 쉽게 받아들여지지 않을 것이다. 그러나 인간 공동체의 긴 역사를 돌아보면 이 관점이 옳다는 것이 증명될 것이라고 믿는다. 앞으로도 우리 공동체는 수차 유공有功과 희생犧牲을 맞이할 것이다. 그것은 불가피하다. 따라서 우리에게는 '국가를 위한 유공'과 '국가에 의한 희생'의 통합적 접근이 필요하다. 이 말이 두 가지가 같다는 의미는 아니다. 둘은 분명 다르다. 특히 개별 생명의 망실이라는 관점에서 볼 때 전자는 개인 결단의 측면이, 후자는 국가 책임의 측면이 더 두드러진다는 점에서 다르다.

그러나 개인의 한시성과 유일성, 인간 공동체의 영속성과 전체성을 같이 고려할 때 둘을 통합해 이해하는 것은 우리에게 '개별 생명에 대한 공동체의 공동 책임'과 관련해 어떤 통합적 지혜를 줄지 모른다. 또 첨예한 갈등을 해결하는 해법을 도출하게 할지도 모른다. 이를테면 '유공적 희생'이나 '희생적 유공'과 같은 새로운 통합적 이해의 지평에서, 과거를 함께 (재)구성하고 미래를 함께 건설할 수 있을지 모른다. 물론 참으로 어려운 문제이다.

특별히 시간 범위를 대한민국으로 특정할 경우, 여러 사태의 이해 당사자들이 여전히 살아 있는 현재는 제기하기 매우 어려운 발상임에 틀림없다. 그러나 아주 오랜 시간의 흐름을 전제로 한다면 사실 유공과 희생의 차이는 크지 않다. 모든 역사적 죽음의 가치와 의미 위에 오늘이 존재하며, 내일 역시 거기에 바탕해서 만들어질 것이다. 나는, 이 제안이 지금 이해받기는 어렵더라도, 언젠가는 우리 사회에서 진지하게 논의되기를 소망하는 마음이 크다.

개별적 이해관계로부터의 완전한 자유와 역사 판단으로부터의 완벽한 독립을 의미하는 엄정한 불편부당성을 통해 호메로스는 아킬레스와 헥토르 둘 모두를 영웅으로 만드는 보편성의 극점을 보여 준 바 있다.[6] 역사 기술의 알파와 오메가라고 할 수 있는 불편부당성은 인간을, 특히 인간들의 죽음을, 그럼으로써 그들의 삶을 동등하게 대하려는 자세 자체로부터 발원한다. 적과 동지 모두를 영웅으로 받아들이는 전 인류적 보편성까지는 아니어도, 한 공동체 내의 유공과 희생조차 인간 가치의 틀 내에서 담아내지 못한다면 우리의 인간 이해는 정녕 황폐하고 옹졸한 것이다.

2) 갈등 해결의 요체: 인민 의사와 대의 정부의 일치 또는 접근

구조와 행위가 만나는 접점이 제도다. 제도制度란 문자 그대로 지나친 정도度를 절제하고 억제하며 금하는 것制을 말한다. 서구의 이해 역시 동일하다. 즉 일정한 틀에 사람들을 집어넣는다는 뜻이다. 지나친 자는 억제하고 모자란 자는 끌어올려 정해진 틀 안에서 인간 오류의 범위를 줄이려는 것이다. 말을 바꾸면 국가를 포함한 제도라는 틀 안으로 들어오지 않으려는 사람들은 규제하고, 들어오지 못하는 사람들은 안아 주는 것을 뜻한다. 들어오지 않으려는 자들은 주로 기득 세력과 강자이다. 그들은 제도와 규제 밖에서 더 자유롭다. 반면 들어오지 못하는 자들은 버림받은 자와 약자를 말한다. 그들은 제도가 아니라면 생존도 보호도 어렵다.

사실 제도가 필요한 또 다른 본질적인 이유가 있다. 개별적·집합적 감정의 변화를 넘는 안정성과 지속성의 추구 때문이다. 인간의 감정은 공공 영역에서 이성에 비해 오래 지속되지 않는다. 하루에도 수차례 뒤집히기를 반복하며, 특정 사건에 대한 시각 역시 변덕이 극심한 것이 인간의 감정이다. 타자에 대한 인간들의 마음 상태 중 좀더 안정적이고 지속적인 것은 이성과 합리성이다. 출렁이고 변덕스런 감정의 변화에 사태 해결을 맡기는 것보다는 이성의 영역에 맡기는 것이 더 합리적이고 더 오래간다. 그러한 이성과 합리성의 도움을 받아 우리는 제도를 안출한다.

세월호 사태는 왜 공통 해법을 모색하는 통로가 되지 못하고 외려 진영 간, 이념 간, 정당 간 갈등을 더 증폭시켰는가? 또 단기적 대증요법을 넘지 못하고 있는가? 우리는 이제 갈등과 갈등 해소의 본질에 대해 깊이 성찰해야 한다. 비교 조사에 따르면 한국은 OECD에서도 사회 갈등이 가장 높은 수준의 국가에 해당한다.[7]

말할 필요도 없이 갈등 해소의 첩경은 인민·국민의 의사와 대표·대의의 일치와 접근이다. 즉 가장 완벽한 정치 제도는 국민 의사와 대표 구성의 비례적 일치를 보장하는 경우다. 정부는 인민 의사를 있는 그대로 반영·대의·대표할 때 가장 민주적이고 가장 안정적이며 가장 공정하다. 모든 민주국가가 제도 건설과 제도 개혁에서 가장 중시하는 요체다.

그러나 한국은 정반대이다. 게다가 이토록 치명적인 반민주적 왜곡을 심각하게 사유한 헌법의 제정자들도, 건국의 교부들도, 민주화 운동가들도, 입법가들도 없었다. 국민의 주요 의사가 제도로 수렴되지 않고 제도 밖에 존재하는 조건에서, 갈등은 항상 심각하게 지속될 수밖에 없었다. 이것은 반드시 극복하지 않으면 안 될 왜곡된 제도 현실이다. 현재의 한국 민주국가는, 그 대표성에서 전혀 국민 의사를 정상적·비례적으로 대표하고 있지 않다. 이는 87년 이후 한국 민주주의의 최대 실패라고 할 수 있다. 아래의 세 가지 점은 이를 압축한다.[8] 이제 갈등 극복과 해소를 통한 안전국가, 민주국가, 지속 국가를 건설하기 위해 발본적이며 혁명적인 제도 혁신을 시도하지 않으면 안 된다.

첫째, 놀랍게도 거의 모든 선거에서 '산 표'(유효표)와 '죽은 표'(사표)가 비슷했다. 즉 대표되지 않는 사람들이 획득한 표가 대표된 사람들의 표보다 많거나 크게 적지 않았다. 이 놀라운 사실은, 국민의 실제 의사가 대통령과 국회로 대표되는 민주국가의 대의 기구에서 전혀 비례적으로 대표되고 있지 않다는 점을 명확하게 보여 준다. 종종 국민 의사의 더 많은 부분은 국민 대표의 바깥에 위치해 왔으며, 따라서 대의 기구는 갈등을 수렴하고 해소하는 기능을 수행하지 못해 왔다. 국민의 의사와 대표의 구성 사이의 현저한 단절의 해소는, 한국 사회가 좀더 민주적·인간적인, 안정되고 자유로우며 평등한 나라로 나아가기 위한 가장 중요한 개혁 과제가 아닐 수 없다. 갈등을 해소하려면 인민 의사가 제도 요인으로 인해 강제로 죽어서는 안 된다.

둘째, 현재의 선거 제도는 '유효표조차' 정상적인 1인 1표를 반영하고 있지 못하다. 제도적 요인에 의한 심대한 왜곡 없이 국민의 의사가 '1인 1표'로 정상적으로 대표되었다면, 87년 이후 국회의원 선거들에서 의석수와 정당 순위는 바뀔 수 있었다. 제1당 형성 요인을 포함해 지금의 의회, 즉 대표 구성은 제도 요인에 의한 상당한 왜곡의 산물이다. 국민 의사와 대표 구성의 심각한 불일치와 왜곡은, 국민 의사와 대표 의사의 충돌로 인해 대표 기구가 외려 갈등을 증폭하는 요인으로 작용하고 있음을 보여 준다. 국민 의사가 의회 의사에 다르게 반영되는 제도가 현재의 대표 구성 방식이다.

셋째, 지배적인 두 지역을 제외하고 대표 숫자를 구성할 경우, 또는 지역별 주민 의사와 의석수를 일치시킬 경우 의회의 정당별 구성 순위 역시 바뀔 수 있다. 현재는 지역 요인에 따라 대표 비율이 국민 의사와 불일치하고 있다. 그동안 다수대표제를 통해 불비례적으로 주어진 특정 지역의 의석 독점이 전체 국민의 의사를 대의 과정에서 제도적으로 왜곡해 왔다는 점이 문제다.

3) 궁극적 해법의 출발점: 인간 권리의 새 사유와 새 지평

세월호 사태를 계기로 오랫동안 우리의 근본 사유 체계에서 결락되어 있던 공동체와 인간, 국가와 개인의 근본적인 관계에 대해 우리 공동체가 고양된 눈을 뜨기를 소망한다. 인간 공동체로서 국가의 본질을 더 철저하게 사유하자. 그것은 인간과 국가 존재 이유의 근본을 재삼 확인하려는 철학적이며 실천적인 시도를 말한다. 동시에 권리 개념의 확장이기도 하다.

생명 보호는 국가의 제일 존재 이유이다. 국가가 생명 보호에 다시 실패하지 않도록 최소한의 법제와 규범을 마련할 필요가 있다. 여기서 제도는 언제나 최소한의 필요조건이라는 점을 잊어서는 안 된다. 우리 사회는 지금 그 최소 필요조건조차 갖추지 못한 사회인 것이다. 이제 근본적인 가치와 원리를 다시 구성해야 할 때다.

늦었지만 지금부터라도 우리는 국가 공동체에 대한 인간 권리의 필수 요소로서 네 가지 권리를 사유해야 한다. 그것들은 생명권right to life, 안전권right to security/right to safety, 치료권right to remedy, 진실권right to truth을 말한다. 이들은 인간과 국민의 권리인 동시에 국가의 의무이다. 이들은 인간의 보편적 기본권으로서 국가 가치와 헌법에 의해 확실하게 보장되지 않으면 안 된다.

첫째로 생명권은 인간으로서 보장받아야 할 모든 권리 중에도 가장 근본적인 권리다. 이제 헌법과 국가의 기본 가치로서 "모든 사람은 생명권을 갖는다" 또는 "국가는 모든 사람의 생명을 보호할 의무를 지닌다"라는 조항을 마련할 필요가 있다.[9]

둘째, 안전권은 모든 인간이 신체적·물리적·사회적·정서적 위해와 위험으로부터 보호받을 권리를 말한다. 그것은 일반적인 국가 안전/국가 안보national security 이전의 인간 안전/인간 안보human security/human safety를 말하며, 국가 안전의 궁극적인 목적과 이유이다.[10]

셋째, 진실권은 모든 인간이, 특히 희생자와 그 가족이 사태의 궁극적인 진실을 남김없이 알 권리를 말한다. 그것은 '알 권리'right to know의 요체로서 특히 당사자와 가족에게 진실권은 정의와 인간 존엄을 위한 기본 권리가 된다. 전세기와 금세기에 걸쳐 두 명의 UN 특별 조사관 루이 주아네Louis Joinet와 다이앤 오렌틀리셔Diane Orentlicher는 '양도할 수 없는 진실권'을 알 권리의 가장 앞선 원칙으로 설정한 바 있다.

넷째, 모든 인간은 국가 공동체로 인한 희생과 상처에 대해 신체적이고 정신적인 치료를 받을 권리가 있다. 치료를 받을 권리는 사태의 진실을 정의롭게 판정할 수 있는 진실권과 분리될 수 없다.[11]

중요한 점은 어떤 경우에도 생명권, 안전권, 진실권, 치료권에 대해 불가피한 최소 요건을 제외하고는 유보 조항과 시효를 두어서는 안 된다는 것이다.

5. 맺음말

집단적인 죽음에 관한 한, 본래적 의미에서 진정한 위로와 원상 복구는 불가능하다. 그런 점에서 타인이 할 수 있는 최대한의 마음 상태는 공감 이상일 수 없다. 그러나 정서적 공감은 이성과 윤리에 앞서 타인을 이해하는 기본적인 출발점이 된다. 역설적이게도, 대부분의 사람이 타인의 비극에 대해 공감하는 정도의 심성 구조만이라도 갖는 사회가 된다면, 문제 해결의 기본은 마련된 것이라고 할 수 있다.

모든 생명은 개별적이며 단독적이다. 동시에 모든 개인은 개별성과 단독성에서 완전히 평등하며 완전히 똑같다. 완전히 평등한 복수의 개별 인간들로 사회는 형성된다. 그러나 개인을 넘어 공동체를 사유할 때, 이성과 윤리 영역이 아닌 감정 영역에서 공감은 사실 쉽게 다가오는 것 같지만 또 쉽게 사라지기도 한다. 그럴 때 감정을 넘어 이성과 윤리의 도움을 받는 개인 문제들의 보편화와 공공화 정도가 바로 희생과 공감, 이기심과 연대감, 특수성과 일반성을 가로지를 문제 해결의 요체라는 점을 깨닫게 된다.

인간 모두가 지니고 있고, 지닐 수 있는 개별적 문제를 개인들의 인간적 도리와 전체 공동체의 사회적 염치를 결합해 이성과 윤리, 제도와 체제의 차원에서 접근할 때 바람직한 해법이 가능하다. 이때 감정은 이성과 윤리를 안내하지만, 동시에 이성과 윤리에 의해 통제를 받음으로써 단기적 표출에 머물지 않고 승화와 타협의 경로에 들어서게 된다.

바로 그곳에서 인간 문제에 대한 보편적 해결의 장치가 궁구된다. 줄여 말하면 자기 문제의 일반화와 타자 문제의 자기화라는 쌍방향성이다. 이에 어느 정도 성공한다면 우리는 세월호 비극을 통해 비로소 우리 개개인과 한국 사회의 질적 변화를 희구할 수 있을 것이다. 갑작스런 비극으로 고통받은 우리 모두가 좀더 지혜로워지기를 바라는 마음 간절하다.

후주

1부 / 세월호의 사회적 고통

1장 · 이해와 이데올로기 사이에서 | 김종엽

1 리베카 솔닛, 『이 폐허를 응시하라: 대재난 속에서 피어나는 혁명적 공동체에 대한 정치사회적 탐사』, 정해영 옮김, 펜타그램, 2012, 195~202쪽; Kathleen Tierney, Christine Bevc, and Erica Kuligowski, "Metaphors Matter: Disaster Myths, Media Frames, and Their Consequences in Hurricane Katrina", *The Annals of the American Academy of Political and Social Science* 604(1), 2006, pp. 57~81.

2 김종엽, 「재난 상황에서는 대중이 아니라 엘리트가 패닉에 빠진다」, 『허핑턴포스트 코리아』, 2014년 5월 2일.

3 「피의자 신분 선장 이준석, 해경 집에 머물러 논란」, 『경향신문』, 2014년 5월 2일.

4 이런 의심스런 사례들은 쉬운 설명적 가설로 음모론을 끌어들이게 한다. 실제로 이준석 선장이 해경 수사관 집에 머문 일로 인해 국정원 배후설이 제기되기도 했다. 하지만 음모론은 그것을 제기하는 이의 편집증에 대한 의혹도 불러일으킨다. 그렇기 때문에 음모론은 자기 의혹 속으로 함몰할 때가 많다. 이런 일들이 세월호 참사에도 일어났다. 고의 침몰설, 잠수함 충돌설, 구원파 음모설, 국정원 배후설 등이 등장했지만 모두 입증도 반증도 되지 않은 상태이다.

5 이재은, 「세월호 사고와 바람직한 재난 관리 체계」, 『서울행정학회 포럼』 2호, 2014, 12~17쪽에 의하면, 세월호 참사에서는 범정부사고대책본부, 중앙재난안전대책본부(안행부), 중앙사고수습본부(해수부), 중앙긴급구조본부(해경), 중앙긴급구조통제단(소방방재청), 중앙사고수습본부(교육부), 현장구조지원본부(국방부, 진도), 지방사고 수습본부(해경, 인천), 경기도 재난안전대책본부, 안산시 재난안전대책본부, 지방사고 수습본부(목포), 전남 긴급구조통제단, 진도군 재난안전대책본부, 사고현장 구조지원본부(해군)

등의 대책 본부가 설립·가동되었다. 사건 초기 이렇게 여러 개의 구조 본부가 설치되었던 것은 현장 구조 작업의 효율성을 크게 떨어뜨린 요인 가운데 하나였다. 그런데 이런 사실은 정부가 세월호 참사와 같은 일을 경험한 적이 없었고 그것에 어떻게 대처해야 할지 모르고 허둥댔다는 점 또한 보여 준다.

6 방문신, 「세월호 재난 보도가 남긴 과제와 교훈: 방송 특보를 중심으로」, 『관훈저널』 131호, 2014, 13~26쪽.

7 홍은희, 「한국 재난 보도의 과제: 세월호 침몰 사건 보도를 중심으로」, 같은 책, 26~36쪽.

8 유승찬 스토리닷 대표에 의하면 세월호 침몰 사고가 발생한 다음 날인 2014년 4월 17일 하루 SNS 언급 횟수는 39만 3,157건을 기록했다. 세월호 참사 연관 검색어는 '정부의 무능한 대응'이 상위를 차지했으며, SNS를 통해 전파된 감정이 사건 발생 닷새째인 4월 20일을 기점으로 '희망'에서 '분노'로 바뀌었다. 이는 18대 대통령 선거 후보 3차 TV 토론회 방영일이던 2012년 12월 16일 40만 건의 언급량과 맞먹는다. 세월호 참사 언급 횟수는 사고 당일인 4월 16일 26만 6,114건에서 17일 40만 건 가까이 폭주했다가 18일 37만 2,032건으로 줄어든 뒤 5월 4일까지 하루 평균 15만 건 이상을 기록했다. 4월 16일부터 5월 4일까지의 언급량 중 단체 연관어 1위는 '정부'(63만 6,389건)였다. 변해정, 「[세월호 참사] 17일(사고 다음 날) SNS 트래픽 '사상 최대'」, 『뉴시스』, 2014년 5월 7일.

9 이 점에 대해 작가 김애란은 이렇게 쓰고 있다. "'어떤 일이 일어났다'고 사후에 '들은' 게 아니다. 배 안에 있는 이들과 동시간을 보낸 거다. 지난 4월 세월호가 가라앉는 걸 전 국민이 봤다. '들은' 게 아니라, '읽은' 게 아니라, 앉아서, 서서, 실시간으로 '봤다'. 매일매일, 천천히, 고통스럽게 '봤다'. 아침 뉴스로 보고 저녁 뉴스로 보고, 인터넷 뉴스로 봤다. 그러니까 '한 명'도 구하지 못하는 걸. 관계자들이 책임을 가르고 이익을 따지는 동안 일부 솟아 있던 선체가 바다 속으로 완전히 잠기는 걸 '봤다'. 밥 먹다 보고, 자다가 보고, 일하다 보고, 걷다가 봤다. 그리고 지금도 보고 있다. 어쩌면 앞으로도 계속 보게 될 것이다. 선체가 삭거나 부서져 혹은 인양돼, 그 배가 거기서 사라진다고 해도"(김애란, 「기우는 봄, 우리가 본 것」, 김애란 외, 『눈먼 자들의 국가: 세월호를 바라보는 작가의 눈』, 문학동네, 2014, 12쪽).

10 좀더 부연 설명한자면, 단원고 학생들이 남긴 동영상을 보는 시청자의 위치는 공포영화 관람객과 유사한 위치를 점한다. 표준적인 공포영화에서 우리는 괴물의 시선에 맞추어진 카메라의 위치와 상징적 동일시(symbolic identification) 상태에서 괴물이 등 뒤에서 다가오는 것을 모르는 주인공(희생자)과 상상적 동일시(imaginary identification)를 하게 된다(슬라보예 지젝, 『이데올로기의 숭고한 대상』, 이수련 옮김, 새물결, 2013; 장-루이 보드리, 「기본적 영화 장치가 만들어 낸 이데올로기적 효과」, 이윤영

엮고 옮김, 『사유 속의 영화: 영화 이론 선집』, 문학과지성사, 2011). 우리는 자신이 위험에 처할 것을 모르는 주인공과 달리 그것을 아는 위치에 있으면서 주인공과 정서적으로 동일화되는데, 서스펜스는 바로 이런 동일시 양상들의 어긋남에서 발생한다. 단원고 학생들이 남긴 동영상을 볼 때, 우리는 단원고 학생과 상상적으로 동일시된 상태에서 그들의 세계 관찰과 자기 관찰의 제약성을 파악할 수 있는 상징적 위치를 점하고 있다. 그리고 이런 동일시 지점의 어긋남에 더해 위에 지적했듯 시간적 양상의 어긋남도 더해진다. 즉 우리는 화면 속의 인물들에게 어떤 일이 일어났는지 아는 상태에서 무슨 일이 일어날지 모르는 상태를 보게 된다. 이런 이중의 어긋남 때문에 우리는 배가된 공포를, 그리고 서스펜스가 아니라 비극적 감정을 느끼게 된다.

11 이 점은 전 KBS 보도국장 김시곤 씨가 망언 논란으로 사퇴하면서 연 기자회견을 통해서 적나라하게 드러났다. 김수정, 「'폭탄 발언' KBS 김시곤 보도국장 기자회견 전문: 길환영 동반 사퇴 요구·노조 및 타 매체 비판 핵심」, 『미디어스』, 2014년 5월 9일 참조.

12 2014년 5월 14일 전국언론노동조합 KBS 본부 총회에서 강나루 KBS 기자는 다음과 같이 말했다. "정부가 구조 작업이 지지부진할 때 비판적인 보도를 해서 작업에 속도를 낼 수 있도록 해야 되는데, 대통령이 체육관에 처음에 왔을 때 뭐 백 명이 다 그런 건 아니겠죠. 하지만 그 가족들이 자식 살려달라고 하면서 대통령에게 정부가 빨리 해야 한다고 항의하는 목소리를 냈었는데, 의도하건 의도하지 않았건 그건 원고에서 배제됐습니다. 그리고 박수 소리만 나갔습니다"(김수정, 「KBS 막내 기자 "당연히 KBS 꼴도 보기 싫을 것"」, 『미디어스』, 2014년 5월 14일). 강나루 기자의 발언은 대통령의 팽목항 방문 장면이 어떻게 편집되었는지 증언하고 있다.

13 대통령의 합동 분향소 방문 상황, 특히 대통령이 위로의 말을 건넨 할머니를 둘러싼 논란에 관해서는 권복기, 「박근혜 대통령이 위로한 할머니 "유가족 아니다"」, 『허핑턴포스트 코리아』, 2014년 4월 30일 참조. 대통령의 합동 분향소 방문 장면에 대한 방송 보도와 다른 동영상은 http://www.youtube.com/watch?v=d5_-H_DgFnU 참조.

14 SBS의 카메라 기자 이주형은 이 '줌-인'에 대해 다음과 같이 말했다. "어제 박근혜 대통령이 세월호 참사에 대한 대국민 담화에서 눈물을 흘렸다.…… 박 대통령이 눈물을 흘리는 순간 카메라가 움직였다. 박 대통령의 얼굴로 이른바 '줌-인'을 한 것이다. 보통 이런 형식의 대통령 담화나 기자회견에서는 '줌-인'같은 카메라 '조작'(가치중립적인 의미로)을 하지 않는다.…… '줌-인'이라는 기법은 사람의 눈이 보는 방식이 아니다. 그나마 사람 눈과 닮은 카메라 기법은 고개를 돌려 '팬'(pan)하거나 고개를 끄덕여 '틸트-업/다운'(tilt-up/down)하는 것이다. 피사체와 카메라 사이의 현실적 거리감을 파괴해 보는 사람으로 하여금 특정한 정서적 효과를 불러일으키는 '줌-인'은 어떤 의미

에서는 시각적 강요이고 폭력이다. '대통령의 눈물에 주목해 달라'는 메시지인 동시에 말의 내용보다는 감정에 호소하는 영상 언어인 것이다.…… 다른 일도 아닌 세월호 참사라는 엄중한 사안에 대한 엄중한—다시 말해 감정적 접근보다는 고도의 이성적 접근이 필요한—대통령 담화 생중계 방송에서 어떻게 하여 대통령 눈물로 향한 '줌-인'이 구사되었는지 나는 알지 못한다.…… 어느덧 만 20년 가까이 언론사 밥을 먹었다. 그동안 이런 형식의 담화에서 대통령을 향한 카메라 '조작'(다시 한 번 말하지만 가치중립적인 의미로 썼다. 정 뭣하면 '기법'이라고 하자)이 구사된 것은 처음 본 것 같다(내 기억에는 없다. 주변의 몇몇 고참 카메라 기자들에게 물어봐도 본 적이 없다고 한다)." 이주형, 「취재 파일: 대통령의 눈물로 향한 어떤 시선」, 『SBS 뉴스』, 2014년 5월 20일.

15 박 대통령의 대국민 담화 직전에 방송된 CBS 「김현정의 뉴스쇼」에 출연한 김진오 선임기자는 "박근혜 대통령이 오늘…… 과연 눈물을 흘리느냐가 관전 포인트"라고 말했다. 그러면서 "청와대 관계자들이 세월호 참사에 대한 반성과 사과를 감성적으로 접근해야 대국민 호소력이 커진다는 의견을 개진했다"면서 "대통령이 참모진의 의견을 수용해 단 한 번도 없었던 눈물을 보일지 지켜볼 일이다"라고 덧붙였다.

16 Jon Elster, *Political Psychology*, Cambridge University Press, 1993, chap. 1.

17 Leon Festinger, *A Theory of Cognitive Dissonance*, Stanford University Press, 1957.

18 정부가 정보 통제에 공을 들인 또 다른 방향은 청해진해운, 구원파 그리고 청해진해운의 '실질적 소유주'인 유병언 씨 체포에 언론의 보도 의제를 집중시키는 것이었다. 하지만 유병언 체포의 부진과 엉뚱하게 발견된 그의 사체, 구원파의 효과적인 대응으로 애초에 의도한 이데올로기적 효과는 거의 발휘되지 못한 것으로 보인다

19 이런 왜곡은 통상 그것을 지지하는 의사 경험적 사례를 동반한다. 종부세가 폭탄이 되어 사람을 죽일 수 있다는 것을 입증하는 사례는 "수십 년 전 강남의 아파트 하나를 사서 이사 다니지 않고 한 자리에서 살다가 현재는 은퇴한 노인"의 경우이다. 그는 가만히 있었는데 정부의 잘못된 주택 정책으로 집값이 올랐을 뿐이다. 그런데 미실현 이익이며 실현할 생각도 없는 집값을 근거로 매겨진 과도한 세금을 낼 돈이 없어서 살던 집에서 쫓겨나야 할 상황에 처했다는 것이다. 이런 인물(가상의, 있을 법하며, 실제로 찾을 수 있는)이 이데올로기적 진술이나 명명에 생명력을 불어넣는다.

20 한나 아렌트, 『이해의 에세이, 1930~1954』, 홍원표 외 옮김, 텍스트, 2012, 505쪽.

21 변신론에 대해서는 고트프리트 빌헬름 라이프니츠, 『변신론: 신의 선, 인간의 자유, 악의 기원에 관하여』, 이근세 옮김, 아카넷, 2014 참조.

22 우석훈, 『내릴 수 없는 배: 세월호로 드러난 부끄러운 대한민국을 말하다』, 웅진지식하

우스, 2014.

23 아렌트, 『이해의 에세이, 1930~1954』, 489쪽.

24 앞 절에서 보았듯이 새누리당 의원들이 연속해서 이런 발언을 하고 나선 것은 지방선거 승리 이후 정세 판단에 입각한 것이다. 하지만 일반인들의 일상적 대화 속에는 이미 이런 식의 발언들이 있어 왔다. 그것을 잘 보여 주는 예가 5월 28일 서울대 수의학과 우희종 교수가 보낸 메일에 대한 답장에서 한 서울대 교수가 했다는 다음과 같은 말이다. 그는 "교통사고에 불과한 일[세월호 참사]을 가지고 서울대 교수 명의의 성명서를 낸다는 것은 부끄러운 일"이라며, "개나 소나 내는 성명서! 자제해 주시기 바란다"고 말했다. 「"세월호 참사, 교통사고에 불과… 성명서, 부끄럽다"… '망언' 대열에 서울대 교수도」, 『경향신문』, 2014년 5월 30일.

25 그는 이렇게도 말한다. "사건에는 위장과 은폐, 의혹이 뒤따르기 마련이다. 『사건과 실화』라는 잡지는 창간될 수 있어도 『사고와 실화』라는 잡지는 창간될 수 없는 이유가 그 때문이다"(박민규, 「눈먼 자들의 국가」, 김애란 외, 『눈먼 자들의 국가』, 59쪽).

26 같은 글, 같은 책, 56~57쪽.

27 Gresham M. Sykes, and David Matza, "Techniques of Neutralization: A Theory of Delinquency", *American Sociological Review* 22(6), 1957, pp. 664~670. 사이크스와 마차의 논의는 에드윈 H. 서덜랜드(Edwin H. Sutherland)의 '차별 교제 이론'(differential association theory)을 비판하는 동시에 보완하는 것에서 출발한다. 청소년들의 비행을 설명하는 유력한 방식의 하나는 그들이 차별적 교제를 통해 하위 문화적 가치를 내면화하기 때문이라는 것이다. 사이크스와 마차는 그런 설명은 전체 사회의 도덕적 가치의 영향을 무시하고 하위 문화적 가치의 힘을 너무 강하게 설정하는 것이라고 본다. 이들은 청소년들이 하위 문화에 유도된 비행을 저지르기 위해서는 전체 사회의 도덕적 가치의 압력을 중화할 수 있는 정신적 기법들을 가지고 있어야 한다고 보면서 그것을 중화 기법이라고 명명했다.

28 사이크스와 마차의 논의를 일반화해 확장하고 활용한 예로는 스탠리 코언, 『잔인한 국가, 외면하는 대중: 왜 국가와 사회는 인권 침해를 부인하는가』, 조효제 옮김, 창비, 2009 참조. 코언의 저서는 '부인' 개념을 인권 침해와 사회적 고통을 극복하기 위해 요청되는 사회 이론의 중심 개념으로 끌어올리려 한 시도로서도 중요한 의미를 갖는다. 하지만 그는 부인 개념을 사회과학의 전통적 개념인 이데올로기와 연관 지으려는 시도는 하지 않았다.

29 '더 큰 충성심에 호소하기'는 비행자가 전체 사회의 규범을 평가절하하며, 자신과 가깝고 구체적인 친분을 가진 하위 집단을 향한 '인간적 의리'나 '도리'에 충직하지 않을 수

없다 보니 전체 사회의 규범이나 법을 위반하게 되었다고 주장하는 것이다. 이것은 부인의 기법이기보다는 부인의 내적 정당화 기제라고 할 수 있다. 아마도 세월호 참사에 대해 '막말'을 하는 새누리당 의원의 행태 중에는 이런 기제로 설명할 수 있는 경우도 일부 있을 것이다.

30 이는 2014년 5월 20일 한국기독교총연합회 임원 회의에서 부회장인 조광작 목사가 한 발언이다. 홍석재, 「세월호 희생 학생 모욕 조광작 목사, 부회장직 사퇴」, 『한겨레신문』, 2014년 5월 23일.

31 「'소조기' 마지막 날… 수색 결과 기다리는 가족들」, 『오마이뉴스』, 2014년 4월 23일 참조. 이 해경 간부는 직위 해제되었다고 한다.

32 「"청와대는 재난 컨트롤 타워 아니다" 김장수의 무개념 발언」, 『경향신문』, 2014년 4월 23일. 김기춘 대통령 비서실장은 국회 '세월호 침몰 사고 국정조사 특별 위원회'의 대통령 비서실·국가안보실 기관 보고에 출석해 "청와대가 재난·재해의 컨트롤 타워가 아니"라는 입장을 거듭 밝혔다. 이상학, 「김기춘 "재난 컨트롤 타워는 靑 아니라 중대본"」, 『연합뉴스』, 2014년 7월 10일.

33 유정인, 「조원진, 세월호 참사를 '조류 독감' 비유」, 『경향신문』, 2014년 7월 11일.

34 세월호 특별법 제정 운동 국면에서 세월호 참사 유가족이 세월호 피해자 전원을 의사자와 의상자로 지정해 줄 것과 세월호 참사의 직·간접적 피해자인 단원고 학생을 위한 '대학 특례 입학 방안'을 마련해 달라고 했다는 오보와 소문이 떠돌았으며, 세월호 특별법 제정의 진짜 의도는 더 많은 보상이라는 식의 이야기가 인터넷에 널리 퍼졌다. 이런 국면에서 대학 특례 입학 관련 법안 발의에 야당 의원들이 참여함으로써 의혹을 증폭시키는 역할을 하기도 했다(이주영, 「세월호 유가족을 둘러싼 의혹 3가지, 진실은?」, 『오마이뉴스』, 2014년 7월 16일). 생각해 보면 세월호 특별법이라는 명칭부터가 적절치 못한 면이 있었다. 법률적으로는 올바른 표현일지 모르지만 '특별'이 '특혜'를 함축하는 것처럼 호도할 여지를 가지고 있기 때문이다. 유가족의 의도를 오해 없이 명료하게 전달하기 위해서는 처음부터 '세월호 진상 규명법'이라는 표현을 일관되게 사용했어야 했다.

35 이 표현은 세월호 참사 유족들이 청와대로 향하는 길목에서 경찰과 대치하던 상황에서 민경욱 청와대 대변인이 처음 사용했다. 김효실, 「청와대 대변인 이번엔 "순수 유가족" 발언 파문」, 『한겨레신문』, 2014년 5월 9일.

36 세월호 특별법 협상 국면에서 새누리당은 '일반 유가족'과 국회에서 면담을 추진하기도 했다. 백승렬, 「與, 세월호 일반유족 첫 면담… "철저히 진상 규명"」, 『연합뉴스』, 2014년 8월 28일. 같은 시기 야당이 '일반 유가족'을 외면하고 있다는 식의 보도도 많이 이루어졌다.

37 김연숙, 「지만원 "시체 장사에 한두 번 당했나" 막말 논란」, 『연합뉴스』, 2014년 4월 23일.

38 「'막말 단골' 전광훈 목사, 세월호 촛불에 "종북들, 기뻐 뛰고 난리"」, 『한겨레신문』, 2014년 5월 26일.

39 「[사설] 이번엔 세월호 유족 옆에 나타난 광우병 선동 세력들」, 『조선일보』, 2014년 8월 12일.

40 박근혜 대통령은 2014년 7월 14일, 수석 비서관 회의를 주재한 자리에서 경기가 침체 상태라며 "이런 상황이 계속될 경우 자칫 어렵게 살린 경제 회복의 불씨가 다시 꺼질지도 모른다"고 말했다(박동욱, 「朴대통령 "與지도부, 대혁신의 막중한 역할… 서운함 잊어야"」, 『뉴시스』, 2014년 7월 14일). 이런 발언을 시작으로 세월호 참사가 경기 침체의 원인이라는 식의 종편 보도가 확산되기 시작했다. 이런 흐름에 대해 여러 가지 비판이 있었다. 하지만 종편의 주 시청자층이며 경기변동에 민감한 자영업자들에게는 이런 주장이 일정한 설득력을 가졌던 것으로 보인다.

41 관동대지진 당시 조선인과 공산주의자·무정부주의자에게 가해진 린치나 학살이 그런 예이다. 최근 사례로는 허리케인 카트리나가 덮친 뉴올리언스에서 주 정부의 잘못된 대처나 자경단에 의한 살인이 벌어진 것을 들 수 있다. 이런 사례들에 대한 연구로는 솔닛, 『이 폐허를 응시하라』 참조.

42 주디스 허먼에 따르면 가해자는 다음과 같이 행동한다. "가해자는 망각을 조장한다. 가해자는 할 수 있는 것이란 다 한다. 은폐와 침묵이야말로 가해자의 첫번째 방어책이다. 은폐에 성공하지 못하면 피해자의 신뢰성을 공격한다. 그녀를 완전히 침묵시킬 수 없다면, 그는 아무도 그녀의 말을 들을 수 없도록 만든다. 이 목적을 위하여, 그는 가장 뻔한 부정에서부터 가장 정교하고 고상한 종류의 합리화까지 일련의 인상적인 논쟁을 늘어놓는다.…… 그런 일은 일어나지 않았다. 피해자가 거짓말을 한다. 피해자가 과장을 한다. 피해자가 초래한 일이다. 그리고 어떤 사건이든 이제 과거는 잊고 앞으로 나아가야 할 때가 되었다고 말한다. 가해자의 권력이 크면 클수록, 현실을 명명하고 정의하는 그의 특권은 더욱 커지고, 그의 논쟁[변]은 더 완전해지고 강해진다"(주디스 허먼, 『트라우마: 가정폭력에서 정치적 테러까지』, 최현정 옮김, 열린책들, 2012, 26~27쪽).

43 세월호 참사의 경우도 예외가 아님을 정혜신은 다음과 같이 지적한다. "처음에는 분노가 제대로 구조 작업을 못한 해경이나 청와대, 정치권을 향하다가 점점 세월호 일반인 희생자 가족이나 단원고 유가족 부모와 생존 학생 부모 간에, 또는 단원고 유가족 상호 간에 분노나 미움이 생겨나요. 또 다른 공통의 적은 학교예요. 단원고 선생님들 말이죠. 유족이나 생존자 부모에게 학교나 선생님 얘기를 꺼내면 눈빛이 달라진다고 느낀 적이

많았어요. 선장이나 대통령보다 학교와 선생님들에 대한 분노가 더 구체적이고 생생하고, 때론 더 크다고 느낀 적도 있었어요. 그런데 이 감정이 객관적으로 그분들의 잘못을 따져서 해결되는 문제는 아니에요. 실제로 잘잘못의 여부와 무관하게 주변 사람에게 자신의 분노를 표출하는 것이 이런 경우에 일어나는 아주 공통적인 현상이라는 거죠. 피해자들끼리 서로 상처를 주고받으면서 상처가 더 깊어지는 현상이 벌어지고요."(정혜신·진은영, 「이웃집 천사를 찾아서: 세월호 트라우마, 어떻게 극복할까」, 『창작과 비평』 166호, 2014, 158~159쪽).

44 트라우마 극복을 위해서는 가해자의 가해 인정이 매우 중요하다. 그럴 때만 공동 의미가 충분한 안정성을 얻을 수 있기 때문이다. 이런 문제에 대한 포괄적이고 상세한 논의로는 코언, 『잔인한 국가, 외면하는 대중』; Elster, *Retribution and Reparation in the Transition to Democracy*, Cambridge University Press, 2006 참조.

45 김종엽, 「공감의 시련: 한강의 『소년이 온다』에 대해」, 『기억과 전망』 33권, 2015, 224~260쪽.

46 진은영, 「우리의 연민은 정오의 그림자처럼 짧고, 우리의 수치심은 자정의 그림자처럼 길다」, 김애란 외, 『눈먼 자들의 국가』, 73~74쪽(강조는 추가).

47 아이리스 M. 영, 『정치적 책임에 대하여』, 허라금 외 옮김, 이후, 2013.

48 허먼, 『트라우마』, 26쪽.

49 지크문트 프로이트, 『정신분석학의 근본 개념』, 윤희기 옮김, 열린책들, 2004.

50 슬라보예 지젝은 이데올로기의 토대로서 향유(jouissance)를 말한다. 향유가 쾌락 원리의 피안에서 이데올로기를 형성하는 힘이라면, 안락함/이해관심은 쾌락 원리의 차안에서 이데올로기를 형성하는 요소라고 할 수 있다. 향유 개념에 대해서는 지젝, 『그들은 자기가 하는 일을 알지 못하나이다』, 박정수 옮김, 인간사랑, 2004; 딜런 에반스, 「칸트주의 윤리학에서 신비 체험까지: 주이상스 탐구」, 대니 노부스 엮음, 『라캉 정신분석의 핵심 개념들』, 문심정연 옮김, 문학과지성사, 2013 참조.

51 Elster, *Sour Grapes: Studies in the Subversion of Rationality*, Cambridge University Press, 1983, chap. 4.

52 가능성의 확장은 일상적 언어에서는 대개 긍정적으로 쓰인다. 하지만 모든 것이 가능해진다는 것이야말로 위험하다. 아렌트는 전체주의의 특징을 다음과 같이 기술한다. "모든 것이 가능하다는 전체주의 신앙은 이제까지 모든 것이 파괴될 수 있다는 것만 증명하는 것처럼 보인다. 그러나 **모든 것이 가능하다**는 것을 증명하려는 과정에서 총체적 지배는 스스로 인식하지 못한 채 처벌할 수도 용서할 수도 없는 죄가 있다는 것을 발견했다. **불가능한 것이 가능해졌을 때**, 그것은 처벌할 수도 용서할 수도 없는 근본악

(radical evil)이 된다"(아렌트, 『전체주의의 기원』 2권, 이진우·박미애 옮김, 한길사, 2006, 251쪽. 강조는 추가, 번역은 수정).

53 아렌트, 『예루살렘의 아이히만: 악의 평범성에 대한 보고서』, 김선욱 옮김, 한길사, 2006.

54 조르조 아감벤, 『언어의 성사: 맹세의 고고학』, 정문영 옮김, 새물결, 2012.

2장 · 고통의 의료화와 치유의 문법 | 김명희

1 김명희, 「고통의 의료화」, 『보건과 사회과학』 38집, 228쪽. 이러한 맥락에서 세월호 참사가 야기한 집합적 우울을 "주권적 우울" 또는 "학습된 무기력"으로 개념화한 김홍중의 논의(「마음의 부서짐: 세월호 참사와 주권적 우울」, 『사회와 이론』 26집, 2015, 143~186쪽)는 매우 타당하다 하겠다.

2 조지 레이코프, 『코끼리는 생각하지 마: 진보와 보수, 문제는 프레임이다』, 유나영 옮김, 와이즈베리, 2015, 10~11쪽. 레이코프에 따르면 프레임이란 우리가 세상을 바라보는 방식을 형성하는 정신적 구조물이다. 프레임은 직접 볼 수도 들을 수도 없는 이른바 인지적 무의식(cognitive unconsciousness)의 일부로, 이로부터 상식적인 추론이 나온다. 정치에서 프레임은 사회 정책과 그 정책을 실행하기 위한 제도를 형성한다. 그러므로 프레임을 재구성하는 것은 이 모든 것을 바꾸는 것이며, 곧 사회 변화를 의미한다.

3 비판적 실재론의 주창자인 로이 바스카(Roy Bhaskar)는 스승 롬 하레(Rom Harré)의 실재론적 관점에 영향을 받아 실증주의적인 과학 방법론의 한계를 비판하는 것으로부터 자신의 과학적 실재론을 발전시켜 왔다. 실증주의가 문제가 되는 것은 실증주의의 경험적 실재론은 첫째, 감각 경험 이상의 층화된(stratified) 세계를 인정하지 않으며, 둘째, 인간을 감각 자료의 기록자에 머무는 수동적 행위자로 전제함으로써 결과적으로 현상을 정당화하는 이데올로기로 기능하기 때문이다. 로이 바스카, 『비판적 실재론과 해방의 사회과학』, 이기홍 옮김, 후마니타스, 2007; 김명희, 「한국 사회 자살 현상과 『자살론』의 실재론적 해석」, 『경제와 사회』 96호, 2012, 288~327쪽 참조.

4 방송기자연합회 저널리즘 특별 위원회 재난 보도 연구 분과(이하 '방송기자연합회'), 『세월호 보도 저널리즘의 침몰』, 방송기자연합회 저널리즘 연구 시리즈 3, 2014; 윤태진, 「방송사의 세월호 참사 보도: JTBC에 주목해야 하는 이유」, 『문화/과학』 79호, 2014, 192~212쪽; 김서중, 「세월호 보도 참사와 근본 원인」, 『역사비평』 110호, 2015, 37~64쪽.

5 김종엽, 「이해와 이데올로기 사이에서: 세월호 참사에 대한 몇 가지 고찰」, 『경제와 사회』 104호, 2014, 81~111쪽(이 글은 약간의 수정을 거쳐 본서 1장으로 수록되었다).

6 박민규, 「눈먼 자들의 국가」, 김애란 외, 『눈먼 자들의 국가: 세월호를 바라보는 작가의 눈』, 문학동네, 2014.

7 박명림, 「'세월호 정치'의 표층과 심부: 인간, 사회, 제도」, 『역사비평』 110호, 8~36쪽(이 글은 약간의 수정을 거쳐 본서 14장으로 수록되었다).

8 김환희, 「세월호 이후의 교육: '가만히 있으라' 외치는 자 누구인가?」, 『오늘의 교육』 25호, 2015, 47~66쪽(이 글은 약간의 수정을 거쳐 본서 8장으로 수록되었다).

9 피해 배상(reparation)은 피해가 발생하기 이전의 상태로 되돌리는 원상 회복(restitution), 금전 배상(compensation), 법률적·의료적·심리적 치료를 통한 재활(rehabilitation), 사죄(satisfaction) 외에 재발 방지책 마련 등 모든 방법을 포함해야 한다. Priscilla B. Hayner, *Unspeakable Truths: Confronting State Terror and Atrocity*, Routledge, 2001; 이영재, 「과거사 피해 보상에 대한 비판적 검토: 광주 민중항쟁 및 민주화 운동에 대한 피해 보상과 국가 배상의 비교를 중심으로」, 『기억과 전망』 23권, 2010, 199~233쪽 참조.

10 강성현, 「과거사와 세월호 참사 진상 규명을 둘러싼 쟁점과 평가」, 『역사비평』 109호, 2014, 62~93쪽(이 글은 약간의 수정을 거쳐 본서 9장으로 수록되었다); 김왕배, 「'트라우마'의 치유 과정에 대한 사회학적 탐색과 전망」, 『보건과 사회과학』 37집, 2014, 5~24쪽(이 글은 수정을 거쳐 본서 10장으로 수록되었다); 박명림, 「'세월호 정치'의 표층과 심부: 인간, 사회, 제도」, 『역사비평』 110호 참조.

11 실증주의(positivism)와 실재론의 가장 큰 차이는 존재론에 관한 것이다. 비판적 실재론은 '실재 영역=현실 영역=경험 영역'으로 동일시하는 실증주의의 암묵적인 존재론(경험적 실재론)의 오류를 과학적 세계관은 세계가 층화되어 있다고 전제한다는 점을 드러냄으로써 바로잡고자 한다. 세계는 경험들로 이루어진 경험 영역(the empirical), 사건이 일어나는 현실 영역(the actual), 사건을 야기한 기제들로 이루어진 실재 영역(the real)으로 존재론적으로 층화되어 있어 우리의 경험과 사건을 통해 관찰되는 현상 너머의 인과적 힘·경향·기제를 밝히는 것이 설명의 과제이다(로이 바스카, 『비판적 실재론과 해방의 사회과학』; 앤드루 콜리어, 『비판적 실재론: 로이 바스카의 과학철학』, 이기홍·최대용 옮김, 후마니타스, 2010 참조). 반대로 경험적 실재론은 이 세 영역이 자연 발생적으로 일치한다고 이해해, 사건의 기저에 사건을 유발하는 어떤 기제들이 존재한다는 것을 부인한다. 마찬가지로 인식적 오류(epistemic fallacy)는 존재를 지식에 입각해 정의하는 오류를 일컫는 것으로 환원주의를 동반한다(바스카, 『비판적 실재론과 해방의 사회과학』, 302쪽 참조). 이는 '경험 세계'라는 개념에서 잘 드러난다.

〈표1〉 실재의 세 영역

	실재 영역 (the real)	현실 영역 (the actual)	경험 영역 (the empirical)
기제들	o		
사건들	o	o	
경험들	o	o	o

12 바스카, 『비판적 실재론과 해방의 사회과학』; 김왕배, 「'자살': 죽음 충동의 해체 사회」, 김경일 외, 『사건으로 한국 사회 읽기』, 이학사, 2011, 21~60쪽; 홍성태, 「붕괴 사고와 사고 사회」, 같은 책, 291~420쪽 참조.

13 세월호 유족을 '유족충'이라 조롱하고 폭식 투쟁을 감행했던 일베의 공감 불가능성 또한 이러한 실증주의적 이성에 대한 배타적인 믿음에 기초해 있다. 이른바 '팩트주의'의 강조는 확인된 사실에 의거해 합리적인 비판을 한다는 '일부심'의 핵심 요소이기도 하다. 김학준, 「인터넷 커뮤니티 '일베 저장소'에서 나타나는 혐오와 열광의 감정 동학」, 서울대학교 석사 학위 논문, 2014 참조.

14 예를 하나 들어 보자. 다음의 진술 중 어느 것이 가장 서술적 적합성을 갖는가?
(2014년 4월 한국에서)
1) '나라의 인구가 줄었다.'
2) '세월호 탑승 인원 476명 중 304명이 죽었다.'
3) '세월호 탑승 인원 476명 중 304명이 죽음을 당했다.'
4) '세월호 탑승 인원 476명 중 304명이 교통사고를 당했다.'
5) '세월호 탑승 인원 476명 중 304명이 구조되지 않았지만 원인이 밝혀지지 않았다.'

15 스테판 G. 메스트로비치, 『탈감정 사회』, 박형신 옮김, 한울, 2014.

16 David Pilgrim and Richard Bentall, "The Medicalisation of Misery: A Critical Realist analysis of the concept of depression", *Journal of Mental Health* 8(3), 1999, pp. 261~274; 울리히 벡, 『위험 사회』, 홍성태 옮김, 새물결, 1997; 김창엽, 『건강할 권리: 건강 정의와 민주주의』, 후마니타스, 2013; 이노우에 요시야스 엮음, 『건강의 배신: 건강 불안과 과잉 의료의 시대 의료화 사회의 정체를 묻다』, 김경원 옮김, 돌베개, 2014. 이러한 맥락에서 김창엽은 의료화를 추동하는 '의(醫)-산(産)-언(言) 복합체의 시장 동맹'에 주목한다. "의료 기술이 상품화됨으로써 진료와 치유 과정 자체가 돈벌이 대상이 되었다. 이런 과정을 중간에서 연결하고 강화하는 것이 산업과 언론이다"(김창엽, 『건강할 권리』, 118쪽).

17 아서 클라인만, 「서문: 보다 인간적인, 새로운 방법의 모색을 위하여」, 아서 클라인만·

비나 다스 외, 『사회적 고통: 인간의 고통에 대한 사회학적, 의학적, 문화인류학적 접근』, 안종렬 옮김, 그린비, 2002, 10~11쪽.

18 American Psychiatric Association, *DSM-IV: Diagnostic and Statistical Manual of Mental Disorders*, American Psychiatric Association, 1994.

19 노다 마사아키, 『떠나보내는 길 위에서: 대형 참사 유족의 슬픔에 대한 기록』, 서혜영 옮김, 펜타그램, 2015.

20 에단 와터스, 『미국처럼 미쳐 가는 세계: 그들은 맥도날드만이 아니라 우울증도 팔았다』, 김한영 옮김, 아카이브, 2011, 148쪽.

21 Pilgrim and Bentall, "The Medicalisation of Misery", *Journal of Mental Health* 8(3); 크리스토퍼 레인, 『만들어진 우울증: 수줍음은 어떻게 병이 되었나?』, 이문희 옮김, 한겨레출판, 2009; 와터스, 『미국처럼 미쳐 가는 세계』; 노다, 『떠나보내는 길 위에서』.

22 Roy Bhaskar, *The Possibility of Naturalism: A Philosophical Critique of Contemporary Human Sciences*(3rd ed.), Routledge, 1998; John D. Greenwood, *Realism, Identity and Emotion*, Sage, 1994; David Pilgrim and Anne Rogers, "Something Old, Something New……: Sociology and the Organisation of Psychiatry", *Sociology* 28, 1994, pp. 521~238; Joan Busfield, *Men, Women and Madness*, Routledge, 1996; Pilgrim and Bentall, "The Medicalisation of Misery", *Journal of Mental Health* 8(3); Suzanne Fitzpatrick, "Explaining Homelessness: A Critical Realist Perspective", *Housing. Theory and Society*, 22(1), 2005. pp. 1~17; 콜리어, 『비판적 실재론』 참조.

23 에밀 뒤르케임을 빌려 간단히 말하면 "현상의 생성 원인이 개별적인 사례들만을 보는 관찰자의 눈에는 발견되지 않는다는 것은 당연한 일이다". Émile Durkheim, *Suicide: A Study in Sociology*, trans. J. Spaulding and G. Simpson, Routledge, 1951.

24 Durkheim, *Rules of Sociological Method*, trans. W. D. Halls, Free Press, 1982; 김명희, 「고통의 의료화」, 『보건과 사회과학』 38집, 214쪽.

25 최현정, 「고문 생존자의 삶과 회복」, 김동춘·김명희 외, 『트라우마로 읽는 대한민국: 한국전쟁에서 쌍용차까지』, 역사비평사, 2014, 115~164쪽.

26 Rom Harré and Paul F. Secord, *The Explanation of Social Behavior*, Blackwell, 1972.

27 이것이 나오미 클라인이 말한 '재난 자본주의'의 핵심일 것이다(나오미 클라인, 『쇼크 독트린: 자본주의 재앙의 도래』, 김소희 옮김, 살림Biz, 2008). 재난 자본주의에서 재난은

"시장을 만들 수 있는 흥미진진한 기회"가 되며, "공적 영역에 대한 조직적 공격"을 통해 신자유주의화를 가속화한다(손희정, 「재난 시대의 혐오」, 『세월호 참사 인권으로 말하다』, 4월 16일의 약속 국민연대, 2015, 53쪽).

28 노다, 『떠나보내는 길 위에서』, 17쪽.

29 죽은 이를 보내는 상(喪)의 과정에서 유족이 체험하는 슬픔은 유족, 죽은 가족, 죽음의 상황, 사고 후의 환경이라는 네 가지 변수로 구성된다. 이 네 가지 변수가 어떻게 조합되어 있느냐에 따라 슬픔의 질과 양이 달라진다. 같은 책, 193쪽.

30 같은 책, 190~196, 254~255쪽.

31 김명희, 「외상의 사회적 구성: 한국전쟁 유가족들의 '가족 트라우마'와 복합적 과거 청산」, 『사회와 역사』 101집, 2014, 311~352쪽; 김동춘·김명희 외, 『트라우마로 읽는 대한민국』; 김종곤, 「세월호 트라우마와 죽은 자와의 연대」, 『진보평론』 61호, 2014, 71~88쪽(이 글은 약간의 수정을 거쳐 본서 4장으로 수록되었다); 이철, 「사회적 외상의 문화적 차원에 대한 문화사회학적 연구: 용사 참사 사건을 중심으로」, 『신학사상』 149집, 2010, 127~161쪽.

32 주디스 허먼, 『트라우마: 가정 폭력에서 정치적 테러까지』, 최현정 옮김, 열린책들, 2012.

33 제프리 알렉산더, 『사회적 삶의 의미: 문화사회학』, 박선웅 옮김, 한울, 2007.

34 허먼, 『트라우마』; 알렉산더, 『사회적 삶의 의미』; 김명희, 「외상의 사회적 구성」, 『사회와 역사』 101집.

35 알렉산더, 『사회적 삶의 의미』; 김명희, 「외상의 사회적 구성」, 『사회와 역사』 101집.

36 알렉산더, 『사회적 삶의 의미』, 230~233쪽.

37 예컨대 1945년 4월 홀로코스트는 그 발생 시점에서 '홀로코스트'였던 것은 아니다. 처음에 유대인 생존자들의 정체성과 성격은 인터뷰를 통해 인격적 혹은 전기적 묘사로 개인화되지 않았고, 외상을 직접 경험하지 않은 청중과 희생자의 동일시에 이르지 못했다. 자세한 논의는 같은 책, 2장 참조.

38 주체성이 궁극적으로 부끄러움이며, 주체화와 탈주체화의 공존을 의미하는 것이라면, 이 부끄러움의 주체는 문학적인 경험의 잠재성이다. 이광호, 「남은 자의 침묵: 세월호 이후에도 문학은 가능한가?」, 인문학협동조합 기획, 『팽목항에서 불어오는 바람: 세월호 이후 인문학의 기록』, 현실문화, 2015, 87쪽.

39 허먼, 『트라우마』.

40 조르조 아감벤, 『아우슈비츠의 남은 자들』, 정문영 옮김, 새물결, 2012, 134쪽.

41 참사 희생자의 상당수를 점하는 18세 이하 생존자들의 정신적 외상이 가장 심각하며,

회복 시간도 오래 걸린다는 점은 잘 알려져 있다. 한편 '4·16 인권실태조사 결과'에 의하면, 청소년을 일방적 보호와 통제의 대상으로 보는 보호주의가 참사 이후에도 자기결정권을 박탈하는 2차 고통으로 경험되고 있음을 알 수 있다. 생존 학생의 고통에 대한 자세한 논의는 4·16 인권실태조사단, 『세월호 참사 4·16 인권실태조사 보고서』, 4월 16일의 약속 국민연대, 2015, 154~159쪽 참조.

42 온마음정신건강센터, CBS, 「세월호 유족 최초 실태조사 보고서」, 『노컷뉴스』, 2015년 4월 6일(http://www.nocutnews.co.kr/news/4393074).

43 416 세월호 참사 기록위원회 작가기록단(이하 '기록단'), 『금요일엔 돌아오렴』, 창비, 2015, 187쪽.

44 4·16 인권실태조사단, 『세월호 참사 4·16 인권실태조사 보고서』, 151쪽(강조는 추가).

45 (성폭력) 피해보다 피해자를 바라보는 잘못된 통념이 더 큰 피해를 유발한다는 최근 연구 결과로는 나랑, 「성폭력 행위보다 '통념'이 더 큰 피해 남겨」, 『여성주의 저널 일다』, 2015년 5월 1일.

46 기록단, 『금요일엔 돌아오렴』, 76~77쪽(강조는 추가).

47 이현정, 「세월호 참사와 사회적 고통: 인류학적 현장 보고」, '세월호 참사 1주기 심포지엄: 세월호가 묻고, 사회과학이 답한다'(서울대학교, 2015년 5월 7일), 5~6쪽.

48 "집에 있는데 갑자기 누가 집에 문을 막 두드려요. 누구세요, 이랬더니 트라우마센턴가? 상담 받으시래요. 싫다고 그랬어요. 아니 갑자기 다짜고짜 와서 문 두드리면서 상담 받으라는데, 누가 상담을 받고 싶어요. 미리 전화 연락을 해서 문자를 하거나 해야 되는데, **솔직히 유가족이란 거 빼고 생판 남이라고 생각해 보세요. 그렇게 하면 되게 무례한 거죠. 배려가 없는 거죠**"(4·16 인권실태조사단, 『세월호 참사 4·16 인권실태조사 보고서』, 148쪽. 강조는 추가).

49 기록단, 『금요일엔 돌아오렴』, 79~80쪽.

50 같은 책, 303쪽(강조는 추가).

51 이현정, 「세월호 참사와 사회적 고통」, 6쪽.

52 허먼, 『트라우마』, 212쪽.

53 박수선, 「세월호 참사 취재 기자 45.9% 트라우마 경험, 취재 기자 270명 대상 조사: 유가족 접촉 기자가 외상 심해」, 『PD저널』, 2014년 9월 11일.

54 방송기자연합회, 『세월호 보도 저널리즘의 침몰』, 156~157쪽; 배정근·최은혜·이미나, 「언론인의 외상성 사건 경험과 심리적 외상에 관한 연구」, 『한국 언론학보』 58권 5호, 2014, 417~445쪽.

55 방송기자연합회, 『세월호 보도 저널리즘의 침몰』, 121~122쪽(강조는 추가).

56 같은 책, 124~125쪽(강조는 추가).

57 허먼에 의하면 '방관자'가 일반적으로 보이는 반응에는 뿌리 깊은 '목격자 죄책감'이 있다. 이것은 '생존자 죄책감'과 유사하다(허먼, 『트라우마』, 245쪽).

58 방송기자연합회, 『세월호 보도 저널리즘의 침몰』, 129쪽.

59 천관율, 「그들을 세금 도둑으로 만드는 완벽한 방법」, 『시사IN』 395호, 2015년 4월 13일.

60 클라인만, 「서문」, 클라인만·다스 외, 『사회적 고통』, 14쪽.

61 1) 박소희, 「해경은 살릴 마음이 없었다」, 『오마이뉴스』, 2014년 5월 15일.
2) 박소희, 「아침마다 바다에서 학생들 헛것을 봅니다」(세월호 선원 공판, 피해자 진술 5: 생존자 김동수 씨), 『오마이뉴스』, 2014년 10월 21일.
3) 김정호, 「주체할 수 없었다: 세월호 영웅의 트라우마」, 『프레시안』, 2015년 3월 20일.
4) 박소희, 「"너무들 쉽게 잊으라고만 한다: 내가 만난 '세월호 파란 바지 아저씨'」(取중眞담: '살아온 죄' 자책하는 생존자들… 세상은 '가만히 있으라'는 방송만), 『오마이뉴스』, 2015년 3월 21일.

62 박소희, 「아침마다 바다에서 학생들 헛것을 봅니다」, 『오마이뉴스』, 2014년 10월 21일(강조는 추가).

63 칼 야스퍼스를 조심스럽게 참고하자면, 구조의 법적·정치적·도덕적 책임을 호소하는 김동수 씨가 아울러 감내해야 했던 죄책감을 '형이상학적 죄'의 감정에 비견해 볼 수 있겠다. 야스퍼스에 따르면 형이상학적인 죄는 인간으로서의 타인과 절대적 연대를 수립하지 못했다는 점에서 생겨난다. 인간은 위험에 처한 타인을 구하기 위해 때로는 자신의 생명을 걸어야 할 의무를 진다. 물론 생명을 희생해도 아무것도 달성할 수 없다는 사정이 아주 명백하다면 희생을 도덕적으로 요구할 수 없다. 그러나 그럴 때조차 인간에게는 또 다른 종류의 죄책감이 남게 된다. 속수무책과 근원적 무력감에 기초한 이런 감정은 법적·정치적·도덕적 죄의 맥락에서는 파악할 수 없는 것이다. "내가 있는 곳에서 불법과 범죄가 자행된다면 연대는 훼손된 것이다. 불법과 범죄를 막고자 용의주도하게 생명을 걸었다는 것만으로는 충분치 않다. 내가 있는 곳에서 불법과 범죄가 자행되고 다른 사람들이 죽어 나가는데 나는 살아남았다면, 내 안에서 하나의 소리가 들리고, 이를 통해 나는 안다. '살아남았다는 사실이 나의 죄다'"(칼 야스퍼스, 『죄의 문제: 시민의 정치적 책임』, 이재승 옮김, 앨피, 2014, 144~145, 242~243쪽).

64 오인수, 「'세월호 의인' 김동수 씨… 트라우마가 만든 '비극'」, 『연합뉴스TV』, 2015년 3월 20일(강조는 추가).

65 김영호, 「"창문 두들기던 희생자들 눈에 선해"… 트라우마 시달리는 세월호 의인들」,

『MBN 뉴스』, 2015년 4월 14일(강조는 추가).

66 **"마음이 너무 아파서 현장에 갔다. 그게 죄라면 죄다. 그런데 역사적 교훈을 생각 못했다. 사람들한테 욕먹고 따돌림당한다는 것.** 국가가 우리를 토사구팽한 것 아니냐. 선거에 이용해 먹으려고 치료·보상 문제도 계속 연기시켰다는 생각이 든다"(전진식, 「"아직도 세월호 안에 갇힌 것 같아요"」, 『한겨레 21』 1057호, 2015년 4월 14일. 강조는 추가).

67 이재승, 『국가 범죄』, 앨피, 2010, 674~681쪽에 수록된 '국제 인권법의 중대한 위반 행위와 국제 인도법의 심각한 위반 행위의 피해자 구제와 배상 권리에 관한 기본 원칙과 가이드라인'의 'IX. 피해에 대한 배상 조항'(15~23조) 참조.

68 민간 잠수사들의 경우 무리한 작업 끝에 남은 것은 질병, 트라우마, 경제적 곤란, 그리고 형사 기소뿐이다. 민감 잠수사 대부분이 잠수병, 골 괴사 디스크 등의 질병에 시달리고 있고 25명 중 7명은 생업까지 중단한 상태이다. 애초의 약속과는 달리 정부가 3월 발효한 '세월호 피해 지원법 시행령'에서 민간 잠수사들은 피해자 규정에서도 제외되었기에 피해를 보상받고 의료 지원을 받을 법적 근거도 없다. 한편 진도 어민의 경우 참사로 인한 유류 피해나 어업 활동 중지로 입은 피해를 보상한다고 하나 생산 규모와 매출액을 증명해야 하는 문제가 있다. '증명 가능한 피해'에 국한해 '피해 대상을 획일적으로 파악'한 지원 방식으로 인해, 알음알음 어업 활동을 하는 경제 구조나 지역 특성상 피해 증명을 할 수 없는 생계 형태는 정신적 피해는커녕 물질적 배·보상 대상에서도 배제되고 있다(4·16 인권실태조사단, 『세월호 참사 4·16 인권실태조사 보고서』, 186~198쪽).

69 박민규, 「[세월호 1년 소설가 박민규 특별 기고] 다시… 별 헤는 봄」, 『경향신문』, 2015년 4월 8일.

70 박은하, 「"무의식 속에 가라앉은 세월호, 끄집어내야 한국 미래 달라져" 심리학자 373명 성명」, 『경향신문』, 2014년 8월 27일.

71 박명림, 「'세월호 정치'의 표층과 심부」, 『역사비평』 110호, 33쪽.

72 정원옥, 「4·16 이후 안산 지역의 촛불 행동: 애도와 민주주의」, 같은 책 110호, 65~84쪽; 김종곤, 「세월호 트라우마와 죽은 자와의 연대」, 『진보평론』 61호.

73 당연한 얘기지만 사회적 삶의 재현은 실재나 현실에 대한 모방이나 반영이 아니며, 실재의 사회적 구성 과정에 개입한다. Stuart Hall, "Signification, Representation, Ideology: Althusser and the Post-Structuralist Debates", *Critical Studies in Mass Communication* 2(2), 1985, pp. 91~114.

74 노다, 『떠나보내는 길 위에서』.

75 외상을 경험한 이들에게 통제력의 회복은 관계를 밑바탕으로 할 때 이루어질 수 있으며, 고립 속에서는 일어나지 않는다(허먼, 『트라우마』, 225~266쪽).

76 이노우에 엮음, 『건강의 배신』, 235~241쪽.

77 전진성, 「서론: 트라우마의 귀환」, 전진성·이재원 엮음, 『기억과 전쟁: 미화와 추모 사이에서』, 휴머니스트, 2009, 35쪽.

78 그 집합적 작업을 염두에 두고 이제까지의 논의를 표로 요약하면 다음과 같다.

〈표 2〉 세월호 트라우마 담론의 프레임 비교

	사고-보상 프레임	사회적 치유 프레임
외상의 원인	우연한 사고	구조적 사건
외상의 감별	증상 질환 중심주의	원인-사건-외상 경험의 상호 연관
외상의 범위	피해 당사자의 PTSD	집단적·문화적 외상
진단 프레임	개별적·의학적 고통	사회적 고통
처방 프레임	고통의 의료화	고통의 사회화·정치화
개입의 범위	전문가적 개입	통합적·시민적 개입

79 보다 넓은 사회적 맥락에서 고통의 경험이라는 현상학적인 영역의 처음으로 돌아감으로써, 우리는 어떤 전문가는 의료 문제를 담당하고 어떤 전문가는 경제 정책을 맡는 등의 분할된 관리 방식을 통합적인 관점에서 바라볼 수 있을 것이고, 또한 반드시 그렇게 해야 한다. 사회적 삶의 원천과 형태, 결과의 커다란 영역에 개입하기 위해서는 우리 시대의 곤경을 새롭게 규정할, 보다 인간적이고 새로운 방법으로 뒷받침된 사회 지도와 이론의 도움을 받아 그 토대를 다질 필요가 있다. 클라인만·다스 외, 『사회적 고통』.

3장 · 가라앉은 자들과 남은 자들 | 이영진

1 소설가 박민규는 어느 지면(「눈먼 자들의 국가」, 김애란 외, 『눈먼 자들의 국가: 세월호를 바라보는 작가의 눈』, 문학동네, 2014)에서 이번 세월호 참사가 결코 '사고'가 아닌, 국가가 국민을 구조하지 않은 '사건'이라고 강조했다. 하지만 이 글에서는 문맥상 '사고'라는 단어를 의도적으로 사용하기도 했다. 그 이유는 단순한 '사고'로 끝날 수 있었을 상황을 '참사'로, 또 '사건'으로 만든 책임의 소재를 분명히 하기 위해서다. 그런 점에서 나는 박민규의 주장에 원칙적으로 동의한다.

2 「2003년 대구지하철 참사 생존자의 증언」, 『나·들』, 2014년 5월호.

3 「KBS 추적 60분: 세월호 173톤 조작 미스터리」, 2014년 5월 24일.

4 세월호는 2013년 3월 15일부터 사고 당일인 2013년 4월 16일까지 총 241회 운항하였는데, 이 가운데 절반이 넘는 139회 동안 과적 운항이 이루어진 것으로 조사되었다고 한다.

민주사회를 위한 변호사 모임, 『416 세월호 민변의 기록』, 생각의길, 2014, 47~51쪽 참조.

5 우석훈, 『내릴 수 없는 배 : 세월호로 드러난 부끄러운 대한민국을 말하다』, 웅진지식하우스, 2014.

6 『중앙일보』, 2014년 4월 18일.

7 「범죄 인정한 선원 단 1명」, 『한겨레 21』, 1017호, 2014년 6월 30일.

8 마루야마 마사오, 「군국지배자의 정신형태」, 『현대정치의 사상과 행동』, 김석근 옮김, 한길사, 1997.

9 2011년 3월 11일 일본에서 일어난 지진, 쓰나미, 원전 폭발이라는 복합 재해와 세월호 참사는 그 발생 원인에 있어서는 차이가 있지만, 참사 이후의 수습 과정에서 드러나는 정부나 회사의 무책임한 태도에 있어서는 놀라울 정도로 유사하다는 점에서 비교 검토가 필요한 연구 과제이다. 방사능 오염 지대 내에 있는 주민들을 모두 대피시키기 위해 마을에 마지막까지 남아 피폭을 당하고 현재까지 후유증을 호소하고 있는 원전 인근 후타바(双葉) 마을 촌장은 위험을 눈앞에 두고도 이를 은폐하기에 급급한 도쿄전력과 이를 제대로 감시하지 않은 국가에 대해 분노를 토로한다. "신속한 정보를 막아 버렸어요. 요소제를 복용시키지 않았어요. 그들은 도망쳐 버렸어요. 우리를 보호하는 것이 아니라 그들이 현장에서 도망쳤어요. 우리는 직장도 잃고 살 곳도 잃어버리고 이렇게 피난 생활을 하고 있어요. 도대체 일본이란 나라는 어떤 나라일까요. 정말로 이상한 나라라고 생각해요."(「SBS 그것이 알고 싶다: 위험한 거래, 대한민국 원전은 안전한가」, 2014년 6월 14일).

10 「KBS 파노라마: 부패와 무능의 카르텔, 관료 마피아」, 2014년 5월 23일.

11 『한겨레 21』, 1008호, 2014년 4월 28일.

12 미셸 푸코, 『생명관리정치의 탄생: 콜레주드프랑스 강의 1978~79년』, 오트르망 옮김, 난장, 2012. 또한 푸코의 통치성에 대한 보다 자세한 논의는 콜린 고든 외, 『푸코 효과: 통치성에 관한 연구』, 이승철 외 옮김, 난장, 2014를 참조할 것.

13 사토 요시유키, 『신자유주의와 권력: 자기-경영적 주체의 탄생과 소수자-되기』, 김상운 옮김, 후마니타스, 2014, 20쪽. 사토는 푸코가 콜레주드프랑스 강의에서 언급한 신자유주의적 통치의 '개입'이란 공공 투자, 사회 보장 같은 케인스적 방식으로 시장경제의 메커니즘에 개입하는 것이 아니라, 오히려 시장의 조건들, 즉 시장의 존재 조건인 규칙들과 제도들과 같은 틀에 개입함으로써 경제 과정을 조정한다는 것을 의미한다고 말한다. 다시 말하면 개입적 자유주의로서의 신자유주의란 법률, 제도에 개입해 '효과적인' 경쟁을 창출하고, 경쟁원리에 의해 사회를 통치하려고 하는 통치 기법이다(같은 책, 40~42쪽).

14 노암 촘스키, 『촘스키, 누가 무엇으로 세상을 지배하는가』, 강주헌 옮김, 시대의창,

2013(2002).

15 미국의 정치학자 마이클 존스톤은 한 사회의 공적 영역에서 이루어지는 부패의 유형을 독재자형, 족벌형, 엘리트 카르텔형, 시장 로비형 등으로 구분하면서 정치·경제적으로 변화가 심한 한국 사회의 경우는 엘리트 카르텔이 부패를 주도하는 형태를 띤다고 지적하고 있다. Michael Johnston, *Syndromes of Corruption: Wealth, Power, and Democracy*, Cambridge, UK; New York: Cambridge University Press; 「KBS 파노라마: 그들만의 리그—부패 네트워크」, 2013년 10월 3일; 「KBS 파노라마: 부패와 무능의 카르텔, 관료 마피아」, 2014년 5월 23일 참조.

16 나오미 클라인, 「재난 아파르트헤이트」, 『쇼크 독트린』, 김소희 옮김, 살림Biz, 2007 참조.

17 레베카 솔닛, 『이 폐허를 응시하라』, 정해영 옮김, 펜타그램, 2012.

18 「진실을 말할 준비가 됐어요」, 『한겨레 21』, 1018호, 2014년 7월 7일.

19 지그문트 바우만, 『유동하는 공포』, 함규진 옮김, 산책자, 2009, 13쪽.

20 다카하시 도시오, 『호러국가론』, 김재원 옮김, 도서출판b, 2012, 11~29쪽 참조.

21 「SBS 스페셜: 다친 마음의 대물림 트라우마 삼대를 챙긴다」, 2014년 6월 1일.

22 임상학적 접근과 병리학적 접근에 대한 구별은 유대인 홀로코스트에 대한 빅터 프랭클과 프리모 레비의 문제의식을 비교한 竹山博英, 『プリーモ·レーヴィ：アウシュヴィッツを考えぬいた作家』, 言叢社, 2011에서 빌려온 것이다. 이에 대해서는 서경식, '폭력과 기억의 싸움'(광주트라우마센터 주최 '치유의 인문학' 네번째 강좌, 2014년 6월 2일) 참조.

23 Sigmund Freud, "Mourning and Melancholia", *The Standard Edition of the Complete Psychological Works of Sigmund Freud*, Vol. 14, London: Hogarth Press, 1957(「슬픔과 우울증」, 『정신분석학의 근본 개념』, 윤희기 옮김, 열린책들, 2004).

24 Martin Jay, "Against Consolation: Walter Benjamin and the refusal to mourn," *Refractions of Violence*, New York: Routledge, 2003; 전진성, 「서론: 트라우마의 귀환」, 전진성·이재원 엮음, 『기억과 전쟁: 미화와 추모 사이에서』, 휴머니스트, 2009 참조. 물론 이러한 비판에 대해 주디스 버틀러(Judith Butler)는 프로이트 역시 자신의 논의가 갖는 문제점들을 스스로 자각하고 있었다는 새로운 해석을 제시하고 있다. 실제로 이후의 저작인 『에고와 이드』에서 프로이트는 애도와 우울증의 구분을 수정하면서, 우울증의 내면화 전략은 애도 작용과 대립하는 것이 아니라 어쩌면 에고가 타인에 대한 핵심적인 감정 유대의 상실을 버텨 내는 유일한 방식이라고 기술하고 있다. 다시 말해서 우울증의 특징인 상실한 사랑과의 동일시가 애도의 전제 조건이 되며, 원래

대립적인 것으로 고안되었던 이 두 작용은 이제 전적으로 슬픔의 과정과 관련된 양상으로 이해된다는 것이다. 주디스 버틀러, 『젠더 트러블』, 조현준 옮김, 문학동네, 2008, 198~204쪽 참조.

25 전진성, 「서론: 트라우마의 귀환」, 34쪽.

26 이에 대한 보다 자세한 논의는 이영진, 「전후일본과 애도의 정치: 전쟁체험의 의의와 그 한계」, 『일본연구논총』, 37호, 2013 참조.

27 애도에 대한 벤야민의 입장에 대해서는 Jay, "Against Consolation", pp.11~24; Rey Chow, "Walter Benjamin's Love Affair with Death", *New German Critique*(Fall, 1989), p.48 참조.

28 Jay, "Against Consolation", p.28

29 김진영, 「철학자가 본 세월호 참사 애도」, 『나·들』 2014년 5월호.

30 이영진, 「전후일본과 애도의 정치: 전쟁체험의 의의와 그 한계」.

31 전후 서독 사회의 문제를 타자의 죽음에 대한 애도 능력의 결여로 진단한 미체를리히(Mitscherlich) 부부는 나치즘과의 연루라는 죄의 압도적 무게가 주는 통찰을 피하는 서독 국민들의 심리적 기제를 '부인'이라고 지적하면서 그 메커니즘을 다음과 같이 3개의 반응 형식으로 정리하고 있다. 우선 두드러진 **감정의 경직**이다. 강제수용소의 시체로 뒤덮인 산이나, 몇백만에 이르는 유대인이나 폴란드인, 러시아인의 살해 뉴스, 자기 계열의 정치적 라이벌의 살해 뉴스에 이러한 감정의 경직으로 대응했던 것이다. 경직은 정서적으로 소원해짐을 의미한다. 과거는 모든 쾌=불쾌의 조건의 후퇴라는 의미에서 비현실화되고 꿈과 같은 것이 되었다. 이 **유사 스토익한 태도**, 이제까지 아직 현실적으로 존재하고 있던 제3제국에 대한 이 공연한 비현실화가 두번째로 자부심에 상처를 입지 않은 채 점차 점령군에 동일화하는 것을 가능하게 했다. 그리고 이렇게 동일화함으로써 당혹감이 엷어짐과 동시에 제3의 단계, 즉 **조증적인**(maniac) **철회**라는 부흥으로의 강력한 공동적 노력의 길이 열렸다는 것이다. Alexander Mitscherlich & Margarete Mitscherlich, *Die Unfähigkeit zu Trauern: Grundlagen kollektiven Verhaltens*, München: Piper[林峻一郎, 馬場謙一 譯, 『喪われた悲哀: ファシズムの精神構造』, 河出書房新社, 1984(1967), 36~43쪽] 참조.

32 세월호 탑승자의 직군별 생존자와 사망자 수가 적힌 표를 볼 때마다, 이 표를 어떻게 해석해야 할지 머뭇거리게 된다. (단원고) 학생 23%, 교사 14%, 서비스직 승무원 34%에 비해 압도적으로 두드러지는 선박직 승무원 100% 생존율을 과연 어떻게 해석해야 하는 것일까.

	총수	단원고 학생	교사	선박직 승무원	서비스직 승무원	일반 승객
탑승자	476명	325명	14명	15명	14명	108명
구조자	172명	75명	2명	15명	5명	75명
사망·실종	304명	250명	12명	0명	9명	33명
생존율	36%	23%	14%	**100%**	36%	70%

(출처: 민주사회를 위한 변호사모임, 『416 세월호 민변의 기록』, 30쪽)

표에서 선박직 승무원은 선장 1명, 1·2·3등 항해사 4명, 조타수 3명, 기관장, 기관사 3명, 조기장, 조기수 4명으로, 서비스식 승무원은 승객 서비스를 총괄하는 조리장과 사무장, 여승무원, 아르바이트생으로 구성되어 있었다.

33 스테판 G. 메스트로비치, 『탈감정 사회』, 박형신 옮김, 한울, 2014, 65~66, 123쪽 참조.

4장 · 세월호 트라우마와 죽은 자와의 연대 | 김종곤

1 문수정, 「[세월호 '대리 트라우마' 어떻게 치유할까] 온 국민 슬픔·분노 전염… 무기력증 확산」, 『국민일보』, 2014년 5월 2일.

2 프로이트에 따르면 일상적으로 우리의 정신 세계는 쾌락 원칙에 따라 외부로부터 들어오는 에너지를 묶어 쾌와 불쾌 간의 항상성을 유지하려고 한다. 하지만 정신 세계가 감당할 수 있는 수준 이상으로 에너지가 유입될 경우에는 "자극에 대해서 효과적으로 대처하던 [정신의] 장벽에 어떤 파열구가 생"기면서 쾌락 원칙이 중단되는데, 프로이트는 이를 트라우마라고 정의한다. 지크문트 프로이트, 「쾌락 원칙을 넘어서」, 『정신분석학의 근본 개념』, 윤희기 옮김, 열린책들, 2004, 296~300쪽.

3 박찬부, 「트라우마와 정신분석」, 『비평과 이론』 15권 1호, 2010, 35쪽.

4 김선일 씨 피랍 사건 때 우리는 국가를 향해 단 한 사람이지만 그의 죽음을 막아야 한다고 요구했다. 하지만 국가는 테러 집단과의 협상은 없다는 논리로 그 요구를 묵살했다. 이에 당시(2004년 7월 2일) 한나라당 대표였던 박근혜는 국회 교섭단체 대표 연설에서 "국가가 가장 기본적 임무인 국민 생명과 안전을 보호하지도 못하는 것을 보면서, 국민들은 정부의 무능과 무책임에 분노하며, 국가에 대한 근본적인 회의를 갖게 됐다"고 말했다. 김진우, 「"국민 보호 못하는 국가에 분노…" 이랬던 박 대통령」, 『경향신문』, 2014년 4월 29일. 그녀조차도 국가에 대한 우리의 믿음이 환상이라는 것을 잘 알고 있었던 것이다. 이렇게 본다면 세월호 참사가 발생시킨 트라우마는 원래 결여되어 있던 욕망 대상을 상실했다고 여기는 환상으로부터 발생한 것이라고 할 수 있다.

5 물론 모든 사람이 세월호 참사에 대해 국가의 문제점을 지적하지는 않는다. 심지어 어떤

사람들은 스스럼없이 반공 이데올로기를 이용해 국가의 책임을 묻는 사람을 공격하기도 한다. 그렇다고 해서 이들이 세월호 참사에서 국가의 결핍을 경험적으로 인식하지 못했다고 할 수는 없다. 왜냐하면 이들의 반응은 국가의 결핍을 봉합하고 은폐하려는 시도로도 해석될 수 있기 때문이다.

6 이재승, 『국가 범죄』, 앨피, 2011 참조.

7 김한균은 세월호 참사에 대한 국가의 책임을 "사고 방지와 구조 및 수습 실패"(무능의 책임)와 "피해자 보호와 지원의 책무"(법 위반의 책임) 방기로 들면서 다음과 같이 말한다. "국가의 무능을 폭력으로 가리려 한다면, 국가 폭력 범죄의 문제로 전화(轉化)할 수 있다. 나아가 바로 이러한 진압적 통제로의 전환은 국가 (기관) 범죄 피해자를 법적 피해자가 아니라 가해자로 역전시키기도 한다. 4·16 사태에서 국가가 피해자를 대하는 방식의 특징……." 즉 국가가 진상 규명에 소극적인 형태를 보인 것은 '범죄 피해자 보호법'에 따라 피해자의 권리를 침해한 범법 행위로 볼 수 있다는 것이다(김한균, 「피해자를 위한 나라는 없다: 국가 범죄 피해자학적 관점에서 본 세월호 참사 대응 과제」, 『민주법학』 58권, 2015, 45~47쪽). 이러한 점에서 국가는 세월호 참사 이후 또 한 번의 국가 범죄를 자행했다고 할 수 있다.

8 프로이트, 「마조히즘의 경제적 문제」, 『정신분석학의 근본 개념』, 415~432쪽 참조.

9 르네 지라르, 『폭력과 성스러움』, 김진식·박무호 옮김, 민음사, 2000, 25쪽.

10 같은 책, 35쪽.

11 사후적 상징화를 잘 보여 주는 것이 예수의 죽음에 대한 바울의 해석이다. 프로이트에 따르면 바울은 예수의 죽음을 아버지 모세 살해에 대한 아들군의 대표로서 대속한 것으로 해석한다. 즉 예수의 죽음은 바울에 의해 사후적으로 대속이라는 의미를 획득하며, 그럼으로써 아버지 살해에 대한 원죄 의식으로부터 벗어나게 해주었다는 것이다. 바울의 해석이 있기 전까지 모세 살해에 대한 죄책감은 트라우마가 되지 않았다. 하지만 바울이 그렇게 해석하자마자 과거의 사건은 아버지 살해, 원죄로부터 오는 죄책감을 유발하는 트라우마가 된다. 자크 데리다의 표현으로 하면 그것은 '대리 보충의 논리'이면서 '지연됨의 논리'이다.

12 프로이트, 「슬픔과 우울증」, 『정신분석학의 근본 개념』, 245쪽.

13 프로이트는 리비도를 "성적 충동을 불러일으키는 힘", "자아가 자신의 성적 욕구의 대상들에 쏟는 에너지의 집중" 등으로 정의한다.

14 데이비드 K. 스위처, 『모든 상실에 대한 치유, 애도』, 최혜란 옮김, 학지사, 2011, 39쪽.

15 애도의 사회적 필요성에 대해서는 김석, 「애도의 부재와 욕망의 좌절」, 『민주주의와 인권』 12권 1호, 2012 참조.

16 이는 아직 혼인 관계가 질서 잡히지 않았던 시절에 아들들이 아버지 살해 후 오히려 죽은 아버지에게 사후적으로 복종하는 것과 흡사해 보인다. 프로이트의 설명에 따르면 아들들은 아버지에 의해 가로막혀 있던 어머니와 누이에 대한 욕망을 실현하고자 아버지를 살해하기에 이른다. 하지만 부친 살해 후 아들들은 그 자리를 차지하기 위해서는 서로 간에 상잔을 벌여야 한다는 것을 알게 된다. 아무것도 얻지 못한 이들은 아버지의 살해에 대한 죄의식을 그에 대한 사랑으로 전치시키고 죽은 아버지의 말씀을 법으로 받아들인다. 즉 "아버지-사물의 살해(오이디푸스적 소원의 실현)야말로 상징적 금지를 초래하는 장본인"(슬라보예 지젝, 『까다로운 주체』, 이성민 옮김, 도서출판b, 2008, 505쪽) 이었던 것이다. 따라서 죽은 아버지를 강력한 권위를 동반한 법으로 다시 살려 내는 것은 다름 아닌 아들들에게 내재되어 있던 욕망이라고 할 수 있다.

17 프로이트, 「슬픔과 우울증」, 『정신분석학의 근본 개념』, 245쪽.

18 같은 글, 같은 책, 255쪽.

19 김석, 「애도의 부재와 욕망의 좌절」, 『민주주의와 인권』 12권 1호, 61쪽.

20 자크 라캉은 애도 작업이 "부재의 기표를 상징하는 '남근'(phallus)은 거세"를 통해 욕망의 원인인 오브제 a를 정착시키는 효과를 낳는 것으로 설명한다. 그렇기에 "애도는 '오브제 a'가 현실의 상상적 대상 i(a)에 대한 관계 속에서 원인으로 작동하면서 욕망을 발생시키는 상태이지만 멜랑콜리는 '오브제 a'가 작동하지 않아 리비도 과잉 상태에 빠져 헤어 나오지 못하는 상황"이라고 할 수 있다. 다시 말해 "'오브제 a'의 안착 여부가 애도와 멜랑콜리를 서로 다른 구조로 만드는 것이다"(같은 글, 67~70쪽).

21 사고는 있을 수 있다. 하지만 선박이 사고로 침몰한다고 해서 모두 죽는 것은 아니다. 사람들이 요구하는 것은 '왜 죽었는가?' 혹은 '왜 죽어야 했는가?'이다. 진실이라고 말할 수 있는 그 어떤 이유도 밝혀지고 있지 않은 상태에서 죽을 이유가 없는 자들이 어떤 이유로 죽었는지를 밝혀야 한다는 것이다. 그런 의미에서 세월호 침몰 사고로 인한 죽음은 이해 불가능성을 지닌 '의문사'이다. 따라서 사람들이 요구하는 진실 규명은 질식에 의한 생물학적 사인(死因)이 아니라 내가 사랑한 사람이, 국가로부터 생명을 보호받을 권리를 가진 사람이 왜 구조받을 '권리'를 박탈당하고 배제되면서 죽었는지에 대한 답변일 것이다.

22 김진영, 「정치적 애도가 본질이다」, 『나·들』 19호, 2014년 5월.

23 김희원, 「한홍구, "野 배회하는 유령은 중도 노선, 야당성 회복해야"」, 『폴리뉴스』, 2014년 8월 5일.

24 정원옥, 「국가 폭력에 의한 의문사 사건과 애도의 정치」, 중앙대학교 문화연구학과 박사 학위 논문, 2014, 229쪽.

2부 / 세월호 이후의 국가

5장 · 멈춰진 세월, 멈춰진 국가 | 최원

1 이정국, 「KBS 보도국장 "세월호 희생자 교통사고 생각하면 많지 않다" 파문」, 『한겨레신문』, 2014년 5월 5일.

2 김진우, 「[세월호 특별법 논란] '교통사고론'은 여권의 방패막이」, 『경향신문』, 2014년 8월 20일.

3 세월호 참사를 통해 국가의 공적 책임의 문제를 체계적으로 제기한 글로는 정용택, 「국가란 무엇인가」, 『말과 활』 5호, 2014, 71~86쪽을 참조하라.

4 미셸 푸코, 『안전, 영토, 인구: 콜레주 드 프랑스 강의 1977~78년』, 오르트망 옮김, 난장, 2011, 23~24쪽.

5 푸코, 『안전, 영토, 인구』, 77쪽(강조는 추가).

6 얼마 전 한국을 방문한 사토 요시유키(佐藤慶幸)는 후쿠시마 원전 사고에 대한 일본 정부의 대응을 정확히 이러한 관점에서 분석했는데, 그에 따르면 인체에 해가 되는 방사능 연간 피폭량을 일본 정부가 사고 이전 20밀리시버트에서 사고 이후 100밀리시버트로 바꾼 것은 그것이 실제로 인체에 해가 되는가 그렇지 않은가 하는 관점에서 나온 기준이 아니라 철저하게 피해 복구에 드는 경제적·사회적 비용 계산의 관점에서 나온 것이다. 바로 그러한 의미에서 사토는 일본 정부의 대응은 안전 권력이 사람들을 "죽음 속에 내던지"거나 "기민"(棄民)으로 만드는 "비-안전 권력"이기도 하다는 점을 여지없이 보여줬다고 비판한다. 사토 요시유키, 김상운 대담(양창렬 통역), 「후쿠시마 원전 사고, 세월호 참사, 그리고 안전 권력과 저항 담론」, 『말과 활』 5호, 130~131쪽.

7 우리는 이 대목에서, 중상주의든 중농주의든 간에 양자는 모두 애초에 식량난을 완화시킴으로써 배고픈 대중의 폭동을 잠재우는 것을 목표로 삼았었다는 점을 상기할 필요가 있다.

8 푸코, 『생명관리정치의 탄생: 콜레주 드 프랑스 강의 1978~79년』, 오트르망 옮김, 난장, 2012의 4, 5, 6번째 강의를 참조하라.

9 한지원, 「신자유주의 시대의 국민 안전」, 『매일노동뉴스』 2014년 4월 23일.

10 에티엔 발리바르, 「정치의 세 개념: 해방, 변혁, 시민인륜」, 『대중들의 공포: 맑스 전과 후의 정치와 철학』, 최원·서관모 옮김, 도서출판b, 2007, 57~58쪽(강조는 추가). 참고로 몇 해 전부터 나는 civilité의 번역어로 '시민인륜' 대신 '시민공존'이라는 단어를 사용하기 시작했다. 국내에서 이 말을 번역하는 또 다른 번역어로는 '시민윤리'(서관모), '시민다움'(진태원) 등이 있다.

11 슬라보예 지젝은 자신의 책 『폭력이란 무엇인가』(정일권·김희진·이현우 옮김, 난장이, 2011)에서 발리바르가 말하는 '초객관적 폭력'이란 '구조적 폭력'을 가리키는 것이라고 엉뚱하게 왜곡한다.

12 푸코는 이렇게 말한다. "내가 행하고자 하는 분석들은 본질적으로 권력 관계들을 대상으로 한다. 나는 이것을 지배(domination)의 상태와는 다른 것으로 이해한다.……한 개인 또는 한 사회 집단이 권력 관계들의 장을 가로막고, 권력 관계들을 유동성 없고 고정된 것으로 만들며, 운동의 모든 역전 가능성(réversibilité)을 막는 데에 이를 때…… 우리는 지배의 상태라고 부를 만한 것과 대면한다"(Michel Foucault, *Dits et écrits*, tome 4, Gallimard, 1994, pp. 710~711. 발리바르, 『대중들의 공포』, 51쪽에서 재인용).

13 그러나 이론적으로 봤을 때, 푸코가 이렇게 생각하게 된 것은 그가 (부정적인) 주권 권력과 (긍정적인) 안전 권력 및 생명 권력을 너무 시대적인 방식으로, 중세/전근대적인 것과 근대/현대적인 것의 대립 구도를 통해 파악했기 때문일 수도 있으며(비록 그가 주권 권력은 단순히 대체되거나 사라지지 않는다고 누누이 강조했음에도 불구하고 그것이 부차화된다고 생각했던 것은 이론의 여지가 없다), 더 근본적으로는 이데올로기적 심급을 사회적인 것(권력 관계)으로 환원하려고 했기 때문이라는 혐의를 가져 볼 수 있다. 이와 관련된 더 자세한 논의는 발리바르의 『대중들의 공포』에 붙인 해제인 최원, 「이론의 전화, 정치의 전화: 알튀세르에게서 발리바르로」의 각주 17(565쪽)을 참조하라.

14 더 자세한 내용은 박상은, 『대형 사고는 어떻게 반복되는가: 세월호 참사 이후 돌아본 대형 사고의 역사와 교훈』, 사회운동, 2014, 56~64쪽 참조.

15 손형선, 「'세월호 비리' 운항 관리자 등 선박안전공단에 무더기 특채」, 『한국일보』, 2015년 7월 6일.

16 마침 4·16연대는 4·16 인권 선언 제정 특위를 산하에 두고 2014년 12월 11일부터 일년에 걸쳐 다양한 지역과 생활 공간에서 조직된 풀뿌리 토론의 논의 결과를 「존엄과 안전에 관한 4·16 인권 선언」으로 모아 내어 2016년 4월 16일에 공동선언인단의 이름으로 선포할 예정이다. 이 선포를 기점으로 4·16연대는 이 선언문에 제시되어 있는 존엄과 안전에 대한 인권들을 현실화하기 위한 시민들의 정치 활동을 조직해 나갈 예정인데, 이는 세월호 싸움을 새로운 방향에서 고민하고 실천할 수 있는 좋은 기회가 되어 줄 것으로 보인다.

6장 · 세월호 참사와 분단폭력을 넘어서 | 김도민

1 정혜신·진은영, 『천사들은 우리 옆집에 산다: 사회적 트라우마의 치유를 위하여』, 창비,

2015, 66쪽.

2 「세월호 특별법 본회의 통과 관련 입장 발표」(가족대책위 기자회견문), 세월호 참사 국민대책회의 홈페이지(http://sewolho416.org/3241).

3 박송이, 「세월호 참사 특조위… 시간은 부족하고, 흔들기는 계속되고」, 『경향신문』, 2015년 12월 12일.

4 사회적 트라우마에 대해서는 다음의 연구를 참고했다. 김명희, 「고통의 의료화: 세월호 트라우마 담론에 대한 실재론적 검토」, 『보건과 사회과학』 38집, 2015(이 글은 수정·보완을 거쳐 본서 2장으로 수록되었다); 김왕배 「'트라우마'의 치유 과정에 대한 사회학적 탐색과 전망」, 『보건과 사회과학』 37집, 2014, 7쪽(이 글은 수정을 거쳐 본서 10장으로 수록되었다); 정혜신·진은영, 『천사들은 우리 옆집에 산다』.

5 세월호 참사를 국가 공공성이 부재해 발생한 재난으로 분석한 연구로는 서울대학교 사회발전연구소에서 나온 다음의 책이 있다. 정병은 외, 『세월호가 우리에게 묻다: 재난과 공공성의 사회학』, 한울, 2015. 또한 『역사비평』은 2014년 가을호에서 '무책임의 역사와 제도'라는 특집으로 세월호 참사의 원인을 '무책임'의 관점에서 분석했다.

6 사사키 아타루, 「부서진 대지에, 하나의 장소를」, 『사상으로서의 3·11: 대지진과 원전 사태 이후의 일본과 세계를 사유한다』, 윤여일 옮김, 그린비, 2012.

7 같은 글, 같은 책, 46쪽.

8 416 세월호 참사 기록위원회 작가기록단(이하 '기록단'), 『금요일엔 돌아오렴』, 창비, 2015, 127쪽

9 강만길, 『분단 시대의 역사 인식』, 창작과비평사, 1989.

10 백낙청, 『분단체제 변혁의 공부길』, 창작과비평사, 1994.

11 김동춘, 「분단이 낳은 한국의 국가 폭력: 일상화된 내전 상태에서의 '타자'에 대한 폭력 행사」, 『민주 사회와 정책 연구』 23권, 2013.

12 폭력은 크게 가시적인 주관적(subjective) 폭력과 비가시적인 객관적(objective) 폭력으로 나눌 수 있다. 주관적 폭력은 물리적 폭력으로 눈에 쉽게 보이는 '피' 흘리는 폭력을 의미한다. 반면 객관적 폭력은 구조적 폭력, 상징적 폭력 등을 포괄하기도 하고 때로는 사회적인 차원을 넘어 자연화되는 신자유주의가 야기하는 새로운 폭력의 모습을 초객관적(ultra-objective) 폭력으로 다시 개념화하기도 한다. 일단 분단폭력은 분단이 야기하는 눈에 보이는 물리적인 주관적 폭력과, 눈에 보이지 않는 다양한 형태의 객관적 폭력의 성격을 동시에 지니고 있다. 분단폭력은 역사적으로 시기에 따라 주관성과 객관성이 동시에, 때로는 한편이 도드라지게 발현되기도 했다. 폭력과 관련한 개념은 다음의 글들을 참고했다. 슬라보예 지젝, 『폭력이란 무엇인가』, 김희진·이현우·정일권

옮김, 난장이, 2011; 최원, 「멈춰진 세월, 멈춰진 국가: 신자유주의적 통치성과 폭력의 새로운 형상」, 『진보평론』 61호, 2014, 66~67쪽(이 글은 약간의 보완을 거쳐 본서 5장으로 수록되었다); 이문영, 「폭력 개념에 대한 고찰: 갈퉁, 벤야민, 아렌트, 지젝을 중심으로」, 『역사비평』 106호, 2014.

13 김도민, 「1948~50년 주한 미대사관의 설치와 정무 활동」, 『한국사론』 59권, 2013, 270~271쪽.

14 이강수, 「반민특위 특별 재판부의 조직과 활동」, 『한국 근현대사 연구』 25집, 2003.

15 지젝, 『폭력이란 무엇인가』, 40쪽.

16 분단체제의 무책임성에 관련해는 홍석률, 『분단의 히스테리: 공개 문서로 보는 미중 관계와 한반도』, 창비, 2012를 참조했다.

17 기록단, 『금요일엔 돌아오렴』, 231쪽.

18 김동춘은 한국전쟁을 기점으로 피난 사회가 형성되면서 한국인들은 구조화된 전쟁의 공포 속에서 순응주의와 강화된 가족주의에 빠지게 됐다고 설명했다. "피난 사회에서는 모두 떠날 준비를 하고, 모두가 피란지에서 만난 사람처럼 서로를 대하며, 권력자와 민중들 모두 어떤 질서와 규칙 속에 살아가기보다는 당장의 이익 추구와 목숨 보존에 여념이 없다.…… 최고 권력자 이승만의 행동, 당시 국가와 국민의 관계, 그리고 당시 민중들의 위기 극복을 위한 행동 방식 등은 모두 오늘날 일종의 피난 사회인 한국 사회의 기원을 이루고 있다"(김동춘, 『전쟁과 사회: 우리에게 한국전쟁은 무엇이었나?』, 돌베개, 2006, 121~122쪽).

19 사카이 다카시, 『폭력의 철학: 지배와 저항의 논리』, 김은주 옮김, 산눈, 2007, 155~156쪽.

20 김홍중은 세월호 참사 이후 사람들이 겪는 우울을 '주권적 우울'이라 명명하고, 우울을 겪는 이들이 "개인화된 패배감"에 머물지 우울을 넘어 "정치적 화약"으로 변화할지 기로에 서 있다고 해석한다. 「마음의 부서짐: 세월호 참사와 주권적 우울」, 『사회와 이론』 26집, 2015.

7장 · 세월호를 해석하는 네 가지 프레임 | 정용택

1 박민규는 '프레임'의 개념 규정을 명확히 하고 있진 않다. 그러나 문맥상 대중들의 생각을 지배하는 해석과 판단의 준거틀 정도를 의미한다고 보면 될 것이다. 이 글에서도 그와 유사하게 프레임 개념에 관한 일반화된 규정을 참조해 '세월호 프레임'을 세월호 참사 이후 한국 사회에서 대중들이 공유해 온 세월호에 관한 의미 체계를 지시하는 것으로

사용하고자 한다. 프레임 개념에 관한 보다 자세한 설명으로는 이동훈·김원용, 『프레임은 어떻게 사회를 움직이는가』, 삼성경제연구소, 2012 참조. 한편 프레임 이론과 은유 이론을 바탕으로 세월호 참사에 관한 대중들의 인식 변화를 분석한 연구로는 나익주, 「프레임의 덫에 걸린 '세월호'」, 『문화/과학』 81호, 2015, 284~311쪽 참조.

2 박민규, 「눈먼 자들의 국가」, 김애란 외, 『눈먼 자들의 국가: 세월호를 바라보는 작가의 눈』, 문학동네, 2014, 56쪽.

3 같은 글, 같은 책, 58쪽.

4 같은 글, 같은 책, 58쪽.

5 같은 글, 같은 책, 52쪽.

6 같은 글, 같은 책, 59~60쪽.

7 니코스 풀란차스, 『국가, 권력, 사회주의』, 박병영 옮김, 백의, 1994, 170쪽.

8 밥 제솝, 『전략 관계적 국가 이론』, 유범상·김문귀 옮김, 한울, 2000, 228쪽 참조.

9 전상진, 『음모론의 시대』, 문학과지성사, 2014, 217~218쪽.

10 알튀세르는 억압적 국가 장치와 이데올로기적 국가 장치가 상호 침투적으로 결합된 '국가 장치'(state apparatus)와 그러한 국가 장치가 실제로 작동하면서 발생하는 기능적 효과로서의 '국가 권력'(state power)을 구별함으로써 맑스주의적 국가론을 재구성했다. 루이 알튀세르, 『재생산에 대하여』, 김웅권 옮김, 동문선, 2007, 130쪽 참조.

11 2008년 8월 국토해양부는 94건의 행정 규제 개선 과제에 "20년으로 획일화돼 있는 여객선 선령 제한 완화"를 포함시키면서 "기업 비용이 연간 200억 원 절감될 것"을 근거로 내세웠다. 실제로 그 이듬해인 2009년 1월에 "선령과 해양 사고는 직접적으로 무관하고, 대부분의 국가에서 선령 제한이 없다"면서 해상운송사업법 시행규칙 제5조를 개정해 20년으로 묶여 있던 여객선 선령 제한을 최대 30년으로 변경했다. 그리하여 2012년 청해진해운이 일본으로부터 세월호를 수입할 당시 그 배는 건조된 지 18년이나 된 노후 선박이었지만 선령 제한 완화 조치 덕분에 12년을 더 운항할 수 있게 된 것이다. 하어영·이세영, 「MB 때 '규제 완화' 안 했으면 '세월호 참사' 없었다」, 『한겨레신문』, 2014년 4월 18일.

12 니컬러스 로즈에 따르면, 이는 '국가의 탈통치화'(de-governmentalization of the State) 또는 '통치의 탈국가화'(de-statization of government) 흐름 안에 놓여 있는 신자유주의적 국가 장치의 일반적인 형태이다. Nikolas Rose, "Governing 'Advanced' Liberal Democracies", *Foucault and Political Reason: Liberalism, Neo-liberalism and Rationalities of Government*, Andrew Barry, Thomas Osborne, and Nikolas Rose eds., University of Chicago Press, 1996, pp. 56~57.

13 최원, 「멈춰진 세월, 멈춰진 국가: 신자유주의적 통치성과 폭력의 새로운 형상」, 『진보평론』 61호, 2014, 63쪽 참조(이 글은 약간의 보완을 거쳐 본서 5장으로 수록되었다).

14 에티엔 발리바르, 『대중들의 공포: 맑스 전과 후의 정치와 철학』, 서관모·최원 옮김, 도서출판b, 2007, 521쪽.

15 국가가 생산하는 '허구적 보편성'에 관해서는 같은 책, 529~530쪽 참조.

16 「"박 대통령은 왜 특조위 임명장도 직접 안 줬나": 권영빈 세월호 특조위 진상 규명 소위원장 인터뷰」, 『프레시안』, 2016년 1월 20일.

17 알랭 바디우, 『윤리학: 악에 대한 의식에 관한 에세이』, 이종영 옮김, 동문선, 2001, 89쪽.

18 서용순, 「바디우 철학에서의 공백(vide)의 문제」, 『라깡과 현대 정신분석』 8권 2호, 2006, 100쪽.

19 김창환, 「세월호 참사 이후 국가적 혼란과 더 깊이 침몰하는 세월호」, 『코리아연구원 현안 진단』 251호, 2014, 5쪽 참조.

20 박민규, 「눈먼 자들의 국가」, 김애란 외, 『눈먼 자들의 국가』, 62쪽.

21 김여란, 「"박근혜 만나겠다" 청와대 앞 온 세월호 유족과 시민들」, 『경향신문』, 2014년 5월 9일.

22 김효실, 「청와대 대변인 이번엔 "순수 유가족" 발언 파문」, 『한겨레신문』, 2014년 5월 9일.

23 권순택, 「박근혜 대통령 "세월호 사회 불안·분열 국민 경제 도움 안 돼"」, 『미디어스』, 2014년 5월 9일.

24 박명림, 「'세월호 정치'의 표층과 심부: 인간, 사회, 제도」, 『역사비평』 110호, 2015, 23~24쪽(이 글은 약간의 수정을 거쳐 본서 14장으로 수록되었다).

25 이항우, 「'종북'의 정치사회학: 비판적 담론 분석」, 『한국사회학회 2015년 후기 사회학대회 논문집』, 2015, 53쪽.

26 이병욱·김성해, 「담론 복합체, 정치적 자본, 그리고 위기의 민주주의: 종북 담론의 텍스트 구조와 권력 재창출 메커니즘의 탐색적 연구」, 『미디어, 젠더 & 문화』 28호, 2013, 74쪽.

27 선우현, 「반공주의와 그 적들: 오늘의 한국 사회에서」, 『사회와 철학』 28호, 2014, 47~60쪽 참조.

28 이재훈, 「새누리 한기호, '세월호 참사' 비판 여론에 '종북 색깔론'」, 『한겨레신문』, 2014년 4월 20일.

29 홍석재, 「"유가족이 무슨 벼슬 딴 것처럼 쌩난리" 김호월 교수에 비판 봇물」, 『한겨레신

문』, 2014년 5월 12일.

30 이지웅·박준규, 「"노란 완장 찬 종북 좌빨", "유족된 게 벼슬이냐"… 박사모·일베 등 어이없는 막말 쏟아내」, 『헤럴드경제』, 2014년 5월 8일.

31 2016년 현재의 명칭은 '(사) 4·16 세월호 참사 진상 규명 및 안전 사회 건설을 위한 피해자 가족 협의회'(약칭 '416가족협의회')이다.

32 홍민철, 「보수 단체 회원 30여 명 세월호 단식 농성장 침입 시도」, 『민중의소리』, 2014년 7월 17일.

33 이재진, 「세월호 유족 비하 엄마 부대 "유족들이 국민에게 미안해야"」, 『미디어오늘』, 2014년 7월 20일.

34 박기용, 「보수 단체 '어버이연합', 세월호 가족 농성장에서 난동」, 『한겨레신문』, 2014년 7월 22일.

35 손형준, 「어버이연합 치킨으로 '유민 아빠' 김영오 씨 세월호 단식 농성 조롱 논란」, 『서울신문』, 2014년 8월 27일.

36 '2014년 광화문 폭식 농성'(출처: 나무위키, https://namu.wiki/w/2014년%20광화문%20폭식농성). 일베가 열심히 폭식 투쟁을 벌이고 있을 때 그 옆에선 처음 이것을 제안했던 '자유대학생연합'(자대련) 회원들이 '세월호 특별법' 제정 반대 서명 운동을 벌이고 있었다. 일베와 자대련 회원은 대부분 20~30대 젊은이였다.

37 표주연, 「'세월호 참사' 결국 보수-진보 대결로… 단식 45일 VS 치킨 퍼포먼스」, 『뉴시스』, 2014년 8월 27일.

38 천관율, 「이제 국가 앞에 당당히 선 '일베의 청년들'」, 『시사IN』, 2014년 9월 29일.

39 이유진, 「"세월호 참사 앞에서도 매카시즘 광풍"」, 『한겨레』, 2014년 5월 25일.

40 발리바르, 『우리, 유럽의 시민들?: 세계화와 민주주의의 재발명』, 진태원 옮김, 후마니타스, 2010, 131쪽.

41 박영균, 「'종북'이라는 기표가 생산하는 증오의 정치학」, 『진보평론』 63호, 2015년, 5쪽.

42 김학준, 「인터넷 커뮤니티 '일베 저장소'에서 나타나는 혐오와 열광의 감정 동학」, 서울대학교 사회학과 석사 학위 논문, 2014, 2~3쪽.

43 박명림, 「'세월호 정치'의 표층과 심부」, 『역사비평』 110호, 11쪽.

44 김동춘, 「냉전, 반공주의 질서와 한국의 전쟁 정치: 국가 폭력의 행사와 법치의 한계」, 『경제와 사회』 89호, 2011, 337쪽.

45 발리바르, 『대중들의 공포』, 60쪽.

46 발리바르, 『정치체에 대한 권리』, 진태원 옮김, 후마니타스, 2011, 151쪽.

47 발리바르, 『대중들의 공포』, 61쪽.

48 랜들 콜린스, 『사회학 본능: 일상 너머를 투시하는 사회학적 통찰의 힘』, 김승욱 옮김, 알마, 2014, 17~55쪽 참조.

49 문성훈, 『인정의 시대: 현대 사회 변동과 5대 인정 』, 사월의책, 2014, 51쪽.

50 Massimo Rosati, "The Making and Representing of Society: Religion, the Sacred and Solidarity among Strangers in a Durkheimian Perspective", *Journal of Classical Sociology* 3(2), 2003, pp. 174~175 참조.

51 김현경, 『사람, 장소, 환대』, 문학과지성사, 2015, 259쪽 참조.

52 박기용, 「박근혜 정부, 보수 단체에 144억 원 지원했다」, 『한거레신문』, 2013년 10월 14일.

8장 · 세월호 이후의 교육 | 김환희

1 지난 2015년 3월 23일 국회의원 이자스민은 초중고 학교에 '2013~2014년 중에 시행된 현장학습 활동에 대해 인증 프로그램을 사용했는지 여부를 확인해서 제출하라는 공문'을 보냈다. 이는 "인증 프로그램이 없어서 사고가 났나요? 인증 시설이 아니어서 어린이집 학대가 이루어졌나요? 1~6학년까지 현장학습 갔던 걸 다 확인해서 하루만에 내라는 건 도대체 수업을 하라는 얘기인지……"라는 현장 교사들의 반발을 부르기도 했다. 한편 서울시 교육청은 세월호 1주기를 맞아 각 학교에 '안전 인권' 교육을 시행하라고 권고했다. '선한 가치들의 공무원적 물화'를 보여 주는 이러한 작업들이 '안보 인권', '애국 인권' 혹은 반대로 '종북 게이'와 같은 해괴한 워딩으로 이어질까 두렵다.

2 나는 교육청 간에 교사를 교환하는 파견 프로그램을 통해 지방의 농촌에서 서울로 근무지를 변경했다.

3 「전남소방본부-최초 신고자 신고 녹취록 전문」, 『연합뉴스』, 2014년 4월 22일.

4 우석훈, 『내릴 수 없는 배: 세월호로 드러난 부끄러운 대한민국을 말하다』, 웅진지식하우스, 2014, 75쪽(강조는 추가),

5 "당시 세월호 주변에 있었던 민간 어선 피시헌터호 김현호 선장을 비롯해 그와 함께 바다로 나간 태선호의 김준석 선장은 1톤이 조금 넘는 소형 어선으로 무려 45명을 구했다. 그들이 공통적으로 들려준 이야기는 123정의 접근 금지 명령을 어기고 세월호로 갔다는 것이다. 그러니까 123정은 자신만 세월호 안으로 들어가지 않은 것이 아니라 다른 배의 접근도 차단했다. 왜일까?"(같은 책, 87쪽).

6 같은 책, 87쪽.

7 오창룡, 「세월호 참사와 책임 회피 정치」, 『진보평론』 61호, 2014, 51쪽(강조는 추가).

8 우석훈, 『내릴 수 없는 배』, 130~139쪽(강조는 추가).

9 이러한 메커니즘은 나오미 클라인, 『쇼크 독트린: 자본주의 재앙의 도래』, 김소희 옮김, 살림Biz, 2008; 피터 W. 싱어, 『전쟁 대행 주식회사』, 유강은 옮김, 지식의풍경, 2005에 잘 설명되어 있다. 신자유주의 사회에서 공공 부문의 시장화는 하나의 경향인데, 최근에는 그 최후의 보루라고 할 수 있는 공안(공적 안전, security)까지도 국가가 기업에 이양하는 모습이 포착되고 있다. 이를 통해 기업은 새로운 블루 오션을 독점할 수 있고, 국가 관료들의 입장에서는 행정적 책임 문제를 회피할 수 있다. 블랙워터(Black Water)와 같은 '전쟁 대행 주식회사'가 그 대표적 예이다. 미국은 국회의 공식적인 승인을 받기에는 여러 문제 소지가 있는, 소위 더러운 전투를 용병 기업이 대신 참여하게 함으로써, 국회의 감사와 외교적 갈등을 회피하고 있다. 한마디로 이러한 '시큐리티'는 자본과 국가의 신자유주의식 분할통치라 부를 수 있다. 즉 작금의 시큐리티는 국민 전체의 생명을 보존하고 살리기 위한 '시큐리티'가 아니고, 특정한 사회 계층의 안전(이권을 포함한)을 위한 '시큐리티'인 것이다. 어떤 국민을 안전망에 포함시킬 것인지 배제시킬 것인지와 관련된 차별적 분할통치가 자본과 국가에 의해 전개되고 있다.

10 "한국의 청소년들은 세계의 주요 국가들의 청소년들보다 훨씬 위험에 빠질 가능성이 높다. 『한겨레신문』 2014년 5월 2일자에 따르면, 최근 5년 동안 사고로 목숨을 잃은 어린이와 청소년의 숫자가 5,988명으로 전체 사망자 대비 아동 청소년 수의 비율이 OECD 국가 중 최고를 기록했다. 아이들은 익사, 타살, 추락, 화재, 중독 등의 사고로 2,015명이 죽었고, 교통사고로 2,152명, 자살로 1,831명이 죽었다. 우리와 인구 규모와 경제적 수준이 비슷한 스페인에 비해 사망자 수는 2.5배나 되고, 치안이 한국보다 훨씬 불안한 러시아와 멕시코보다 사고사 비율이 높다"(이동연, 「리멤버 미: 세월호에서 배제된 아이들을 위한 묵시론」, 『문화/과학』 78호, 2014, 27쪽).

11 울리히 벡, 『세계화 시대의 권력과 대항 권력』, 홍찬숙 옮김, 길, 2011, 497쪽.

12 강정석, 「교육 불가능의 시대에서 대안을 모색하기」, 『문화/과학』 80호, 2014, 68쪽.

13 학생들도 세월호 사건에 대해서 엄청나게 분노하고 세월호 선장을 욕하는데, 학교에 안전 대책 강화 지침이 내려오고 나서부터 분노의 맥락이 바뀌었다. 재작년 세월호 사건 1주일 후 아이들의 심경에 대해서 묻는 내 질문에 우리 반 아이들이 즉각적으로 내뱉게 된 말은 "왜 우리가 세월호 아이들 때문에 현장학습을 못 가요?"이다. 세월호 진상조사를 위해 시민들이 시위하듯이, 자신들은 현장학습을 가기 위해서 시위를 하겠다는 것이 학생들의 심정이었다.

14 한나 아렌트, 『과거와 미래 사이: 정치 사상에 관한 여덟 가지 철학 연습』, 서유경 옮김, 푸른숲, 2005, 255쪽(강조는 추가).

15 같은 책, 246쪽(강조는 추가).

16 여기서 교육계의 몇몇 사람은 과거로 회귀해서 문제를 해결하려고 한다. 현대 문명의 질주 앞에서 아름다운 미덕이 살아 있었던 과거의 사제 관계로 돌아가자고 외치는 것이다. 이 과정에서 현대 문명의 이기들이 교육 불가능의 원인으로 오진된다. 핸드폰이 마치 매혹적인 흑마술("스마트폰은 굉장히 사람의 감성을 자극하도록 설계되어 있어요. 아이나 어른이나 빠져들 수밖에 없도록 일부러 그렇게 만든다고 해요." 김민선·김찬호·박정희·김종철, 「좌담: 스마트폰과 아이들, 이대로 괜찮은가」, 『녹색평론』 140호, 2015, 141쪽)처럼 묘사된다. 이렇게 생태 근본주의적으로 현재의 모든 것을 부정하며 과거로 돌아가자고 주장하는 것은 근대의 발전주의와 음각적인 형태로 정확히 일치한다. 상상력 없는 안티테제는 맞서고자 했던 시스템만큼이나 폭력적이다. 따라서 나는 오히려 삶의 생태적 전환은 미래를 지양하는 방식의 과거를 지향함을 통해서가 아니라 생태적 우주철학과 새로운 문화 기술의 접목, 즉 과거와 화합하는 미래로서 가능할 것이라고 생각한다. 이와 관련한 자세한 논의는 김환희, 「무엇을 할 것인가?: 참꼰대라는 자화상을 넘기 위한 절박한 문제들」, 『오늘의 교육』 22호, 2014 참조.

17 아렌트, 『과거와 미래 사이』, 261쪽.

18 이러한 비유는 자녀에 대한 뜨거운 사랑에 의해 교육열을 높여 가는 학부모들의 행태를 살펴보면 더 잘 이해가 될 것이다. 자존적인 배움은 즐겁지만, 일방적 사랑에 이끌린 배움은 괴롭다. 수업 시간에 학생들에게 방과 후에 무엇을 하는지, 무슨 시간이 가장 즐거운지 물었다. 피아노를 3시간 배우는 학생은 피아노를 가장 싫어했다. 영어를 3시간 공부하는 학생은 영어를 세상에서 가장 싫어한다고 고백했다. 지극정성으로 입시 정보를 파헤치고 시간 맞춰 간식을 챙겨 주고 차로 픽업해 주는 그 사랑이 끔찍하다. 수평적 사랑, 우정의 연대를 지향하지 않는다면, 참교사가 참꼰대가 되는 것도 한순간이다.

19 교사들은 소개할 때 자신의 경력을 알리고 남의 경력을 아는 것을 참 좋아한다. 처음 만났을 때 꼭 묻는 질문이 "(교사로 근무한 지) 몇 년 차세요?"이다. 보통 자신이 더 경력이 많을 것이라고 추측한 사람이 질문자가 된다. 이런 문화가 싫다는 나의 불만에 지인은 "만약 자신이 경력상 선배라는 사실을 알면 그 후배를 도울 수 있어서 이런 질문들을 하게 되는 것 같다"고 답했다. 하지만 과연 몇 년이라도 연차가 더 많으면 후배 교사에게 조언하고 지도할 수 있는 상대적 우위에 올라서게 되는 것일까? 설령 그렇다 치더라도 조언을 먼저 요청하지도 않았는데 조언이랍시고 이것저것 훈수를 두는 것을 들어주는 일이 후배 입장에서 얼마나 불쾌하고 곤혹스러운 일인지도 고려해 보면 좋겠다. 이런 점에서 경력을 묻는 교직의 문화는 나이주의(ageism)와 전문가주의가 결합된 하나의 사례가 아닐까?

20 이형빈, 「교사는 어떤 의미의 전문가인가」, 『오늘의 교육』 24호, 2015.

21 아즈마 히로키가 3·11 이후 저술한 『일반의지 2.0』(안천 옮김, 현실문화, 2012)은 우리에게 하나의 힌트를 제공한다. '일반의지 2.0'은 작금의 의회제 민주주의가 소수의 선출된 대표들과 전문가들이 모든 것을 결정하고, 민중들은 구경꾼으로 전락한 상황을 타파하기 위한 해법이다. 즉 트위터의 여론 형성 구조를 본따 전문가가 아닌 대중들의 의사가 수평적으로 반영되는 사회 모델을 제안한다. 이와 같이 학교에서도 새로운 소통 구조를 위한 상상력이 필요하다.

22 밤섬해적단, 「존나 쓸데없다」.

23 '공공성'이라는 용어의 맥락에 대해서 비판과 새로운 고찰이 필요하다. 왜냐하면 지금까지 한국 사회에서는 공공성이라는 용어가 관제성(public)이라는 의미로 축소되어 사용되어 왔기 때문이다. 우리가 말하는 '공공성'은 "국가의 공공성(public)마저 문제 삼을 가능성을 내포한 비판적인 언어로는 아직 정착되지 않았다. 정부는 국민이 사익을 넘어서서 '공공'에 관심을 가져야 한다고 주장하지만, 그 '공공'의 내막은 오로지 국가의 안전보장이나 공공 질서의 방위를" 가리키는 것이다. 그것은 곧 국가의 '시큐리티'(공안)에 우리가 귀속되어야 한다는 압력으로서 작동한다. 내가 말하는 공공성은 이러한 관제성을 넘어서서, 공통성(common), 개방성(open)으로서의 공공성을 뜻한다. 김승환, 「신자유주의 시대의 공공성 위기와 '새로운 운동 주체'의 도래: 홍대 두리반, 명동 마리, 슬럿 워크, 잡민 총파업을 중심으로」, 성공회대학교 석사 학위 논문, 2013 참조.

24 Timothy Morton, *The Ecological Thought*, Harvard University Press, 2010.

25 서동진, 『자유의 의지 자기 계발의 의지』, 돌베개, 2009.

26 채현국은 강의에서 다음과 같이 일갈한다. "우리는 초등학교부터 대학까지 16년을 교육받습니다. 그것도 경쟁적으로 잠도 안 자고 오만 짓을 다하면서 교육받습니다. 제발 그 독을 어떻게 하면 빼느냐를 생각하십시오"(https://storyfunding.daum.net/episode/398).

27 김서린, 「앞에도 뒤에도 서지 않겠다」, 『오늘의 교육』 21호, 187쪽.

9장 · 피해자와 사회 중심의 진상 규명과 정의 수립은 가능한가 | 강성현

1 박민규, 「눈먼 자들의 국가」, 김애란 외, 『눈먼 자들의 국가: 세월호를 바라보는 작가의 눈』, 문학동네, 2014, 56쪽.

2 한홍구, 「청산되지 않은 과거를 한층 더 쌓을 것인가?」, 『제노사이드 연구』 6호, 2009, 19쪽.

3 정호기, 「진실 규명의 제도화와 다층적 재조명」, 『제노사이드 연구』 6호, 95쪽.

4 신형철, 「책을 엮으며」, 김애란 외, 『눈먼 자들의 국가』, 229쪽.

5 한홍구, 「청산되지 않은 과거를 한층 더 쌓을 것인가?」, 『제노사이드 연구』 6호, 20쪽; 김영수, 「해외 사례를 통해서 본 한국의 과거사 정리」, 같은 책 6호, 52~53쪽.

6 정호기, 「진실 규명의 제도화와 다층적 재조명」, 같은 책 6호, 93쪽.

7 완전한 진실을 고백한 가해자에 대한 화해 조치로 불처벌 건의와 특별 사면, 복권을 규정한 조항(제38조)이 있지만, 이것은 명목상 규정에 불과했다. 진실화해위는 가해자 고발 또는 수사 의뢰 권한조차 없었기 때문이다.

8 김동춘, 『이것은 기억과의 전쟁이다: 한국전쟁과 학살, 그 진실을 찾아서』, 사계절, 2013, 200쪽.

9 같은 책, 199~201쪽.

10 같은 책, 268쪽.

11 강성현, 「열광을 뒤로 하고 성찰적으로 응답해야 한다」, 『경제와 사회』 101호, 2014, 270쪽; 김상숙, 「진실화해위원회의 활동을 중심으로 본 한국전쟁 전후 민간인 학살 진상 규명 현황과 향후 과제」, 『기억과 전망』 27호, 2012, 151~152쪽.

12 정호기, 「진실 규명의 제도화와 다층적 재조명」, 『제노사이드 연구』 6호, 94쪽.

13 강성현, 「열광을 뒤로 하고 성찰적으로 응답해야 한다」, 『경제와 사회』 101호, 275쪽.

14 '세월호 침몰 사고 진상 조사 등에 관한 특별법안'(김학용 의원 안, 2014년 7월 2일 발의).

15 '4·16 세월호 참사 진상 규명 및 피해자 지원 등에 관한 특별법안'(전해철 의원 안, 2014년 7월 4일 발의).

16 '4·16 참사 진실 규명 및 안전 사회 건설 등을 위한 특별법안'(피해자·유족 안, 2014년 7월 7일 입법 청원).

17 현재 계류 중인 세월호 관련 의원 입법안은 총 13개이다. 그 가운데 진상 규명과 관련한 법안은 김학용·전해철 의원 안을 포함해 4개이다.

18 '특별검사의 임명 등에 관한 법률'(제12423호, 2014년 3월 18일 공포).

19 이태호, 「4·16 세월호 참사 진실 규명 및 안전 사회 건설 등을 위한 특별법 제정의 쟁점과 과제」, 세월호 참사 국민대책회의 주최 토론회 '세월호 참사 진상 규명 중간 평가와 앞으로의 과제' 자료집, 2014년 10월 28일, 83쪽.

20 진상 규명 없는 보상이 문제가 될 뿐 독일이 과거 청산 과정에서 보여 주었던 진실을 기억하는 과정으로서의 배·보상은 반드시 추구되어야 한다.

21 2014년 11월 6일 농림축산식품해양수산위원회 위원장이 발의한 '4·16 세월호 참사 진상 규명 및 안전 사회 건설 등을 위한 특별법'이 11월 7일 국회 본회의에서 재석 의원

251명 중 찬성 212명, 반대 12명, 기권 27명으로 가결·통과되었다.

22 세월호 참사 희생자·실종자·생존자 가족대책위원회, 「여야의 특별법 합의에 대한 가족대책위 입장」, 2014년 11월 2일.

23 특별법상에서는 "위원장과 부위원장은 상임위원 중에서 위원회의 의결로 선출한다"(제6조 3항)고 규정되어 있다.

24 세월호 참사 희생자·실종자·생존자 가족대책위원회, 「여야의 특별법 합의에 대한 가족대책위 입장」; 세월호 참사 희생자·실종자·생존자 가족대책위원회, 「세월호 특별법 본회의 통과 관련 입장 발표」, 2014년 11월 7일.

25 국가기관 공무원 개인이 국민 개인을 살인했을 때만 형사 사법적으로 죄책을 물을 수 있다. 그리고 국가 범죄를 단죄할 수 있는 국제적 법 규범이 있었지만, 현실에서 그 효력은 국내적으로 미치지 못했다.

26 위원 추천과 별도로 자격 규정을 생각할 때 다른 생각할 거리도 있다. 지금까지 법률가, 학자, 종교인 비중이 압도적으로 높았고, 의사, 심리 전문가, 해당 분야 전문 시민 활동가 등은 낮았다. 피해자·유족 대표의 직접 참여 문제는 거론조차 될 수 없었다.

27 김동춘, 『이것은 기억과의 전쟁이다』, 246쪽.

28 같은 책, 244~245쪽.

29 세월호 참사 희생자·실종자·생존자 가족대책위원회, 「여야의 특별법 합의에 대한 가족대책위 입장」.

30 김동춘, 『이것은 기억과의 전쟁이다』, 365~370쪽.

31 박용현, 「피해자가 직접 검사가 되는 나라」, 『한겨레신문』, 2014년 10월 28일.

32 M. Cherif Bassiouni and Daniel Rothenberg, *The Chicago Principles on Post-Conflict Justice*, International Human Rights Law Institute, 2008.

33 공소를 제기하고 이를 유지하는 권한을 국가기관(검사)이 전담하는 것을 말한다.

34 박용현, 「피해자가 직접 검사가 되는 나라」, 『한겨레신문』, 2014년 10월 28일.

35 피해자 참여가 사법 정의이며, 사법 체계를 흔들어 정의를 세운 선진국의 사례에 대한 인식이 높아진 것도 이런 맥락에서 평가할 수 있다. 같은 글; 박용현, 「사법 체계 흔들어 정의를 세운 나라 1, 2」, 『한겨레신문』, 2014년 8월 25일, 2014년 9월 29일.

36 김동춘, 『이것은 기억과의 전쟁이다』, 255쪽.

37 실제 세월호 참사에 대한 국회의 국정조사 과정에서 청와대와 감사원은 국정조사특위 야당 의원들의 자료 제출 요구를 무시했다. 우원식, 「세월호 참사 진상 규명 평가와 앞으로의 과제」(세월호참사 국민대책회의 주최 토론회, '세월호 참사 진상 규명 중간 평가와 앞으로의 과제', 2014년 10월 28일).

38 강건택·김연정, 「황교안 "수사권 민간 기구에 주면 문제"」, 『연합뉴스』, 2014년 7월 17일.

39 자기 이익이나 권리를 방어·확보·회복하기 위해 국가기관에 의하지 않고 스스로 사력을 행사하는 것을 말한다.

40 4·16 참사 100일을 기억하며 변호사 1043인 일동, 「4·16 특별법 제정을 촉구하는 변호사 1043인 선언」, 2014년 7월 24일; 세월호 특별법 제정을 촉구하는 전국 법학자 일동, 「세월호 특별법 제정을 촉구하는 전국 법학자 선언」, 2014년 7월 28일 등.

41 박용현, 「사법 체계 흔들어 정의를 세운 나라 1」, 『한겨레신문』, 2014년 8월 24일.

42 신종철, 「박근혜 대통령 "세월호 수사권·기소권 사법 체계 근간 흔드는 일"」, 『로이슈』, 2014년 9월 16일; 세월호 참사 희생자·실종자·생존자 가족대책위원회, 「박근혜 대통령의 발언에 대한 입장 발표」, 2014년 9월 16일.

43 피해자·유족은 '8·19 2차 합의'에서 도출된 피해자·유족이 여당 추천 몫 특검 추천 위원에 대한 사전 동의권과 함께 특검 후보군 4명을 여당-야당-피해자·유족 3자 합의로 추천하는 안전 장치를 확보하고자 했다.

44 김동춘, 『이것은 기억과의 전쟁이다』, 242, 298쪽.

45 4·16 세월호 참사 특별조사위원회, 「2015년 12월 22일 제14차 정례 브리핑」.

46 세월호 특조위 설립 준비단이 제안한 조직안은 5상임위원, 1사무처, 3국 11과 3팀(125명)이었지만, 정부는 5상임위원, 1사무처, 1실 1국 5과(90명) 안을 일방적으로 통과시켰다. 예산과 관련해서도 설립 준비단이 당초 제출한 예산은 241억 원이었지만, 자체 세부 조정과 삭감을 통해 최종적으로 160억 원을 제출했다. 그러나 정부는 특조위 출범 7개월이 지나도록 예산을 전혀 지급하지 않았다가 8월 4일 160억 원의 44%를 감액한 89억 원을 의결했고, 8월 18일 그중 79억 원만 배정했다. 여비가 87% 삭감된 예산으로 참사 현장에서의 조사를 방해하고 사무실 책상에 앉아 감사원, 검찰 등 정부가 제출한 자료나 조사하라는 의도로 해석된다.

47 김종성, 「친일파, 반민특위 '안방'을 차지하다」, 『오마이뉴스』, 2006년 9월 17일.

3부 / 세월호 이후의 치유

10장 · '세월호 트라우마' 치유를 위한 사회학적 탐색과 전망 | 김왕배

1 트라우마 진단표나 증상 치유 등에 대한 설명으로는 빅토리아 M. 폴레트·재클린 피스토렐로, 『외상의 치유, 인생의 향유: 트라우마의 수용 전념 치료』, 유성진 외 옮김, 학지사,

2014; American Psychiatric Association, *Mental Disorders*, American Psychiatric Association Mental Hospital Service, 1952; 존. G. 앨런, 『트라우마의 치유』, 권정혜 외 옮김, 학지사, 2010; Ann Goelitz et al., *From Trauma to Healing*, Routledge, 2013 참조. 최근 한국에 나와 있는 것으로는 최명기, 『트라우마 테라피: 심리학, 상처입은 마음을 어루만지다』, 좋은책만들기, 2012; 정혜신, 『당신으로 충분하다』, 푸른숲, 2013; 조지 보나노, 『슬픔 뒤에 오는 것들: 상실과 트라우마 그리고 슬픔의 심리학』, 초록물고기, 2010; 김준기, 『영화로 만나는 치유의 심리학: 상처에서 치유까지, 트라우마에 관한 24가지 이야기』, 시그마북스, 2013이 참조할 만하다.

2 나는 알렉산더에게서 많은 시사점을 받고 있으면서도 계몽주의나 정신분석학을 거부하는 그의 입장에는 동의를 유보하고 있다. 트라우마 연구가 왜 계몽주의적이면 안 되는가? 역사적·사회적 트라우마를 치유하려면 기존 트라우마를 낳게 한 구조를 변형시키고, 트라우마 발생 기제를 예방하는 새로운 문화적·제도적 장치를 구축해야 한다. 또한 내가 보기에 정신분석학은 트라우마가 항상 의식되는 것이 아니라 시공간을 따라 무의식 속에 잠재되어 있다가 하나의 계기를 만나 수면에 떠오를 수 있다는 점을 밝히고 있기에 유효하다. Jeffrey Alexander et al., *Cultural Trauma and Collective Identity*, University of California Press, 2004; 제프리 알렉산더, 『사회적 삶의 의미: 문화사회학』, 박선웅 옮김, 한울, 2007. 또 트라우마와 사회 이론을 조망한 Ron Eyerman, "Social Theory and Trauma", *Acta Sociologica* 56(1), 2013, pp. 41~53과 한국 사회의 경우를 문화사회학적으로 조명한 이철, 「사회적 외상의 문화적 차원에 대한 문화사회학적 연구: 용사 참사 사건을 중심으로」, 『신학사상』 149집 2010, 127~161쪽 참조.

3 김동춘·김명희 외, 『트라우마로 읽는 대한민국: 한국전쟁에서 쌍용차까지』, 역사비평사, 2014. 한국 사회에서 인문사회과학자들의 트라우마 연구는 시민사회와 민주주의 성장, 인권 담론의 활성화와 함께, 그리고 구술 생애사와 같은 질적 방법이 광범위하게 확산되는 정황과 맞물려 활발히 진행되고 있는 듯하다. 강은숙, 「5·18 시민군 기동타격대원의 생애사를 통해 본 사회적 트라우마티즘 형성 과정」, 『기억과 전망』 26권, 2012, 269~308쪽; 김귀옥, 「한국전쟁기 강화도에서의 대량 학살 사건과 트라우마」, 『제노사이드 연구』 3호, 2008, 13~65쪽; 엄찬호, 「역사와 치유: 한국 현대사의 트라우마를 중심으로」, 『인문과학 연구』 29권, 2011, 401~429쪽; 김명희, 「외상의 사회적 구성: 한국전쟁 유가족들의 '가족 트라우마'와 복합적 과거 청산」, 『사회와 역사』 101집 2014, 311~352쪽; 김보경, 「누가 역사를 부인하는가: 5·18 과거 청산 부인의 논리와 양산」, 김동춘·김명희 외, 『트라우마로 읽는 대한민국』; 김종곤, 「역사적 트라우마 개념의 재구성」, 『시대와 철학』 24권 4호, 2013, 37~64쪽; 김종군, 「전쟁 체험 재구성 방식과 구술 치유 문제」, 『통일 인문

학 논총』 56집, 2013, 35~61쪽; 이병수, 「분단 트라우마의 유형과 치유 방향」, 『통일 인문학 논총』 52집 2011, 47~70쪽; 오승용, 「국가 폭력과 가족의 피해: '인혁당 재건위' 사건을 중심으로」, 『담론 201』 10권 4호, 2008, 199~238쪽; 오수성·신현균·조용범, 「5·18 피해자들의 만성 외상 후 스트레스와 정신 건강」, 『한국 심리학회지』 25권 2호, 2008, 59~75쪽; 최정기, 「국가 폭력과 트라우마의 발생 기제: 광주 '5·18' 피해자를 대상으로」, 『경제와 사회』 77호 2008, 58~78쪽; 최현정, 「잔혹 속의 투쟁: 고문 피해 생존자의 삶과 회복」, 김동춘·김명희 외, 『트라우마로 읽는 대한민국』. 최근 한국 사회를 트라우마의 관점에서 진단하고자 하는 대표적 저술로 김동춘·김명희 외, 『트라우마로 읽는 대한민국』과 김태형, 『트라우마 한국 사회』, 서해문집, 2013 참조.

4 World Health Organization, *Health, Promotion Research: Toward a New Social Epidemiology*, WHO Regional Publications, European Series no. 37, 1991; C. Miller et al., "Social Epidemiology", Nathaniel M. Rickles, Albert I. Wertheimer and Mickey C. Smith eds., *Social And Behavioral Aspects Of Pharmaceutical Care*, Jones & Bartlett Learning, 2010; Bernice A. Pescosolido, Jack K. Martin, Jane D. McLeod, and Anne Rogers, *Handbook of the Sociology of Health, Illness, and Healing: A Blueprint for the 21st Century*, Springer, 2011.

5 주디스 허먼, 『트라우마: 가정 폭력에서 정치적 테러까지』, 최현정 옮김, 열린책들, 2012.

6 사회적 트라우마의 치유는 집단 간, 세대 간, 계층 간 대립과 갈등을 순치시키고 제도화하는 과정을 수반한다.

7 김왕배, 「신뢰, 갈등의 해소를 위한 사회 자본」, 김광기 외, 『현대 사회 문제론』, 파란마음, 2010.

8 이재승, 『국가 범죄』, 앨피, 2011.

9 예를 들어 '진실·화해를 위한 과거사 정리 위원회'의 활동에는 수사권과 기소권 등이 제한되어 있기 때문에 책임 소재를 밝히기가 어렵거나 진실을 규명했더라도 공소시효 등으로 책임을 묻기 어려운 상황이 종종 발생한다. 참고로 진실 규명 활동 사항에 대해서는 진실화해위원회, 『종합 보고서 I: 위원회의 연혁과 활동 종합 권고』, 2010 참조.

10 세월호는 2014년 4월 16일 진도 팽목항 부근에서 침몰했다. 이 사고로 인해 탑승 인원 476명 중 295명이 사망하고 9명이 실종되었다. 특히 제주도로 수학여행을 가던 단원고등학교 학생 246명과 교사 9명이 사망하고 6명이 실종된 채 바다에 잠겨 있다.

11 이는 세월호와 연관된 것만이 아니다. 권력이 행사되는 모든 주요 지점은 이러한 '결탁' 관계들로 얽혀 있다. 이 결탁 속에서 직간접적으로 부패와 부정이 거래되고 있다. 전관예우라는 미명 아래 전근대적 인맥들이 전방위에 걸쳐 작동하고 있는 것이다.

12 물론 이번 세월호 참사의 와중에도 투철한 직업 정신을 발휘하다 숨진 일부 승무원과 교사 그리고 힘든 자원봉사를 하고 있는 시민들을 볼 수 있다. 자원봉사는 시민사회의 역량을 잴 수 있는 척도이다.

13 울리히 벡, 『위험 사회』, 홍성태 옮김, 새물결, 1997; 앤서니 기든스, 『현대성과 자아 정체성』, 권기돈 옮김, 새물결, 1998.

14 임현진 외, 『한국 사회의 위험과 안전』, 서울대학교출판부, 2002; 노진철, 『불확실성 시대의 위험 사회학』, 한울, 2011; 홍성태, 『대한민국, 위험 사회』, 당대, 2007; 김영욱, 『위험, 위기 그리고 커뮤니케이션: 현대 사회의 위험, 위기, 갈등에 대한 해석과 대응』, 이화여자대학교출판부, 2008 참조.

15 『조선일보』, 2014년 4월 17일. 보수 언론인 『조선일보』는 「눈 뜨고 아이들 잃는 나라」라는 기사를 일면에 배치하면서, 정부의 무능과 책임자 처벌을 강력히 요청했다. 한편 서경석 목사 등이 주도하는 보수 원로들의 단체인 '새로운 한국을 위한 국민 운동'에서도 세월호에 대한 반성과 개혁을 다짐한 바 있다. http://netkoreamovement.com

16 '민족의 화해와 평화를 위한 종교인 모임'이 주최한 '세월호 이후, 우리 사회는 어떻게 거듭날 것인가?' 토론회(2014년 7월 8일).

17 예를 들어 연세대학교 교수 131명은 '슬픔을 안고 공동체 회복의 실천으로'라는 제목의 성명서를 통해 국가와 사회 전반에 걸친 자기 반성과 함께 진상 규명과 재발 방지를 촉구했다(2014년 5월 14일).

18 한국사회학회는 '불안의 시대, 사회학 길을 찾다'라는 대주제의 전기 사회학 대회에서 세월호 특별 집담회를 개최했다(2014년 6월 21일). 또한 심리학자 373명은 수사권과 기소권이 포함된 특별법 제정을 촉구하는 성명을 발표했다(2014년 8월 27일).

19 세월호 참사 이후 『내릴 수 없는 배』(2014년 7월), 『눈먼 자들의 국가』(2014년 10월), 『사회적 영성』(2014년 11월) 등의 책들이 출간되었다. 또한 1주기를 맞이해 사회과학서 『세월호가 우리에게 묻다』(2015년 4월)가 출간되는가 하면, 유가족의 육성 기록을 담은 『금요일엔 돌아오렴』(2015년 1월). 인문학자들의 『팽목항에서 불어오는 바람』(2015년 4월), 그 외 신학자들의 저서 등이 다양하게 출판되었다.

20 해외 한인 학자 일동, 「세월호 참사는 대한민국에 울리는 경종: 신자유주의적 규제 완화와 민주적 책임 결여가 근본적 문제」, 2014년 5월 7일.

21 "정지영 감독과 명필름의 심재명 대표 등 영화인 20여 명이 세월호 참사 유가족의 광화문 광장 단식 농성에 동참하기로 선언했다. '세월호 특별법 제정 촉구를 위한 영화인 모임'은 오늘 광화문에서 기자회견을 열고 '여야가 최근 합의한 특별법은 철저한 진상 규명과 책임자 처벌, 방지 대책을 주장한 유가족의 특별법과 다르다'며, '유족들이 참여하

는 진상 조사 위원회에 수사권이 부여돼야 한다'고 주장했다. 이들은 유가족이 원하는 세월호 특별법이 제정될 때까지 릴레이 단식을 벌일 예정이다." 「'유가족 원하는 세월호특별법 제정' 영화인 단식 농성 동참」, 『MBC 뉴스』, 2014년 8월 9일.

22 대표적인 음악가는 단식 농성을 시도한 김장훈, 세월호 집회 무대에 선 이승환 등이다.

23 "시사 만화가 박재동 화백이 15일 오후 경기도 안산 화랑유원지 안 경기도미술관 강당에서 자신이 그린 단원고 학생들의 얼굴 그림을 유가족들에게 전달하고 있다." 김일우·김기성, 「"차웅이를 다시 만나게 해줘 감사합니다" 그림 안고 눈물」, 『한겨레신문』, 2014년 6월 15일.

24 경기도 B 고등학교의 교사와 학생 5명이 발간한 소책자 『생활과 안전』은 자연재해나 일상생활, 교통사고 등에 예방하고 대처하는 다양한 매뉴얼을 소개하고 있다.

25 김민정, 「울면서 핸들 잡은 40여 일… 택시 안은 작은 팽목항이었다」, 『조선일보』, 2014년 5월 31일.

26 한국 자원봉사협의회와 대한적십자사 산하 각 지부 회원들이 대거 참여했다. 한국 자원봉사협의회에서는 전국자원봉사자회의를 개최해 세월호 참사의 자원봉사 활동을 점검하기도 했다(제7회 전국자원봉사 컨퍼런스, '사회적 신뢰와 공동체 회복: 세월호 참사 전과 후, 자원봉사 무엇이 달라져야 하나', 2014년 7월 17일).

27 쌍용자동차 해고자의 심리 치유를 담당했던 정혜신 박사를 중심으로 자원봉사자들이 운영하고 있다. 치유공간이웃에 대해서는 http://xn-fp5brm.kr/neighbor/neighbor_story.aspx 참조.

28 '세월호를 기억하는 시민 네크워크' 참조. http://sa416.org/?page-id=2159

29 이 봉사단을 이끌고 있는 김익한 교수는 "'유가족과 실종자 가족은 사고가 잊히는 것을 가장 두려워한다'며 '국민들도 잊지 않아야 한다'고 말한다. '그런 마음과 자세를 행동으로 바꾸는 게 추모 기록 보존'이라고 설명했다." 강민수, 「"정부, 세월호 침몰 추모 기록에서 손 떼야": [스팟 인터뷰] 세월호 추모 기록에 나선 김익한 명지대 교수」, 『오마이뉴스』, 2014년 5월 18일. 한편 일부 시민은 '세월호 시민 아카이브 네트워크'(가칭)를 조직해 기록 활동을 하고 있다. 「CBS '시사 자키 정관용입니다': 한신대 한국사학과 안병우 교수 인터뷰」, 2014년 5월 29일 참조.

30 4·16 인권실태조사단, 「세월호 참사, 인권으로 기록하다」, 2015년 7월.

31 민주 사회를 위한 변호사 모임, 「4·16 세월호 참사 1주기 민변 성명서: 대통령은 위헌인 시행령을 폐기하고 진상 규명 약속을 지켜라」, 2015년 4월 15일 참조.

32 국민대책회의의 자세한 활동 내역은 대책회의가 발간하는 뉴스 레터를 참조할 것.

33 4·16연대, '헌법 위의 경찰, '시민의 힘'으로 변화시키자', 2015년 4월 30일.

34 박근혜 대통령은 세월호 참사가 그간의 민관 유착, 안전 규칙의 미흡 등의 적폐로 인한 것이라고 말하고, 안전 국가를 위한 개조에 힘쓸 것을 약속하면서 해경 해체를 선언했다. 그러나 참사 1주기를 맞이해 발표한 담화문에서는 세월호 특별법 등에 대해 아무 언급도 하지 않았다.

35 세월호 특별법은 '4·16 세월호 참사 진상 규명 및 안전 사회 건설 등을 위한 특별법(세월호 진상 규명법)'과 '4·16 세월호 참사 피해 구제 및 지원 등을 위한 특별법'(세월호 피해 구제법)으로 구분된다. 전자는 원인 규명에, 후자는 피해자 지원에 초점을 맞추고 있지만 두 특별법 모두 공통적으로 세월호 참사의 원인에 대한 진상 규명 및 피해자 보상, 피해 지역 공동체 회복 등을 위해 제정되었다. 두 특별법은 사회적 논란 속에서 각각 2014년 11월 19일, 2015년 1월 28일 제정되었다.

36 새누리당 홍문종 의원은 세월호 참사를 흔히 있을 수 있는 사고라고 주장했다(『한겨레신문』, 2014년 7월 29일). 한편 "김장수 청와대 국가안보실장이 '청와대 국가안보실은 재난의 컨트롤 타워가 아니다'라고 밝혀, 청와대가 세월호 구조의 무능 대응에 대해 쏟아지는 책임론에서 발 빼기에 나선 것 아니냐는 비판이 일고 있다"(정유경, 「민경욱 대변인 "청와대는 재난 컨트롤 타워 아니다"」, 『한겨레신문』, 2014년 4월 23일).

37 『조선일보』는 세월호로 인한 경기 위축을 보도하기 시작했다. 이어 '세월호 딛고 부강한 나라로'라는 기획 취재에서 침체된 내수를 살리자 등의 보도를 지속적으로 던지고 있다. 『조선일보』, 2014년 8월 4일.

38 예컨대 사진과 함께 실린 다음과 같은 신문 기사를 보라. 강은지·변종국, 「유대균 수행녀 박수경 화제… 꼿꼿한 '미모의 호위 무사'」, 『동아일보』, 2014년 7월 26일. 또한 당시 종합편성보도 채널들의 보도 행태를 볼 것(한국기자협회, 「종편의 낯 뜨거운 유병언 보도」, 2014년 7월 9일). 방송 중에는 JTBC가 세월호를 가장 심층적이고 장기적으로 보도했다는 평을 받고 있다.

39 이인제 새누리당 위원은 세월호 특별법 재협상을 요구하는 희생자 가족 가운데 "외부 반체제 세력이 유족들에 개입"했다고 발언했다(서보미, 「이인제 "외부 반체제 세력이 유족들에 개입" 발언 파문」, 『한겨레』, 2014년 8월 11일). 한편 『조선일보』의 다음 기사도 참조. 정우상, 「광우병 시위 주도했던 그 사람들… 이번엔 세월호 유가족들 옆에」, 『조선일보』, 2014년 8월 11일. 심지어 새누리당의 한 의원은 자신의 트위터에 "북괴의 지령에 놀아나는 좌파 세력들의 침투" 등의 글을 올렸다(「세월호 유족들 두 번 울린 '21가지 막말'」, 『한겨레 21』, 2014년 8월 21일).

40 세월호 참사 유가족인 김영오 씨는 세월호 특별법 제정을 요구하며 43일째 단식을 하고 있었다. 『조선일보』는 그가 민주노총 조합원으로서 평소 불만 세력의 일원이며, 이

혼자로서 양육비를 제대로 주지 않고 자식을 돌보지 않은 비도덕적 인물이라는 점을 부각시켰다. 엄보운, 「유민 외가, 저 사람 지금 이러는 거 이해 안 돼」, 『조선일보』, 2014년 8월 25일; 엄보운, 「참사 후 진도 체육관서 朴대통령에 막말… "음해에 법적 대응" 두 딸과 나눈 카톡 공개」, 『조선일보』, 2014년 8월 27일.

41 일간베스트 회원들은 김영오 씨의 단식 농성장 앞에서 김밥과 피자를 먹으며 소위 폭식 농성으로 맞섰다(『한겨레신문』, 2014년 9월 9일). 한편 세월호와 관련 '시체 장사' 등의 막말과 비하 발언에 대해서는 「세월호 유족들 두 번 울린 '21가지 막말'」, 『한겨레21』, 2014년 8월 21일 참조.

42 이슬비, 「세월호 일반인 희생자 가족들, 여야 再협상안에 찬성하기로」, 『조선일보』, 2014년 8월 25일; 이슬비, 「일반인 유족, 세월호 대책위에 반발, "안산 합동 분향소에서 영정 빼겠다"」, 『조선일보』, 2014년 9월 29일.

43 김형원·정우상, 「야(野), 일년 만에 또 장외로… 친야 단체·인사 속속 합류」, 『조선일보』, 2014년 8월 27일.

44 윤형준, 「세월호 유족에게 폭행당한 대리 기사, "말리지 않았으면 죽었을 수도" 게시글 올려」, 『조선일보』, 2014년 9월 18일; 정경화, 「대리 기사의 눈물」, 『조선일보』, 2014년 9월 26일. 심지어 KBS에서는 2014 년 9월 21일 뉴스에서 유가족 추가 조사와 함께 조직 폭력배인 '범서방파 일망타진'이라는 기사를 한 컷에 넣어 보도함으로써 유가족 집단을 폭력배와 환유시키는 전략을 구사하기도 했다.

45 『조선일보』는 세월호 특별조사위원회에 대한 예산 배정 비판과 함께 다음과 같은 제목의 기사를 실어 특조위 활동을 비난했다. 손덕호, 「원유철, "세월호 특조위 정략적인 것에만 몰두해 유감"」, 2015년 11월 19일.

46 4·16연대 대표인 박래군 씨는 불법 시위 주도 혐의로 구속 수감되었다. 박래군 구속에 대해서는 오승훈·김규남·김미향, 「'인권 파수꾼' 박래군의 끝나지 않는 시련」, 『한겨레』, 2015년 7월 18일 참조.

11장 · 재난 시대의 혐오 | 김서경

1 http://www.nytimes.com/aponline/2015/04/25/world/asia/ap-as-south-korea-protests.html.

2 http://www.nytimes.com/2015/04/16/world/asia/sewol-ferry-disaster-anniversary-finds-south-korean-city-still-bewildered.html.

3 http://kr.wsj.com/posts/2015/04/16/세월호-참사-1년-신뢰-부족-대한민국.

4 F. K. Arnberg, C. M. Hultman, P. O. Michel, and T. Lundin, "Social Support Moderates Posttraumatic Stress and General Distress after Disaster", *Journal of Traumatic Stress* 25(6), 2012, pp. 721~727.

5 B. N. Uchino, *Social Support and Physical Health: Understanding the Health Consequences of Relationships*, Yale University Press; T. A. Wills, "Supportive Functions of Interpersonal Relationships"(1985), in S. Cohen and L. Syme, *Social Support and Health*, Academic Press, 2004, pp. 61~82.

6 R. J. Cline, H. Orom, J. T. Child, T. Hernandez, and B. Black, "Social Support Functions During a Slowly-evolving Environmental Disaster: The Case of Amphibole Asbestos Exposure in Libby, Montana", *Health Communication* 30(11), 2015, pp. 1135~1148.

7 M. Barrera, "Distinctions Between Social Support Concepts, Measures, and Models", *American Journal of Community Psychology* 14(4), 1986, pp. 413~445. doi:10.1007/bf00922627.

8 M. Siegrist and B. Sutterlin, "Human and Nature? Caused Hazards: The Affect Heuristic Causes Biased Decisions", *Risk Analysis* 34(8), 2014, pp. 1482~-1494.

9 P. Ekman and W. V. Friesen, "The Repertoire of Nonverbal Behavior: Categories, Origins, Usage and Coding", *Semiotica*, 1(1), 1969, pp. 49~98; "Constants across Cultures in the Face and Emotion", *Journal of Personality and Social Psychology* 17(2), 1971, p. 124.

10 A. Bechara, H. Damasio, A. R., Damasio, and G. P. Lee, "Different Contributions of the Human Amygdala and Ventromedial Prefrontal Cortex to Decision-Making", *The Journal of Neuroscience* 19(13), 1999, pp. 5473-5481.

11 F. Dolcos, A. D. Iordan, and S. Dolcos, "Neural Correlates of Emotion-Cognition Interactions: A Review of Evidence from Brain Imaging Investigations", *Journal of Cognitive Psychology* 23(6), 2011. pp. 669~694; F. Dolcos, L. Wang, and M. Mather, *Current Research and Emerging Directions in Emotion Cognition Interactions*, Edited E-Book resulted from the Frontiers Research Topic "The Impact of Emotion on Cognition: Dissociating between Enhancing and Impairing Effects", Editors: Florin Dolcos, Lihong Wang, and Mara Mather, Frontiers Media SA, 2015. doi: 10.3389/978-2-88919-438-4.

12 N. Schwarz and G. L. Clore, *Feelings and Phenomenal Experiences*, in Eds.

E. T. Higgins and A. W. Kruglanski, *Social Psychology: Handbook of Basic Principles*, 2nd ed., New York: Guilford, 2007, pp. 385~407.

13 N. Schwarz and G. L. Clore, "Mood, Misattribution and Judgement of Well-Being: Informative and Directive Functions of Affective States", *Journal of Personality and Social Psychology* 45, 1983, pp. 513~523.

14 A. Tversky and D. Kahneman, "Judgment under Uncertainty: Heuristics and Biases", *Science* 185(4157), 1974, pp. 1124~1131.

15 P. Winkielman, R. B. Zajonc, and N. Schwarz, "Subliminal Affective Priming Effects Resists Attributional Interventions", *Cognition and Emotion*, 11(4), 1997, pp. 433~465. doi: 10.1080/026999397379872.

16 D. K. Sherman and H. S. Kim, "Affective Perseverance: The Resistance of Affect to Cognitive Invalidation", *PSPB* 28(2), Feb. 2002, pp. 224~237. doi: 10.1177/0146167202282008.

17 D. L., Ames and S. T. Fiske, "Perceived Intent Motivates People to Magnify Observed Harms", *Proceedings of the National Academy of Sciences* 112(12), 2015. pp. 3599-3605.

18 N. J. Roese and K. D. Vohs, "Hindsight Bias", *Perspectives on Psychological Science* 7, 2012, pp. 411~426. doi: 10.1177/1745691612454303.

19 R. Janoff-Bulman, C. Timko, and L. L. Carli, "Cognitive Biases in Blaming the Victim", *Journal of Experimental Social Psychology* 21(2), 1985. pp. 161~177.

20 M. B. Brewer, "The Psychology of Prejudice: Ingroup Love and Outgroup Hate?", *Journal of Social Issues* 55(3), 1999, pp. 429~444.

21 A. Kosic, L. Mannetti, and S. Livi, "Forming Impressions of In-group and Out-group Members under Self-esteem Threat: The Moderating Role of the Need for Cognitive Closure and Prejudice", *International Journal of Intercultural Relations* 40, 2014, pp. 1~10.

22 Michel Foucault, *Power/knowledge: Selected Interviews and Other Writings, 1972~1977*, Pantheon Books, 1980.

23 G. Gigerenzer, *Calculated Risks: How to Know When Numbers Deceive You*, New York: Simon and Schuster, 2002.

24 A. Schimmenti, C. Capri, D. La Barbera and V. Caretti, "Mafia and Psychopathy", *Criminal Behaviour and Mental Health* 24(5), 2014 Dec, pp. 321~331. doi:

10.1002/cbm.1902.

25 K. N. Ochsner and J. J. Gross, "The Cognitive Control of Emotion", *Trends in Cognitive Sciences* 9(5), 2005. pp. 242~249.

26 J. J. Gross, "The Emerging Field of Emotion Regulation: An Integrative Review", *Review of General Psychology* 2, 1998, pp. 271~299. doi: 10.1037/1089-2680.2.3.271.

12장 · 「4·16 인권 선언」, 사건화와 주체화의 장치 | 정정훈

1 익히 알려진 바와 같이 프랑스어의 sens라는 단어는 '의미'란 뜻과 '방향'이라는 뜻을 모두 가지고 있다. 또한 '감각'이라는 뜻 역시 가지고 있다.

2 질 들뢰즈, 『의미의 논리』, 이정우 옮김, 한길사, 1999.

3 같은 책, 51쪽.

4 같은 책, 52쪽.

5 같은 책, 149쪽(번역 일부 수정).

6 같은 책, 151쪽.

7 같은 책, 155쪽.

8 같은 책, 159쪽(번역 일부 수정).

9 같은 책, 160쪽.

10 일반적으로 존재론(ontology)이란 존재의 근본 원리를 규명하는 철학적 사유를 말한다. 그러나 전통적으로 존재론이 사유의 대상으로 삼아 온 '존재'란 결코 변화하지 않으며, 영원한 지속을 가지며 존재하는 모든 것들의 기반이 되는 '있음' 자체를 뜻한다. 그러나 사건이란 명멸하는 것이고 나타났다 사라지는 것이기에 전통적 존재론의 대상에서 배척되어 왔다. 사건 그 자체는 '있음'의 정도가 가장 적은 것, 거의 없는 것과 진배없는 어떤 것이다. 그래서 사건의 '있음'(존재)을 다루는 사유는 전통적 의미에서 존재론이라고 표현하는 것이 적합하지 않기에, 여기서는 전통적 의미에서의 존재론이 아님을 표시하기 위해 그 앞에 '아니다'는 뜻에서 '비'(非)를 붙인다. 또한 사건은 '없음' 즉 부재(否在)가 아니기에 사건의 '있음'을 다루는 사유를 비존재론이라고 표기한다.

11 이진경, 『대중과 흐름』, 그린비, 2012, 76~77쪽.

12 자크 데리다, 『마르크스의 유령들』, 진태원 옮김, 그린비, 2014.

13 같은 책, 19쪽.

14 같은 책, 140쪽.

15 데리다 외, 『마르크스주의와 해체』, 진태원·한형식 옮김, 길, 2009, 226쪽.

16 같은 책, 214쪽.

17 데리다, 『마르크스의 유령들』, 91쪽.

18 같은 책, 76~77쪽.

19 데리다, 「독립선언들」, 『법의 힘』, 진태원 옮김, 문학과지성사, 2004, 175~176쪽.

13장 · 인권의 시각에서 본 세월호 사건 | 이재승

1 국가는 유신 정권 아래서 자행된 불법적인 정치 재판에 대해 재심에서 무죄 판결을 내리고 피해자들에게 손해 배상을 해주었음에도 불구하고 관련 수사관, 검사, 판사에게 구상권을 행사하는 데는 절대적 신중함을 유지하고 있다.

2 흉상 조형물(현재 진영여중 소재)의 동판에 새겨진 문장은 다음과 같다. "한얼의 설립자 강성갑 선생 / 1912년 6월 21일 의령따에 나서 / 1950년 8월 2일 낙동강변에 쓰러졌다 / 이 백성에게 예수의 복음을 전한 설교자 / 가난한 농민의 아들 딸을 위해서 피와 땀으로 / 학교를 세운 위대한 이 겨레의 스승 / 끝까지 서러운 자의 벗으로 이 민족을 섬기고 / 동족의 흉탄에 넘어진 한 알의 밀알 / 그는 싸워서 바르게 살고 힘써 하나님과 / 이웃과 흙을 사랑하였다 / 그의 아름다운 마음 이 백성 위에 / 영원히 빛나라 / 1954. 5. 14."

3 종래 주류 범죄학이 범죄자의 성격을 주시하고 하층 범죄를 억압하는 데 주력했다면, 비판 범죄학은 범죄를 자본과 권력의 구조적인 현상으로 이해하고 사회 비판적인 시각에서 대안을 모색한다. 화이트칼라 범죄, 공무원 범죄, 기업 범죄, 군경의 범죄, 전쟁 범죄 등이 비판 범죄학의 단골 연구 주제이다.

4 Dawn L. Rothe and David O. Friedrichs, "The State of the Criminology of Crimes of the State", *Social Justice* 33(1), 2006, pp. 147~161.

5 이 영화는 유튜브에서 볼 수 있다. https://www.youtube.com/watch?v=panWBo-MV0jI.

6 「새누리 주호영 "세월호는 교통사고…… 과잉 배상 안 돼」, 『한겨레신문』, 2014년 7월 24일.

7 김종서, 「세월호 사건을 계기로 본 헌법학의 과제」, 『저스티스』 146-3호, 2015, 282~318쪽.

8 김한균, 「피해자를 위한 나라는 없다: 국가 범죄 피해자학적 관점에서 본 세월호 참사 대응 과제」, 『민주법학』 58호, 2015, 151~178쪽.

9 국제 범죄는 개인의 형사 책임뿐만 아니라 국가의 민사 책임도 발생시킨다. 이러한 국제

적인 민사 책임을 다루는 영역이 '국가 책임법'(law of state responsibility)이다. '국가 책임법' 제1초안(1980) 제19조에서 국제 범죄라는 개념이 등장했으나 제2초안(2001)에서는 삭제되었다.

10 줄라 페리호 참사는 2001년 세네갈에서 발생한 선박 사고이다. 이 배는 원래 연안 여객선용으로 1990년 독일에서 건조되었는데, 사고 당시 선박 운항 책임자들은 선박을 제대로 수리하지도 않은 채 정원 580명을 훨씬 초과해 먼 바다로 출항하다 전복되어 승객 1,863명이 사망했다. 던 L. 로스는 이 사건을 '세계화 범죄'(crime of globalization)라 규정했다. 액면 그대로 세네갈 정부 소유의 페리호를 세네갈 군대가 운항했기 때문에 국가 범죄로 간단히 규정할 수 있지만, 이 사건의 배후에는 국제통화기금(IMF)의 구조조정 프로그램이 있었다. 정부는 구조조정 프로그램 때문에 애초부터 선박을 최적 상태로 운항할 수 없었던 것이다. Dawn L. Rothe, Stephen Muzzatti and Christopher W. Mullins, "Crime on the High Seas: Crimes of Globalization and the Sinking of the Senegalese Ferry Le Joola", *Critical Criminology* 14, 2006, pp. 159~180; Dawn L. Rothe and David O. Friedrichs, *Crimes of Globalization*, Routledge, 2014.

11 사이클론 나르기스는 2008년 5월 초순에 미얀마 전역을 강타했다. 5월 16일 공식적으로 발표된 피해 집계에 따르면 사망 77,738명, 실종 55,917명으로 총 133,600여 명이 희생되었다. 당시 군사정권이 외국의 구조 및 인도적 지원을 거부하는 등 사고에 적절하게 대응하지 못해 대규모 인명 피해가 발생했다고 한다. Stuart Ford, "Is the Failure to Respond Appropriately to a Natural Disaster a Crime against Humanity?: The Responsibility to Protect and Individual Criminal Responsibility in the Aftermath of Cyclone Nargis", *Denver Journal of International Law & Policy* 38, 2009~2010, pp. 227~276.

12 제프리 이언 로스는 정치적 범죄의 형태로서 국가 폭력을 국가의 강제 조직들(군경 및 보안 기구)이 개인이나 집단에 대하여 행사하는 불법적이고 물리적으로 해로운 행동으로 규정한다. Jeffrey Ian Ross, *An Introduction to Political Crime*, The Policy Press, 2012, p. 137.

13 밀턴 마이어, 『그들은 자신들이 자유롭다고 생각했다: 나치 시대 독일인의 삶, 선한 사람들의 침묵이 만든 오욕의 역사』, 박중서 옮김, 갈라파고스, 2014.

14 카를 야스퍼스, 『죄의 문제: 시민의 정치적 책임』, 이재승 옮김, 앨피, 2014, 85쪽 이하.

15 김동춘, 『전쟁 정치: 한국 정치의 메커니즘과 국가 폭력』, 길, 2013, 233쪽 이하.

16 David Kauzlarich, Rick A. Matthews and William J. Miller, "Toward a

Victimology of State Crime", *Critical Criminology* 10, 2001, p. 176.

17 Raymond J. Michalowski and Ronald C. Kramer, "The Critique of Power", Michalowski and Kramer eds., *State-Corporate Crime*, Rutgers University Press, 2006, pp. 1~17.

18 선박이나 항공기가 안전하게 운항하는 데 필요한 승무원 및 시설을 잘 갖추어 목적지까지 안전하게 갈 수 있도록 정비된 상태.

19 박상은, 『대형 사고는 어떻게 반복되는가: 세월호 참사 이후 돌아본 대형 사고의 역사와 교훈』, 사회운동, 2015, 17쪽 이하.

20 대법원 2015도7703(2015년 10월 29일 판결).

21 「304명 죽음 앞에서도 제 식구만 감싸는 그들」, 『한겨레 21』 1079호, 2015년 9월 13일, 38~42쪽.

22 정유섭, 『세월호는 왜?: 우리가 알지 못했던 사실, 해피아 출신의 반성적 진단』, 조선뉴스프레스, 2015, 55쪽 이하.

23 여러 개의 크고 작은 구멍이 불규칙하게 뚫려 있는 치즈 덩어리를 일거에 관통하는 것은 쉽지 않다. 낱개의 치즈 조각들에 만들어진 구멍을 본문의 그림처럼 비슷한 위치에 배열해야만 관통할 수 있다. 이와 마찬가지로 대형 참사도 다양한 위험 요인들—불안전한 조직, 불안전한 감독, 불안전한 조건들, 불안전한 행위들—이 동시에 현재화되는 경우에 발생한다. 심리학자 제임스 리즌은 안전 사고의 발생을 해명하기 위해 스위스 치즈 모델(The Swiss Cheese Model)이라는 개념을 사용했다. 인간은 과오를 피할 수 없는 존재이므로 사고에 대해 특정한 개인들의 책임을 추궁하는 인적 접근법(person approach)으로는 사고를 방지하지 못한다는 것이다. 최종적인 안전 비책은 존재할 수 없으므로 여기저기 구멍들이 존재하지만 여전히 관통하기는 어려운 스위스 치즈 모양처럼 복합적인 위험 원인들에 맞서 다양한 단계에서 다양한 예방 장치들을 설정해 하나라도 제대로 가동된다면 참사를 막을 수 있다는 것이다. 그는 이를 체계 접근법(system approach)이라고 명명했다. James Reason, "Human Error: Models and Management", *British Medical Journal* 320, 2000, pp. 768~770.

24 박상은, 『대형 사고는 어떻게 반복되는가』, 64쪽 이하.

25 장덕진 외, 「허리케인 카트리나, 누가 자연재해라고 말하는가」, 『세월호가 우리에게 묻다』, 한울, 2015, 136~167쪽; Sandi Zellmer and Christine Klein, "Mississippi River Stories: Lessons from a Century of Unnatural Disasters", *SMU Law Review* 60, 2007, pp. 1471~1537.

26 「세월호 이준석 선장 무기징역 확정, '부작위에 의한 살인죄 인정'」, 『서울신문』, 2015

년 11월 12일.

27 Ministry of Justice, *A Guide to the Corporate Manslaughter and Corporate Homicide Act 2007*, 2007/10.

28 대법원 2015도7703(2015년 10월 29일 판결).

29 범죄 구성 요건에 해당하는 행위를 공동으로 실행한 사람 또는 그 행위를 공동정범이라고 한다. 각자에게 행위 주도성이 인정되는 경우에 공동정범으로 평가된다.

30 광주고법 2015노177(2015년 7월 14일 판결).

31 「세월호 승객 구조 실패, 해경 지휘부 공동 책임 있다」, 『한겨레 21』 1071호, 2015년 7월 27일, 50~51쪽.

32 하나의 채무에 대해 복수의 채무자가 각자 전액의 변제 의무를 지는 채무이다. 채무자 중 한 사람이 채무를 변제하면 다른 사람의 채무도 소멸된다. 다른 사람의 채무에 대해 보증인이 되는 경우를 '진정 연대 채무'라고 한다면, 공동의 불법 행위로 인해 연대 채무를 지는 경우를 '부진정 연대 채무'라고 한다.

33 국가 범죄 피해자학은 다음과 같은 명제를 제시한다. 1) 국가 범죄 피해자들은 경향상 사회적으로 영향력이 매우 작은 사람들 중에서 나온다. 2) 가해자들은 일반적으로 제도적 정책들의 본질, 범위, 유해성을 인정하거나 이해하지 못한다. 고통과 해악을 인식하더라도 그것을 '권한'이라는 의미의 맥락 안에서 빈번히 중립적인 것으로 취급한다. 3) 국가 범죄의 피해자들은 자신들이 당한 피해 때문에 비난받는다. 4) 국가 범죄 피해자들은 일반적으로 가해자, 연관된 제도, 시민사회 구조 운동에 의존할 수밖에 없다. 5) 국가 범죄의 피해자들은 반복적인 피해자 만들기의 용이한 표적들이다. 6) 개인이나 그 집단이 시행하는 불법적인 국가 정책과 관행들은 조직적·관료적·제도적 목표를 달성하기 위한 시도들의 표현이다. David Kauzlarich, Rick A. Matthews and William J. Miller, "Toward a Victimology of State Crime", *Critical Criminology* 10, 2001, pp. 173~194.

34 Kelly L. Faust and David Kauzlarich, "Hurricane Katrina Victimization as a State Crime of Omission", *Critical Criminology* 16, 2008, pp. 85~103.

35 '아우슈비츠 거짓말 조항'은 홀로코스트 부인죄를 의미한다. 아우슈비츠 절멸 수용소 및 시신 소각로의 존재, 600만 유대인의 계획적인 집단 살해 등을 부인하는 언동을 처벌하기 위해 도입되었다(독일 형법 제130조 제3항). 영미권 국가에서는 이러한 언동이 표현의 자유로 용인되는 반면 유럽에서는 심각한 범죄로 처벌하는 국가가 다수다. 홀로코스트 부인에 대해서는 이재승, 『국가 범죄』, 앨피, 2010, 539~580쪽을 참조하라.

36 이러한 맥락에서 국가·사회 범죄에 대한 빼어난 연구로는 스탠리 코언, 『잔인한 국가

외면하는 대중: 왜 국가와 사회는 인권 침해를 부인하는가』, 조효제 옮김, 창비, 2009, 140쪽 이하를 참조하라.

37 이재승, 「화해의 문법: 시민 정치가 희망이다」, 김동춘·김명희 외, 『트라우마로 읽는 대한민국』, 역사비평사, 2014, 165~190쪽.

38 Nils Christie, "Conflicts as Property", *The British Journal of Criminology* 17, 1977, pp. 1~15.

39 하워드 제어, 『회복적 정의란 무엇인가?: 범죄와 정의에 대한 새로운 접근』, 손진 옮김, KAP, 2011; 이호중, 「회복적 사법 이념과 형사 제재 체계의 재편: 트로이 목마의 투입? 값싼 형벌 신상품의 개발?」, 『형사법 연구』 22호, 2004, 495~516쪽 참조.

40 이용식, 「형사 피해자의 지위에 대한 소고」, 『피해자학 연구』 14권 1호, 2006, 5~20쪽.

41 새누리당은 세월호 특조위에 수사권과 기소권을 부여해야 한다는 요구가 자력 구제 금지의 원칙에 반한다고 주장했다. 특조위와 유가족 단체는 동일한 것이 아니므로 이러한 주장이 문리적으로 가능한지 의문이다. 수사와 기소의 대상자를 자체 방어하려는 새누리당의 의도만 드러났을 뿐이다. 김종서, 「세월호 사건을 계기로 본 헌법학의 과제」, 『저스티스』 146-3호, 296쪽 이하.

42 최근 한일 정부가 발표한 위안부 문제의 '최종적 또는 불가역적 합의'라는 프레임은 피해자의 '사건에 대한 권리'라는 관점에서 보자면 참으로 허망한 수작이다. 피해자를 배제하고 비밀리에 진행한 협상은 합의 내용의 합당성 여부를 떠나 피해자들에게 일단 모욕적으로 받아들여질 수밖에 없다. 이재승, 「사죄의 수행상 오류」, 『민주법학』 59호, 2015, 132쪽.

43 Douglas E. Beloof, "Constitutional Implications of Crime Victims as Participants", *Cornell Law Review* 88, 2002~2003, pp. 282~305; Marc S. Groenhuijsen and Antony Pemberton, "The EU Framework Decision for Victims of Crime: Does Hard Law Make a Difference?", *European Journal of Crime, Criminal Law and Criminal Justice* 17, 2009, pp. 43~59; Charles P. Trumbull IV, "The Victims of Victim Participation in International Criminal Proceedings", *Michigan Journal International Law* 29, 2007~2008, pp. 777~825; Elisabeth Baumgartner, "Aspects of Victim Participation in the Proceedings of the International Criminal Court", *International Review of the Red Cross* 90(Nr. 870), 2008, pp. 409~440.

44 '사전 형량 조정 제도'(플리 바겐, plea bargain)은 검찰이 수사 편의상 관련자나 피의자에 대해 유죄를 인정하거나 증언을 하는 대가로 형량을 경감하거나 조정하는 협상 제도이다. 미국에서 형사 사건의 90%가 이 절차를 통해 끝이 난다. 플리 바게닝이나 기소

유예는 범죄자에게 유리한 결정이기 때문에 이러한 사정에 대해 고지받는 것을 피해자의 권리로 규정한다.

45 Charles Doyle, "Crime Victims' Rights Act: A Summary and Legal Analysis of 18 U.S.C. 3771(2015. 12. 9)"(출처: https://www.fas.org/sgp/crs/misc/RL33679.pdf).

46 European Union Framework Decision on the standing of victims in criminal proceedings(2001/220/JHA).

47 법무부, StPO 독일 형사 소송법(2012), 244~266쪽; Heike Jung, "Die Stellung des Verletzten im Strafprozeß", *Zeitschrift für die gesamte Strafrechtswissenschaft* 93, 1981, pp. 1147~1176; Thomas Weigend, "Viktimologische und kriminal politische Überlegungen zur Stellung des Verletzten im Strafverfahren", *Ibid.*, 96, 1984, pp. 761~793.

48 도중진, 「일본 범죄 피해자 등 기본법의 제정에 대하여」, 『형사 정책 연구 소식』 88호, 2005, 10~17쪽.

49 이는 '세월호 특별법'의 제정 과정에서 유족 단체가 공식적인 발언권 또는 거부권을 가지는 구조(이른바 '3자 협의체')를 출범시키는 문제와 직결되었다. 김종서, 「세월호 사건을 계기로 본 헌법학의 과제」, 『저스티스』 146-3호, 298쪽.

50 '4·16 세월호 참사 특별조사위원회 청문회 운영 규칙' 제12조 제4항은 "위원장은 제9조의 신문을 마친 뒤에 방청인 등의 발언을 허가할 수 있고, 위원장의 명령에 따르지 않는 사람의 발언을 금지할 수 있다"고 정하고 있다.

51 '세월호 피해 구제법'은 배상(제6조)과 보상(제7조)을 나란히 규정한다. 원래 불법 행위로 인해 발생한 손해의 회복이 배상이며, 적법한 행위로 발생한 손실의 회복이 보상이다. 이 법도 인명 상실 등 선박 사고와 직결된 피해의 회복을 배상으로, 구조 활동을 펼치다가 입은 피해 혹은 사고 이후 발생한 어민들의 추가적인 피해 등에 대한 회복을 보상으로 규정한다. 어쨌든 이 법은 선박 사고가 해운 회사의 불법 행위라고 전제하고 있기 때문에 해운 회사를 대신해 배상과 보상을 시행할 것을 예정하고 있다.

52 Willhelm van Genugten, Rob van Gastel, Marc Groenhuijsen and Rainne Letschert, "Loopholes, Risks and Ambivalences in International Lawmaking: The Case of a Framework Convention on Victims' Rights", *Netherlands Yearbook of International Law* XXXVII, 2006, pp. 109~154.

53 Declaration of Basic Principles of Justice for Victims of Crime and Abuse of Power(A/RES/40/34, 1985. 11. 29).

54 Basic Principles and Guidelines on the Right to a Remedy and Reparation for

Victims of Gross Violations of International Human Rights Law and Serious Violations of International Humanitarian Law(A/RES/60/147, 2006. 3. 21).

55 반 보벤과 바시오우니는 국가 범죄의 청산 논리를 발전시켜 온 대표적인 국제 인권법 학자들이다.

56 Mahmoud Cherif Bassiouni, "International Recognition of Victim's Rights", *Human Rights Law Review* 6, 2006, pp. 203~279.

57 Diane Orentlicher, "Report of the Independent Expert to Update the Set of Principles to Combat Impunity - Updated Set of Principles for the Protection and Promotion of Human Rights through Action to Combat Impunity", E/CN.4/2005/102/Add.1, 8 February 2005. https://documents-dds-ny.un.org/doc/UNDOC/GEN/G05/109/00/PDF/G0510900.pdf?OpenElement.

58 Study on the Right to the Truth, Report of the Office of the United Nations High Commissioner for Human Rights(E/CN.4/2006/91).

59 Report of the Special Rapporteur on the promotion of truth, justice, reparation and guarantees of non-recurrence, Pablo de Greiff(A/HRC/21/46, 2012. 8. 9). Report of the Special Rapporteur on the promotion of truth, justice, reparation and guarantees of non-recurrence, Pablo de Greiff(A/HRC/27/56, 2014. 8. 27). Promotion of truth, justice, reparation and guarantees of non-recurrence Note by the Secretary-General(A/69/518, 2014. 10. 14).

60 "제32조(일반 원칙)_본 장(실종자 및 사망자)의 시행에 있어 체약 당사국, 충돌 당사국과 제협약과 본 의정서에 언급된 국제적 인도주의 기구들의 활동은 주로 친척들의 운명을 알고자 하는 가족의 권리에 의해 촉진되어야 한다."

61 진실에 대한 권리의 발전 과정에 대해서는 Dermot Groome, "The Right to Truth in the Fight against Impunity", *Berkeley Journal of International Law* 29, 2011, pp. 175~199 참조.

62 Case of Blake v. Guatemala Judgment of January 22, 1999; Case of the "Street Children"(Villagran-Morales et al.) v. Guatemala, Inter-American Court of Human Rights(IACrtHR), 19 November 1999; Cyprus v. Turkey, 25781/94, Council of Europe: European Court of Human Rights, 10 May 2001; Blanco-Romero v. Venezuela, Inter-Am. Ct. H. R.(ser. C) no. 138(November 28, 2005).

63 Bámaca-Velásquez v. Guatemala Inter-Am. Ct. H. R.(ser. C) no. 70(November 25, 2000).

64 Las Los Erres Massacre v. Guatemala, Inter-Am. Ct. H. R.(ser. C) no. 211.

65 이에 대한 분석은 「국가의 돈은 없다」, 『한겨레 21』 1056호, 2015년 4월 13일, 24~28쪽 참조.

66 Promotion of truth, justice, reparation and guarantees of non-recurrence. Note by the Secretary-General(A/69/518, 2014. 10. 14), para. 11.

67 김종곤, 「세월호 트라우마와 죽은 자와의 연대」, 『진보평론』 61호, 2014, 71~88쪽(이 글은 개정을 거쳐 본서 4장으로 수록되었다); 정원옥, 「세월호 참사의 충격과 애도의 정치」, 『문화/과학』 79호, 2014, 48~66쪽.

68 Heather Pool, "The Politics of Mourning: The Triangle Fire and Political Belonging", *Polity* 44(2), 2012, p. 189.

69 마사 너스바움, 『혐오와 수치심』, 조계원 옮김, 민음사, 2015, 389쪽 이하.

70 김명희, 「세월호 이후의 치유: 제프리 알렉산더의 외상 과정 논의를 중심으로」, 『문화와 사회』 19권, 2015, 11~53쪽.

14장 · '세월호 정치'의 표층과 심부 | 박명림

1 생물학적인 접착 쌍생아의 가장 대표적인 경우는 아마도 유명한 창과 엥 벙커(Change Bunker and Eng Bunker) 형제일 것이다. 역사적 근대화 과정을 통해 형성된 사회적 접착 쌍생아는 한국 사회의 빛과 어둠이라고 할 수 있다.

2 '진정한 인간적 상태' 대신 도래하는 '새로운 형태의 야만 상태'에 대한 호르크하이머와 아도르노의 경고가 아직도, 아니 오늘날 더욱 유효한 이유다. 막스 호르크하이머·테오도어 아도르노, 『계몽의 변증법: 철학적 단상』, 김유동 옮김, 문학과지성사, 2001.

3 Hannah Arendt, "Remarks on the Crisis Character of Modern Society", *Christianity and Crisis* 26(9), 1966, p. 113.

4 발터 벤야민, 「브레히트와의 대화」, 『발터 벤야민의 문예 이론』, 반성완 옮김, 민음사, 1988, 45쪽.

5 Walter Benjamin, "Theses on the Philosophy of History", *Illuminations: Essays and Reflections*, trans. Harry Zohn, ed. and with an Intro. by Hannah Arendt, Preface by Leon Wieseltier, Schocken Books, 1968, 2007, p. 257.

6 Arendt, *The Promise of Politics*, ed. and with an Intro. by Jerome Kohn, Schocken Books, 2005, pp. 162~168.

7 박준·김용기·이동원·김선빈, 『한국의 사회 갈등과 경제적 비용』, 삼성경제연구소,

2009; 박준, 「한국 사회 갈등의 현주소」, 전국 경제인연합회 주최 '제2차 국민 대통합 심포지엄' 발표문, 2013년 8월 21일.

8 이하의 내용은 근간 예정인 나의 『헌법 개혁과 민주주의: 철학·제도·방향』의 내용을 부분적으로 담고 있다.

9 1948년 'UN 세계 인권 선언'(Universal Declaration of Human Rights) 제3조 및 2004년의 '유럽 헌법 제정 조약'(유럽(연합) 헌법(Treaty establishing a Constitution for Europe)) II-62조는 명시적으로 생명권을 규정하고 있다. 후자의 인권 조항들은 2000년의 '유럽연합 기본권 헌장'을 이어받은 것이다.

10 앞의 'UN 세계 인권 선언' 3조는 안전권을 명시적으로 규정하고 있다.

11 진실권과 치료권에 대해서는 2005년 UN 총회에서 채택되고 선포된 "Basic Principles and Guidelines on the Right to a Remedy and Reparation for Victims of Gross Violations of International Human Rights Law and Serious Violations of International Humanitarian Law", UN General Assembly Resolution 60/147 of 16 December 2005 참조. 오늘날 진실권 논의는 상당한 깊이를 보여 주고 있다. Louis Joinet, "Question of the Impunity of Perpetrators of Human Rights Violations(civil and political)", Annexes(I, II), E/CN.4/Sub.2/1997/20/Rev.1. http://www.derechos.org/nizkor/impu/joinet2.html; Diane Orentlicher, "Report of the Independent Expert to Update the Set of Principles to Combat Impunity - Updated Set of Principles for the Protection and Promotion of Human Rights through Action to Combat Impunity", E/CN.4/2005/102/Add.1, 8 February 2005. https://documents-dds-ny.un.org/doc/UNDOC/GEN/G05/109/00/PDF/G0510900.pdf?OpenElement; Kieran McEvoy, *Making Peace with the Past: Options for Truth Recovery Regarding the Conflict in and about Northern Ireland* , Belfast: Healing Through Remembering, 2006; Priscilla B. Hayner, *Unspeakable Truths: Transitional Justice and the Challenge of Truth Commissions*, London: Routhledge, 2nd ed, 2010(2001).

지은이 소개

김종엽

한신대학교 사회학과 교수로 재직 중이다. 사회이론, 문화사회학, 정치사회학을 전공했다. 계간『창작과 비평』편집위원으로 활동하고 있으며,『한겨레신문』의 칼럼니스트로 활동해 왔다. 지은 책으로『우리는 다시 디즈니의 주문에 걸리고: 영화, 재현, 이데올로기』(2004),『에밀 뒤르켐을 위하여』(2002),『연대와 열광』(1998),『웃음의 해석학, 행복의 정치학』(1994)이 있고, 칼럼집으로『左충右돌』(2014)과『시대유감』(2001)이 있으며, 엮은 책으로『87년체제론』(2009)이 있다.

김명희

건국대학교 인문학연구원 HK연구교수로 재직 중이다. 사회학(사회이론·사회과학방법론)을 전공했다. 뒤르케임의 연대이론 및 사회병인학의 이론적·방법론적 통찰을 현대 한국 사회가 겪고 있는 사회적 고통의 진단과 처방에 생산적으로 접목하는 작업에 관심을 갖고 있다. 주요 논문으로「뒤르케임의 사회과학철학: 반환원주의적 통섭의 가능성」(2015),「한국 사회 자살 현상과『자살론』의 실재론적 해석」(2012) 등이 있고, 지은 책으로『트라우마로 읽는 대한민국: 한국전쟁에서 쌍용차까지』(공저, 2014)가 있다.

이영진

전남대학교 호남학연구원 감성연구단 HK연구교수로 재직 중이다. 인류학(정치, 종교인류학)을 전공했다. 전후(戰後) 일본과 동아시아의 사회문화, 특히 전쟁과 죽음, 기억, 그리고 유령과 애도의 문제에 오랫동안 천착해 왔고, 최근에는 파국의 시대를 살아간다는 것의 의미에 대해 고민하고 있다. 주요 논문으로 "Postwar Japan and the Politics of Mourning: The Meaning and the Limits of War Experiences"(2015),「파국과 분노: 3·11 이후 일본 사회의 탈원전 집회를 중심으로」(2014),「'산화'(散華)와

'난사'(難死): 전후 일본의 특공의 기억과 재현에 관한 연구」(2012) 등이 있다.

김종곤

건국대학교 통일인문학연구단 HK연구교수로 재직 중이다. 철학을 전공했으며, 역사적 트라우마와 그 치유 방법론에 대해 관심을 가지고 연구 중이다. 주요 논문으로 「기억과 망각의 정치, 고통의 연대적 공감」(2015), 「'역사적 트라우마' 개념의 재구성」(2013) 등이 있으며, 지은 책으로는 『분단 체제를 넘어선 치유의 통합 서사』(공저, 2015), 『민족과 탈민족의 경계를 넘는 코리언』(공저, 2014) 등이 있다.

최원

독립 연구자이다. 현대 유럽철학, 정치철학, 정신분석학을 중심으로 연구와 번역 활동을 하고 있다. 스토니 브룩 뉴욕주립대학교 철학과를 2000년에 졸업한 후, 뉴스쿨대학교에서 철학 석사 학위를, 시카고 로욜라대학교에서 철학 박사 학위를 취득했다. 박사 학위 논문은 라캉과 알튀세르에 대한 비교였는데, 이 학위 논문은 『라캉 또는 알튀세르』(난장)라는 책으로 2016년 4월에 출판될 예정이다. 주요 논문으로는 "Inception or Interpellation?: The Slovenian School, Butler, and Althusser"(2013)가 있고, 옮긴 책으로는 에티엔 발리바르의 『대중들의 공포: 맑스 전과 후의 정치와 철학』(공역, 2007)이 있다.

김도민

서울대학교 시간강사이며 한국 현대사를 전공하고 있다. 이승만 정권 시기 한미 관계, 민주주의, 선거 등에 관심을 가지고 박사 논문을 구상 중이다. 석사 논문으로 「1948~50년 주한 미대사관의 설치와 정무 활동」(2012)을 썼다.

정용택

제3시대그리스도교연구소 상임연구원으로 재직 중이다. 그동안 주로 공적인 인정투쟁의 문턱 아래에서 작동하고 있는 '정치 이전의 고통'(prepolitical suffering)의 현상을 탐구하는 작업에 몰두해 왔다. 신학 연구자로서 비판적 사회이론과 급진적 신학 담론 간의 대화를 추구하는 가운데 사회적 고통, 사회적인 것의 병리학, 사회신학과 정치신학, 이데올로기와 물신숭배 등의 주제에도 깊은 관심을 기울이고 있다. 『사회적 영성』(2014), 『아무도 기억하지 않는 자의 죽음』(2009) 등의 책을 다른 이들과 함께 썼고, 신(神)의 죽음과 사회(社會)의 죽음의 문제를 시차적 관점에서 하나와 그 자체의 간극으로 읽어 내는 책을 준비하고 있다.

김환희

공립학교 교사로 재직 중이며, 『오늘의 교육』 편집위원으로 활동 중이다. 사회학(사회운동, 사회철학, 퀴어이론)을 전공했다. 최근에는 인지자본주의, 생태주의, 복잡성 교육 등에 관심을 가지고 연구하고 있다. 주요 논문으로 「새로운 파도가 다가오고 있다」(2016), 「전환 기술과 전환 교육」(2015), 「안녕 세대가 386 세대에게 고한다」(2014), 「국가와 폭력」(2012) 등이 있다.

강성현

성공회대학교 동아시아연구소 HK연구교수로 재직 중이다. 사회학(사회사, 법사회학, 정치사회학)을 전공했다. 한국과 동아시아의 사상 통제와 전향, 법과 폭력, 전쟁과 학살, 과거 청산, 점령과 군정에 깊은 관심을 가지고 연구하고 있다. 주요 논문으로 "The Organization and Activities of the US Army Signal Corps Photo Unit"(2014), 「한국전쟁기 예비 검속의 법적 구조와 운용 및 결과」(2014), 「'아카'(アカ)와 '빨갱이'의 탄생」(2013) 등이 있고, 지은 책으로 『식민지 유산, 국가 형성, 한국 민주주의』(전 2권, 공저, 2012)가 있다.

김왕배

연세대학교 사회학과 교수로 있다. 사회학(산업사회학, 도시사회학)을 전공했다. 최근 인권과 법, 감정사회학, 그리고 대안으로서의 호혜 경제 등에 관심을 가지고 연구 중이다. 주요 논문으로 「감정 노동 담론의 경합과 공존」(공저, 2016), 「도덕 감정: 부채 의식과 감사, 죄책감의 연대」(2013), 「'호혜 경제'의 탐색과 전망」(2011) 등이 있고, 지은 책으로는 『산업사회의 노동과 계급의 재생산』(2012), 『도시, 공간, 생활세계』(2011)가 있으며, 그 외 다수의 공저가 있다.

김서경

워싱턴대학교 정보과학(Information Science) 박사 과정에 재학 중이다. 일리노이대학교 어배너-샘페인에서 사회신경과학 연구로 심리학 석사 학위를 취득했다. 현재는 인간-기술 상호작용(HCI), 디지털 시대의 학습과 교육, 소셜미디어의 사회적 역할 등에 관해 연구하고 있다. 주요 논문으로 "The Role of Ethnicity and Gender in Evaluating Observed Social Interactions"(2015)가 있고, 「로봇 개를 때리는 것은 비윤리적일까」(2015), 「인공지능 기계가 사람처럼 생각하고 느끼려면?」(2014) 등의 글을 과학지에 기고했다.

정정훈

노마디스트 수유너머N의 연구원이다. 문화연구를 전공했고, 주로 민주주의와 인권을 랜드마크 삼아 정치철학이라는 영토를 탐구해 오고 있다. 계간 『문화/과학』의 편집위원이기도 하다. 현재 내가 하는 공부가 현실에서 작동하는 지식-기계를 만들고, 현실을 보다 나은 것으로 만들 수 있는 사유-활동이 된다면 더 바랄 것이 없을 것 같다. 이런 문제의식 속에서 인권운동을 중심으로 한 사회운동과 결합하면서 연구를 진행하고 있으며, 대학에서는 사회론, 문화연구 등을 강의하고 있다. 그동안 『인권과 인권들』(2014), 『군주론, 운명을 넘어서는 역량의 정치학』(2011)을 썼고, 동료들과 『불온한 인문학』(2011), 『코뮨주의 선언』(2007) 등을 썼다.

이재승

건국대학교 법학전문대학원 교수로 재직하면서 법철학, 법사상사, 법제사, 인권법, 이행기 정의 등을 강의하고 있다. 국가 폭력을 연구하고 사회민주주의의 혁신을 추구한다. 『법사상사』(공저, 개정판 2014), 『트라우마로 읽는 대한민국』(공저, 2014), 『양심적 병역거부와 대체복무제』(공저, 2013), 『국가 범죄』(2010) 등을 지었고, 『죄의 문제』(2014), 『주체의 각성』(2012)을 우리말로 옮겼다. 『국가 범죄』로 제5회 임종국 학술상(2011)을 받았다.

박명림

연세대학교 지역학 협동과정 교수로 재직 중이며, 중국 길림대학교 객좌교수를 겸임하고 있다. 정치이론, 한국 문제, 동아시아 국제관계, 평화에 대해 연구하고 있다. 지은 책으로 『역사와 지식과 사회』(2011), 『한국 1950: 전쟁과 평화』(2002), 『한국전쟁의 발발과 기원』(전 2권, 1996) 등이 있고, 『인간 국가의 조건』(전 2권)이 곧 출간될 예정이다.